Einführung in die Medienw

Christoph Zydorek

Einführung in die Medienwirtschaftslehre

3. Auflage

Christoph Zydorek
Fakultät Digitale Medien
Hochschule Furtwangen
Medienwirtschaft/Medienmanagement
Furtwangen, Deutschland

ISBN 978-3-658-40088-0   ISBN 978-3-658-40089-7   (eBook)
https://doi.org/10.1007/978-3-658-40089-7

Die Deutsche Nationalbibliothek verzeichnet diese Publikation in der Deutschen Nationalbibliografie; detaillierte
bibliografische Daten sind im Internet über http://dnb.d-nb.de abrufbar.

Planung/Lektorat: Carina Reibold
Springer Gabler ist ein Imprint der eingetragenen Gesellschaft Springer Fachmedien Wiesbaden GmbH und ist
ein Teil von Springer Nature.
Die Anschrift der Gesellschaft ist: Abraham-Lincoln-Str. 46, 65189 Wiesbaden, Germany

Für Ada, edle Erstgeborene

Vorwort zur 3. Auflage

Liebe LeserInnen! Ich nehme an, Sie wollen möglichst direkt zum Inhalt des Buches kommen und „etwas lernen", anstatt lange Vorworte zu lesen. Deswegen fasse ich mich kurz.

Den Inhalt der dritten Auflage dieser Einführung für das Studium in Medienstudiengängen habe ich noch weiter an das Bedürfnis meiner Studierenden angepasst, etwas Relevantes über die Medienwirtschaft zu erfahren. Dabei habe ich versucht, den schnellen Änderungen in der Medienwelt gerecht zu werden, ohne dabei kurzfristigen Hypes und einseitigen Fokussierungen auf den Bereich der sozialen Medien zu sehr nachzugeben.

Dabei habe ich das Buch in verschiedenen Hinsichten aufgrund von Erfahrungen aus meinem laufenden Vorlesungsbetrieb angepasst und die Voraussetzungen und Möglichkeiten, die heutige Studierende mitbringen, noch stärker berücksichtigt:

- Ich habe den Inhalt komplett überarbeitet und aktualisiert. Dies gilt für Daten sowie auch für neue inhaltliche Erkenntnisse sowie bessere gedankliche Zugänge für die Leser durch den Anschluss an ihre eigene Erfahrungswelt.
- Ich habe den digitalen Medien und der zunehmenden Durchdringung der Medienökonomie mit digitaler Technologie mehr Platz eingeräumt, weil in der Branche heute verstärkt bei der Konzeption, Produktion und Bündelung von Contents automatisiert wird und dies große ökonomische Veränderungen mit sich bringt (vgl. Zydorek 2018, 2022).
- Ich verfolge die Absicht, Sie mit Fragen und Übungen zum eigenständigen Denken und Diskutieren über medienökonomische Phänomene zu bringen! Ich habe deshalb versucht, komplexe Phänomene so vereinfacht darzustellen, dass sie zu verstehen sind und man dieses Verständnis in Prüfungssituationen auch anwenden kann. Meine Erfahrung ist allerdings, dass allein *Verstehen* noch nicht ausreicht, sondern *Lernen* dazugehört. Und das Lernen am besten auf der Basis *eigener Aufzeichnungen,* eines selbst angefertigten Lernskripts funktioniert.

Am einfachsten erscheint mir Ihr Zugang zu den Inhalten, wenn Sie die Kapitelüberschriften und die Übersichten am Anfang jedes Kapitels lesen und dabei zu verstehen versuchen, worauf ich in dem jeweiligen Kapitel hinaus will. Dann können Sie sich den Inhalt erarbeiten und im Anschluss daran dann untereinander darüber sprechen und diskutieren.

Ich bedanke mich bei denjenigen, die mir Feedback zu den ersten beiden Auflagen gegeben und so zu Verbesserungen dieser Neuauflage beigetragen haben. Dazu gehören ganz ausdrücklich die Studierenden meiner Vorlesungen in Medienökonomie, Medienmanagement und Management Interaktiver Medien an der Hochschule Furtwangen! Bei Frau Carina Reibold bedanke ich mich für die sehr gute Betreuung seitens des SpringerGabler Verlags.

August 2022   Christoph Zydorek

Inhaltsverzeichnis

Einführung: Wozu braucht man die Lehre von der Medienwirtschaft und dem Medienmanagement?

Zusammenfassung

Welche Ziele werden mit diesem Buch verfolgt?
Für wen ist dieses Buch geschrieben?
Wie steigt man am besten in das Thema ein und welche Bedeutung hat die Medienökonomie?
Welche Inhalte werden in diesem Buch vermittelt?
Wie ist diese Inhaltsauswahl aus der Vielfalt der vorliegenden Erkenntnisse begründet?
Wie gehe ich im Buch vor?
Wozu braucht man die Medienwirtschaftslehre?

Wir begegnen der Medienökonomie in unserem alltäglichen Leben – in unterschiedlichen Phänomenen und auf verschiedene Weisen. Ich möchte Ihnen dies zunächst an einem Beispiel einer Entwicklung der Medienökonomie der letzten zehn Jahre zeigen.

In der Zeitschrift DER SPIEGEL konnte man im April 2012 ein Streitgespräch zwischen dem Komponisten, Musiker und Musikrechteinhaber Jan Delay und Christopher Lauer, einem ehemaligen Berliner Abgeordneten der Piratenpartei (damalige deutsche Internetpartei), über das damals heiß diskutierte Thema der illegalen Musiktauschbörsen lesen. Zwei kurze Auszüge verdeutlichen sehr schön, welche Schwierigkeiten sich selbst für Profis auftun, wirklich zu verstehen, wie *die Medienökonomie unter welchen Rahmenbedingungen funktioniert* (Spiegel, 2012, S. 118 f.).

Lauer: Verstehen Sie doch: Tauschbörsen kriegt man nicht weg.

Delay: Doch. Abschalten, Digger.

Lauer: Wie willst Du ein Peer-to-Peer-Netzwerk, das auf tausend Rechner verteilt ist, ohne Deep Packet Inspection abschalten?

Delay: Ey, Alter, was?

(…)

Lauer: Wir suchen doch nach Lösungen, auch zur Bezahlung von geistigem Eigentum. Wenn ein Musiker eine Idee für eine Platte hat, kann er die doch im Netz bekannt machen und fragen, wer bereit ist, dafür zu zahlen.

Delay: Der soll mit dem Hut rumgehen? Das funktioniert nur, wenn dieser Künstler schon einen großen Namen hat. Ein unbekannter Künstler, der Geld für eine Idee sammelt? Vergiss es.

Fragen

Beantworten Sie folgende Fragen zum Streitgespräch (möglichst schriftlich). Recherchieren Sie dafür im Internet und vergleichen Sie ihre Antworten mit Ihren Kommilitonen:

- Haben Sie alle Begriffe verstanden? Was bedeuten Peer-to-Peer-Netzwerk und Deep-Packet Inspection? Wie nennt man das Erlösmodell „Mit dem Hut rumgehen" in der Medienwirtschaft?
- Wo genau liegen die Meinungen der beiden auseinander?
- Welche Verständnisprobleme gibt es bei Lauer/bei Delay?
- Wie hat Ihrer Meinung nach die Musikindustrie die Probleme in der Zwischenzeit gelöst?
- Welche Kritikpunkte werden gegen diese mittlerweile stabile Lösung (vgl. auch Abb. 14.5) in der Öffentlichkeit angeführt?

So wie mit vielen anderen Alltagsphänomenen befassen wir uns *in unserem Normalleben* mit der Medienwirtschaft, ohne *systematisch und wissenschaftlich* über die Zusammenhänge nachzudenken.

Wenn die Medien aber (später) für Sie zum Beruf werden sollen, sollten Sie sich mit den wichtigsten systematischen Grundlagen dieses Wissensbereichs und Wirtschaftssektors befassen.

Der Medienbegriff ist aus Perspektive verschiedener Wissenschaften unterschiedlich

Allerdings gäbe es da viel zu viel zu lesen und zu verstehen, wenn wir uns so allgemein mit „den Medien" befassen wollten. So beschreibt der Medienwissenschaftler Knut Hickethier (2010, S. 16 ff.) einige völlig unterschiedliche Verständnisse des Begriffs Medium (z. B. „Mittelsperson", „alles was beim Hören und Sehen übermittelt", „Mittel zur Formulierung von Gedanken, Gefühlen, Inhalten und Erfahrung über die Welt" und „gesellschaftlich institutionalisierte Kommunikationseinrichtung[1]"). Er sagt dazu, dass dieser Gegenstandsbereich Medien *mehrdimensional* und *komplex* ist und die *verschiedenen Wissenschaften mit ihrem spezifischen Verständnis* des Medienbegriffs auch ihr jeweiliges Gegenstandsfeld umreißen (Hickethier, 2010, S. 16, ähnlich Beck, 2020, S. 86 f.). Das gilt auch für die *Medienökonomie. Ihr spezieller Medienbegriff legt ihren Untersuchungsgegenstand fest.*

Deswegen werde ich für dieses Buch von vorneherein einschränken, *welchen Medienbegriff* ich verwende (Kap. 2 und 6) und *aus welcher Perspektive* ich *welche Aspekte* des Medienbereichs *warum* untersuchen will (Kap. 1 und 2). Diese Einschränkungen nehme ich im Hinblick darauf vor, dass dieses Buch eine *echte Einführung in das Thema* bieten soll, die für Studierende des Grundstudiums in all denjenigen Studiengängen gemacht ist, die heute mit Medien zu tun haben, also durchaus und gerade auch technische und designbezogene Studiengänge. Obwohl es wirklich eine Anzahl sehr gute Medienökonomie-Bücher gibt, sind andere Lehrbücher meiner Meinung nach auch heute noch entweder zu schwierig oder zu umfangreich für das Grundstudium, sprechen nicht alle oder zu viele Grundtatbestände an oder sind aus einer bestimmten Perspektive geschrieben, die man nicht als *echte medienwirtschaftliche Perspektive* bezeichnen kann (z. B. aus einer wirtschaftsinformatischen Perspektive oder einer Marketingperspektive).

1.1 Medienökonomie und Medienmanagement im Alltag: Fälle

Einen zweiten guten Ansatz zum Einstieg in das Thema verfolgen Schumann et al. (2014, S. 1 f.) indem sie (allerdings nur auf die Medien*betriebs*wirtschaft bezogen) versuchen, Fragestellungen aus dem Alltagsleben zu formulieren, an denen *das spezifisch Wirtschaftliche* unserer Perspektive deutlich wird. Ich formuliere hier zunächst in einer ähnlichen Art und Weise einige Fälle und Situationen, deren Relevanz für Ihr Alltagsleben und (möglicherweise) Ihr künftiges Berufsleben hoffentlich erkennbar ist. In Bezug auf diese Beispiele versuche ich dann im Anschluss, die *medienökonomisch wesentlichen Aspekte dieser Fälle herauszuarbeiten.* Ich bemühe mich dabei, gleichzeitig, *die Strukturierung für die nachfolgenden 13 Kapitel* zu vermitteln. In den Alltagsfällen überbetone ich das *Internet als Handlungsfeld* ebenso, wie dies im gesamten Buch geschehen wird. Dieser Schwerpunkt resultiert aus meiner Arbeit in einer Fakultät „Digitale Medien" der Hochschule Furtwangen sowie aus meiner Einschätzung, dass dieser Bereich für Sie interessant ist und Sie sich dort ganz gut auskennen.

1. Ein Online-Start-up im Bereich der Social Networks erstellt einen Businessplan, um potenzielle Investoren zu gewinnen.
2. ProSieben kauft künftig weniger Filmrechte in Hollywood. Sonntags abends werden nun statt US-Spielfilmen Eigenproduktionen in vier Formaten gezeigt, damit das

---

[1] Das bedeutet: gesellschaftlich durchgesetzte, normale, weit verbreitete und angewendete Kommunikationsanwendung (vgl. Kap. 6).

Stefan Raab: "Wok WM" Die wahrscheinlich längste Reklame der Welt

„(…) Am 11. Dezember 2008 hat das Berliner Verwaltungsgericht entschieden, dass in den Wok WM-Ausgaben von 2006 und 2007 Schleichwerbung betrieben wurde. Damit gab das Gericht der Medienanstalt Berlin Brandenburg (MABB) recht. Die hatte gerügt, dass ProSieben vorgegaukelt habe, die Wok WM sei rein redaktionell gestaltet. Für die Einarbeitung der Werbung in die Show, argumentierte die MABB, fließe aber Geld - ein Großteil an den Sender. Und die Sponsoren seien nicht von irgendwem akquiriert worden, sondern vom Veranstalter der Show, der PS-Event-Agentur; der ProSiebenSat1 Media AG gehören zwei Drittel dieser Gesellschaft (…) Nachdem Pro Sieben erfolglos gegen die Beanstandung der Behörde geklagt hatte, entschied der Sender vor acht Wochen, die Wok WM als Dauerwerbesendung auszustrahlen. Als "gefährlichste Dauerwerbesendung der Welt".

Abb. 1.1 Wok WM. (Quelle: http://www.sueddeutsche.de/kultur/stefan-raab-wok-wm-die-wahrsc heinlich-laengste-reklame-der-welt-1.401.733, Abruf 19.11.2016)

Publikum 'Prominente zu Sehnsuchtsorten begleiten und Abenteuer vom Sofa aus erleben'[2] könne.

3. Ein Buchverlag befasst sich mit der Frage, Inhalte seiner Bücher auch online als ebooks und für mobile Geräte zum Download anbieten soll.

4. Ein Tageszeitungsverlag erwägt, eine Wochenendbeilage für Jugendliche und junge Erwachsene hinzuzufügen.

5. Stefan Raab und Pro 7 kennzeichnen die „Wok-WM" als „Dauerwerbesendung" (vgl. Abb. 1.1).

6. Eine Nachrichtenagentur lässt von einer *Textroboter-Software* Routinenachrichten zu Sportevents, Wetter, Finanzberichterstattung und lokalen Nachrichtenereignissen produzieren, um damit hinsichtlich Aktualität, Nachrichtenquantität, Präzision der Informationen sowie deren Zuschnitt auf die individuellen Kunden („Personalisierung") Vorteile gegenüber seinen Konkurrenten zu bekommen (Diakopoulos, 2019, S. 109–116, Zydorek, 2018, S. 87–111).

7. Ein Internet-Service-Provider (ISP) sucht nach neuen Erlösquellen, die seine Einnahmen aus den Zugangs- und Verbindungsgebühren ergänzen.

8. Der Staat legt fest, dass in Deutschland im TV nicht nur ausschließlich Werbeblöcke, sondern auch „Split-Screen-Werbung" und „Single Spots" möglich sind (Tab. 1.1).

9. Ein Professor schreibt während seines Forschungssemesters ein Lehrbuch für Medienökonomie.

10. Die Firma Google verhandelt mit Agenturen über die Verkaufsprovisionen für Google Adwords.

---

[2] Die Formate sind Country Challenge, Job Unknown, Local hero und Worlds Most Dangerous Roads. (vgl. https://www.dwdl.de/nachrichten/88421/prosieben_diese_neuen_formate_sollen_hollywood_ersetzen/. Abruf 20.8.22).

Tab. 1.1 Neue Formen der TV-Werbung, die seit 2004 entstanden sind. (Quelle: Gleich, 2005, S. 33–36)

Single Spot	Exklusivspot im Vollbild im Programmumfeld, aber mit Werbetrenner angekündigt, als separater Spot
Virtuelle Werbung	2-D-/3-D-Grafiken, die virtuell eingeblendet werden, vor allem im Sport (Bandenwerbung, Markenlogo auf Rasen), reale Werbung auf Banden darf nicht überblendet werden
Split Screen	Gleichzeitige Ausstrahlung von Programm und Werbung in zwei Fenstern
Single Split	Single Spot im Split ScreenFormat, oft im Abspann des Programms, sodass sie eigentlich noch Teil des redaktionellen Programms sind
Logo-Morphing	Sender- oder Sendungslogo verwandelt sich im direkten Programmumfeld in Logo des Werbenden (oder umgekehrt)

Abb. 1.2 Danger Mouse-CD leer im Verkauf. (Quelle: http://www.taz.de/!34833/ Abruf 9.9.2012)

11. DJ „Danger Mouse" veröffentlicht 2009 sein Album „Dark Night of the Soul" als leeren CD-Rohling mit dem Hinweis darauf, „man wüsste schon, wie man zu der Musik käme" (vgl. Abb. 1.2).

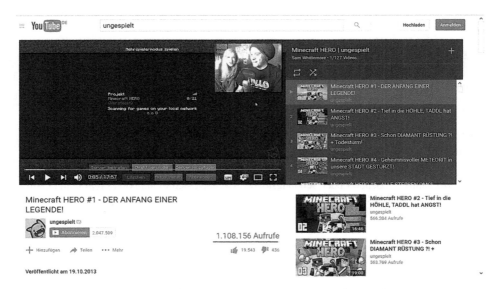

Abb. 1.3 Ungespielt. (Quelle: https://www.youtube.com/watch?v=LTaBWsDa9pQ&list=PL3Azr
1yVZQLW4dtoRd7dppbW76TsDxBSY Abruf 19.11.2016)

12. Netflix benutzt zur möglichst exakten Personalisierung der Produktvorschläge für die Kunden neben den Nutzerdaten[3] auch Nutzungs-/Transaktionsdaten[4], Inhaltsdaten[5] sowie Kontextdaten wie Kinokassenumsätze, Rezensionen und Social Media Daten (vgl. Zydorek, 2018, S. 124 f.).
13. Der Erkelenzer Erzieher Simon Wiefels lädt Let's-Play-Videos des Spiels Minecraft in seinem Youtube-Kanal „ungespielt" hoch, die von bis zu 2 Mio. Usern abonniert bzw. gesehen werden (vgl. Abb. 1.3).
14. Ein Zeitschriftenreporter wird von einem investigativen Rechercheprojekt abgezogen, weil sich ein großer Anzeigenkunde über ihn beschwert hat.

---

[3] Demografische Daten, Sprachwahlpräferenzen, Endgerät, Nutzungsort sowie Zeit und Zeitdauer. Auskünfte über Geschmack und Präferenzen erhält Netflix aus der Präferenzabfrage bei der Registrierung des Users.

[4] Interaktionsdaten/Play Data sind z. B. die Video-Ratings durch die Nutzer, vorgemerkte Videos, Suchanfragen, der Umgang mit Empfehlungen sowie Events wie Scrolls, Mouseovers, Clicks und die Dauer der Pageviews bei Empfehlungen.

[5] Z.B. Daten wie Stimmung (Mood), Qualitätseigenschaften (Qualities, z. B. von Kritikern gelobt, besondere visuelle Effekte) und Handlung (Storyline, z. B. Zeitreise, sprechende Tiere). Zusätzlich werden als Metadaten der Items Zusammenfassung, Genre, Schauspieler, Regisseure, Untertitel, Altersfreigabe etc. einbezogen. Netflix tagged jeden Film nach Charakter, Stimmung, narrativen Elementen etc. sehr exakt.

Abb. 1.4 Verkaufsangebot eines Schwerts auf MMOGA. (Quelle: http://www.mmoga.de/Black-Desert/Black-Desert-Items,Black-Desert-15-Ultimatives-Yuria-Kurzschwert/Abruf 19.11.2016)

15. Justin Bieber löscht (im August 2016) seinen Instagram-Account, da viele seiner 77 Mio. Fans negative Kommentare über seine neue Freundin schrieben[6].
16. Eine Studentin benutzt eine „Location-based-Services-App" aus dem Dating-Bereich am Studienort, um standortbezogen mit potenziellen Freunden in Kontakt zu kommen.
17. Ein Gamer kauft in einem Online-Shop ein virtuelles Schwert, um sich dort besser gegen Angriffe gegnerischer Krieger verteidigen zu können (vgl. Abb. 1.4).

Fragen

1. Gibt es Gemeinsamkeiten aller Beispiele? Welche sind das?
2. Wodurch wird in den einzelnen Beispielen ein wirtschaftlicher Mehrwert erzeugt?
3. Stehen diese erzeugten Mehrwerte in einem Zusammenhang? Welcher Zusammenhang ist das?
4. Welche Akteure bzw. Akteurstypen tauchen in den Beispielen auf (es sind vier!)?
5. Welche Medienbereiche (Mediengattungen) tauchen in den Beispielen auf?
6. Entwickeln Sie ein eigenes Fallbeispiel, das alle besprochenen Aspekte integriert.

---

[6] Vgl. http://www.faz.net/aktuell/feuilleton/justin-bieber-einer-gegen-77-millionen-14396886.html und SZ 21.8. 2016, S. 50, Er vernichtet damit einen enormen Werbewert. Die Zeitschrift Adweek hatte beispielsweise den Werbewert von Posts von Selena Gomez kalkuliert und über $ 500.000 pro kombiniertem Post auf Facebook, Twitter und Instagram errechnet (vgl. http://www.adweek.com/news/technology/selena-gomezs-social-media-posts-are-evidently-worth-550000-apiece-172552).

Die Abschn. 1.2–1.6 fassen die aus meiner Sicht wichtigsten Aspekte zusammen, die anhand dieser Beispiele herausgearbeitet werden können.

1.2   Gegenstand: Content – Tätigkeit: Öffentlich machen

Wenn man sich die obigen Beispiele genauer anschaut, stellt man zunächst fest, dass es hierbei fast immer direkt um das „*Veröffentlichen*", also das „Öffentlich machen" von etwas geht, nämlich von (Medien)Inhalt (auch: Content), der dann von jemandem „konsumiert" wird.

Allerdings ist dies nicht immer direkt erkennbar, da sich die Gegenstände der Beispiele jeweilig unterschiedlich weit weg vom eigentlichen Akt der Veröffentlichung befinden. Bei 1., 5., 7., 10. und 14. geht es um die Finanzierung eines Unternehmens, das veröffentlichen will oder es schon tut, wir sind also recht weit davon entfernt. Bei 5. und 8. sind die vom Staat gesetzten rechtlichen Rahmenbedingungen (der Finanzierung von Privatfernsehen) bedeutsam, unter denen der *Rezipient* (also der Konsument von Medien) diese Inhalte empfängt. Die Beispiele 6. und 12. haben mit den technischen Rahmenbedingungen der durch Algorithmen gesteuerten Textproduktionssoftware der Nachrichtenagentur (6.) und der Empfehlungssysteme eines Inhalteanbieters (12.) zu tun.

Fragen

Wie bezeichnet man den Rezipienten, wenn er die folgenden Medien konsumiert:

- Buch und Zeitung/Zeitschrift
- Fernsehen
- Radio
- Internet
- Computerspiel

Die Fälle 3., 11., 13. und 15. haben speziell die Verteilwege der Inhalte (*Distributionswege*) im Blick. Der eigentliche *Veröffentlichungsvorgang* wird z. B. in den Bsp. 3., 11., 13. und 15. angesprochen, während der eigentliche Vorgang der Contentproduktion nur bei 6. und 9. zentral betroffen ist.

Dieser Content wird auf verschiedene Weise, auf verschiedenen *Medienträgern* zum Kunden gebracht und erscheint dabei als ein *Mediengut*, welches jeweilige *Bedürfnisse von Nutzern* befriedigen soll. Was ein Wirtschaftsgut ist und welche besonderen Eigenschaften Mediengüter haben, werde ich in Kap. 8 sowie in Kap. 12, 13 und 14 besprechen.

1.3   Perspektive

Die *Güterperspektive* (Wir sprechen von einem „Mediengut") verweist auf eine wichtige Einengung der Betrachtung der Tätigkeit des Veröffentlichens: die *wirtschaftliche* Perspektive. Es geht darum, dass diese Mediengüter produziert werden, um einen Nutzen bei den Konsumenten zu erzeugen, indem damit deren Bedürfnisse nach Unterhaltung, Information etc. befriedigt werden. Und es geht darum, auf diese Weise *Geld zu verdienen*, aus investiertem Geld mehr Geld zu machen (vgl. Wöhe et al., 2016, S. 31, 41). Ich werde mich deswegen (in Kap. 4 und 5) damit beschäftigen, was dieses spezifisch Wirtschaftliche ausmacht und welche Annahmen über das Handeln der Menschen (Kap. 4) und Unternehmen (Kap. 5) dieser Sicht zugrunde liegen.

1.4   Akteure

Dabei sind verschiedene Besonderheiten zu entdecken: Neben der direkten Beziehung zwischen dem Anbieter, dem Medienunternehmen (Kap. 10) und dem Konsumenten des Mediengutes, dem Rezipienten (Kap. 9) tritt aufgrund der Besonderheiten der Branche ein weiterer Akteur hinzu, der hinsichtlich seiner Interessen Vorteil aus dieser Marktbeziehung ziehen kann: Das *werbetreibende Unternehmen* (vgl. Kap. 11). Darüber hinaus müssen wir die Besonderheit berücksichtigen, dass Mediengüter nicht nur Wirtschaftsgüter, sondern auch *Kulturgüter* sind, die wichtige Beiträge zur Kultur einer Gesellschaft und der Funktionsweise ihrer politischen Institutionen liefern, indem sie informieren, Meinungsbildung und Wissensvermittlung leisten und dem Nutzer den Erwerb staatsbürgerlicher Handlungskompetenz ermöglichen (vgl. Sjurts, 2005, S. 7; Kiefer & Steiniger, 2014, S. 141). Diese Besonderheiten und ihre Auswirkungen untersuche ich in Kap. 6. und Kap. 12.

1.5   Der Prozess der Wertschöpfung

Wir werden in Kap. 7 sehen, dass man (nicht nur) aus medienökonomischer Sicht den gesamten Prozess der Erstellung und Verbreitung von Medienprodukten sinnvollerweise *chronologisch* als „Wertschöpfungskette" ordnen kann[7].

Diese Idee stammt von dem Managementwissenschaftler M.E. Porter, der vorgeschlagen hat, Wertschöpfungsprozesse chronologisch zu ordnen und unterstützende Prozesse als sekundäre Prozesse dieser Kette übersichtlich beizustellen.

---

[7] Diese chronologische Darstellung wird allerdings für den Medienbereich schon seit Langem kritisiert, weil in den Wertschöpfungsprozessen zunehmend weniger streng geordnet nacheinander gearbeitet wird (vgl. Zerdick et al., 2001). Als Analysehilfe für die Prozesse ist sie jedoch sinnvoll!

Und wenn ich die obenstehenden Beispielfälle ordne, stelle ich fest, dass man die darauf bezogenen *Wertschöpfungstätigkeiten* in ein Schema bringen kann. Dabei sind Zuordnungen dieser Fälle zu mehreren Bereichen möglich, weil sie zum Teil verschiedene Aspekte der Wertschöpfung berühren (vgl. Tab. 1.2). Ich benutze dabei das Konzept von Porter und wende es auf die *speziellen wertschöpfenden Tätigkeiten der Medienbranche* an. Der Vollständigkeit halber füge ich noch einen Bereich *Rahmenbedingungen* hinzu, da einige der Beispiele sich nicht aus den Wertschöpfungsvorgang selbst, sondern auf äußere Einflüsse beziehen.

1.6 Teilbereiche des Mediensektors

In den oben aufgelisteten Fallbeispielen kommen die folgenden *Mediengattungen* vor:

- Internet/Online-Medien/Soziale Medien
- Rundfunk (hier Fernsehen)
- Kino
- Buch
- Tageszeitung und Zeitschrift
- Musik
- Online-/Computerspiele (Games)

Dies sind die Mediensektoren, die in diesem Buch eine Rolle spielen und genauer im Kap. 3 zum Thema werden. Ich versuche dort, Systematik und Übersicht zu gewinnen, indem ich Gattungen und Gattungsbegriffe erkläre und in einen medienwirtschaftlichen Ordnungszusammenhang bringe.

1.7 Mein Vorgehen in diesem Buch

Das Vorgehensprinzip, das ich inhaltlich bei dieser Einführung verfolge, ist anhand des Schemas in Abb. 1.6 erklärt. Es zeigt Ihnen, dass man die vierzehn Kapitel fünf Inhaltsbereichen zuordnen kann:

- dem Untersuchungsansatz medienökonomischer Überlegungen (1.–3.)
- den theoretischen Bezügen der Medienökonomie (4.–6.)
- den grundlegenden Eigenschaften von Medienunternehmen und Medienmärkten (7.–8.)
- den spezifischen Eigenheiten der wichtigsten drei Handelnden auf Medienmärkten (9.–11.) sowie
- den Kerneigenschaften von Mediengütern (12.–14.)

Tab. 1.2 Aktivitäten und Rahmenbedingungen der Herstellung und des Konsums von Medienprodukten

Unterstützende Aktivitäten	Finanzierung, Management, Vertrieb, Logistik, Beschaffung von Ressourcen: 1.,5.,7., 10.,14.,15				
Kernaktivitäten („Kette der Wertschöpfung")	Konzeption und Initiierung eines Medienguts: 1, 2, 4	Contentproduktion/Contentbeschaffung: 2.,6.,9	Bündelung und Veredelung des Inhalts: 5.,8.,12.,13	Distribution einschließlich technischer Verfügbarmachung: 3.,11., 13.,15	Rezeption/Verwendung: 6., 16.,17
Rahmenbedingungen	Rechtliche, wirtschaftliche, technische: 5.,8.,10.,14				

Abb. 1.5 Wertschöpfungskettenkonzept. (Quelle: Porter, 2000, S. 66)

Das Buch kann man aber auch anders benutzen (Abb. 1.6):

- Wenn man mehr über *Medienunternehmen als Hersteller und Anbieter von Mediengü-tern* erfahren will, kann man sich nach diesem ersten Kapitel auf die Kap. 5, 7 und 10 fokussieren.
- Fasst man besonders den *Rezipienten als Abnehmer von Mediengütern* ins Auge, sind die Kap. 4, 6 und 9 wichtig.
- Bei einem Fokus auf *Mediengüter und Medienmärkte* sollte man sich mit 3.,8.,12.,13.,14. auseinandersetzen (vgl. Abb. 1.7).

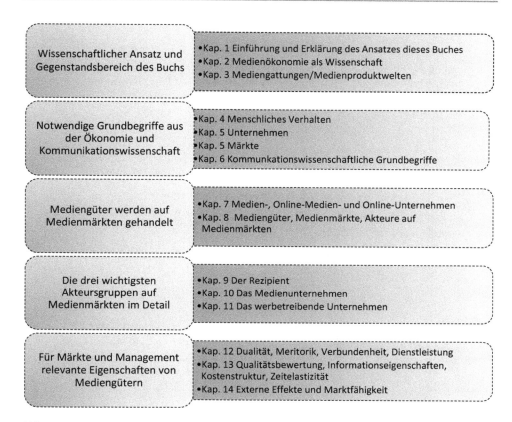

Abb. 1.6 Kapitelstruktur und Zuordnung der Kapitel

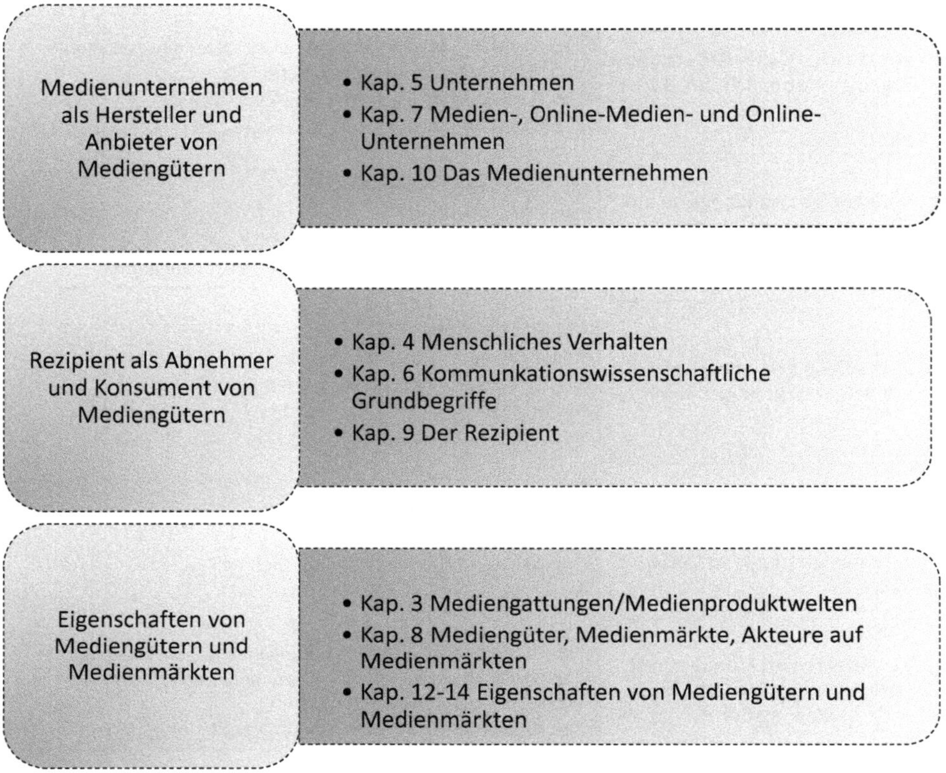

Medienunternehmen als Hersteller und Anbieter von Mediengütern	• Kap. 5 Unternehmen • Kap. 7 Medien-, Online-Medien- und Online-Unternehmen • Kap. 10 Das Medienunternehmen
Rezipient als Abnehmer und Konsument von Mediengütern	• Kap. 4 Menschliches Verhalten • Kap. 6 Kommunkationswissenschaftliche Grundbegriffe • Kap. 9 Der Rezipient
Eigenschaften von Mediengütern und Medienmärkten	• Kap. 3 Mediengattungen/Medienproduktwelten • Kap. 8 Mediengüter, Medienmärkte, Akteure auf Medienmärkten • Kap. 12-14 Eigenschaften von Mediengütern und Medienmärkten

Abb. 1.7 Inhaltlicher Zusammenhang der Kapitel

Literatur

Beck, K. (2020). *Kommunikationswissenschaft* (6. Aufl.). UVK.

Der Spiegel. (2012). Abschalten, Digger. Streitgespräch zwischen Jan Delay und Christoph Lauer. *Der Spiegel, 16*, 116–119.

Diakopoulos, N. (2019). *Automating the news – How algorithms are rewriting the media.* Harvard University Press.

Gleich, U. (2005). Neue Werbeformate im Fernsehen. *Media Perspektiven, 1*, 33–36.

Hickethier, K. (2010). *Einführung in die Medienwissenschaft* (2. Aufl.). JB Metzler.

Kiefer, M. L., & Steininger, C. (2014). *Medienökonomik: Einführung in eine ökonomische Theorie der Medien* (3. Aufl.). Oldenbourg.

Porter, M. E. (2000). *Wettbewerbsvorteile (Competitive advantage)* (6. Aufl.). Campus.

Schumann, M., Hess, T., & Hagenhoff, S. (2014). *Grundfragen der Medienwirtschaft* (5. Aufl.). Springer.

Sjurts, I. (2005). *Strategien in der Medienbranche* (3. Aufl.). Gabler.

Wöhe, G., Döring, U., & Brösel, G. (2016). *Einführung in die allgemeine Betriebswirtschaftslehre* (26. Aufl.). Oldenbourg.

Zydorek, C. (2018). *Grundlagen der Medienwirtschaft: Algorithmen und Medienmanagement.* Springer Gabler.

Zerdick, A. et al. (2001). *Die Internet-Ökonomie. Strategien für die digitale Wirtschaft* (2. Aufl.). Springer Verlag.

Die Medienwirtschaftslehre als Wissenschaft und ihr Gegenstandsbereich, die Medienwirtschaft

2

Zusammenfassung

Aufgaben und Vorgehensweise der Wissenschaft im Wirtschaftsbereich
Die Medien- und Kommunikationswirtschaftslehre als Wissenschaft
Definition und Abgrenzung der Medien- und Kommunikationswirtschaftslehre
Teilbereiche der Medien- und Kommunikationswirtschaftslehre
Was ist Medienmanagement? Definition und Abgrenzung

2.1 Aufgaben und Vorgehensweise der Wissenschaft im Wirtschaftsbereich

Die im ersten Kapitel angesprochenen Beispielfälle hatte ich dort im Hinblick auf verschiedene Dimensionen (Phasen des Produktionsprozesses, Nähe zur eigentlichen Content-Produktion) zu ordnen versucht. Dies entspricht der *Aufgabe und Vorgehensweise der Wissenschaften*, *wesentliche Bestandteile der Realität* unter gezielter Ausblendung nebensächlicher Aspekte zu entdecken, zu analysieren und dann *über die grundlegenden Merkmale des abzubildenden Gegenstands* Aussagen oder ganze stimmige Aussagesysteme zu formulieren (vgl. Wolf, 2020, S. 2 ff.). „Theoretisch" bedeutet dann also nicht „abgehoben" oder „weltfremd", sondern *gehaltvoll und begründet, auf logischen Überlegungen basierend argumentiert* und ggf. empirisch abgesichert. Theorien sind in diesem Verständnis auf diese Art gewonnene *Systeme von zusammenhängenden Wenn-dann-Aussagen über die Realität* (vgl. Wolf, 2020, S. 3 ff.).

Wenn man versucht, kurz zusammenzufassen, wie die Wissenschaften – nicht nur die Wirtschaftswissenschaften – bei der *Entwicklung und Nutzung ihrer Theorien/Aussagensysteme* vorgehen, kann man das in fünf aufeinander aufbauenden Stufen beschreiben (vgl. Wolf, 2020, S. 8–13), die immer anspruchsvoller werden.

- *Begriffsbildung* – Hier werden die Untersuchungsgegenstände benannt, die begriffskonstituierenden Merkmale des Gegenstandsbereichs ermittelt und ein eindeutiges, den Gegenstandsraum überspannendes Begriffssystem entwickelt. Ziel ist der Erwerb einer präzisen Vorstellung vom Wesen des dortigen Sachverhalts und einer gemeinsam geteilten Sprache darüber. In der Medienökonomie sind dies Begriffe wie *Massenmedien, Medienproduktwelten, externe Effekte, öffentliche Güter* u.v.m. Ich möchte Ihnen die Wichtigsten davon in diesem Buch vermitteln.
- *Beschreibung* (Deskription) – Dabei geht es um die Beschreibung der *gegenstandscharakteristischen Phänomene* sowie deren statischen oder dynamischen (Veränderung im Zeitablauf) Zustands. Vor allem sind *typische Fälle* dabei wichtig, es geht noch nicht um die Suche nach Ursachen und die Formulierung von „wenn-dann"-Sätzen. So ist beispielsweise in der deutschen Medienwirtschaft seit den achtziger Jahren eine Verschiebung der Erlöserzielung von direkten Transaktionserlösen vom Rezipienten (z. B. durch Verkauf einer Zeitung) hin zur Erlöserzielung über Werbung (z. B. beim Privatfernsehen oder im Internet) beschreibbar und mit entsprechenden Daten darstellbar.
- *Analyse und Erklärung* – Hier befasst man sich mit den *Gründen und Ursachen*, den Wirkzusammenhängen und den Beziehungen zwischen den Variablen, mit „wenn-dann"-Aussagen, die als *Hypothesen* oder *Theorien* formuliert werden. Man erstellt auf diese Weise *Modelle* als grobe Vereinfachungen der Realität. So wird beispielsweise im Mediensektor eine allgemeine Tendenz zu Unternehmenszusammenschlüssen und zur Herausbildung großer Unternehmen mit den wirtschaftlichen Vorteilen der Produktion von Medieninhalten für große, internationale Publika im Gegensatz zu kleinen Publikumsgrößen erklärt.
- *Prognosen* – Auf der Basis von rational nachvollziehbaren Argumenten werden *Voraussagen über die Zukunft* gemacht. Diese Vorhersagen sind allerdings *passiv-beschreibend* und enthalten *keine gestaltungsbezogenen Aussagen* (also nicht: wie etwas sein sollte). So wird z. B. auf der Basis von Erkenntnissen über die Rezeptionsgewohnheiten junger und älterer Leute prognostiziert, dass sich künftig die Anteile derjenigen Rezipienten, die nichtlineare Videoangebote (Mediatheken, Streaming-Plattformen) nutzen, noch weiter vergrößern werden, während das klassische lineare TV weiter an Publikumsanteilen abnehmen wird.
- *Handlungsempfehlung* – Auf dieser letzten und wissenschaftlich höchsten Entwicklungsstufe bemüht man sich um *Hilfestellung zur Problemlösung für die Praxis* durch Gestaltungsvorschläge und Handlungsanweisungen. Da die Anforderungen an *wissenschaftlich begründete Gestaltungsempfehlungen* voraussetzungsvoll und hoch sind, wird

darüber diskutiert, inwiefern dies von Wissenschaften zu leisten ist, deren Entwick-
lungsstand noch nicht ein gesichertes und geschlossenes Theoriegebäude aufweist. Als
Beispiel aus der Medienökonomie lässt sich aber dennoch die Beratungsfunktionen
von Wissenschaftlern bei der Neuausgestaltung von Regulierungsregeln bzw. -gesetzen,
etwa bei der Monopolvermeidung oder im Datenschutz anführen.

Wissenschaften entwickeln also *Begriffsapparate* und stellen sie zur Verfügung, damit
sich diejenigen, die sich mit dem jeweiligen Gegenstandsbereich (hier eben die Medienwirtschaft) befassen, auch gegenseitig verstehen können und eine *möglichst genaue und
gemeinsame Vorstellung* von den Begriffsinhalten haben (vgl. Wolf, 2020, S. 3). So muss
nicht ständig alles wieder neu erklärt werden.[1]

Außerdem spart dieser Begriffsapparat Zeit, weil man z. B. einfach *Medien-
Wertschöpfungskette* sagen kann und nicht langwierig jedes Mal neu deren einzelne Stufen
beschreiben muss. Oder man spricht von *Windowing* und dem Gesprächspartner wird
unmittelbar klar, was damit gemeint ist: dass Medienunternehmen *Gewinne maximieren,
indem Inhalte oder ein Programm über unterschiedliche Vertriebswege zu unterschiedlichen Zeitpunkten verbreitet und ökonomisch ausgewertet werden* (vgl. Zerdick et al., 2001,
S. 70 f.).

Die Wissenschaft, die diese Leistungen für den Gegenstand dieses Buchs erbringt,
heißt genau genommen *Medien- und Kommunikationswirtschaftslehre.* Es gibt durchaus
unterschiedliche Ansichten darüber, wie die (kurz gesagt) Medienwirtschaftslehre oder
Medienökonomie in die Systematik der Wissenschaften einzuordnen ist (vgl. Karmasin & Winter, 2000; Kiefer & Steininger, 2014; Gläser, 2014). Ebenfalls ist umstritten,
wie sie sich am besten aufgliedern lässt. Für diese Einführung wähle ich vereinfachend
den Ansatz in Abb. 2.1, der dem Ziel entspricht, eine *verständliche* und *eindeutige*
Zuordnung vorzunehmen. Aufgrund dieser Zuordnung kann man dann auch entscheiden, *welche wissenschaftlichen Hilfsmittel und Theorien* zu verwenden sind, um unseren
Gegenstandsbereich, die Medienwirtschaft, möglichst gewinnbringend gedanklich zu
durchdringen – nämlich vor allem *wirtschaftswissenschaftliche* und *kommunikationswissenschaftliche Begriffe und Theorien.*

---

[1] Weil mir das Thema in den vergangenen Jahren mehrfach in Vorlesungen begegnet ist, hier eine
Anmerkung: Es hat nichts mit „Meinungsfreiheit" zu tun, wenn man Fachbegriffe nicht kennt oder
verwenden mag, sondern zeigt einfach, dass man sich in dem Bereich nicht gut auskennt. Wer-
ner Sesink (2012, S. 26 f.) schreibt in seinem sehr empfehlenswerten Buch zum wissenschaftlichen Arbeiten folgendes: „Denn in der Wissenschaft hat die persönliche Meinungsfreiheit nichts zu
suchen. Hier müssen Sie vielmehr alles, was Sie äußern, auch in seinem Geltungsanspruch legitimie-
ren: durch überprüfbare Tatsachen belegen, durch nachvollziehbare Argumente begründen, durch
zwingende Beweise untermauern. Die Freiheit bedeutet nicht Freiheit von der Begründungsnotwen-
digkeit; sondern sie bedeutet, dass Ihnen niemand vorschreiben kann, zu welchen – womöglich
wünschenswerten – Ergebnissen die wissenschaftliche Tätigkeit führen soll;" (Sesink, 2012, S. 27).

Abb. 2.1 Einordnung der Medien- und Kommunikationswirtschaftslehre in die Wissenschaften. (Quelle: Eigene Darstellung)

2.2   Definition und Einordnung der Medien- und Kommunikationswirtschaftslehre

Um, wie oben gesagt, ein gemeinsames Verständnis des Begriffs zu haben, das dann für alle folgenden Kapitel gelten soll, *definiere* ich nun die Medienwirtschaftslehre:

▶ **Definition** Die Medien- und Kommunikationswirtschaftslehre behandelt die gesellschaftliche Erfindung, Produktion, Veredelung, Distribution, Diffusion und Anwendung (Rezeption/Verwertung) von Medien- und Kommunikationsinhalten, -anwendungen, -diensten und -trägern in Unternehmen, auf Märkten und bei ihren Abnehmern (Unternehmen, Rezipienten, Organisationen) unter wirtschaftlichen Gesichtspunkten. Dabei beschreibt, analysiert und interpretiert sie den Wettbewerb, die Markt- und Unternehmensstrukturen, die Wertschöpfungsketten, die Erlösstrukturen, das Handeln von Individuen, Unternehmen und Institutionen sowie die Auswirkungen dieses Handelns.

Ihnen mag diese Definition lang und unübersichtlich vorkommen. Wenn Sie genauer hinsehen, werden Sie aber erkennen, dass eine ganze Anzahl von Teilen dieser Definition von mir bis hier *schon angesprochen oder erklärt* wurde. Um Ihnen erkennen zu helfen, wo dies der Fall ist, schlage ich vor, Sie suchen und unterstreichen innerhalb dieser Definition bestimmte Aussageteile, die im bisherigen Text schon vorgekommen sind.

Fragen

Können Sie folgende Begriffe einzelnen Aussageteilen der Definition der Medien-
und Kommunikationswirtschaftslehre richtig zuordnen? Unterstreichen Sie diese in der
Definition und vergleichen Sie Ihr Ergebnis mit den Kommilitonen.

- Vorgehen als Wissenschaft (Stufen)
- Perspektive einer wirtschaftswissenschaftlichen Untersuchung
- Zentraler Untersuchungsgegenstand der Medienökonomie laut Kap. 1
- Orte, an denen die MuK untersucht
- Akteure, die untersucht werden
- Teile der Wertschöpfungskette der Medieninhalte
- Spezielle wirtschaftliche Analysegegenstände

Mit dieser Definition der Medien- und Kommunikationswirtschaftslehre wird festgelegt,
dass

- sich die medienökonomische Untersuchung primär an der *Perspektive* der Wirtschaftswissenschaften orientiert,
- sich die medienökonomische Untersuchung im Wesentlichen an den *Erkenntnissen
  und Theorien* der Wirtschaftswissenschaften orientieren kann und keine eigenen, völlig
  neuen Ansätze entwickeln muss (vgl. Meier et al., 2010, S. 244).

Trotzdem nimmt sie, wie wir im Kap. 6 sehen werden, auf Erkenntnisse auch noch anderer
Wissenschaften (allg. Kommunikationswissenschaft, Marketing) Bezug bzw. sie benutzt
diese, um Aussagen über ihren eigenen Gegenstandsbereich zu machen.

2.3 Teilbereiche der Medien- und Kommunikationswirtschaftslehre

Möchte man die Medien- und Kommunikationswirtschaftslehre in Teilbereiche gliedern,
dann kann man das aus pragmatischen Gründen nach zwei Dimensionen tun:

- Nach der *Aggregationsebene der Gegenstände/Phänomene* (also danach, ob Gegenstände wie z. B. Unternehmen als Einzelne oder zu größeren Einheiten, Branchen oder
  Volkswirtschaften zusammengefasst behandelt werden) kann man betriebswirtschaftli-
  che Phänomene von volkswirtschaftlichen Aspekten unterscheiden.
- Nach der *Zielrichtung der Erkenntnisse* (also wozu man die Ergebnisse der wissenschaftlichen Bemühungen gebrauchen will) kann man die möglichst exakte *Beschreibung, Analyse und Erklärung* der dortigen Phänomene von einer Ausrichtung auf das
  Entscheiden und Handeln in Medienunternehmen unterscheiden. Die zweitgenannte

Tab. 2.1 Medien- und Kommunikationswirtschaft als Teilbereich der Wirtschaftswissenschaften. (Quelle: Zydorek, 2009, S. 71)

Medien-VWL	Medien-BWL	Medienmanagement
Untersucht Phänomene und Prozesse auf höher aggregierter wirtschaftlicher Ebene der Branche Gegenstände: Märkte Regulierung Wettbewerbseffizienz Erlösformen Statistik Beschäftigung im Sektor	Wirtschaftslehre der Betriebe im Medienbereich Lehre *von der Führung* von MuK-Unternehmen Rahmenbedingungen und Instrumente der Unternehmen und ihrer Entscheidungen Erkenntnisziele vor allem: Begriffsbildung Deskription Analyse, Erklärung von Wirkzusammenhängen Verallgemeinerungsfähige Ergebnisse	Lehre *für die Führung,* für das Management in Medienbetrieben Primäre Ziele: Handlungsanleitungen und Gestaltungsvorschläge für die Praxis, für Entscheidungen in Medienunternehmen

Position nimmt für sich in Anspruch, im Unternehmen managen zu müssen und zu wollen, auch ohne absolute Gewissheit zu haben, ob die theoretischen Grundlagen dieser Managemententscheidungen wissenschaftlich unbestreitbar richtig sind (siehe Abschn. 2.1, Stufen der Theorieentwicklung).

Man kann dann die Dreiteilung am Ende der Abb. 2.1 nach unten hin genauer detaillieren, so wie es in der Tab. 2.1 geschieht.

Für das Studium an anwendungsbezogenen Hochschulen (Fachhochschulen) ist dieses *Entscheiden und Handeln in Medienunternehmen* besonders wichtig, denn darin besteht die *Anwendung des Wissens im Beruf.* Deswegen definiere ich hier – sehr einfach – mit dem Medienökonomen Christian Scholz, das Medienmanagement:

▶ **Definition des Medienmanagements** Medienmanagement bedeutet zum einen das Management von Medien als deren bewusste Gestaltung und zum anderen das Management von Medienunternehmen (Scholz, 2006, S. 13).

Fragen

- Welche beiden abgrenzbaren Bereiche gehören nach C. Scholz zum Medienmanagement?
- Wie unterscheiden sie sich?
- Inwiefern kann man in Bezug auf diese Definition von einem „erweiterten Blick auf den Gegenstandsbereich" der Medienwirtschaft sprechen?

2.4 Abgrenzung des Medienmanagements von Medienkompetenz und vom E-Business

Wenn man dieser einfachen Definition folgt, ist damit auch eine *Abgrenzung zu anderen Handlungsbereichen* und *zum Alltagsverständnis* von Medienmanagement gegeben, die durchaus von Bedeutung ist, denn oft werden hier unterschiedliche Tätigkeiten oder auch Lehrfächer durcheinandergebracht. Dies geschieht sogar in Lehrbüchern der Wirtschafts-informatik, Medienwirtschaftslehre, des Marketings und des Managements. Deswegen ist die folgende Abgrenzung wichtig:

- Medienmanagement heißt nicht, mit Medien im Alltag, im Beruf oder im Unternehmen gut zurechtzukommen oder umgehen zu können, im Sinne von „Frau XY managt die Medien aber gut". Hier ist der Begriff der *Medienkompetenz* treffender. Dieser Begriff umfasst (nach Pürer, 2014, S. 101) verschiedene Dimensionen des kompetenten Umgangs mit Medien. Neben der informationstechnischen Kompetenz gehört dazu die Selektions- und Beschaffungskompetenz (sich genau das holen, was man braucht, ohne der Informationsüberflutung zu unterliegen) sowie die Beurteilungskompetenz (das Vermögen, Status, Qualität, Wichtigkeit und Konsequenzen einer Information richtig einzuschätzen) sowie die Code-Kompetenz (den multimedialen Charakter der Medienangebote in Bild, Ton, Schrift etc. voll ausschöpfen zu können).
- Medienmanagement ist nicht dasselbe wie *E-Business* oder *Digital Business*. Dies wird weit öfter verwechselt, als man es auf Anhieb vermutet. E-Business ist laut einer bei dem wichtigsten englischsprachigen Lehrwerk zum Thema von Dave Chaffey zu findenden Definition die Integration von Informations- und Kommunikationstechnologien (ICT) in Geschäftsprozesse, „... potentially redesigning its business processes around ICT or completely reinventing its business model ... e-business is understood to be the integration of all these activities with the internal processes of a business through ICT" (Chaffey, 2009, S. 13). Chaffey verwendet seit 2014 den Begriff *Digital Business* alternativ zu E-Business, versteht aber genauso darunter „...how businesses apply digital technology and media to improve the competetiveness of their organisation through optimising internal processes with online and traditional channels to market and supply." (Chaffey et al., 2019, S. 15) Also: *Der betriebliche Einsatz von Informations- und Kommunikationstechnologien, digitalen oder Medientechnologien und die Reorganisation von Geschäftsprozessen mit diesen ist E-Business bzw. Digital Business, nicht Medienmanagement!* Dies sieht auch der deutsche Medienwirtschaftsprofessor Bernd Wirtz so und definiert: E-Business ist „... *Anbahnung sowie die teilweise respektive vollständige Unterstützung, Abwicklung und Aufrechterhaltung von Leistungsaustauschprozessen zwischen ökonomischen Partnern mittels Informationstechnologie (elektronischer Netze)...* " (Wirtz, 2020, S. 23, vgl. Wirtz, 2019, S. 62).

- Auch der *unternehmensexterne* Einsatz von Medientechnologien gehört nicht zum Medienmanagement, sondern zum E-Business/Digital Business. Dies wird *E-Commerce* genannt und „*...beinhaltet die elektronische Unterstützung von Aktivitäten, die in direktem Zusammenhang mit dem Kauf und Verkauf von Gütern und Dienstleistungen via elektronscher Netze stehen.*" (Wirtz, 2020, S. 32).

Um diese Unterscheidungen deutlich zu machen, bespreche ich mit meinen Studierenden gerne das Beispiel Amazon. Einerseits ist Amazon als *Produzent von Medieninhalten* (z. B. die Filmproduktionsgesellschaft Amazon Studios), als *Inhaltebündler bzw. Programmanbieter* (Amazon Video) wie auch Händler bzw. *Distributor* (Amazon.com als Versandhändler für verschiedenste Medien wie Bücher und DVDs) im medienwirtschaftlichen Bereich (d. h. in der „Wertschöpfungskette der Medieninhalte") tätig.

Andererseits arbeitet Amazon im hohen Maß in seinen Geschäftsprozessen *unterstützt durch Informations- und Kommunikationstechnologien* (z. B. Bestellabwicklung, Rechnungsstellung), das Geschäftsmodell von Amazon.com setzt seit dessen Gründung Mitte der neunziger Jahre maßgeblich im *innerbetrieblichen Einsatz* auf deren *produktivitätssteigernde* und *zeitsparende* Effekte.

Und drittens ist Amazon natürlich ein Online-Händler, der (auch *nichtmediale*) *Produkte* anbietet und sogar *Leistungsaustauschprozesse* anderer gegen Provision anbahnt, unterstützt und abwickelt (Amazon Marketplace). Im Fall von Nichtmedienprodukten kann man hier also nicht von medienwirtschaftlicher Tätigkeit sprechen, sondern ausschließlich von E-Commerce bzw. E-Business oder Digital Business.

Ich hoffe, dass anhand dieses Beispiels der Gewinn einer klaren Begriffsfestlegung und -unterscheidung deutlich geworden ist und Ihnen nun klar ist, dass ein *Onlinehändler mitnichten automatisch ein Medienunternehmen* ist (wenn er nämlich keine Mediengüter vertreibt) und jemand, der Online-Marketing betreibt, dadurch nicht zum Medienmanager wird.

Literatur

Chaffey, D. (2009). *E-business and e-commerce management: Strategy, implementation and practice* (4. Aufl.). Prentice Hall.

Chaffey, D., Hemphill, T., & Edmundson-Bird, D. (2019). *Digital business and e-commerce management* (7. Aufl.). Pearson

Gläser, M. (2014). *Medienmanagement* (3. Aufl.). Vahlen.

Karmasin, M., & Winter, C. (Hrsg.). (2000). *Grundlagen des Medienmanagements*. Fink.

Kiefer, M. L., & Steininger, C. (2014). *Medienökonomik: Einführung in eine ökonomische Theorie der Medien* (3. Aufl.). Oldenbourg.

Meier, W. A., Trappel, J., & Siegert, G. (2010). Medienökonomie. In H. Bonfadelli, O. Jarren, & G. Siegert (Hrsg.), *Einführung in die Publizistikwissenschaft* (3. Aufl., S. 239–270). Haupt.

Pürer, H. (2014). *Publizistik und Kommunikationswissenschaft* (2. Aufl.). UVK.

Scholz, C. (Hrsg.). (2006). *Handbuch Medienmanagement*. Springer.

Sesink, W. (2012). *Einführung in das wissenschaftliche Arbeiten* (9. Aufl.). Oldenbourg.

Wirtz, B. W. (2019). *Digital business models.* Springer.

Wirtz, B. W. (2020). *Electronic business* (7. Aufl.). Springer Gabler.

Wolf, J. (2020). *Organisation, Management, Unternehmensführung* (6. Aufl.). Gabler.

Zerdick, A., et al. (2001). *Die Internet-Ökonomie* (3. Aufl.). Springer.

Zydorek, C. (2009). Postmediale Wirklichkeiten und Medienmanagement. In S. Selke & U. Dittler (Hrsg.), *Postmediale Wirklichkeiten – Wie Zukunftsmedien die Gesellschaft verändern* (S. 67–92). Heise.

Mediengattungen und Medienproduktwelten 3

Zusammenfassung

Welche Medien sind Gegenstand dieses Buchs?
Welche Mediengattungen gibt es?
Was sind Eigenschaften dieser Mediengattungen?
Warum ist die Unterscheidung zwischen dem Medienträger und dem Content wichtig?
Warum sprechen Medienökonomen von „Produktwelten" im Medienbereich?
Wie sehen Beispiele für Medienproduktwelten aus?

3.1 Mediengattungen

Die verschiedenen Begriffsverständnisse des Medienbegriffs bezeichnen, so hatte ich schon in Kap. 1 festgestellt, nicht selten etwas völlig Unterschiedliches (vgl. hierzu auch Kiefer & Steininger, 2014, S. 15 ff.). Es ist also zu klären, was in diesem Buch mit *Medien* gemeint ist und welche Medien in unseren Betrachtungsbereich fallen. Außerdem wäre noch zu prüfen, wie diese Medien sich zusammenfassen lassen, welche für meine medienwirtschaftliche Untersuchung geeigneten *Oberbegriffe* es gibt.

Was sind Medien, die in den Betrachtungsbereich dieses Buchs fallen und wie werden sie zusammengefasst und systematisiert?

Fragen

- Sammeln Sie alle Medien, die Ihnen vor dem Hintergrund des bisher Gesagten einfallen.

© Springer Fachmedien Wiesbaden GmbH, ein Teil von Springer Nature 2023
C. Zydorek, *Einführung in die Medienwirtschaftslehre*,
https://doi.org/10.1007/978-3-658-40089-7_3

- Versuchen Sie, Kategorien oder Oberbegriffe für diese Medien zu finden, denen sie, z. B. im Internet, in Funk und Fernsehen, aber auch im Studium schon einmal begegnet sind.

Im Alltag begegnet man häufig dem Begriff *Mediengattung* und verschiedenen folgenden *Mediengattungsbegriffen*. Diese Begriffe sind, da sie sich nicht gleichzeitig und nicht im Zusammenhang entwickelt haben, oft *weder trennscharf noch eindeutig*. Dennoch scheint es mir wichtig, diese Begriffe zu kennen, da sie Ihnen in Ihrem Praxissemester oder nach dem Studium im Berufsalltag unweigerlich begegnen werden. Manchmal versteht man in unterschiedlichen Tätigkeitsbereichen (z. B. Journalismus vs. Werbung) etwas Unterschiedliches, wenn derselbe Begriff verwendet wird.

Presse
Dieser Begriff meint eigentlich Zeitung und Zeitschriften, wird aber häufig auch so verstanden, dass alle Massenmedien, die *Nachrichten und Meinungen* veröffentlichen, damit gemeint sind.

Printmedien
Gemeint sind damit *gedruckte Medienträger* wie Anzeigenblätter, Bücher, Zeitungen, Zeitschriften und auch Broschüren, Comics, Flyer, Plakate. Hiermit werden also zuweilen auch die reinen Werbemedien und die Medien der privaten, individuellen Kommunikation (z. B. Postkarten) eingeschlossen.

Klassische Medien
Ist ein Begriff aus dem Werbebereich, der die *anonyme und massenhafte Kommunikation* mit Print und Rundfunk, Kino, Außenwerbeformen wie Verkehrsmittelwerbung umfasst. Über klassische Medien betreibt man sogenannte *above-the-line-Kommunikation*, während das Gegenteil, die *below-the-line-Kommunikation* nicht (direkt) über die klassischen Medien läuft (Direktmarketing, Verkaufsförderung, Eventmarketing etc.) und (eher) persönlich, direkt und gezielt stattfindet. Er wird bisweilen auch der *Direktmarketing-Werbung* entgegengesetzt, bei der man den Rezipienten mit Werbemitteln direkt adressieren kann (personalisierter Brief, E-Mail, Prospekte).

Ambient Media
Ebenfalls im Werbebereich wird der Begriff Ambient Media benutzt, der sich auf die Werbeansprache im Außerhausbereich des täglichen Umfeldes der Zielgruppe (z. B. Gratispostkarten in Kneipen) und auf dessen *Ambiente* (das bedeutet in etwa Umgebungsstimmung), z. B. den Einsatz von Info-Screens in U-Bahnen, bezieht.

Neue Medien

Ist wieder ein Begriff, der tatsächlich den für uns relevanten Medienbereich betrifft, aber sehr interpretationsoffen ist, da er *einen Zeitbezug* hat. Was früher Neue Medien waren (zeitweise Radio, TV, Bildschirmtext, CD/DVD), kann heute nicht mehr als solches gelten. Dafür werden heute Anwendungen wie Augmented Reality und Virtual Reality in diese Kategorie fallen. Man muss hier also eigentlich gleichzeitig sagen, welche Medien man meint, womit dann wiederum der Gattungsbegriff eigentlich überflüssig wird.

Elektronische Medien

Als Begriff bezieht sich wie der Ausdruck Printmedien auf den *Weg der Übertragung.* Damit war zunächst vor allem Radio und TV gemeint, heute muss alles, was elektronisch überträgt, dazu gezählt werden, also auch das Internet, Kabel, Mobiltelefone, Fachinformationen aus Online-Datenbanken etc.

Digitale Medien

Damit sind wir bei dem Begriff der Digitalen Medien angelangt, der im Gegensatz zum Begriff der analogen Medien auf digitale Informationsverarbeitung, also *Informations-darstellung* und *Informationsdistribution auf binärer Basis* (0/1) verweist. Dazu gehören natürlich das Internet und seine vielfältigen Anwendungen, Digitales TV, Computerspiele etc. Die Digitalisierung ermöglicht die Übertragung großer Mengen von Texten, Bildern, Audio- und Videodaten etc. ohne Qualitätsverlust und mit großer Geschwindigkeit, was die Möglichkeiten für elektronische Geschäftsprozesse enorm erweitert (vgl. Kollmann, 2019, S. 40 ff.).

Interaktive Medien

Bezeichnen (für uns) Medien, die eine *Interaktion auf Basis einer Zweiseitigkeit* der Übertragung ermöglichen, die Empfänger zum Sender machen können. Dabei ist zunächst einmal nicht wichtig, wie intensiv die Interaktion sein kann, solange sie vom Prinzip her gegeben ist. Eine Interaktion kann auch zwischen dem User und dem vom inhaltlichen oder technischen Entwickler gestalteten System bzw. dessen Inhalt stattfinden.[1]

Soziale Medien

Social Media nehmen seit einigen Jahren dadurch eine besondere Stellung ein, dass sie die gerade angesprochene Interaktion in den Vordergrund stellen: Bei ihnen handelt es sich um Anwendungen, „... *that build on the ideological and technological foundations of Web 2.0, and that allow the creation and exchange of User Generated Content* " (Kaplan & Haenlein, 2010, S. 61). Die beiden zitierten Autoren meinen damit, dass der *Medieninhalt* wesentlich *durch den Nutzer* und nicht durch professionelle Produzenten erzeugt wird und dass dafür

---

[1] Falls Sie mit dieser Kurzerklärung berechtigterweise nicht zufrieden sind und Genaueres wissen wollen, lesen Sie den Abschn. 2.4 in Zydorek (2018).

verschiedene Voraussetzungen gegeben sein müssen, wie *echte Interaktivität, Offenheit und Integration des Nutzers in die Inhalte-Produktion, Dezentralität* statt eines zentralen Inhalte-Anbieters und *Dynamik*, statt einer vorgegebenen starren Struktur des Medienangebots (vgl. Kilian et al., 2008, S. 5 ff.).[2]

Der *Charakter* und die *Eigenschaften* von Mediengattungen können sich stark unterscheiden und deswegen kann man sie im Hinblick auf bestimmte *Grundcharakteristika, Kriterien* oder *Dimensionen* vergleichen (vgl. Tab. 3.1). Beispielsweise ist in der Tab. 3.1 die Dimension „Basistechnologie" an den Anfang gestellt, gefolgt von „darstellbares Zeichensystem", „Aktualität", „typische Periodizität" etc.

Fragen

- Schaut man sich die Eigenschaften der wichtigsten Mediengattungen nach den sechs wichtigen in der Tab. 3.1, erste Zeile, unterschiedenen Dimensionen an, fallen gewisse Unterschiede zwischen den Gattungen auf: Beschreiben Sie bitte diese Unterschiede.
- Wofür im Hinblick auf das Medienmanagement könnte eine solche Aufschlüsselung nach Dimensionen sinnvoll sein?
- Fallen Ihnen andere hilfreiche Dimensionen ein, nach denen eine Unterscheidung der Mediengattungen aus Sicht des Medienmanagements sinnvoll sein könnte?

Ein schönes Beispiel, das illustriert, welche Bedeutung allein die unterschiedlichen *verwendeten Zeichensysteme* (Spalte 3 der Tab. 3.1) haben, ist mir vor einiger Zeit in dem Buch „Sand" von Wolfgang Herrndorf (2012, S. 81 f.) aufgefallen. Es zeigt gleichzeitig, wie man allein mit dem *Zeichensystem Schrift* im Kopf des Lesers *bewegte Bilder* erzeugen kann – wenn man die Sprache so beherrscht wie Wolfgang Herrndorf dies tat:

Beispiel

Die Musik brach ab, die Kamera fuhr zurück, und die grisselige Analoguhr wurde Teil eines Nachrichtenstudios. Ein sehr junger, sehr gut aussehender Mann saß hinter einem Teakholztisch, auf dem in genauer Symmetrie ein Blumengesteck, ein Kondensatormikrofon und ein schwarzer Telefonapparat standen. Der junge Mann begrüßte die Zuschauer (…) und verlas die Meldungen (…) Der Nachrichtensprecher las ernst und salbungsvoll. Als hinter ihm das Bild einer Frau in schwarzen Hidschab erschien, die sich vor verkohlten Kinderleichen auf dem Boden wälzte, brach ihm die Stimme. Mit einem unterdrückten Schluchzen tauchte er unter den Tisch, schnäuzte sich und verlas nach angemessener Pause die Fördermengen jüngst erschlossener Phosphorminen des Nordens.◄

---

[2] Diese Ideen beschreibt Tim O'Reilly (2005) in seinem legendären Aufsatz: What is Web 2.0? Es geht in dem Text vor allem um die Folgen, die eine zunehmende Webfokussierung für die Produktion von Inhalten (auch Daten, Dienste) hat, z. B. in Bezug auf Skalierbarkeit von Leistungen, Zusammenarbeit und Zusammenschaltung sowie in Bezug auf die ständige Verbesserung von Inhalten und Software.

Tab. 3.1 Mediengattungen nach wichtigen Dimensionen/Beschreibungscharakteristika. (Quellen: Dahinden & Trappel, 2010, S. 439 f.; Gläser, 2014, S. 100 ff., ergänzt und verändert, Daten für deutschsprachige Bevölkerung ab 10 Jahren, Bezugsjahr 2010, Quelle: http://www.mediendaten.de/med ienausstattung-geraete-d.html, Abruf 28.3.2012)

Mediengattung	Basistechnologie	Darstellbare Zeichensysteme	Mögliche Aktualität	Typische Periodizität	Ausrichtung der Kommunikation	Erreichbarkeit von Haushalten
Buch	Druck	Schrift, stehende Bilder	Gering (Wochen, Monate)	Keine	Einseitig	Technisch keine Reichweitenbeschränkung, faktisch gering
Zeitung	Druck	Schrift, stehende Bilder	Hoch (Stunden, Tage)	Täglich	Einseitig	Technisch keine Reichweitenbeschränkung, faktisch gering
Zeitschrift	Druck	Schrift, stehende Bilder	Mittel (Tage, Wochen)	Wöchentlich oder seltener	Einseitig	Technisch keine Reichweitenbeschränkung, faktisch gering
Film	Audiovision (analog oder digital)	Ton und Schrift, bewegte Bilder, stehende Bilder	Gering (Wochen, Monate)	Keine	Einseitig	Technisch keine Reichweitenbeschränkung, faktisch gering
Radio	Audiotechnik	Ton	Sehr hoch (simultan)	Mehrmals täglich	Einseitig	Technisch keine Reichweitenbeschränkung (94 %), faktisch gering
TV	Audiovision (analog oder digital)	Ton und Schrift, bewegte Bilder, stehende Bilder	Sehr hoch (simultan)	Mehrmals täglich	Einseitig	Technisch keine Reichweitenbeschränkung, da Vollversorgung (96 %)
Elektronische Trägermedien	Audiovision	Ton und Schrift, bewegte Bilder, stehende Bilder	Gering (Wochen, Monate)	Keine	Einseitig	Technisch keine Reichweitenbeschränkung, faktisch gering

(Fortsetzung)

Tab. 3.1 (Fortsetzung)

Mediengattung	Basistechnologie	Darstellbare Zeichensysteme	Mögliche Aktualität	Typische Periodizität	Ausrichtung der Kommunikation	Erreichbarkeit von Haushalten
Online-Medien	Computernetzwerke mit Unterscheidung von Server und Client	Ton und Schrift, stehende Bilder, bewegte Bilder, Interaktivität	Sehr hoch (bei Bild und Ton Simultanität möglich)	Sofort bis mehrmals täglich	Zweiseitig oder mehrseitig	Vollversorgung
Video- und Computerspiele	Audiovision, auch über Computernetzwerke	Ton und Schrift, stehende Bilder, bewegte Bilder, Interaktivität	Gering bis Mittel	Keine bis im Jahresbereich liegend	Einseitig, zwei- oder mehrseitig	Unterschiedlich Offline, Online, Mobil

3.2 Medienträger und Medieninhalt

Eine erste medienökonomisch sehr bedeutsame Abgrenzung, die schon an dieser Stelle für uns relevant wird, ist die zwischen dem *Medienträger* (dem Kommunikationsmittel als Kombination von Kanal und Zeichensystem) und dem durch ihn übertragenen *Kommunikationsgehalt*. Im Zentrum der klassischen medienökonomischen Untersuchung steht dabei der Kommunikationsgehalt (Content) (vgl. Sjurts, 2004, S. 162; Kiefer & Steininger, 2014, S. 16). Bedeutsam für seine Verwertungsmöglichkeiten ist aber sehr stark der Medienträger (etwa Zeitungspapier, Funkwellen, optische Speichermedien wie CD, Kabelübertragung).

3.3 Mediengattungen und Medienökonomie

Ich möchte jetzt eine medienökonomische Perspektive auf die Mediengattungen einführen, die m. E. sehr hilfreich ist, weil sie den Blick viel genauer auf die *für das Management, die Konzeption, die Produktion und Vermarktung von Mediengütern bedeutsamen Aspekte* richtet. Ich gehe dabei schrittweise vor:

Schritt 1: Definition des Begriffs der Medienproduktwelten
Schritt 2: Wie und womit man eine Produktwelt beschreiben und analysieren kann.
Schritt 3: Diskussion eines Beispiels: Printzeitung
Schritt 4: Gestaltung einer Produktwelt: Nachrichten

Schritt 1: Definition des Begriffs Medienproduktwelten
Vom medienökonomischen Standpunkt her nähert sich Martin Gläser (2014, S. 99–129) noch detaillierter den Mediengattungen: Wenn man sich erinnert, wie wir oben Medienmanagement definiert haben (als bewusste Gestaltung von Medien und Management von Medienunternehmen), dann zeigt sich hier, dass wir Medien ja *als Produkte herstellen und verkaufen* wollen. Dabei ist der Blick heutzutage nicht mehr so sehr auf technisch basierte oder produktionsprozessbezogene Kriterien gerichtet, als vielmehr auf *abnehmerbasierte Kriterien* wie auf den Kundennutzen oder (bei Medien) die Inhaltserwartung der Rezipienten (vgl. Rimscha & Siegert, 2015, S. 44). Man fokussiert sich zunehmend darauf, die angebotenen Güter als Wertvorschlag (value proposition) zu sehen, dessen Annahme und Umwandlung in realen Wert abhängig vom potenziellen Rezipienten, seinem Nutzungskontext und den von ihm in den Prozess eingebrachten Ressourcen und Kompetenzen (Zeit, Aufmerksamkeit, Interesse, Nutzungskompetenz etc.) ist (Kiefer, 2020). Insofern macht es auch Sinn, *aus ökonomischer Perspektive* von Mediengattungen als *Produktwelten* zu sprechen, die mit bestimmten *Eigenschaften* ausgestattet sind, welche bei der

bewussten Gestaltung von Medien zu berücksichtigen sind und sich an einem Nutzen für den Produktabnehmer ausrichten (vgl. Gläser, 2014, S. 101 f.).

▶ **Definition** Gläser spricht im medienökonomischen Zusammenhang von *Produktwelten publizistischer Endprodukte,* also „… Contents …, die von Medienunternehmen erzeugt, gebündelt und distribuiert werden und die bei einem bestimmten Kreis von Rezipienten (…) einen (…) Grundnutzen und einen Zusatznutzen generieren sollen" (Gläser, 2014, S. 101).

Schritt 2: Wie und womit man eine Produktwelt beschreiben und analysieren kann
In den Fragen zur Tab. 3.1 hatte ich Sie gebeten, sich über *für das Medienmanagement relevante Unterscheidungskriterien* von Mediengattungen Gedanken zu machen. Jetzt können wir dies vor dem Hintergrund der Definition des Begriffs Produktwelt erneut, mit einem leicht konkretisierten Auftrag, versuchen.

Fragen

- Suchen Sie nach Eigenschaften von Mediengütern, die für die *Produktgestaltung* und die *Gestaltung der Vermarktung* dieses Produktes bedeutsam werden können. Das Produkt besteht aus Content auf einem oder über einen spezifischen Träger.
- Versuchen Sie, *Kerneigenschaften, Hauptunterscheidungskriterien* und *Hauptunterformen* einer solchen Produktwelt, beispielsweise der Produktwelt Zeitung aufzuschreiben, die für das Medienmanagement von Bedeutung sein können.

Aus unserem speziellen Ansatz des Verständnisses von Medienmanagement und unserem Verständnis von Mediengattungen als (gestaltbare) Produktwelten resultiert die Frage:
Was sind *für das Medienmanagement relevante Gestaltungsdimensionen* von Produktwelten?
Unser Ansatz schließt an die Dimensionierung nach den *Aktions- oder Handlungsvariablen des Marketing Mix* an. Dies möchte ich kurz erklären:
Man sagt, dass das operative Marketing die *Gesamtheit derjenigen Handlungsalternativen* umfasst, die sich auf die Beeinflussung der relevanten Marktteilnehmer (Zielgruppen, Wettbewerber, Marktumfeld) richtet. Aus der großen Anzahl dieser möglichen Handlungsoptionen (also, was man wie gestalten kann) soll man den *speziellen Marketing Mix herausarbeiten*, der den eigenen Zielen und Strategien des Produktanbieters entspricht und erfolgversprechend ist.
Man ordnet, wenn man diesem Gedanken folgt, der Übersicht und der inhaltlichen Zugehörigkeit nach die oben genannten Handlungsoptionen *vier Teilbereichen* zu (vgl. Meffert et al., 2015, S. 354 ff.; Kotler et al., 2016, S. 124 f., 405 ff.):

- Dem Bereich „Produkt", mit den Teilbereichen Design, Kernleistungen, Produktqualität, Zusatzleistungen, Kundendienst, auch Sortiment/Programm, Verpackung, Marke etc.
- Dem Handlungsbereich „Preis", wo man zu den Teilbereichen Preishöhe, Erlöstyp (wie und von wem werden Erlöse erzielt), Konditionen und Rabatten Entscheidungen treffen muss.
- Dem Entscheidungsbereich „Distribution" zur Art der physischen oder digitalen Distribution, zu den Absatzwegen, Verkaufsorganen, der Verfügbarkeit des Produkts am Absatzort etc.
- Dem Aktionsbereich „Kommunikation", in dem das Produkt bekannt gemacht und das Nutzenversprechen über die verschiedenen Instrumente (Werbung, PR, Verkaufsförderung, Sponsoring etc.) so kommuniziert werden soll, dass die Zielkunden damit zum Handeln motiviert werden (Abb. 3.1).

Schritt 3: Diskussion eines Beispiels: Produktwelt Printzeitung
Martin Gläser hat in seinem Buch „Medienmanagement" verschiedene Mediengattungen bzw. Produktwelten beispielhaft beschrieben. Ich habe zunächst für Sie hier das relativ einfache und instruktive Beispiel *Printzeitung* zusammengefasst (nach Gläser, 2014, S. 105–107). Sie erkennen dabei zunächst einen Teil mit der Definition der Kerneigenschaften der Produktwelt. Dann wird beschrieben, wie die einzelnen Wettbewerbsprodukte

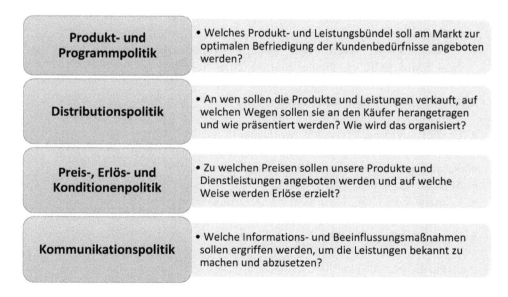

Abb. 3.1 Handlungsbereiche und zugeordnete. Fragestellungen. (Eigene Darstellung)

sich voneinander unterscheiden und voneinander abheben können (Differenzierungskriterien). Drittens wird auf auffällige Änderungen im Bezug auf die Produktgestaltung (und Erlöserzielung) abgehoben (produktpolitische Aspekte).

Produktwelt Zeitung

Definition/Eigenschaften:

- Periodische Veröffentlichung (mindestens zweimal pro Woche)
- Redaktioneller Teil dient der kontinuierlichen, aktuellen, (meist) thematisch nicht auf bestimmte Stoffgebiete begrenzten Nachrichtenübermittlung (universell, auf alle Lebensbereiche bezogen)
- Nutzer widmen sich bei Nutzung aktiv dem Medium (kein Nebenbei-Medium)
- Produkt wird maßgeblich von optischen/haptischen Aspekten bestimmt: Format, Umfang, Gliederung, Bindung, Papierqualität, Layout
- Hohe räumliche, zeitliche, sachliche Mobilität (Transportierbarkeit, Rezeptionsort und -zeit, Gegenstand des Inhaltes)
- Inhaltliche Universalität, überwiegend keine inhaltliche und thematische Beschränkung
- Hohe Zeitintensität bei der Nutzung durch den Rezipienten
- Einfache Regionalisierbarkeit
- Hohe Variierbarkeit (Format, Papier, Schriftgröße etc.)
- Nutzung ist ortsunabhängig (zu Hause, im Bus, bei der Arbeit), da leicht transportierbar
- Wird stark als Werbeträger genutzt (Bruttowerbeumsatz in Dtl. 2015 ca. 4,7 Mrd. EUR, vgl. Heffler & Höhe, 2016, S. 157)

Differenzierungskriterien für Zeitungen:

- Erscheinungsweise (Tageszeit, Wochentag)
- Vertriebsart (Abo, Kauf)
- Vertriebsgebiet (lokal, regional, überregional)
- Standort (Großstadt, Vorort, ländlich)
- Erlöserzielung (Abo, Kauf, Gratis/Anzeigenfinanziert)
- Transportweg (Print, E-Paper, Web)
- Format, Umfang, Bindung, Layout, Farbe, etc.

Produktpolitische Aspekte:

- Werden zunehmend von das Kernprodukt ergänzenden Randprodukten bestimmt (Zweck: Leserbindung, Zusatzgeschäft), z. B. Sonderbeilagen und -ausgaben, Leserreisen, Gewinnspiele, Artikeldienst/Archiv, Verbundleistungen (eigene Telefontarife), etc.◄

Schritt 4: Gestaltung einer Produktwelt: Nachrichten
Man könnte sagen, dass das Medienmanagement für das jeweilige Produkt unter Berücksichtigung der jeweiligen Produktwelt *angepasste Angebote für Rezipienten(gruppen)* zu konzipieren, zu produzieren und zu vermarkten hat.

Vor diesem Hintergrund der *an Zielgruppen angepassten Produktweltangebote* ist das Beispiel der Printzeitung ein hervorragender Betrachtungsgegenstand, da viele jüngere Nachrichtenrezipienten die Produktwelt Printzeitung für ein vollkommen veraltetes Inhaltsangebot halten und es selbst nicht im Geringsten nutzen. Man kann also sehr realitätsnah die Frage stellen, in Bezug auf welche Dimensionen diese „veraltete Produktwelt" Printzeitung eine *Modernisierung im Hinblick auf einen künftigen Erfolg* bei der jungen Generation erforderlich macht.

Dies wäre allgemein zunächst durch folgende Fragen möglich, die ich Sie schriftlich zu beantworten bitte (Stichworte reichen):

Fragen

- Was muss Ihrer Ansicht nach und aus ihrer persönlichen Erfahrung heraus ein Nachrichtenanbieter/Zeitungsverlag tun, um die junge Zielgruppe der 18–24-Jährigen (Generation z) zu erreichen?
- An welchen der von Ihnen zu den vorhergehenden Ausführungen (zur Tab. 3.1 Mediengattungen und dem Beispiel der Printzeitung von Gläser) gesammelten Kriterien/Kerneigenschaften müsste man dabei ansetzen?
- Welche weiteren wichtigen Kriterien fallen Ihnen ein, wenn Sie aus Sicht des Medienmanagements/Marketings/der 4 P darauf schauen?
- Welche speziell rezipientenbezogenen Kriterien sind bei einem Vergleich der verschiedenen Online-Informationsangebote (Facebook, Twitter, Instagram, Messenger, Aggregatoren[3], Newsplattformen, News Alerts) aus Ihrer Sicht wichtig?
- Wie beurteilen Sie die Bedeutung der Marke und der Reputation des Nachrichtenmediums, des Vertrauens, der Zugriffskosten, der Möglichkeit der Interaktion mit den Inhalten/Anbietern sowie die Bedeutung von Weiterempfehlungen von Nachrichteninhalten für den Erfolg des Nachrichtenangebots (vgl. dazu beispielsweise die Studie Reuters Institute, 2016[4], zu Marke 88 ff., zu Vertrauen S. 94 f., 110 f. zu Empfehlungen S. 112 ff.)? Formulieren Sie je eine Aussage zur Bedeutung jedes einzelnen dieser genannten Charakteristika.

Zu der Frage, wie die Generationen y (25–34 Jahre) und z (18–24 Jahre) im Vergleich zu Älteren (ab 35 Jahre) bevorzugt Nachrichten konsumieren, sind in einer Studie von Flamingo Group und Reuters Institute (Galan et al., 2019) sowie im Digital News Report des Oxford Institute von 2019 Daten zu finden (Reuters Institute, 2019, S. 54–59). Die Daten

---

[3] Upday, Flipboard, Apple News etc.
[4] https://reutersinstitute.politics.ox.ac.uk/our-research/digital-news-report-2016.

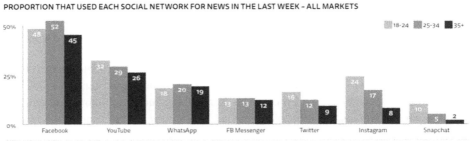

Abb. 3.2 Anteile von drei Altersgruppen, die in Sozialen Netzwerken in der Woche vor der Befragung Nachrichten genutzt haben. (Quelle: Reuters Institute, 2019, S. 56)

können, obwohl sie in den USA und in UK erhoben wurden, zusammen mit weiteren Studien (Reuters Institute, 2020, S. 70, Beisch & Schäfer, 2020, S. 462–481) auch Auskunft zu Tendenzen der Veränderung der Produktwelt Nachrichten auch in Deutschland geben, sowie zu den Dimensionen, in denen sie geschehen müsste.

Allgemeine Ergebnisse:

- Die beiden zentralen Gruppen benutzen zu einem hohen Prozentsatz das Internet[5] sowie soziale Medien[6] und nutzen dafür ihre Smartphones.
- Dies wirkt sich auch auf ihren Nachrichtenkonsum aus.
- Den Zugang zu Medien finden die beiden Gruppen über soziale Medien, Aggregatoren und andere nichttraditionelle Medien.
- Sie nutzen für den Nachrichtenkonsum primär Ihre Smartphones, gemessen in „Erstkontakt mit Nachrichten an einem typischen Tag".
- Es werden Social Media Plattformen und Messenger Apps benutzt (57 %).
- Es gibt Altersunterschiede bei der Bevorzugung bestimmter Social Media-Anwendungen (siehe Abb. 3.2).

Bevorzugte Nachrichtenquellen und Veränderung der Nutzungsdauer
In Deutschland wurden im Jahr 2020 von allen Nutzern in Bezug auf Nachrichten am meisten Facebook, WhatsApp und YouTube genutzt (siehe Abb. 3.3), Instagram und Twitter liegen mit jeweils 6 % deutlich zurück.

Die Veränderungen in Bezug auf die Nutzungsdauer innerhalb des Jahres vor der Befragung bei den unter 35-jährigen wird in der Grafik (Abb. 3.4) dargestellt. Dabei wird deutlich, dass die Nutzungsdauer bei YouTube, Instagram und WhatsApp im Jahr 2019 um 22–25 %

---

[5] In Deutschland 100 % der genannten Altersgruppen (Beisch & Schäfer, 2020, S. 464).

[6] In Deutschland sind dies im Jahr 2020 bei den 14–29-jährigen 92 % WhatsApp, 53 % Instagram, 27 % Snapchat und 24 % Facebook (Beisch & Schäfer, 2020, S. 466).

TOP SOCIAL MEDIA AND MESSAGING

Rank	Brand	For News		For All		Rank	Brand	For News		For All
1	Facebook	22%	(-)	49%		4	Instagram	6%	(-)	25%
2	WhatsApp	16%	(-)	69%		5	Twitter	6%	(+1)	13%
3	YouTube	14%	(-5)	55%		6	Facebook Messenger	4%	(-)	22%

Abb. 3.3 Top Social Media und Messaging-Anwendungen. (Quelle: Reuters Institute, 2020, S. 70)

zugenommen hat, sich bei Twitter und Facebook kaum verändert und bei Snapchat um 19 % abgenommen hat (Reuters Institute, 2019, S. 56).

Die Funktion der Nachrichteninhalte für die Rezipienten

Was die Inhalte anbetrifft, legen jüngere Leute Wert auf mehr Berücksichtigung ihrer Belange und Perspektiven bei der Berichterstattung. Die *Funktionen* der Nachrichteninhalte für diese Rezipienten werden wie folgt beschrieben (Galan et al., 2019, S. 16):

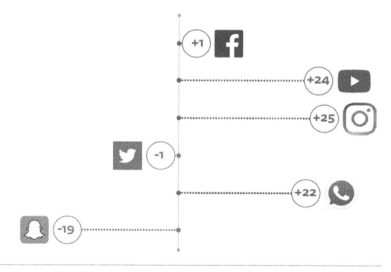

Q12C_2019. You say you use the following social networks for any purpose, in the last 12 months, has the amount of time you spend using them changed? *Base: Under 35s that used each social network in the last week: Facebook = 15,267, YouTube = 15,838, WhatsApp = 11,448, Instagram = 11,725, Snapchat = 4674, Twitter = 5249. Note: Showing difference between proportion that said 'more time' and proportion who said 'less time'.*

Abb. 3.4 Veränderung der Nutzung von Social Networks nach Reuters. (Quelle: Reuters Institute, 2019 S. 56)

Traditional news brands see it as: what you should know. Young audiences see it as: what you should know (to an extent), but also what is useful to know, what is interesting to know, and what is fun to know. The role of news for young people appears primarily individualistic; it's about what it can do for them as individuals – rather than for society as a whole. (...) Bearing in mind the key themes of progress and entertainment, there are three ways to drive news brands in the right direction:

- Personal Utility (useful, helps personal development, contributes to status/identity, can act as social glue
- Entertainment (enjoyable, high entertainment value, fun content and delivery)
- Point of View. News that:
  - Has a point of view or an angle on a story.
  - Is clearly informed by facts (rather than prejudice or agenda).
  - Helps me develop my own point of view.
  - Is different to predictable/politicised/extreme opinion and ideology.

Nutzungssituationen für Nachrichten („News moments")
Bei den jüngeren Leuten lassen sich vier hauptsächliche *Rezeptionssituationen* identifizieren, die die Wertschätzung der Nachrichteninhalte deutlich beeinflussen (vgl. Abb. 3.5):

- Zeitpunkte, in denen sie sich dediziert dem Nachrichtenkonsum widmen (speziell am Abend oder an Wochenenden) und auf inhaltliches Verständnis und Informationsvertiefung aus sind.
- Momente, in denen ein (effizientes, einfaches, schnelles) Nachrichten-Update gewünscht wird.
- Zeitfüllersituationen, konstant über den Tag verteilt, wenn man berufspendelt oder in einer Schlange steht oder während man (auf einer Plattform oder in der Realwelt) etwas anderes tut, zur Ablenkung oder zum Amüsement.
- Benachrichtigungen/Alerts von persönlicher oder kollektiver Relevanz, die auf dem Endgerät eingehen und entweder von Freunden oder den die Nachrichten versendenden Organisationen stammen (vgl. Reuters Institute, 2019, S. 55; Galan et al., 2019, S. 19).

Nutzungssituationen und ihre zugehörigen Zugangswege zu Nachrichten
Bestimmte *Rezeptionssituationen sind mit bestimmten Anwendungen verbunden*. Für das Informationsupdate und als Zeitfüller werden Nachrichten über Social Media und Nachrichtenaggregatoren genutzt. Dabei ist der vom Homescreen des Smartphones ausgehende rechts- oder links-Swipe zu einer Überschriftenliste der aktuellen News von Aggregatoren eine immer prominentere Anwendung. Die Hauptmotivation dabei ist Convenience/Bequemlichkeit beim Nachrichtenkonsum, da ihn jüngere Menschen mit den sonstigen Smartphone-Aktivitäten ohne viel Aufwand integrieren wollen (Reuters Institute, 2019, S. 56).

Marken von Nachrichtenorganisationen spielen keine große Rolle im Leben jüngeren Leute, unter den wichtigsten 25 Apps befindet sich *keine News App* (z. B. BBC, CNN).

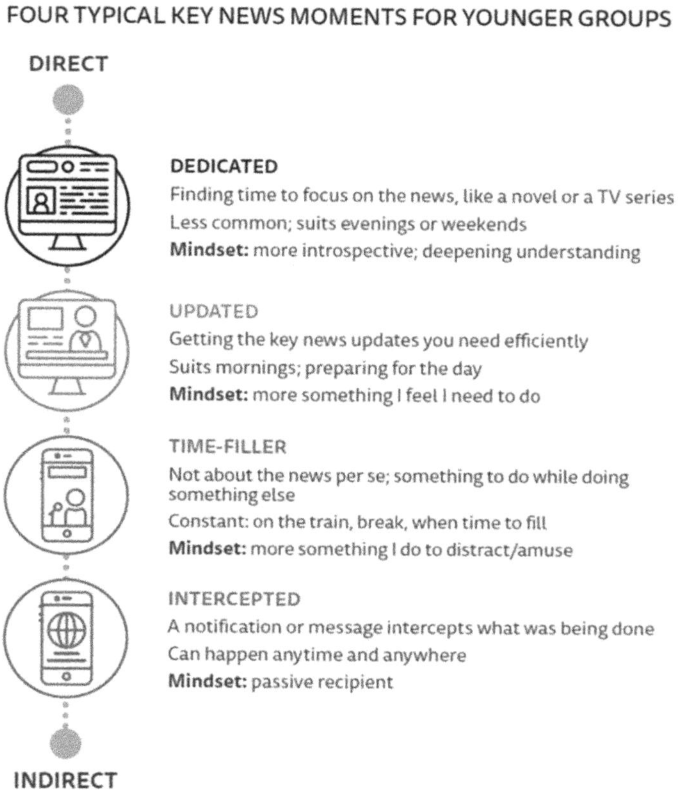

FOUR TYPICAL KEY NEWS MOMENTS FOR YOUNGER GROUPS

DIRECT

DEDICATED
Finding time to focus on the news, like a novel or a TV series
Less common; suits evenings or weekends
Mindset: more introspective; deepening understanding

UPDATED
Getting the key news updates you need efficiently
Suits mornings; preparing for the day
Mindset: more something I feel I need to do

TIME-FILLER
Not about the news per se; something to do while doing something else
Constant: on the train, break, when time to fill
Mindset: more something I do to distract/amuse

INTERCEPTED
A notification or message intercepts what was being done
Can happen anytime and anywhere
Mindset: passive recipient

INDIRECT

Abb. 3.5 Vier typische Nachrichten-Nutzungssituationen. (Quelle: Reuters Institute, 2019, S. 55)

Allerdings haben viele der User eine bestimmte Nachrichtenorganisation, bei der sie nachschauen, um Neuigkeiten zu verifizieren, wenn etwas Wichtiges passiert (in Deutschland wären das z. B. Spiegel.de, Faz.net).

Beim *Design* wünschen sich die jungen User einfach konsumierbare Nachrichtenformate (Storytelling), die mehr visuell arbeiten (Videos, Graphical Storytelling, Erklärstücke) (Reuters Institute, 2019, S. 57). Podcasts sind gegenüber Videos deutlich populärer, selbst bei der Generation Z bevorzugen 58 % Textnachrichten gegenüber Videos.

Die Studie Reuters (2019) schließt damit, dass festgehalten wird: Generation y und z konsumieren dominant digitale Medien. Soziale Medien und andere algorithmisch gesteuerte Medien werden bedeutsamer, wobei Generation z deutlicher wenig Medien nutzt, die nicht gut auf einem Smartphone dargestellt werden können oder nicht vollständig ihren Relevanzkriterien entsprechen (Reuters Institute, 2019, S. 58).

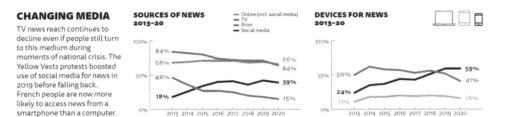

Abb. 3.6 Veränderung von Quellen und Endgeräten für Nachrichten. (Quelle: Reuters Institute, 2020, S. 70)

Diese Aussage aus der Studie von 2019 wird – in Bezug auf die Gesamtnutzerschaft – von Daten aus dem Jahr 2020 (Reuters Institute, 2020) gestützt. Online und TV als Nachrichtenquellen liegen nun gleichauf, Nachrichten werden nun überwiegend auf dem Smartphone und weniger auf dem TV-Bildschirm konsumiert (siehe Abb. 3.6, rechte Seite).

Es werden *Plattform-bezogene Konsumgewohnheiten* angenommen. Zwar erkennen die Rezipienten den Wert traditioneller Nachrichtenmarken, sind aber wenig loyal gegenüber ihren Nachrichtenquellen, sondern mixen ihre Nachrichtenquellen. Sie sind an Bequemlichkeit, Einfachheit und Unterhaltung bei der Nachrichtenversorgung interessiert, wollen gleichzeitig aber Authentizität, Fairness und Aussagekraft der Nachrichten.

Fragen

- Wenn Sie die Beschreibung der Produktwelt Zeitung mit den Ausführungen zum Nachrichtenkonsum der jüngeren Generationen vergleichen: Welche Veränderungen der Orientierung der Produktwelt Nachrichten ergeben sich aus den hier präsentierten Daten in Bezug auf
  - das Produkt
  - die Nachrichtendistribution
  - die Preisstellung und Erlöserzielung
  - die Kommunikationspolitik der Nachrichtenunternehmen?

- Welche Auswirkungen haben die Ausprägungen von verschiedenen Funktionen der Nachrichten, spezifischer Rezeptionssituationen, der Zugriff über verschiedene Zugangswege sowie die jeweilige Annahme plattformbezogener Nutzungsgewohnheiten an die Präsentation von Nachrichten?
- Denken Sie, dass die Anforderungen an die Anbieter von Nachrichten damit eher wachsen? Welche Anforderungen sind erkennbar? Wenn ich in diesem Kapitel über Medienproduktwelten schreibe, so ist an dieser Stelle schon einmal gedanklich zu berücksichtigen, dass – und dies werde ich in Abschn. 8.5 genauer ausführen – das Medienunternehmen im Fall, dass sie nicht allein vom Rezipienten, sondern auch

oder nur durch Werbung finanziert sind, mindestens *zwei Märkte für zwei grund-verschiedene Kundengruppen* bedienen: einerseits die *Rezipienten* und andererseits die *werbetreibenden Unternehmen*, die Anzeigenplatz bzw. im weiteren Sinne werbliche Möglichkeiten einkaufen. Hier sollte man konsequenter Weise ebenfalls von einer Produktwelt sprechen, die von den Medienunternehmen als Anbieter gestaltet wird.

Literatur

Beisch, N., & Schäfer, C. (2020). Internetnutzung mit großer Dynamik: Medien, Kommunikation, Social Media. *Media Perspektiven, 9*(2020), 462–481.

Dahinden, U., & Trappel, J. (2010). Mediengattungen und Medienformate. In H. Bonfadelli, O. Jarren, & G. Siegert (Hrsg.), *Einführung in die Publizistikwissenschaft* (3. Aufl., S. 433–475). Haupt.

Galan, L., Ossermann, J., Parker, T., & Taylor M. (2019). *How young people consume news and the implications for mainstream media.* Flamingo Group/Reuters Institute. https://reutersinstitute. politics.ox.ac.uk/our-research/how-young-people-consume-news-and-implications-mainstream-media. Zugegriffen: 9. Jan. 2020

Gläser, M. (2014). *Medienmanagement* (3. Aufl.). Vahlen.

Heffler, M., & Höhe, D. (2016). Werbemarkt 2015 (Teil 1): Auf Wachstumskurs. *Media Perspektiven, 2016*(3), 156–165.

Herrndorf, W. (2012). *Sand* (3. Aufl.). Rowohlt.

Kaplan, A. M., & Haenlein, M. (2010). Users of the world unite! The challenges and opportunities of social media. *Business Horizons, 53*, 59–68.

Kiefer, M. L., & Steininger, C. (2014). *Medienökonomik: Einführung in eine ökonomische Theorie der Medien* (3. Aufl.). Oldenbourg.

Kiefer, M. L. (2020) Dienstleistungsökonomik und Medien. In J. Krone & T. Pellegrini (Hrsg.), *Handbuch Medienökonomie* (S. 165–195). Springer Fachmedien.

Kilian, T., Haas, B. H., & Walsh, G. (2008). Grundlagen des Web 2.0. In T. Kilian, B. H. Haas, & G. Walsh (Hrsg.), *Web 2.0*. Springer.

Kollmann, T. (2019). *Grundlagen elektronischer Geschäftsprozesse in der digitalen Wirtschaft* (7. Aufl.). Springer Gabler.

Kotler, P., Armstrong, G., Harris, L.C., Piercy, N. (2016) *Grundlagen des Marketing* (6., aktualisierte Aufl.). Pearson.

Meffert, H., Burmann, C., & Kirchgeorg, M. (2015). *Marketing – Grundlagen marktorientierte Unternehmensführung* (12. Aufl.). Springer Gabler.

O'Reilly, T. (2005). What is Web 2.0: Design patterns and business models for the next generation of software. MPRA Paper No. 4578. http://mpra.ub.uni-muenchen.de/4578/.

Reuters Institute. (2016). *Digital news report 2016.* Reuters Institute for the Study of Journalism. https://reutersinstitute.politics.ox.ac.uk/our-research/digital-news-report-2016. Zugegriffen: 6. Nov. 2020.

Reuters Institute. (2019). *Digital news report 2019.* Reuters Institute for the Study of Journalism. https://reutersinstitute.politics.ox.ac.uk/sites/default/files/2019-06/DNR_2019_FINAL_0.pdf. Zugegriffen: 6. Nov. 2020

Reuters Institute. (2020). *Digital news report 2020.* Reuters institute for the Study of Journalism. https://reutersinstitute.politics.ox.ac.uk/sites/default/files/2020-06/DNR_2020_FINAL.pdf. Zugegriffen: 18. Apr. 2021.

Rimscha, B.V., & Siegert, G. (2015). *Medienökonomie.* VS Verlag.

Sjurts, I. (2004). Der Markt wird's schon richten!? Medienprodukte, Medienunternehmen und die Effizienz des Marktprozesses. In K.-D. Altmeppen & M. Karmasin (Hrsg.), *Medien und Ökonomie: Problemfelder der Medienökonomie* (Bd. 2, S. 159–182). VS Verlag.

Zydorek, C. (2018). *Grundlagen der Medienwirtschaft – Algorithmen und Medienmanagement.* Springer Gabler.

Einige ökonomische Grundbegriffe (1): Menschliches Verhalten

4

Zusammenfassung

Die Medienökonomie benutzt in ihrer Analyse wirtschaftlicher Phänomene im Mediensektor Grundbausteine der ökonomischen Theorie.

Wie beschreibt sie das menschliche Entscheidungsverhalten in wirtschaftlichen Zusammenhängen?

Was heißt in diesem Zusammenhang Bedürfnisbefriedigung, Nutzenoptimierung, ökonomisches Prinzip, Rationales Handeln und wie ist dies im Idealmodell des homo oeconomicus, des „Wirtschaftsmenschen", zusammengefasst?

Hilft dieses Grobmodell dabei, bestimmte, zunächst unerklärliche menschliche Verhaltensweisen, auch im Bereich der Medien, zu verstehen?

Ich hatte zu Anfang des Kap. 2 argumentiert, dass die Medienwirtschaftslehre als Teil der Wirtschaftswissenschaften zu betrachten ist und sich deswegen an deren *Perspektiven* und *Theorien* orientiert.

Genauer gesagt ist die Medienwirtschaft eine ökonomische *Branchenlehre,* also die Fokussierung der ökonomischen Lehre auf die Branche der Medien.

Die Anwendung ökonomischen Wissens im Medienbereich erfordert die Kenntnis einiger ökonomischer Begrifflichkeiten und Konzepte, vor allem geht es dabei

1. um das *Verhalten von Wirtschaftsindividuen* (z. B. als Medienrezipienten) und
2. das *Handeln von Unternehmen* (z. B. als Medienproduzenten) sowie
3. die Art und Weise, wie die Medienanbieter und Medienrezipienten in Bezug auf die Produktion, Verteilung und den Konsum von Mediengütern zusammenwirken, wie also *Märkte* funktionieren.

© Springer Fachmedien Wiesbaden GmbH, ein Teil von Springer Nature 2023
C. Zydorek, *Einführung in die Medienwirtschaftslehre,*
https://doi.org/10.1007/978-3-658-40089-7_4

Unternehmen und Märkte werden im nächsten Kapitel behandelt, dieses Kapitel widmet sich dem Einstieg in ein Grundverständnis des Handelns von Menschen aus ökonomischer Perspektive. Diese Grundlagen werden später im Kap. 9 aktualisiert und besser auf den Medienbereich zugeschnitten. Die Grundlage dazu habe ich in Zydorek (2018, Abschn. 1.3) gelegt.

Für das angesprochene Grundverständnis ist es wichtig, sich vor Augen zu halten, dass die Theorie nicht beansprucht, *alles* vollständig erklären zu können, sondern versucht, ein grundsätzlich *stimmiges und plausibles Modell* (vgl. meine Aussagen zum Vorgehen der Wissenschaften in Abschn. 2.1) für die Erklärung einer ganzen Anzahl von Phänomenen im Mediensektor anbieten zu können. Dabei sollte man berücksichtigen, dass wissenschaftliche Modelle die Wirklichkeit nicht vollständig darstellen sollen, sondern die Realität *vereinfacht,* aber *strukturell stimmig* abbilden sollen.

4.1   Das wirtschaftliche Handeln des Menschen

Die Plausibilität des ökonomischen Verhaltensmodells hat sich für meine Studierenden in der Vergangenheit oft im Rahmen einer Diskussion der Frage erschlossen, ob und wie viel man für die Nutzung von Medieninhalten aus dem Internet – z. B. Filme, Musik oder Nachrichtencontent – bezahlen sollte. Dabei sind mir einige Aspekte deutlich geworden:

Erstens ist es nicht selbstverständlich, davon auszugehen, dass Medieninhalte von jedem Menschen als *Wirtschaftsgüter* wie Autos, Bier oder Smartphones begriffen werden.

Zweitens ist meine Wahrnehmung nach diesen Diskussionen, dass viele Nutzer den Medienkonsum ohne Bezahlung deutlich unproblematischer finden, als das bei anderen Gütern, seien es Sachgüter oder Dienstleistungen, der Fall wäre. Das hängt meiner Erfahrung nach unter anderem damit zusammen, dass es sich um nichtkörperliche, also *immaterielle* Güter handelt, dass man nicht das Gut selbst, sondern allenfalls eine *Kopie* (beim Filesharing) oder ein Abspiel (beim Streaming) davon konsumiert. Es wird zudem nicht körperlich, z. B. im Einzelhandel, übergeben oder durch den Konsumenten aufgebraucht oder abgenutzt, wie das bei vielen Sachgütern der Fall ist.

Drittens hat sich mit der internetbedingten Internationalisierung von Medienmärkten eine Vielzahl von Quellen ergeben, auf den man diese Produkte günstig oder kostenlos bekommt. Eine ganze Anzahl von Akteuren im Bereich der Medieninhalte hat sich dadurch einen ökonomischen Vorteil verschafft, dass sie Content (oft illegal) für Internetuser zugänglich gemacht hat. Web-Plattformen wie Kinox.to, One-Click-Hoster wie Mega-Upload, Torrent Tracker wie The Pirate Bay haben sich in dieser Art und Weise selbst einen ökonomischen Vorteil verschafft, in der Regel über *Werbeeinnahmen* oder

Einnahmen für sogenannte Premium-Accounts.[1] Die unbefugte Nutzung von Medieninhalten über das Internet wurde dann Grundlage eines weiteren *Geschäftsmodells*: das massenhaftes Abmahnen ertappter Diebe (vgl. Spiegel, 2012, 2016).[2]

Auch wird eine Anzahl von Mediengütern aufgrund Ihrer Finanzierung über Werbeeinnahmen im Internet (auch legal) *kostenlos* angeboten. Dies scheint zu einer Verunsicherung über den *angemessenen Wert* dieser Güter zu führen. Es ist schwierig, den Wert eines Musikabspiels oder Nachrichteartikels mit z. B. dem Wert einer Flasche Sprudel oder eines Hamburgers zu vergleichen.

Insgesamt spricht meines Erachtens einiges dafür, besser zu erklären, was Medieninhalte als Wirtschaftsgüter ausmacht, wie diese Güter zwischen Menschen in ökonomischen Transaktionen ausgetauscht werden und was die Bedingungen und Eigenschaften eines „Markttausches" solcher Wirtschaftsgüter sind. Nicht selten höre ich dabei die Begründung, es sei doch ökonomisch rational, für Güter möglichst wenig Geld zahlen zu wollen und dann diskutieren wir über die ökonomische Interpretation dieses Handelns. Diese Interpretation beginnt meist wie von selbst bei den Urgründen der Wirtschaftstheorie (vgl. zum Folgenden z. B. Meier et al., 2010, S. 244 f.; Herdzina & Seiter, 2009, S. 1–25; Kiefer & Steininger, 2014, S. 245–248):

Wirtschaftsindividuen (Menschen) haben Bedürfnisse, die sich mit Wirtschaftsgütern befriedigen lassen.

Auf die Entstehung, die Entwicklung und den Umfang der Bedürfnisse wird im Rahmen der Ökonomik meist nicht näher eingegangen. In zahlreichen Klassifikationsversuchen bezüglich der Bedürfnisarten wird unter anderem unterschieden zwischen

- verschiedenen Bedürfnisebenen, etwa Grundbedürfnissen (…) und höherwertigen Bedürfnissen (…),
- verschiedenen Bedürfnisbewusstseinslagen, nämlich offenen und versteckten, sog. latenten (…) Bedürfnissen,
- verschiedenen Bedürfnisdringlichkeiten, nämlich gegenwärtigen und zukünftigen (…) (Herdzina & Seiter, 2009, S. 1 f.).

Bedürfnisse sind jedenfalls *individuell* und können sich so je nach Alter, Herkunft, Einkommen, Lebensstil etc. unterscheiden. Kennzeichen dieser Bedürfnisse ist allerdings, dass sie beim Individuum *vielfältig* und tendenziell *unbegrenzt* sind. Zwar existieren solche, die vorübergehend zu stillen sind (sogenannte *Defizitbedürfnisse,* wie Essen,

---

[1] Es gibt darüber hinaus Erlösformen wie Bannerwerbung, Merchandising, Spenden und Einnahmen für Cloud-Computing-Dienstleistungen.

[2] Der Gesetzgeber hat mittlerweile im Urheberrechtsgesetz in § 97a Abs. 2 eine Begrenzung der Abmahngebühren wegen Verstoß gegen das Urheberrecht eingeführt. Finanztip.de hat übersichtsweise eine Liste mit Beispielen für Schadensersatz in Filesharing-Urteilen veröffentlicht, die von 10–100 € pro Musiktitel über 100–1000 € pro Film bis 200–5001 € pro PC-Spiel reicht (http://www.finanztip.de/abmahnung-filesharing/Abruf 2.9.2016).

Schlafen, Wärmebedürfnis), allerdings sind sie entweder permanent vorhanden (Bedürfnis nach Wärme) oder sie tauchen nach ihrer Befriedigung (Durst, Hunger) irgendwann erneut auf. Andere, sogenannte *Wachstumsbedürfnisse* tauchen tendenziell erst nach der Befriedigung von Grundbedürfnissen auf, sind dafür aber gar nicht wirklich dauerhaft zu befriedigen, wie der Wunsch nach sozialer Anerkennung oder Selbstverwirklichung. Ich werde im Kapitel zum Rezipienten (vgl. Kap. 9) Genaueres dazu sagen, welche Bedürfnisse Menschen zum Konsum von Mediengütern führen können. Ich beziehe mich aber einstweilen zur Vereinfachung auf den Fall eines Menschen, der gerne Musik hört. Da wäre meine Interpretation, dass es ihm neben seinem eigenen *Unterhaltungsbedürfnis* auch darum geht, die Musik zu hören, die seine Freunde und Arbeitskollegen hören, damit er mit ihnen darüber sprechen kann. Dies ist ein *soziales Bedürfnis.* Außerdem hat der Musikliebhaber möglicherweise einen *Sammlertrieb,* der ihn dazu bringt, auch Musik herunterzuladen, die er gar nicht unbedingt hört. Er kann sich mit bestimmter Musik außerdem gut von den Mühen seines Daseins ablenken, wenn er bestimmte Stücke von bestimmten Bands hört *(Wirklichkeitsflucht).* Außerdem vergeht beim Musik hören manchmal die Zeit wie im Flug *(Zeitvertreib).*

Wirtschaftsgüter, so also die Annahme der Ökonomie, dienen der Befriedigung von Bedürfnissen des Menschen. Da die Bedürfnisse tendenziell *unersättlich* sind, sind nie wirklich genug Güter im Hinblick auf die Befriedigung aller Bedürfnisse vorhanden. So ist das auch beim Musikrezipienten: Er ist nicht zufrieden mit der Musik, die er hat und hört jahrelang dieselben Titel, sondern möchte *neue Stücke*, auch von *neuen Bands*, sogar in *neuen Musikgenres* hören.

Die Mittel zur Bedürfnisbefriedigung sind (schon aufgrund der unbegrenzten Bedürfnisse) *relativ knapp* und somit mit wird es notwendig, die verfügbaren Mittel in Bezug auf die Befriedigung der eigenen Bedürfnisse optimal einzusetzen. Die Ökonomie sagt dazu: Eine *autonome Wahlentscheidung über den Mitteleinsatz* ist möglich. Sobald man eine Vorstellung davon bekommt, mit welchen Gütern (z. B. Musikdateien, Alben) man sein Bedürfnis befriedigen kann, würden die Ökonomen davon sprechen, dass er einen (Güter-)*Bedarf* hat und wenn er dann konkret beginnt, mit Kaufabsicht nach diesen Gütern zu suchen, werden seine Bedürfnisse marktrelevant, indem er sie, ausgestattet mit realer Kaufkraft, als *Nachfrage* am Markt für Musik-Alben äußert. Nur kommt er damit evtl. nicht zum Zug, wenn er nur sechs bis sieben Euro für eine CD zahlen würde und er dafür garantiert am Markt legal kein ganzes Album mit aktueller Musik bekommt.

Der *Markt als Mechanismus koordiniert* die Nachfrager und Anbieter (eigentlich sind es viele Einzelmärkte für jeweilige einzelne Produkte), indem die Anbieter den Preis anzeigen, für welchen sie bereit sind, die Güter (z. B. CDs) abzugeben und die Nachfrager ihre Preisvorstellungen einbringen und es dann zu einer Übereinkunft oder auch nicht kommt (vgl. Varian & Buchegger, 2007, S. 49–55).

Der Preis ist also ein *Informationssystem,* mit dem beide Seiten ihre *Wertvorstellungen* und *Absichten* anzeigen können sowie auch Vergleiche zwischen Gütern ermöglicht werden.

Dahinter steht sowohl bei Anbietern wie auch bei Nachfragern ihr Interesse daran, den eigenen Vorteil zu suchen *(Eigennutz),* denn sie sind ja daran interessiert, ihre Mittel im Hinblick auf die Befriedigung ihrer eigenen Bedürfnisse möglichst optimal einzusetzen – ihren *Nutzen zu maximieren.* Nur in Ausnahmefällen geht es dagegen darum, dem Marktpartner „etwas Gutes zu tun", meistens wird dabei grundsätzlich ziemlich *rational egoistisch* verfahren. Deswegen spricht man in diesem Zusammenhang, dann wenn man nur wirtschaftliche Faktoren und keine anderen (z. B. moralische) berücksichtigt, vom *ökonomischen Prinzip* oder vom Rationalprinzip.

Dabei muss man allerdings noch berücksichtigen, dass der *Nutzen eines Gutes,* abhängig von der Person und der Situation, unterschiedlich ist. Während manche sich am Wochenende gerne mit US-amerikanischem Death Metal in Stimmung bringen, ist diese Musik für andere, z. B. ältere Menschen aufgrund der schnellen Rhythmen und des Gesangs eher eine Belastung. Andersherum ist der *subjektive Güterwert* der von Älteren bevorzugten Musik (z. B. jenen, die gerne Samstagabends die öffentlich-rechtlichen Sender schauen und dann schon mal den Ton laut drehen) für die Jüngeren Null oder kleiner Null (also nicht zu ertragen). Der Wert der Güter resultiert also aus ihrer Beziehung zu den jeweiligen individuellen Bedürfnissen, also dem Nutzen, den das jeweilige Individuum bei deren Befriedigung erzielt *(subjektiver Gebrauchswert).*

Das heißt also, dass jedes Individuum permanent versucht, seinen persönlichen Nutzen zu optimieren, dabei seinen eigenen Mitteleinsatz und den durch sein Handeln erzielten Nutzen betrachtet und jeweils, wenn er die Entscheidungsfreiheit hat, diejenige Handlungsalternative wählt, die für ihn das *beste Output/Inputverhältnis oder Ertrags-/Aufwandverhältnis* erzielt. Darin stecken zwei verschiedene aber miteinander verbundene *Wahlentscheidungen:*

Erstens geht es um den *Nutzen* (Bedürfnisbefriedigung) im Hinblick auf den *Mitteleinsatz* (Geld, Zeit, gedanklicher Aufwand). Dies lässt sich gut anhand des Ihnen möglicherweise schon bekannten, *ökonomischen Prinzips* veranschaulichen. Dieses Prinzip wird oft im Zusammenhang mit der Frage veranschaulicht, ob das sich entscheidende Individuum hinsichtlich des zu leistenden Mitteleinsatzes (Input/Aufwand) *oder* des zu erwartenden Gewinns an Bedürfnisbefriedigung (Output/Ertrag) frei entscheiden kann oder möglicherweise sogar beim zu leistenden Input *und* beim zu erreichenden Output die Höhe selbst bestimmen kann. Dies ist oft situationsabhängig. Es kommt aber auch vor, dass wir Situationen ausgesetzt sind, in denen wir nichts entscheiden und damit optimieren können – dort können wir dann auch nicht in dem hier diskutierten Sinn wirtschaftlich tätig werden (vgl. Tab. 4.1, rechtes unteres Tabellenfeld).

Somit gibt es vier Situationen, von denen drei unter Optimierungsgesichtspunkten relevant sind, in denen der wirtschaftlich Handelnde also im Rahmen seiner Handlungsautonomie egoistisch im Sinne seiner Nutzenoptimierung verfahren kann.

Zweitens und darüber hinaus ist nicht nur die Betrachtung der Relation von Input/Output nötig, sondern der *Vergleich verschiedener Alternativen der Bedürfnisbefriedigung,* die hinsichtlich ihres Handlungsergebnisses in Konkurrenz stehen (sich

Tab. 4.1 Optimierungssituationen nach Wahlfreiheit in der Entscheidungssituation

	Wahlfreiheit beim Input/Aufwand/Mitteleinsatz	Keine Wahlfreiheit beim Input/Aufwand/Mitteleinsatz
Wahlfreiheit beim Output/Ertrag/Nutzen	Generelles Extremumprinzip, eine möglichst optimale Output/ Input-Relation zu erreichen suchen (die sinnvoll in Bezug auf die zugrunde liegende Situation ist[a])	Maximumprinzip, mit gegebenem Input den bestmöglichen Output zu erzielen suchen
	Beispiel: Kostenloser Download unbegrenzter Mengen von gewünschter Musik	Beispiel: Für das Monatstaschengeld so viele gewünschte Musiktitel zu bekommen suchen, wie möglich
Keine Wahlfreiheit beim Output/Ertrag/Nutzen	Minimalprinzip, einen gegebenen Output mit möglichst wenig Input zu erreichen suchen	Hier ist nichts (wirtschaftlich) zu optimieren, da keine Wahlfreiheit/ Handlungsautonomie vorhanden ist
	Beispiel: Eine Downloadplattform suchen, bei der der gewünschte Titel am billigsten ist	Beispiel: Die Eltern kaufen eine (gewünschte) CD vom Taschengeld des Kindes (ohne Preise zu vergleichen)

[a]Mir fällt in diesem Zusammenhang immer Herr Loose in Loriots „Papa ante Portas" ein, der mehrere Paletten Schreibmaschinenpapier und Radiergummis bestellt hat und bei der Lieferung die milden Proteste seiner Sekretärin rigoros mit der Bemerkung abbügelt, sie habe da kaufmännisch nicht den Überblick. Schon bei einer Abnahme von 500.000 Blatt würde der Preis schließlich um 35 % fallen

ersetzen/substituieren können). So könnte unser oben vorgestellter Musikhörer beispielsweise sein Unterhaltungsbedürfnis ebenfalls befriedigen, wenn er eine Zeitschrift lesen würde. Hier geht es also darum, dass der Handelnde nicht nur in der Transaktion selbst optimiert, sondern *zwischen den Transaktionsalternativen* diejenige wählt, die den *höchsten Nutzenüberschuss* erbringt. Wir können also vermuten, dass der Nutzenüberschuss der gewählten Bedürfnisbefriedigungsoption unseres angenommenen Rezipienten höher ist als derjenige der anderen, nichtgewählten Alternativen.

Für solche Entscheidungen muss er den Nutzen von Handlungsalternativen zumindest im Hinblick auf die Frage, welche Alternative besser oder schlechter ist, wirklich *vergleichen* können. Außerdem muss er entscheiden können, wie viel eines bestimmten Gutes er erwerben will und auf welchem Konsumniveau (Anzahl vorher konsumierter Güter) für ihn genug ist. In der Ökonomie wird dafür gerne das Beispiel Bier gebracht, bei dessen Genuss von Glas zu Glas der Nutzen des nächsten geringer würde, bis er irgendwann sogar negativ sei (vgl. Herdzina & Seiter, 2009, S. 77). Das ist z. B. bei dem Kauf von Büchern, CDs oder Zeitungen relativ einfach, da ein zweites Exemplar vom selben im

Regelfall keinen großen Sinn macht, der *Grenznutzen,* also der zusätzliche Nutzen einer weiteren Gütereinheit Null ist.

Man spricht in diesem Zusammenhang vom *zusätzlichen Nutzen* (Grenznutzen), den ein Wirtschaftsindividuum *auf einem bestimmten Konsumniveau* erreicht. Wenn er eine weitere Gütereinheit desselben Gutes konsumiert, so kann man tendenziell davon ausgehen, dass sie ihm bei vielen Gütern einen geringeren Grenznutzen erbringt, als die davorliegenden Gütereinheiten. Dies formuliert man mit dem Gesetz des abnehmenden Grenznutzens, das schon in der Mitte des 19. Jahrhunderts von einem deutschen Ökonomen, Hermann Heinrich Gossen, beschrieben wurde. Deswegen heißt es auch das erste gossensche Gesetz:

▶ **Definition 1. Gossensches Gesetz** Gesetz des abnehmenden Grenznutzens: Die Größe ein und desselben Genusses nimmt, wenn wir mit der Bereitung des Genusses ununterbrochen fortfahren, fortwährend ab, bis zuletzt Sättigung eintritt (vgl. Herdzina & Seiter, 2009, S. 76 f.).

Das zweite gossensche Gesetz bezieht zusätzlich mit ein, dass man nicht nur ein Bedürfnis und eine Befriedigungsoption hat, sondern viele und (zumindest implizit) versucht seine Mittel möglichst optimal auf die Güter zu verteilen, die seine verschiedenen Bedürfnisse befriedigen. Der Musikhörer hat ja nicht nur ein Unterhaltungsbedürfnis, sondern er muss essen, zur Arbeit fahren, braucht Kleider, Mittel zur Körperpflege etc. Und jede Geldausgabe verhindert bei seinem knappen Budget an irgendeiner anderen Stelle die Bedürfnisbefriedigung, da die Bedürfnisse ja, wie gesagt, tendenziell unbegrenzt sind. Auf diese verschiedenen Güter versucht er also jeden Monat sein Geld so zu verteilen, dass er den höchsten Nutzen daraus zieht.

▶ **Definition 2. Gossen'sches Gesetz** Gesetz des Ausgleichs des Grenznutzens: Der Grenznutzen aller infrage stehenden Güter des nach günstigster Verteilung strebenden Konsumenten ist gleich groß.

Oder moderner formuliert: „Wer bei gegebener Bedürfnisstruktur seinen Nutzen maximieren will, ohne alle Bedürfnisse voll befriedigen zu können, muss seine Mittel so verteilen, dass er bei jedem Bedürfnis den gleichen Grenznutzen erreicht" (Herdzina & Seiter, 2009, S. 77).

Wenn wir also das Modell der Wirtschaftswissenschaft des individuellen wirtschaftlichen Verhaltens *in ein paar Merksätzen* zusammenfassen wollen, können wir das wie folgt tun:

Zusammenfassung

- Unendliche, individuelle Bedürfnisse und Mittelknappheit erzwingen zusammen eine Optimierungsnotwendigkeit: Wirtschaften ist dann „planmäßige Disposition über knappe Güter zur Befriedigung von Bedürfnissen" (Herdzina & Seiter, 2009, S. 20). Das gilt für alle Akteure und Wirtschaftsgüter.
- Dabei existiert für den Handelnden eine autonome Wahlentscheidung über seine eingesetzten Mittel.
- Wirtschaftlich tendenziell rationales Verhalten orientiert sich am ökonomischen Prinzip. Es gibt ein individuelles Eigeninteresse (Egoismus), orientiert am eigenen subjektiven Nutzen, der Mensch ist ein Maximierer seines individuellen Nutzens.
- Gossen 1 als Rahmenbedingung: Abnehmender Grenznutzen mit zunehmendem Konsum eines Gutes.
- Gossen 2 als Rahmenbedingung: Abwägung zwischen verschiedenen Gütern nach dem mit ihnen verbundenen Nutzengewinn.
- Der Markt ist der Koordinationsmechanismus zwischen Angebot von und Nachfrage nach einem Gut.
- Dabei dienen die Preise als Informationsmechanismus für Anbieter (A) und Nachfrager (N).
- Ein Tausch zwischen A und N am Markt findet nur statt, wenn beide dabei ihre Nutzensituation verbessern.

4.2   Wirtschaftliches Handeln im Gesamtkontext

Diese Grundlagen der Ökonomie werden in dem Bild des Homo oeconomicus, des „Wirtschaftsmenschen" oder „Economic Man" zusammengefasst, für dessen Verhalten es instruktive Beispiele gibt, die bei meinen Studierenden immer wieder zu kontroversen Diskussionen über die Frage führen, worauf man dieses Bild anwenden kann und darf. Hier ist eines dieser Beispiele:

Beispiel Kinder als langlebige Konsumgüter

Daneben trifft ein Konsument aber noch andere Entscheidungen über die Verwendung knapper Ressourcen (…) die (…) durch unser Modell des Rationalverhaltens erklärt werden können. Hierzu gehört beispielsweise die Berufswahl, die Partnerwahl, die Wahl der Familiengröße oder die Wahl des Wohnsitzes (…) Eine Alternative zur Betrachtung von Kindern als „Investitionsgut" besteht in der Betrachtung als „Konsumgut". Dieses Konsumgut steht in Konkurrenz zu anderen langlebigen Konsumgütern, wenn es um die Aufteilung des Konsumbudgets geht. Wie bei jedem anderen Gut auch, lösen Preiserhöhungen für das „Gut" Kind Substitutions- und Einkommenseffekte[3] aus, welche zu einer Reduzierung der Kinderzahl führen (…) Der Preis dieses Gutes, ausgedrückt durch die Kosten, die ein Kind verursacht, ist nämlich weitaus stärker gestiegen als die Preise der meisten anderen Konsumgüter. Der Hauptgrund liegt in dem Anstieg der Opportunitätskosten[4] für die Arbeitskraft der Frau. (…) Aber nicht nur die Opportunitätskosten der Kinderbetreuung sind gestiegen, auch die Sachausgaben sind gestiegen, und dies, obgleich die realen Güterpreise wegen des Produktivitätsanstiegs tendenziell gesunken sind. Der Grund liegt darin, dass die Quantität und die Qualität der zum Aufziehen der Kinder eingesetzten Güter stärker zugenommen haben, als die der Stückkosten (dieser Güter, Anm. C.Z.) gesunken sind. Dies gilt angefangen von der Babynahrung über die Ausstattung mit Spielsachen bis zur Designermode bei der Bekleidung, dem Führerschein und den Kosten der Ausbildung (Endres & Martinsen, 2007, S. 94 f.).◄

In diesem Zusammenhang ist möglicherweise interessant, dass das Statistische Bundesamt z. B. im Jahr 2014 errechnet hat, dass allein die Konsumausgaben der durchschnittlichen Familie für ein Kind bis zum 18 Lebensjahr bei 126.00 € liegen. Damit sind noch nicht die gesamten Lebenshaltungskosten (z. B. Versicherungen, Vorsorge) abgedeckt sowie auch nicht der Zeitbedarf der Eltern (vgl. Statistisches Bundesamt, 2014, S. 5).

Fragen

- Halten Sie die Anwendung der ökonomischen Perspektive auf private Entscheidungen o. g. Art für praktisch relevant oder ist sie unrealistisch?
- Wie sehen Sie das unter moralischen Gesichtspunkten?
- Wie machen Sie dies im eigenen Leben?
- Wenden Sie das Beispiel der Rationalentscheidung auf Ihre eigene gegenwärtige Situation im Studium/im Privatleben an. Was folgt daraus für in diesem Semester anstehende Entscheidungen zur Organisation ihres Lebens/Studiums?

4.3 Bedürfnisbefriedigung mit Social Media

Ein interessantes Beispiel für das Thema der *Bedürfnisbefriedigung mit Medien* ist die des Öfteren gestellte Frage, warum sich Menschen freiwillig in Social Media an der Erzeugung von Content beteiligen (also z. B. durch Wiki-Einträge, Videos,

---

[3] Es steht weniger Geld für andere Ausgaben zur Verfügung.

[4] Opportunitätskosten meint in diesem Zusammenhang ungefähr, dass die Frau mehr verdienen bzw. an Nutzen erwirtschaften könnte, wenn sie anderweitig als in der Betreuung der Kinder arbeiten würde, also *entgangener Nutzen des Verzichts auf die alternative Verwendung der Ressource Arbeitskraft.*

Memes, Rezensionen und Produktbewertungen bei Verkaufsplattformen etc.). Diese Beteiligung erscheint zunächst ökonomisch gesehen widersinnig, wenn man bedenkt, dass viel von diesem „User Generated Content" (UGC) nicht bezahlt wird und auf den ersten Blick auch nicht erkennbar ist, worin die Bedürfnisbefriedigung derjenigen besteht, die sich beteiligen. Dies gilt umso mehr, zumal diese kostenlose Mitarbeit von Unternehmen ökonomisch verwertet und ausgebeutet wird (vgl. Zydorek, 2009, S. 73–76) und es vielen Usern auch klar ist, dass ihre kreative Tätigkeit von anderen, den Plattformen, versilbert wird.

Ein plausibler Erklärungsansatz beginnt damit, dass man zunächst die *Gebrauchsweisen* der Rezipienten bei User Generated Media (UGM) untersucht. Es lassen sich drei Gebrauchsweisen unterscheiden: Erstens den *Inhaltekonsum,* zweitens die *Teilhabe* bzw. *Interaktion mit Inhalten und anderen Usern* sowie drittens die *Produktion von Inhalten.* Hinter diesen verschiedenen Nutzungsarten stehen dann jeweilig unterschiedliche *Arten der Suche nach Bedürfnisbefriedigung* (vgl. Shao, 2009, S. 9).

Bei der ersten Nutzungsform geht es um den *Konsum von Inhalten,* der auf die Befriedigung von Informations- und Unterhaltungsbedürfnissen abzielt. Konsumiert werden Videos, Musik, Texte, Fotos etc. Die Informationssuche hilft bei der Erweiterung des eigenen Wissens über sich selbst, andere oder die Welt insgesamt, um eine sinnvolle Interpretation der Lebenswelt zu ermöglichen. Dabei wird zunehmend auch „sozial" gesucht und informiert. D. h., dass man sich mithilfe anderer User (z. B. in sozialen Netzwerken, über Produktbewertungen und Rezensionen) informiert, statt sich auf Informationen von Anbietern, auf Werbung oder professionellen Inhalte-Produzenten zu verlassen (vgl. Shao, 2009, S. 10). Die Unterhaltung findet ähnlich der Bedürfnisbefriedigung mit den Massenmedien Print und Rundfunk statt; man versucht damit zu entspannen, dem Alltag zu entfliehen, die Zeit zu füllen oder die eigene Stimmung zu regulieren (Mood Management). Nur dass die Inhalte im Internet und über mobile Endgeräte öfter in kleineren Paketen, als „Snacks" gereicht werden.

Die zweite Nutzungsform ist die *Teilhabe und Interaktion* mit den Inhalten und anderen Usern, z. B. bei der Bewertung und Kommentierung anderer Inhalte, bei der Speicherung und Weitergabe von Favoriten, dem „Sharen" von Inhalten, dem Posten von Botschaften oder in der direkten Kommunikation auf Social und Community Sites. Damit werden direkt (in der Userinteraktion) oder indirekt (in der Interaktion mit Content) Bedürfnisse nach sozialer Interaktion befriedigt. Das Teilen von Interessen, das Wissen darum, dass man für andere eine Bedeutung hat, die gegenseitige Verstärkung zwischen Gleichgesinnten wird auf diese Weise gefördert (vgl. Shao, 2009, S. 12 f.).

Die *Produktion und Publikation von eigenem Content* wie Texten, Musik, Videos in UGM dagegen als dritte Nutzungsform zielt auf die Bedürfnisse der Selbstdarstellung und Selbstverwirklichung des Users.[5] Selbstdarstellung zielt dabei darauf, über die Publikation von Inhalten verschiedener Art sein Innerstes, die eigene Identität und Individualität

---

[5] Dieser Inhalt hat eine Mindestschöpfungshöhe, denn es geht nicht um das reine oder kommentierte Weiterleiten von Inhalten, die andere produziert haben, dies gehört zur zweiten Nutzungsform.

auszudrücken. Dabei geht es auch darum, durch öffentliche Präsentation bestimmter Informationen mehr Kontrolle darüber zu gewinnen, wie man von anderen gesehen und bewertet wird (Impression Management). Selbstverwirklichung wird über die Publikation von Inhalten gesucht, die zur Bekanntheit, Berühmtheit oder dem Gefühl der Selbstwirksamkeit beitragen. So sind neue Einträge oder editierte Einträge bei Wikipedia, in großer Zahl „gelikte" Posts oder von vielen Nutzern als hilfreich gewertete Produktbewertungen geeignet, dem User das Gefühl der eigenen Bedeutung in der Nutzergemeinde zu geben (vgl. Shao, 2009, S. 14 f. und Tab. 4.2).

Tab. 4.2 Nutzungsweisen und Bedürfnisbefriedigung in Social Media. (Quelle: Nach Shao, 2009, S. 9–15, zusammengefasst)

Nutzungsweisen	Beispiele	Beispiele für gesuchte Bedürfnisbefriedigung
Information und Unterhaltung	Lesen von Blogs und Wikipediaeinträgen, Anschauen von Videos auf Videoplattformen, Suche in Produktbewertungsportalen	Zeitvertreib, Entspannung, ästhetische Anregung, Wissen über sich selbst und die Welt erlangen, Wissen, was die Peergroup macht, weiß und meint
Partizipation und Interaktion mit Inhalten sowie anderen Usern	Bewertung und Kommentierung anderer Inhalte, „Liken", „Sharen", „Chatten"	Bedürfnis nach sozialer Interaktion, Teilen von Interessen und Werten, Zusammengehörigkeitsgefühl, Kontakte anbahnen und pflegen, positive gegenseitige Verstärkung
Produktion und Publikation eigenen Contents	Eigene Podcasts/Videocasts, Neue oder eigene Bearbeitungen von Texten, Bildern, Musikstücken, Videos, Software, auch Mashups[a]/Remixes	Bedürfnis nach Selbstdarstellung, Selbstoffenbarung, Ausdruck der eigenen Identität, Streben nach Bekanntheit, Selbstverwirklichung, Gefühl der Selbstwirksamkeit

[a] Ein Mashup ist ein neuer Webinhalt, der durch die (Re-)Kombination bestehender Inhalte oder Anwendungen entsteht. Das klassische Mashup wurde von Tim O'Reilly im Jahr 2005 in seinem einflussreichen Aufsatz „What is Web 2.0?" beschrieben: Die Kombination einer Kleinanzeigenseite für Immobilien mit Google Maps, sodass man die Orte sehen kann, an denen sich die Immobilien befinden (Housingmaps.com, vgl. O'Reilly, 2005, S. 33). Mashups gibt es allerdings in der Musikszene schon länger, sie heißen dort Remixes. Ökonomisch interessant ist dabei besonders dreierlei: Dass Mashups Herstellungskosten sparen, dass sie einfache und schnelle Innovationen ermöglichen und der zugrunde liegenden Anwendung Aufmerksamkeit und Klicks bringen (vgl. Zydorek, 2009, S. 77 ff.)

Wenn ich dies als ein interessantes Beispiel in Bezug auf die Bedürfnisbefriedigung mit Medien bezeichne, muss ich allerdings an dieser Stelle sagen, was es nach dem Ökonomischen Prinzip mit dem Aufwand/Input in diesem Zusammenhang auf sich hat: Wir haben hier nämlich nur wenige Situationen bei der Bedürfnisbefriedigung genannt, in denen ein *finanzieller* Aufwand für das Individuum besteht, das sich an User Generated Media (UGM) beteiligt. Das müsste ja dann eigentlich heißen, dass sich jeder an UGM beteiligt, was aber einer alten Erkenntnis zufolge ja in Bezug auf die Stufe der Produktion nur für einen Bruchteil der User gilt. Im Jahr 2010 war es für 7 % der Internetnutzer „sehr interessant" und 15 % „etwas interessant", aktiv Beiträge zu verfassen und ins Internet zu stellen (Busemann & Gscheidle, 2010, S. 360). Es handelt sich hier tatsächlich um eine Situation, in der die Kosten anderer Art sind. Sie bestehen in *der Zeit, dem Aufwand und den Mühen,* die jemand dabei aufwendet, UGM auf diese Art und Weise zu nutzen oder zu erstellen. So wird dann auch plausibel, dass sich das Nutzen-Kosten-Verhältnis für den Einzelnen sehr stark danach unterscheidet, welche individuellen Interessen und Fähigkeiten er hat.

Fragen

- Wie kann man das ökonomische Prinzip der Optimierung des Nutzen-/Kosten-Verhältnisses auf die Situation der Produktion von User Generated Content durch Nutzer von Social-Media-Anwendungen beziehen?
- Was sind die Kosten, was sind die Nutzenvorteile, die der „Produser" bei seiner Entscheidung zur Mitwirkung berücksichtigt?
- Welche Zwecke verfolgen ihrer Meinung nach Anbieter von Social-Media-Anwendungen mit dem Angebot relativ niedrigschwelliger Interaktionsangebote an den User (Liken, Sharen, Kommentieren)? Welche Vorteile hat der Anbieter davon?

Literatur

Busemann, K., & Gscheidle, C. (2010). Web 2.0: Nutzung steigt – Interesse an aktiver Teilhabe sinkt. *Media Perspektiven, 7–8* (2010), 359–368.

Endres, A., & Martinsen, J. (2007). *Mikroökonomik.* Kohlhammer.

Herdzina, K., & Seiter, S. (2009). *Einführung in die Mikroökonomik* (11. Aufl.). Vahlen.

Kiefer, M. L., & Steininger, C. (2014). *Medienökonomik* (3. Aufl.). Oldenbourg.

Meier, W. A., Trappel, J., & Siegert, G. (2010). Medienökonomie. In H. Bonfadelli, O. Jarren, & G. Siegert (Hrsg.), *Einführung in die Publizistikwissenschaft* (3. Aufl., S. 239–270). Haupt.

O'Reilly, T. (2005). What Is Web 2.0: Design Patterns and Business Models for the Next Generation of Software. MPRA Paper No. 4578. http://mpra.ub.uni-muenchen.de/4578/.

Shao, G. (2009). Understanding the appeal of user-generated media: A uses and gratification perspective. *Internet Research, 19*(1), 7–25.

Spiegel. (2012). Wem gehören die Gedanken. *Der Spiegel, 2012*(21), 124–129.

Spiegel. (2016). Webdienst soll bei unberechtigten Abmahnungen helfen. https://www.spiegel. de/netzwelt/web/abmahnungen-neuer-abmahnbeantworter-bietet-hilfe-an-a-1109022.html. Zugegriffen: 28. Apr. 2021.

Statistisches Bundesamt. (2014). *Konsumausgaben für Familien mit Kindern.* Statistisches Bundesamt.

Varian, H., & Buchegger, R. (2007). *Grundzüge der Mikroökonomik* (7. Aufl.). Oldenbourg.

Zydorek, C. (2009). Postmediale Wirklichkeiten und Medienmanagement. In S. Selke & U. Dittler (Hrsg.), *Postmediale Wirklichkeiten – Wie Zukunftsmedien die Gesellschaft verändern* (S. 67–92). Heise.

Zydorek, C. (2018). Grundlagen der Medienwirtschaft: Algorithmen und Medienmanagement. Springer Gabler.

Einige ökonomische Grundbegriffe (2): Unternehmen und Märkte

5

Zusammenfassung

Der zweite ökonomische Hauptakteur im Medienbereich sind Unternehmen als Güteranbieter.

Was sind die wichtigen Charakteristika von Unternehmen, wie gleicht und worin unterscheidet sich ihr Entscheidungshandeln von dem des Individuums?

Wie lässt sich solch ein Handeln im Medienbereich beschreiben?

Wie funktioniert in der Theorie ein Markt als Koordinationsmechanismus zwischen Individuen und Unternehmen, die als Anbieter oder Nachfrager auftreten?

Wie kann man sich dies bei einem konkreten Medienprodukt prinzipiell vorstellen?

5.1   Unternehmen

Wie in vielen anderen Branchen wird auch im Medienbereich die Mehrheit der Güter nicht von einzelnen unabhängigen Wirtschaftsindividuen hergestellt, sondern in Unternehmen. Die Unternehmung muss also am ehesten als der typische Ort der Produktion von Mediengütern gesehen werden und ist somit eine auch für die Medienökonomie zentrale Einrichtung (vgl. Sjurts, 2005, S. 5; Kiefer & Steininger, 2014, S. 114). Dies macht es notwendig, die Unternehmen als weitere wichtige Akteure, ihre Handlungsmotivationen und ihre Einbettung in das System des Austausches von Medienleistungen (ihre Marktbeziehungen) zu beschreiben sowie damit zusammenhängende wichtige Begriffe und Phänomene zu erklären. *„Zu jedem der ökonomischen Hauptakteure gibt es ein ausgebautes Theoriegebäude, das ihre jeweilige Funktion definiert und beschreibt …"* (Kiefer & Steininger, 2014, S. 116). Es gibt dieses theoretische Gebäude also auch zu Unternehmen

© Springer Fachmedien Wiesbaden GmbH, ein Teil von Springer Nature 2023
C. Zydorek, *Einführung in die Medienwirtschaftslehre*,
https://doi.org/10.1007/978-3-658-40089-7_5

als ökonomisch Handelnde. Ich möchte davon nur einige für uns wichtige Aspekte heraus-
greifen, weil sie für die Erklärung wichtiger Vorgänge in der Medienwirtschaft bedeutsam
sind.

Zunächst ist allgemein zu sagen, dass das Unternehmen eine vom Menschen geschaffene Einrichtung ist, die die *Koordination und Kooperation dieser Menschen in Wertschöpfungsprozessen* dadurch vereinfacht, dass einer (der Besitzer oder Geschäftsführer) dem
anderen (dem Angestellten, Arbeiter) Anweisungen geben darf, was dieser zu tun hat.
Diese *„Vereinfachung" menschlicher Koordinationsprozesse* resultiert daraus, dass die
beiden Parteien einen Vertrag geschlossen haben, der es dem einen erlaubt, den anderen (während der vertraglich vereinbarten und entlohnten Arbeitszeit, im Rahmen der
geltenden Gesetze) für seine wirtschaftlichen Zwecke ohne bei jeder Handlung aufwen-
dige neue Abstimmungsprozesse einzusetzen. Das Unternehmen ist also eine *freiwillige
hierarchische Koordinationsform wirtschaftlichen Handelns* in Produktionsprozessen. In
Unternehmen werden also, abstrakt gesagt, bestimmte Ziele und Strategien zur Optimierung des Aufwands-/Ertragsverhältnisses im Prozess der Umwandlung von Geld in eine
Ware oder Dienstleistung, und deren Wiederumwandlung in Geld entwickelt und verfolgt.
Zu diesem Umwandlungsprozess bei Mediengütern komme ich in Kap. 10 zurück, man
kann ihn nämlich ebenfalls in seiner typischen Form skizzieren. Welche Ziele in Medienunternehmen konkret verfolgt werden, werde ich ebenfalls in Kap. 10 besprechen. Dass
das Unternehmen gerade die jeweilige Branche gewählt hat, um dort Gewinn zu erzielen,
hängt damit zusammen, dass man sie für prinzipiell ökonomisch attraktiv, also Gewinn
versprechend, hält.

Unternehmen im Allgemeinen sollten zunächst einmal im Sinne meiner Absicht,
wichtige Begriffe eindeutig zu klären, wie folgt definiert werden (in Anlehnung an
Macharzina & Wolf, 2010, S. 15–18; Kiefer, 2005, S. 119; Gabler Wirtschaftslexikon,
2004, S. 3035, 3052–3054, vgl. auch Voci et al., 2019, S. 36).

▶ **Definition** Ein Unternehmen ist eine rechtlich organisierte Wirtschaftseinheit, d. h. ein
soziales und technisches System, das im Leistungsaustausch mit seiner Umwelt vor dem
Hintergrund des Ziels der Profiterzielung und -maximierung auf eigenes Risiko autonome Entscheidungen zur Kombination von Produktionsfaktoren (Ressourcen, Menschen,
Information, Rechte) trifft. Dem Wesen nach ist es auf Fremdbedarfsdeckung ausgerichtet und orientiert das eigene Handeln am ökonomischen Prinzip der Optimierung des
Aufwands-/Ertragsverhältnisses.

Die wichtigsten Aspekte dieser Definition möchte ich separat festhalten: Ein Unternehmen
hat demnach folgende wesentliche Merkmale:

- *Rechtlich organisierte Wirtschaftseinheit*: Das Unternehmen tritt als rechtlich organisiertes System (mit einer bestimmten gesetzlich festgelegten Rechtsform wie GbR,
  GmbH, AG) auf. Es besteht dabei oft aus mehreren Menschen (soziales System), kann

aber trotzdem entscheiden und handeln, weil in seiner rechtlichen Struktur festgelegt ist, wer für es entscheiden darf. Im internen Bereich nennt man dies Geschäftsführung, im Verhältnis nach außen, z. B. gegenüber Lieferanten und Kunden spricht man von Vertretung.

- *Kombiniert dabei Produktionsfaktoren:* Dies sind all diejenigen Faktoren, die bei der Produktion von Gütern mitwirken oder in sie eingehen (vgl. Wöhe et al., 2016, S. 28 f.), also Menschen, Sachmittel, Energie, Informationen und Rechte (Macharzina & Wolf, 2010, S. 16). Über die Produktionsfaktoren in Medienunternehmen werde ich später noch Genaueres sagen (vgl. Abschn. 10.2).
- Zielt dabei auf die Deckung des Bedarfs Anderer, also auf *Fremdbedarfsdeckung* (vgl. Wöhe et al., 2016, S. 29; Macharzina & Wolf, 2010, S. 15).
- Höchstes Ziel ist dabei die *Profiterzielung und -maximierung* (vgl. Wöhe et al., 2016, S. 29 f., 34 f.), was auch für Medienunternehmen gilt. Auch das werde ich in Abschn. 10.3 noch genauer spezifizieren.
- *Autonome Entscheidungen auf eigenes Risiko* bedeutet selbstständiges und unabhängiges Entscheiden im Rahmen des Erlaubten. Das Unternehmen besitzt also prinzipiell in unserem Wirtschaftssystem die Freiheit, seine Ziele, die Vorgehensweisen, den Gegenstand der Produktion etc. *selbst zu wählen.* Das im Rahmen dieser Wahlfreiheit übernommene *wirtschaftliche Risiko* besteht darin, dass man falsche Entscheidungen trifft (z. B. falsche Branche, falsche Produkte, Mitarbeiter, Technologien, Herstellungsprozesse etc.) und dafür die Konsequenzen (also Absatzprobleme, Verlust, Schulden, Zahlungsunfähigkeit etc.) tragen muss (vgl. Macharzina & Wolf, 2010, S. 16).
- Handelt *nach dem ökonomischen Prinzip* in der Form, wie wir es im vorhergehenden Kapitel behandelt haben.

Vergegenwärtigen wir uns nun kurz, was die *Gemeinsamkeiten und Unterschiede* zwischen dem Akteur Mensch und dem Akteur Unternehmen in Bezug auf das Wirtschaften sind (vgl. dazu noch einmal Abschn. 4.1):

- Beide handeln nach dem ökonomischen Prinzip.
- Beide können dabei autonom (im Rahmen der Gesetze und Normen) entscheiden.
- Beide kombinieren Produktionsfaktoren. Dies gilt auch für das Individuum, dass für seine Bedürfnisbefriedigung verschiedene Güter und Produkte einsetzt und miteinander kombiniert.
- Während der individuelle Akteur seinen eigenen Bedarf decken will, zielt das Unternehmen auf Fremdbedarfsdeckung.
- Dem Menschen geht es um Bedürfnisbefriedigung, dem Unternehmen um Profit. Dieser kann allerdings auch wieder, bei Auszahlung an die Gesellschafter des Unternehmens, von diesen Gesellschaftern durch den Kauf von Gütern in ihre eigene Bedürfnisbefriedigung umgewandelt werden. Im anderen Fall wird der Gewinn wieder ins Unternehmen investiert.

- Ein rechtlich organisiertes System steht einer einzelnen Person gegenüber, was Auswirkungen auf die Komplexität und den Rationalitätsgrad von Entscheidungen haben kann.

Marie Luise Kiefer veranschaulicht in der nachfolgenden Passage sehr anschaulich, wie man das Handeln von Medienunternehmen als Unternehmen, die in der Medienbranche angesiedelt sind, auf die nun gerade diskutierten ökonomischen Bedingungen in Bezug auf das individuelle wirtschaftliche Handeln von Menschen und das Handeln von Unternehmen zurückführen kann. Dazu wählt sie das Beispiel eines Zeitungsverlags. Oben erklärte Begriffe habe ich im Text kursiv hervorgehoben.

> Überträgt man diese Vorstellung auf den Bereich der Medien, dann bedeutet dies für einen Zeitungsverlag (...) zum Beispiel das Folgende: Der Verlag mit allen *Produktionsmitteln,* aber auch das Produkt, die Zeitung, sind *Privateigentum* (...) einer Gruppe von Individuen (...) Diese Individuen haben sich (...) aus welchen Gründen auch immer, für die *Branche der Medien entschieden,* in der sie *Kapital investieren* und wirtschaftlich tätig sein wollen, statt vielleicht in die Spielzeugfabrikation zu gehen. Für diesen Entschluss tragen sie je individuell das *Risiko* und haften für eventuelle Fehlentwicklungen oder Schäden. Und diesen Entschluss können sie im Prinzip jederzeit revidieren, also das Kapital aus der Medienbranche abziehen, weil diese ihnen unrentabel erscheint und in einem anderen Bereich wirtschaftlich tätig werden (...) Unter anderem wird dieser Entschluss auch davon abhängen, ob eine angemessene *Rendite* für das Kapital zu erwarten ist, das für den Aufbau oder den Erwerb eines Zeitungsverlages eingesetzt werden muss (...) Für welchen Typ Zeitung die privaten Produktionsmittel zum Einsatz kommen sollen, Lokalzeitung oder Wochenblatt, wird der zukünftige Zeitungsverleger *nach genauer Analyse der Situation* auf den jeweiligen Märkten und des dort herrschenden Wettbewerbs entscheiden. Angebot und Struktur an Zeitungen, also die deutsche Zeitungslandschaft (...) sind aus der ökonomischen Sicht Ergebnis *individueller Entscheidungen,* primär auf Seiten der Unternehmer als Produzenten von Zeitungen, aber *auch auf Seiten der Nachfrager,* also der Zeitungsleser und der in Zeitungen inserierenden *Werbewirtschaft,* die den über die Märkte gemachten Angeboten folgen oder auch nicht (Kiefer & Steininger, 2014, S. 57 f.; Hervorhebungen von mir eingefügt, C. Z.).

Wenn ich diese Schlagworte in den Kontext der Arbeit eines *konkreten* Zeitungsverlages stelle, komme ich zu folgendem Ergebnis:

Beispiel Zeitungsverlag

Unternehmen: Zeitungsverlag im Privateigentum: Südwestdeutsche Medienholding mit Süddeutscher Zeitung und Stuttgarter Zeitung, vgl. swmh.de.
Rechtsform: GmbH im Besitz von Investoren
Branche der Unternehmensaktivität: Medien, Unterbranche: Print, Zeitung.[1]

---

[1] „Die Südwestdeutsche Medienholding ist ein diversifiziertes Medienhaus mit dem Kernprodukt Zeitung" (http://www.swmh.de/gruppe/selbstverstaendnis/, Abruf 19.9.2916).

Grund der Aktivität: Gewinnerwartung aufgrund von positiven Rentabilitäts-einschätzungen

Basis der Entscheidung: Rationale Situationsanalyse des Marktes, der Konkurrenz und der Umwelt

Produktionsmittel: z. B. Mitarbeiter, Verlagsgebäude, Druckmaschinen

Produktionsprozess: Tägliche Erstellung, Veröffentlichung, Distribution von Zeitungsexemplaren[2]

Risiko: Verluste aus dem operativen Geschäft in € (SWMH: 2018: − 7,4 Mio., 2019: − 41,6 Mio. 2020: − 15 Mio bei einem Umsatz von 2018: 944,3 Mio., 2019: 922,7 Mio. 2020: 855,2 Mio[3])

Kunden/Abnehmer: Zeitungsleser, Werbeanzeigen schaltende Unternehmen◄

Eine konkrete Übertragung dieses Ansatzes der allgemeinen Unternehmensdefinition auf die in der Medienbranche tätigen Unternehmen werde ich in Kap. 7 vornehmen. Dort werde ich eine handhabbare Definition des Begriffs Medienunternehmen auf der Basis der Unternehmensdefinition anbieten. Kap. 10 befasst sich danach mit Leistungs- und Wertschöpfungsprozessen, Zielen und Erfolgsgrößen sowie der Einbindung des Rezipienten in die Wertschöpfungsprozesse des Online-Medienunternehmens.

5.2   Der Markt

Der Markt ist der ökonomische „Ort" des Tausches, an dem das Angebot und die Nachfrage von jeweilig nach Nutzenmaximierung strebenden Wirtschaftsindividuen (und Unternehmen) aufeinandertreffen. Es ist also dann jeweils ein Markt für bestimmte Wirtschaftsgüter (z. B. ein konkreter Buchtitel oder Tonträgertitel).[4] Dabei muss der Tausch nicht an einem *geografischen* Ort stattfinden, an dem alle lokal präsent sind, sondern kann z. B. auch im Internet (z. B. bei Büchern, Tonträgern), auf einem virtuellen Markt geschehen.

Die Nachfrager fragen ein Wirtschaftsgut aufgrund ihres individuellen Nutzen-/Kostenverhältnisses nach. Dies heißt, dass es verschiedene (Höchst-)Preise für die nachgefragten Güter gibt, je nachdem, wie das Nutzen-/Kostenverhältnis bei den verschiedenen

---

[2] Einen schönen Überblick über die am Produktionsprozess der Stuttgarter Zeitung Beteiligten gibt es hier zu sehen: http://www.stuttgarter-zeitung.de/inhalt.pressehaus-in-stuttgart-viele-menschen-eine-zeitung.af1b113a-56d5-4182-9493-60f17c44ef21.html, Abruf 10.5.2021).

[3] Quelle: Northdata, https://www.northdata.de/S%C3%BCdwestdeutsche+Medien+Holding+Gmb H,+Stuttgart/HRB+233, Abruf 15.8.2022.

[4] Wenn es sich um einen Markt für ein eng definiertes Gut handelt, so kommt man nahe an einen vollkommenen (homogenen) Markt, der aber nur das *theoretische Ideal* für die in der Praxis existierenden unvollkommenen (heterogenen) Märkte ist.

Nachfragern aussieht, diese also ein Gut kaufen würden, wenn es höchstens einen bestimmten, individuell festgelegten Eurobetrag kosten würde.

Auf der Gegenseite stehen ihnen Anbieter gegenüber, die ebenso über den Markttausch ihre Nutzensituation verbessern wollen, allerdings dadurch, dass sie Güter verkaufen und dafür Geld einstreichen. Dies wird ein Anbieter aber nur dann tun, wenn sich aus der Transaktion für ihn eine Nutzenmehrung ergibt, er also genug Geld dafür bekommt. Die Angebotsmenge eines Gutes auf dem Markt hängt also von dem für das Gut erzielbaren Preis im Verhältnis zu den Kosten der Produktion oder des vorherigen Erwerbs dieses Gutes ab. Je größer die Differenz zwischen dem Preis und den Kosten, desto größer das Angebot, nach unten wird der Preis des Angebots durch die Höhe der Produktionskosten begrenzt. Wenn die Angebote der einzelnen Unternehmen und privaten Anbieter zusammengefasst werden, dann ergibt sich das gesamte Marktangebot des Gutes. Wenn es mittelfristig für einen Anbieter zu keinen sinnvollen, d. h. profitablen Transaktionen (Verkäufen) kommt, wird er die Produktion dieses Gutes einstellen.

Die Summe der Nachfrage- und Angebotsmengen für das jeweilige Gut zu einem gegebenen Zeitpunkt bilden dann die Nachfrage- und die Angebotskurve. Man muss also die *Einzelnachfragen und Einzelangebote aller Nachfrager und Anbieter eines bestimmten Produktes* summieren, um die jeweilige Gesamtnachfrage und das Gesamtangebot zu bekommen (vgl. Tab. 5.1 und 5.2, jeweils rechte Spalte). Diese lassen sich dann abgekürzt wie in Abb. 5.1 und 5.2 darstellen.

Zu der ersten Tab. 5.1 möchte ich Ihnen einen kurzen Lesehinweis geben: Man sollte sie von unten nach oben wie folgt lesen: Bei einem Preis von 18 € fragen null Nachfrager null Produkte nach. Bei einem Preis von 16 € fragt ein Nachfrager zwei Produkte nach, was eine summierte Nachfrage von zwei Produkten ergibt. Bei 14 € gibt es zwei Nachfrager, die jeweils zwei Produkte nachfragen. In der Summe werden dann bei 14 € vier Produkte nachgefragt usf.

Tab. 5.1 Tabellarische Darstellung der Nachfrage. (Eigene Darstellung)

Preis X (€)	Anzahl von Nachfragern, die zum Preis X kaufen würden	Zusätzlich nachgefragte Menge zum Preis X	Summierte Nachfrage zum Preis X
6	12	4	18
8	10	4	14
10	6	2	10
12	4	4	8
14	2	2	4
16	1	2	2
18	0	0	0

Tab. 5.2 Tabellarische Darstellung des Angebots. (Eigene Darstellung)

Preis X (€)	Anzahl von Anbietern, die zum Preis X verkaufen würden	Zusätzlich angebotene Menge zum Preis X	Summiertes Angebot zum Preis X
6	0	0	0
8	1	2	2
10	3	2	4
12	5	4	8
14	7	2	10
16	10	4	14
18	12	2	16

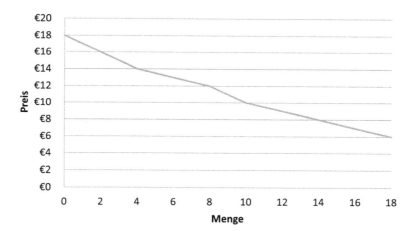

Abb. 5.1 Nachfragefunktion im Beispiel. (Eigene Darstellung)

Bei der Tab. 5.2 wird dagegen von oben nach unten gelesen: Zum Preis von 6 € findet sich kein Angebot. Bei acht Euro gibt es einen Anbieter, der zwei Produkteinheiten anbietet. Die Angebotssumme ist folglich bei 8 € zwei Produkte. Bei 10 € kommen zwei Anbieter hinzu, die jeder ein Produkt anbieten. Damit ist die Summe des Angebotes bei 10 € vier Produkte usf.

Zur Vereinfachung stellen wir uns hier einen Markt für *gebrauchte CDs*, sagen wir des Albums „Live" der deutschen Band Embryo von 1977, etwa bei einer Auktionsplattform wie discogs.com im Internet vor (vgl. Abb. 5.3) (vgl. zum Nachfolgenden auch Gahlen et al., 1981, S. 28–33).

Im Regelfall fragen Nachfrager nur eine CD für sich selbst nach. Ab dem Preis von 10 € gibt es im Beispiel allerdings Leute, die mehrere CDs kaufen, z. B. um sie zu

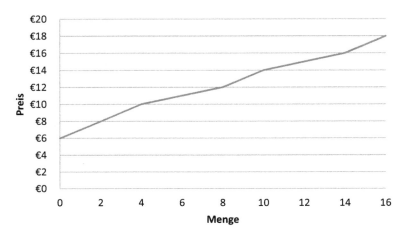

Abb. 5.2 Angebotsfunktion im Beispiel. (Eigene Darstellung)

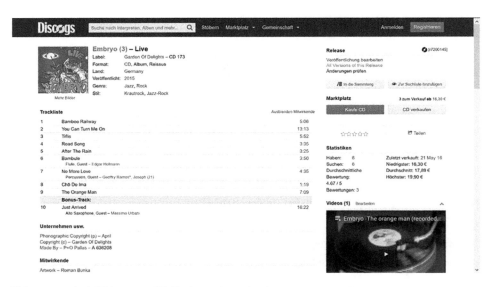

Abb. 5.3 Beispiel Discogs – CD Embryo Live. (Quelle: https://www.discogs.com/de/sell/item/316 456664)

verschenken. Bei den Anbietern von CDs gibt es solche, die mehrere verkaufen, aber auch nur ein Exemplar. Folgende Ausführungen beziehen sich auf einen *bestimmten Zeitpunkt,* zu dem es ein bestimmtes Angebot und eine bestimmte Nachfrage dieser Güter gibt. Andere beeinflussende Rahmenfaktoren, wie Einkommensänderungen oder Veränderung der Preise von Gütern mit gleicher Funktion für den Konsumenten (Substitutionsgüter) werden hier bewusst ausgeblendet bzw. konstant gehalten, damit es nicht zu kompliziert wird.

Die Nachfrage ist also logischerweise umso höher, je niedriger der Preis pro Album ist. Das nennt man das *Gesetz der fallenden Nachfragekurve* (vgl. noch einmal Abb. 5.1). Dabei ist, wie wir in der Tab. 5.1 gesehen haben, zwischen der *Anzahl der Nachfrager* (Spalte 2) und der *Anzahl der nachgefragten Produkte* (Spalte 4) zu unterscheiden. Außerdem haben wir in Tab. 5.1 gesehen, dass man zwischen der Zahl der zu einem jeweilig niedrigeren Preis *hinzukommenden Produkte* und der *Gesamtzahl der nachgefragten Produkte* zu einem spezifischen Preis unterscheiden muss. Die jeweilig mit niedrigerem Preis hinzukommenden Produkte geben das jeweilige Gefälle der Nachfragefunktion an. Die Nachfragefunktion selbst bildet die *Anzahl der nachgefragten Produkte (Spalte 4) zu einem bestimmten Preis* (Spalte 1) zu einem bestimmten Zeitpunkt ab.

Die Angebotsfunktion bildet ab, wie viele CDs jeweilig kumuliert auf einem spezifischen Preisniveau angeboten werden. Auch hier ist wieder zwischen der Zahl der Anbieter, der jeweilig bei einer spezifischen Preisänderung hinzukommenden Angebotsmenge sowie dem kumulierten Angebot (Spalte 4) auf einem spezifischen Preisniveau (Spalte 1) zu unterscheiden.

Je höher der Preis ist, desto mehr wird tendenziell am Markt angeboten, da der Nutzen eines Verkaufs bei mehr Anbietern die Kosten überwiegt (steigende Angebotskurve, vgl. noch einmal Abb. 5.2).

Kumulierte Nachfrage und kumuliertes Angebot zu einem spezifischen Preis können also wie folgt gegenübergestellt werden (Tab. 5.3). Dabei fallen die anderen Informationen der vorstehenden Tabellen (also wie viele Anbieter, wie viele CDs bieten diese jeweilig an) weg.

Wird ein Produkt teurer oder günstiger, muss das Individuum neu bewerten, wie sein individuelles Nutzen-Kosten-Verhältnis ist. Es ist eindeutig, dass eine Preiserhöhung dazu führt, dass weniger von einem Gut nachgefragt wird. Eine Nachfragekurve für ein Gut gibt also an, welche Anzahl eines Gutes die Konsumenten bei verschiedenen Preisen pro

Tab. 5.3 Gegenüberstellung von Angebot und Nachfrage zu bestimmten Preisen. (Eigene Darstellung)

Preis X (€)	Summierte Nachfrage zum Preis X	Summiertes Angebot zum Preis X
6	18	0
8	14	2
10	10	4
12	8	8
14	4	10
16	2	14
18	0	16

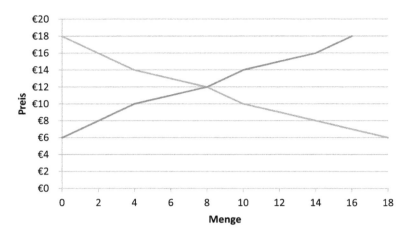

Abb. 5.4 Angebot und Nachfrage im Beispiel. (Eigene Darstellung)

Einheit kaufen würden. Diese Kurve fällt also, da mit steigendem Preis eine geringere Menge nachgefragt wird (Varian & Buchegger, 2011, S. 4).

Bei der Angebotskurve ist es das genaue Gegenteil, je höher der Preis, desto mehr Angebot wird auf dem Markt zur Verfügung stehen. Die Angebotskurve steigt also an (Abb. 5.2). Da beide also gegenläufig sind, ergibt sich (meistens) ein Schnittpunkt, bei dem ein Gleichgewichtspreis und eine Gleichgewichtsmenge zwischen Angebot und Nachfrage vorliegt. An dieser Stelle entsprechen sich die Preise und Mengen für das genannte Produkt, die Embryo-CD exakt (Abb. 5.4).

An diesem Punkt ist allerdings der *Zeitfaktor* wieder in unsere Betrachtung mit einzubeziehen, um zu verstehen, welche besondere Eigenschaft zum *Ausgleich von Angebot und Nachfrage* dem Marktmechanismus in der Theorie unterstellt wird. Es wird nämlich behauptet, dass, wenn Nachfrage und Angebot sich (auf einem Markt mit vielen Anbietern und Nachfragern) nicht im Gleichgewicht befinden, ein evtl. Angebotsüberschuss (es wird zu einem bestimmten Preis mehr angeboten als nachgefragt) dazu führt, dass die Anbieter mit ihren Preisvorstellungen heruntergehen, da sie ja verkaufen und nicht auf ihren Produkten sitzen bleiben wollen. Dem gegenüber führt ein Nachfrageüberschuss (mehr Nachfrage als Angebot zu einem bestimmten Preis) die Nachfrager dazu, mehr für die Produkte zu bieten, da sie ja am Markt zum Zuge kommen wollen. Wenn man das so unterstellt, hat der Marktmechanismus eine eingebaute *Tendenz zum Gleichgewicht*, zum Ausgleich von Angebot und Nachfrage zu einem Gleichgewichtspreis. Dauerhaft kann nach diesem Ansatz nur dieser Gleichgewichtspunkt bestehen bleiben (vgl. Varian & Buchegger, 2007, S. 52 ff.; Gahlen et al., 1981, S. 30 ff.). Dieser Punkt ist im Beispiel der Preis, zu dem der Markt geräumt wird, also acht CDs beim Preis von zwölf Euro verkauft (und gekauft) werden.

- Geben Sie je ein eigenes Beispiel für typische Ersatzgüter (Substitutionsgüter) für eine CD, z. B. die oben genannte „Live" von Embryo. Wie wirkt sich die Erhöhung des Preises dieser Ersatzgüter typischerweise auf die Nachfragemenge des von uns betrachteten Gutes aus?
- Wie kann man das mit dem Verhalten der einzelnen Nachfrager erklären?
- Erklären Sie das Funktionieren des Marktmechanismus mit dem individuellen Optimierungsverhalten des Wirtschaftsindividuums, so wie es in der ökonomischen Theorie in Kap. 4 beschrieben wurde.

Literatur

Gabler Wirtschaftslexikon. (2004). (16. Aufl.). Gabler.

Gahlen, B., Hardes, H.-D., Rahmeyer, F., & Schmid, A. (1981). *Volkswirtschaftslehre* (12. Aufl.). Mohr.

Kiefer, M. L. (2005). *Medienökonomik: Einführung in eine ökonomische Theorie der Medien* (2. Aufl.). Oldenbourg.

Kiefer, M. L., & Steininger, C. (2014). *Medienökonomik: Einführung in eine ökonomische Theorie der Medien* (3. Aufl.). Oldenbourg.

Macharzina, K., & Wolf, J. (2010). *Unternehmensführung.* Gabler.

Sjurts, I. (2005). *Strategien in der Medienbranche* (3. Aufl.). Gabler.

Varian, H., & Buchegger, R. (2007). *Grundzüge der Mikroökonomik* (7. Aufl.). Oldenbourg.

Varian, H., & Buchegger, R. (2011). *Grundzüge der Mikroökonomik* (8. Aufl.). Oldenbourg.

Voci, D., Karmasin, M., Nölleke-Przybylsli, P., Altmeppen, K.-D., Möller, J., & Rimscha, B. (2019). What is a media company today? *Studies in Communication and Media, 8*(1/2019), 29–52.

Wöhe, G., Döring, U., & Brösel, G. (2016). *Einführung in die allgemeine Betriebswirtschaftslehre* (26. Aufl.). Oldenbourg.

Einige kommunikationswissenschaftliche Grundbegriffe

Zusammenfassung

Womit beschäftigt sich die Kommunikationswissenschaft und inwiefern kann die Medienökonomie ihre Erkenntnisse nutzen?

Wie sind Medien im Sinne des Erkenntnisinteresses der Medienökonomie zu definieren?

Massenmedien haben neben der individuellen Funktion auch Funktionen für die Gesamtgesellschaft und die gesellschaftlichen Teilsysteme. Welche sind das?

Neben Massenmedien und Individualmedien gibt es Integrations-/Hybridmedien. Was sind Hybride und wodurch werden sie bestimmt?

Was bedeutet gesellschaftliche Institutionalisierung von Medien und welche Bedeutung hat das für die Medienökonomie?

Wie verändert sich die gesellschaftliche Meinungsbildung mit den sozialen Medien?

Die Publizistik- und Kommunikationswissenschaft hat sich während des ersten Weltkriegs, damals noch unter dem Namen Zeitungswissenschaft, von der Wirtschaftswissenschaft abgespalten. Schon ab dem Jahr 1926 wurde dann angeregt, besser den Begriff der Publizistikwissenschaft zu verwenden und den Gegenstand der wissenschaftlichen Untersuchung von der Zeitung auf *alle Arten der Veröffentlichung,* also auch Hörfunk und Film, Flugblatt, Nachrichtenwesen etc. auszudehnen. Mit dieser auf alle Medien der öffentlichen Meinungsbildung bezogenen Perspektive verstand man sich dann als *Wissenschaft vom Publizieren* (vgl. Pürer, 2014, S. 36 f.). Seit den 1960er Jahren begreift sich die Publizistik- und Kommunikationswissenschaft zunehmend als eine Sozialwissenschaft[1], die sich mit den gesellschaftlichen Kommunikationsvorgängen befasst, sich dabei eher den

---

[1] Eine Sozialwissenschaft ist eine Wissenschaft, die sich mit *sozialen Phänomenen* befasst, also Handlungen und Interaktionen von Menschen und sozialen Systemen, wie es Gruppen, Organisationen und Unternehmen sind.

Tab. 6.1 Untersuchungsbereiche der Kommunikationswissenschaft nach der Lasswell-Formel. (Jäckel, 2008, S. 79, Auszüge)

Wer?	Sagt was?	In welchem Kanal?	Zu wem?	Mit welchem Effekt?
Kommunikatorforschung	Inhaltsanalyse	Medienanalyse	Publikumsforschung	Wirkungsforschung

journalistischen (Massen-)Medien Presse, Fernsehen, Radio, Internet widmet. Methodisch gesehen sind neben dem theoretischen Zugang und seit den 60er Jahren (unter dem Einfluss der amerikanischen Kommunikationsforschung) die empirischen Methoden[2] bei der Erkenntnisgewinnung ins Zentrum gerückt. (Hickethier, 2010, S. 6 ff.; Bonfadelli et al., 2010, S. 6; Pürer, 2014, S. 36–61). Die Kommunikationswissenschaft (wie ich im Weiteren abkürze) untersucht, wie auch ich das tue, Medien nicht als *Medien der Beobachtung oder Wahrnehmung* (Brille, Teleskop, Lautsprecher, Verstärker), nicht als *Medien der Speicherung und Verarbeitung* (Schrift, Schreibmaschine, Kamera, Festplatte) und auch nicht als *Medien der Übertragung und des Transports* von Inhalten (Brieftaube, Telegraf, Kabel- und Satellitennetz). Medien werden als *Medien der Kommunikation* untersucht. Diese Kommunikationsmedien verbinden mehrere der oben genannten medialen Grundformen so miteinander, dass sie den Menschen eine komplexe Kommunikation ermöglichen. Die in den vorstehenden drei Grundformen gegebenen Möglichkeiten der Wahrnehmung, der Speicherung und Übertragung werden in den Kommunikationsmedien zu *neuen Räumen der menschlichen kommunikativen Interaktion* kombiniert (Hickethier, 2010, S. 18 ff.).

Man kann die *Gegenstandsbereiche der Kommunikationswissenschaft* den Bereichen unterordnen, die in der Ihnen möglicherweise schon bekannten Lasswell-Formel von den Kommunikationsprozessen unterschieden werden (Tab. 6.1; vgl. Jäckel, 2008, S. 79 f.).

In jedem dieser Bereiche findet auch die Medienökonomie ihre Themen. Tab. 6.2 verdeutlicht dies an einigen Beispielen.

6.1 Technische Medien, Medienorganisationen und institutionelle Medien

Im Mittelpunkt meiner Untersuchung steht *nicht* der technische Charakter der Medien, so wie er in der Medientechnik und in der Medieninformatik aus guten Gründen, nämlich

---

[2] Etwas mit empirischen Methoden zu untersuchen, bedeutet für die Kommunikationswissenschaft vor allem, Befragungen durchzuführen, Inhaltsanalysen von Medien durchzuführen oder zu beobachten, wie Menschen sich beim Medienkonsum verhalten oder wie sie sich sprachlich dazu äußern (vgl. Wirth & Fretwurst, 2010, S. 64 ff.).

Tab. 6.2 Beispielthemen der Medienökonomie nach der Lasswell-Formel. (Eigene Darstellung)

Wer?	Sagt was?	In welchem Kanal?	Zu wem?	Mit welchem Effekt?
Kommunikatorforschung	Inhaltsanalyse	Medienanalyse	Publikumsforschung	Wirkungsforschung
Medienunternehmen (Typen, Vergleiche, Rechtsformen)	Botschaftsgestaltung für Medienprodukte (What sells best?)	Produktwelten – Analyse und Gestaltung, Mediaplanung, Cross-MediaKommunikation	Zielgruppenforschung[3], Segmentierung, Targeting, Positionierung	Trends, Veränderung des Konsums, Produktinnovation, technische Pfade

[3] Schweiger (2007, S. 24) ergänzt hier: „Die Mediennutzungsforschung [...] ist im Lasswell'schen Sinn zunächst Publikumsforschung. Sie versucht die Zielgruppen und Publika von Mediengattungen und -angeboten zu beschreiben. Damit verbunden fragt sie nach den Gründen der Mediennutzung und analysiert den Prozess der Medienzuwendung".

aufgrund ihrer Interessensschwerpunkte und ihrer Perspektive auf den Betrachtungsgegenstand im Vordergrund steht. Dennoch sind technische Medien die Voraussetzung und der Kern gesellschaftlicher Kommunikationsmedien.

▶ **Definition Technische Medien** „Technische Medien sind alle Mittel zum raumzeitlichen Transport und zur Ein- bzw. Ausgabe von Mitteilungen, wie Telefonleitungen, drahtlose Übertragungsnetze (Mobilfunk, W-LAN, WiFi), Rundfunksatelliten, Fernsehgeräte, Handys, Computer oder das Internet" (Schweiger, 2007, S. 17).

Medienorganisationen

Die technischen Medien werden von Menschen zur Kommunikation und Information genutzt. Finanziert, bereitgestellt, betrieben und verwaltet aber werden sie von *Organisationen,* z. B. privaten Unternehmen (z. B. Axel Springer AG), öffentlich-rechtlichen Betrieben (z. B. ZDF als Anstalt des öffentlichen Rechts) oder auch nichtkommerziellen Organisationen (z. B. Wikimedia Deutschland e. V.), die dabei individuell unterschiedliche Ziele verfolgen und dafür eine bestimmte Organisationsstruktur ausbilden (vgl. Dogruel, 2013, S. 266 ff.). „Ohne eine Organisation wäre weder ein Telefonnetz, noch eine Tageszeitung oder gar ein Fernsehprogramm zu realisieren" (Beck, 2015, S. 90). Damit nicht genug, entwickeln diese Organisationen wiederum mit anderen Akteuren *Abhängigkeits- und Kooperationsstrukturen,* die für den jeweiligen Arbeitskontext erforderlich sind: „Medien bilden komplexe Systeme mit unterschiedlichen Strukturen, in denen verschiedene Medienorganisationen aufeinander bezogen sind. Zum Beispiel unterhält ein Radiosender enge Verbindungen mit einer Werbeakquisitionsfirma und einem Forschungsinstitut, welches Einschaltquoten misst." (Künzler & Jarren, 2010, S. 219).

Wir können uns also vorstellen, dass sich über den inneren, technischen Kern von Kommunikationsmedien eine *organisatorische Schicht* legt, die aus Organisationsstrukturen, z. B. unterschiedlich intensiven Strukturen der Kooperation, von Produktionsabläufen, von Handlungen der Organisationsmitglieder besteht (vgl. Dogruel, 2013, S. 268).

Medien als Institutionen

Über diese beiden Schichten legt sich eine weitere Ebene. Das technische Mittel und der Betrieb dieses Mittels durch einen Akteur wie das Medienunternehmen sind nicht ausreichend, um den Charakter des Mediums aus Sicht der Kommunikationswissenschaft erschöpfend zu beschreiben (vgl. Dogruel, 2013, S. 262). Es ist für seine Bestimmung notwendig zu analysieren, wie dieses Medium real in der Gesellschaft als Mittel der Informationsverarbeitung und Kommunikation eingebettet ist (vgl. Pürer, 2014, S. 206 ff.; Donges, 2006, Beck, 2020, S. 95–99). Man muss also eine dritte Schicht aus *Gebrauchsweisen, Zielstellungen der Nutzung, Funktionserwartungen, Regeln und Normen, Wissen* usw. betrachten, die dieses Kommunikationsmedium, welches sich in einer Gesellschaft als Mittel der Verbreitung von Informationen durchgesetzt hat, als *gesellschaftlich institutionalisiertes Medium* beschreibt.

Die Entstehung und gesellschaftliche Durchsetzung wie auch die Veränderung von einzelnen (neuen) Medien kann man sich grob als eine Art Evolutionsprozess vorstellen, in dem technische, kulturelle, ökonomische, politische und viele andere Faktoren zusammenwirken:

> Die gesellschaftlichen Bedingungen bestimmen darüber, wie Medien in der Gesellschaft institutionalisiert sind, wobei unter dem Prozess der Institutionalisierung die Herausbildung von rechtlichen und kulturellen, nicht formal festgelegten Regeln, Strukturen und/oder Prozessen verstanden wird. Je nach Gesellschaft und historischem Zeitpunkt werden Medien in je anderer Form in die Gesellschaft eingebettet, was sich am Beispiel von Radio und Fernsehen verdeutlichen lässt. Je nachdem, ob Rundfunk in öffentlicher, privater oder alternativer Form institutionalisiert ist, unterscheidet sich seine Anbindung an Politik, Wirtschaft und Zivilgesellschaft (Künzler et al., 2013, S. 17; vgl. dazu Tab. 6.3).

Der Hamburger Medienwissenschaftler Knut Hickethier detailliert dies wie folgt:

> Wer Medien benutzt und auf welche Weise, ist deshalb gesellschaftlich geregelt, durch Gesetze, Richtlinien, Eigentumsverhältnisse, aber auch Konventionen, Gewohnheiten etc. (...) Institutionen geben Zielvorstellungen vor und sichern deren Realisierung, sie vermitteln Regeln, Normen, Angemessenheitsprinzipien des sozialen Lebens. Grundsätzlich kann davon ausgegangen werden, dass Medien als Kommunikation organisierende Einheiten immer

Tab. 6.3 Institutionalisierungsformen der Massenmedien in Demokratien und autoritären Gesellschaften nach fünf Dimensionen. (Quelle: Künzler & Jarren, 2010, S. 224, Auszug)

Institutionalisierungsrahmen Dimension	Demokratisch kontrollierte Institutionalisierung	Autoritäre Institutionalisierung
Eigentumsverhältnisse der Medien	Privatwirtschaftlich oder öffentlich	Staatlich, privatwirtschaftlich oder öffentlich
Steuerung und Kontrolle	Teilweise: Staat versucht Medienorganisationen und Journalisten auf Qualität und Pluralismus zu verpflichten	Ja: Zensur, Kontrolle der formal unabhängigen Medien
Ziele der Medien	Förderung der allgemeinen Wohlfahrt; Aufklärung und Partizipation	Strukturelle Absicherung der politischen und gesellschaftlichen Ordnung
Normative Erwartungen an die Medien	Medien haben bestimmten Verpflichtungen gegenüber der Gesellschaft nachzukommen (Vielfalt, Qualität sicherstellen)	Medien haben gültige moralische und politische Werte zu unterstützen und soziale Ordnung insgesamt zu stabilisieren
Institutionelle Rechtfertigung der Medien	Medien sind inhaltlich und strukturell vielfältig und erfüllen gesellschaftliche Leistungsanforderungen	Medien verstehen sich als Dienstleister des Staates und tragen den vom Staatsapparat initiierten Wandel mit

gesellschaftlich institutionalisiert sind, weil sie bei den Benutzern kulturell verankertes Wissen um ihre Funktion und ihren Gebrauch voraussetzen und nur bestimmte Umgangsweisen mit den Medien ermöglichen (Hickethier, 2010, S. 31; Hervorhebung weggelassen).

Man kann den Begriff „Institutionelle Medien" entsprechend mit Ulrich Saxer, einem Schweizer Medien- und Kommunikationswissenschaftler wie folgt definieren[4]:

▶ **Definition institutionalisierter Medien** „Medien sind komplexe institutionalisierte Systeme um organisierte Kommunikationskanäle von spezifischem Leistungsvermögen" (Saxer, 1999, zit. in Künzler und Jarren 2010, S. 218).

Der Begriff des „komplexen institutionalisierten Systems" zielt dabei auf die Ergänzung des technischen und organisatorischen Charakters des jeweiligen Mediums um die oben genannten Eigenschaften von Medien, die „(…) als Institutionen (…) als dauerhaft angelegte Regelsysteme soziales Handeln begrenzen und ermöglichen" (Donges, 2006, S. 568).

Die Auswirkungen der Medien als Institutionen innerhalb der Gesellschaft sind größer, als man das möglicherweise intuitiv annimmt, denn „Medienkommunikation wirkt (…) in alle erdenklichen Schichten des individuellen und kollektiven Seins hinein" (Saxer, 1998, zit. in Pürer, 2014, S. 208).

In der Abb. 6.1 versuche ich, die Idee des Zusammenhangs von Technik, Organisation und Institutionalisierung bei den Kommunikationsmedien vereinfacht graphisch darzustellen.

Für unseren medienökonomischen Untersuchungszusammenhang sind vor dem Hintergrund der Betrachtung institutionalisierter Medien zwei Aspekte besonders bedeutsam:

1. Die *Herausbildung und Wirkung von Anwendungs- und Nutzungsformen,* die ich unter dem Begriff der *Kommunikationsrahmen* in Bezug auf die Computernutzung beispielhaft im Abschn. 6.5 besprechen werde.
2. Die *Funktionen,* die institutionalisierte Medien für die Gesellschaft und die einzelnen Individuen übernehmen, wenn sie in ihrer jeweiligen Form entwickelt sind.

Dass sich hier jeweilig unterschiedliche Formen und Funktionen ausprägen, sei in der Tab. 6.3 anhand der zwei unterschiedlichen Institutionalisierungsformen der Massenmedien in demokratischen und autoritären Gesellschaften gezeigt (vgl. Tab. 6.3).

In ihrer Ausrichtung können die Kommunikationsmedien ursprünglich zweierlei klar unterscheidbare Formen annehmen: Als Mittel der *öffentlichen Verbreitung von Inhalten*

---

[4] Donges bezeichnet (in Künzler et al., 2013, S. 87) diese Definition als „Albtraum aller Studenten im ersten Semester". Ich hoffe, ich habe den Begriff für Sie mit meinem Schichtenmodell hinreichend verständlich erklärt.

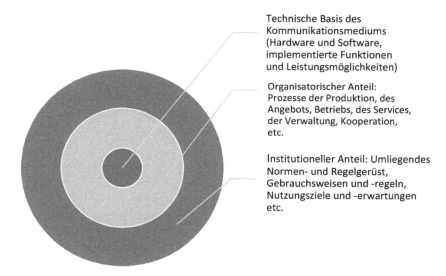

Technische Basis des
Kommunikationsmediums
(Hardware und Software,
implementierte Funktionen
und Leistungsmöglichkeiten)

Organisatorischer Anteil:
Prozesse der Produktion, des
Angebots, Betriebs, des Services,
der Verwaltung, Kooperation,
etc.

Institutioneller Anteil: Umliegendes
Normen- und Regelgerüst,
Gebrauchsweisen und -regeln,
Nutzungsziele und -erwartungen
etc.

Abb. 6.1 Gesellschaftliche Kommunikationsmedien und ihre Bestandteile. (Eigene Darstellung)

an eine Vielzahl von Menschen (Massenmedien) und als Mittel der *privaten Kommunikation zwischen Individuen* (Individualmedien). In den beiden Fällen haben sie jeweilig unterschiedliche Funktionen für den einzelnen Nutzer und für die Gesellschaft als Ganzes. Als *individuellen menschlichen Antrieb* zur Mediennutzung habe ich im vorletzten Kapitel schon die Suche nach Bedürfnisbefriedigung genannt. Ich werde später (Abschn. 9.2) die zugrunde liegenden Bedürfnisse katalogisieren und systematisieren.

Um die *gesellschaftlichen* Funktionen von Medien besser zu verstehen, sollte man zunächst die Begriffe Massenkommunikation und Individualkommunikation voneinander abgrenzen.

6.2 Massenmedien und Individualmedien

Massenmedien

Der 2010 verstorbene deutsche Kommunikationswissenschaftler Gerhard Maletzke hat schon in den 1960er Jahren die Massenkommunikation wie folgt definiert:

▶ **Definition Kommunikation mit Massenmedien** Unter Massenkommunikation verstehen wir jene Form der Kommunikation, bei der Aussagen öffentlich (also ohne begrenzte und personell definierte Empfängerschaft), durch technische Verbreitungsmittel (Medien), indirekt (also bei räumlicher oder zeitlicher oder raumzeitlicher Distanz zwischen den Kommunikationspartnern) und einseitig (also ohne Rollenwechsel zwischen Aussagenden und Aufnehmenden) an ein disperses Publikum gegeben (…) werden (Maletzke, 1963, S. 32; zit. in Hickethier, 2010, S. 23).

Nach Maletzke sind also folgende Kriterien zur Bestimmung von Massenmedien wichtig:

- technisches Verbreitungsmittel (also technisch vermittelte Kommunikation)
- öffentlich (Gegensatz zu privat, ohne begrenzte, personell definierte Empfängerschaft)
- indirekt (räumliche und/oder zeitliche Distanz zwischen Produktion und Rezeption ist zumindest möglich)
- einseitig, also von einem Sender zum Empfänger, ohne wechselnde Kommunikationsrichtung innerhalb des Mediums
- an disperses Publikum, d. h. eine Vielzahl räumlich getrennter Individuen, die nichts miteinander zu tun haben, außer dass sie sich (an verschiedenen Orten und u. U. zu verschiedenen Zeiten) einem gemeinsamen Aufmerksamkeitsgegenstand zuwenden. Das Publikum ist somit tendenziell groß, (sozial) inhomogen und unstrukturiert, es bestehen keine verbindenden menschlichen Beziehungen (vgl. Hickethier, 2010, S. 23; Schweiger, 2007, S. 16 f.; Pürer, 2014, S. 79 f.).

Fragen

- Prüfen Sie bitte allein oder in Gruppen zu 3–5 Studierenden die oben genannten Kriterien in Bezug auf eines der Medien Fernsehen, Radio, Film, Presseerzeugnisse, Buch sowie Tonträger und schreiben Sie das Ergebnis stichwortartig auf. Schreiben Sie dabei nicht nur „vorhanden" oder „nicht vorhanden", sondern erklären Sie, inwieweit und in welcher Form die Kriterien erfüllt werden.[5]
- Präsentieren Sie kurz Ihre Ergebnisse im Plenum.
- Was fällt Ihnen dabei auf? Gibt es Diskussionsbedarf?
- Ist das Internet ein Massenmedium? Wenn ja, warum? Wenn nein, warum nicht?

---

[5] So ist beispielsweise beim Kino die technische Vermittlung über die Aufzeichnung des Contents auf einen Datenträger und seine Präsentation über Projektor auf eine Leinwand gegeben, Öffentlichkeit wird über die prinzipielle Offenheit des Kinozugangs für eine beliebige, unbeschränkte Menge zahlender Rezipienten realisiert usf.

6.3 Gesellschaftliche Funktionen von Massenmedien

Welche gesellschaftlichen Funktionen haben Massenmedien? In Tab. 6.3 wurde darauf verwiesen, dass Massenmedien gesellschaftlichen Leistungsanforderungen genügen müssen und daraus gesellschaftliche Legitimität schöpfen können. Was hier als Leistungserwartungen an die Massenmedien formuliert wird, heißt an anderer Stelle „gesellschaftliche Funktionen der Massenmedien". Hier werden in der Kommunikationswissenschaft eine ganze Anzahl auch sehr differenzierter Funktionen diskutiert, die ich zu sieben Funktionen zusammenfassen möchte (vgl. Burkart, 2002, S. 378–413; Sjurts, 2011, S. 378 f.; Beck, 2015, S. 99–107).

- Informationsfunktion: Grundlage vieler Wirkungen der Massenmedien ist der Umstand, dass sie „(…) zur Kenntnis von Geschehnissen außerhalb des direkt zugänglichen persönlichen Erlebnisfeldes" (Burkart, 2002, S. 406) verhelfen, d. h. die sogenannte Sekundärerfahrung des Empfängers aufgrund medialer Botschaften und nicht aufgrund eigenen Erlebens in modernen, komplexen und unüberschaubaren Gesellschaften unverzichtbar ist. Nichtwissen und Ungewissheit wird durch Kommunikation reduziert oder beseitigt (vgl. Burkart, 2002, S. 403 f.). Dabei wirken die Massenmedien auch im Sinne des Vermittelns und Übersetzens von Informationen abhängig vom Informationsstand des Empfängers. Sie sorgen dafür, dass die Menschen die wirtschaftlichen, sozialen, ökologischen und politischen Zusammenhänge begreifen, die Demokratie verstehen und über Politik so unterrichtet sind, dass sie selbst aktiv daran teilnehmen können.
- Unterhaltungs- und Rekreationsfunktion: Medien erfüllen den gesellschaftlichen Bedarf nach Zerstreuung/Ablenkung/Entlastung und Entspannung ihrer Mitglieder, die notwendig sind für die Kompensation der Mühen des Lebens. Sie tragen somit zur Stabilisierung dieser Gesellschaft bei (vgl. Burkart, 2002, S. 378).
- Sozialisationsfunktion: Massenmedien ermöglichen den Mitgliedern von Gesellschaften soziale Orientierung durch Vermittlung von Normen, Werten und durch das Angebot von Rollentypen. Es wird eine Gemeinsamkeit im Erleben und Handeln des Menschen ermöglicht, die die notwendige Koordination des Einzelnen in der komplexen Umwelt überhaupt erst möglich macht (vgl. Burkart, 2002, S. 383 f.).
- Integrationsfunktion: Auf dieser Basis wird eine Bindung und Loyalität der Mitglieder für die Geltung der Werte und Normen der Gesellschaft erzeugt, die das Auseinanderklaffen und den Zerfall des Systems in Individuen oder Einzelgruppen verhindern helfen, wenn das einzelne Mitglied sich als Teil eines Ganzen, der Gesellschaft, begreift (vgl. Burkart, 2002, S. 387 f.). Als Beispiel wird hier die allgemeine Integrationswirkung der Medien in Bezug auf die in der Gesellschaft gültigen Werte und Verhaltensweisen genannt, es werden aber auch konkrete medieninduzierte Integrationsleistungen, wie z. B. bei der WM 2006 in Deutschland („Sommermärchen") oder zu Beginn der Flüchtlingskrise 2015 („Wir schaffen das") genannt.

- Meinungs- und Willensbildungsfunktion: Massenmedien stellen Öffentlichkeit her. Aufgrund der öffentlichen Artikulation und Repräsentation von Informationen und des transparenten Austausches verschiedener Standpunkte in den Massenmedien wird den Gesellschaftsmitgliedern die Bildung einer eigenen Meinung und eine Willensbildung ermöglicht (vgl. Burkart, 2002, S. 391).
- Kritik- und Kontrollfunktion: Medien wirken durch ihren Einfluss auf die öffentliche Meinung als Kritik- und Kontrollorgan zwischen den Bürgern und den gesell-schaftlichen Repräsentanten. Es wird Kritik und Kontrolle an den (politischen) Repräsentanten, anderen gesellschaftlichen (Interessen)Gruppen (z. B. Arbeitgeber, Gewerkschaften, Kirchen, Vereine) mit den Zielen der Verhaltensänderung oder der gesellschaftlichen Sanktionierung, z. B. durch zuständige Gremien ermöglicht (vgl. Sjurts, 2011, S. 378; Burkart, 2002, S. 396).
- Ökonomische Funktion: Massenmedien aktivieren und beschleunigen *den Ware-Geld-Kreislauf* in einer Gesellschaft, indem sie als Werbeträger und Vermittler von Produkt-informationen oder Produktwissen tätig werden (vgl. Burkart, 2002, S. 398 f.). Sie sind als Informationsquelle auch gleichzeitig *Markttransparenz* schaffend (vgl. Beck, 2015, S. 106) und *Lieferant von Optionen zum Geldausgeben* für den Rezipienten.

Mediengüter, besonders journalistische und informative Mediengüter werden also auf-grund verschiedener Ihrer Funktionen als Institutionen verstanden, „… *die Nutzungs-optionen zur Abstützung der staatsbürgerlichen Handlungskompetenz ihrer Rezipienten bereitstellen sollen"* (Kiefer, 2005, S. 141).

Fragen

- Worin besteht in unserer Gesellschaft staatsbürgerliche Handlungskompetenz?
- Was ist damit gemeint, dass die Presse „Nutzungsoptionen zur Abstützung staats-bürgerlicher Handlungskompetenz" anbietet?
- Suchen Sie nach Beispielen (konkrete Einzelfälle oder abstrakte, konstruierte Fälle), die die genannten Massenmedien-Funktionen verdeutlichen. Bitte schreiben Sie zu jeder dieser Funktionen ein Beispiel auf und vergleichen Sie es mit Ihren Kommilitonen bzw. besprechen Sie es im Plenum.
- Fällt dabei eine der oben genannten Funktionen aus dem Rahmen? Welche und warum?

Diese die Handlungskompetenz der Gesellschaftsmitglieder stärkenden Funktionen der Massenmedien haben gesamtgesellschaftlichen Ausdruck in unserer Verfassung gefunden, im Art. 5 Abs. 1 des Grundgesetzes:

Jeder hat das Recht, seine Meinung in Wort, Schrift und Bild frei zu äußern und zu verbreiten und sich aus allgemein zugänglichen Quellen ungehindert zu unterrichten. Die Pressefreiheit und die Freiheit der Berichterstattung durch Rundfunk und Film werden gewährleistet. Eine Zensur findet nicht statt.

Wie Zensur, also Informationskontrolle in anderen Ländern, die einen unterschiedlichen Institutionalisierungsrahmen für Pressemedien bieten (siehe Tab. 6.3, Spalte 3) abläuft, kann man an vielen Fällen in verschiedensten Ländern demonstrieren. Die Anfang 2021 von der Organisation Reporter ohne Grenzen veröffentlichte Rangliste der Pressefreiheit in 180 Staaten und Regionen bewertet die Pressefreiheit in nur zwölf davon als gut, Spitzenreiter sind die skandinavischen Länder (Platz 1.–4.: Norwegen, Schweden, Finnland, Dänemark). Als Länder mit der geringsten Pressefreiheit oder stärksten Zensur werden dagegen China, Turkmenistan, Nordkorea und Eritrea genannt. Andere wichtige Länder und ihre Positionen sind z. B. die Türkei (153), Russland (150), USA (44); Deutschland (13), Polen (64), Iran (174), Brasilien (111).

Das nachfolgende Beispiel ist aus einem Text der Redaktion der türkischen Zeitung Cumhuriyet, die 2016 von der Right Livelihood Foundation den Alternativen Nobelpreis „(…) für ihren unerschrockenen investigativen Journalismus und ihr bedingungsloses Bekenntnis zur Meinungsfreiheit trotz Unterdrückung, Zensur, Gefängnis und Morddrohungen" (Right Livelihood Award, 2016) verliehen bekommen hat.

Beispiel

Die Cumhuriyet hatte ihre Stimme gegen Ungerechtigkeit erhoben und sich bemüht, im Rahmen universeller Normen Journalismus zu betreiben. Nun wurden Vorstandsmitglieder der Stiftung und Journalisten der Zeitung beschuldigt, sie hätten im Auftrag der Gülen-Organisation und der PKK gehandelt. Zuletzt wurde am vergangenen Freitag unser Herausgeber Akin Atalay bei seiner Rückkehr aus Deutschland festgenommen (…) Trotz allem haben wir nicht aufgehört, guten Journalismus zu machen und eine gute Zeitung herauszubringen. So wie am ersten Tag, nach den Festnahmen unserer Manager und Journalisten. ‚Wir müssen eine gute Zeitung machen' haben wir uns auf der ersten Redaktionskonferenz danach gesagt. Inmitten dieser Konferenz klingelte das Telefon unseres Autors und Beraters Kadri Gürsel. Auch seine Wohnung wurde durchsucht. Er verließ Hals über Kopf die Konferenz und wurde später festgenommen. Auch davon ließen wir uns nicht von der Arbeit abbringen. Und niemand konnte unseren Karikaturisten Musa Kart sowie unser Vorstandsmitglied Önder Çelik davon abhalten, von sich aus und ohne zu zögern zur Polizeiwache zu gehen, nachdem sie von den Haftbefehlen gegen sich erfahren hatten. Auch bei ihnen lautete der Vorwurf, im Namen der Gülen-Organisation und der PKK Straftaten begangen zu haben. In Wirklichkeit ist die Cumhuriyet eine der wenigen Zeitungen, die stets auf die Gefahr hingewiesen haben, dass die Gülen-Organisation Polizei und Justiz mit dem Ziel unterwandert, die Kontrolle über die Republik an sich zu reißen und die Türkei in einen islamischen Staat zu verwandeln. Zudem ist die Cumhuriyet eine der wenigen Zeitungen, die die Rechte der Kurden verteidigt, zugleich die PKK ständig kritisiert und jede Art von Terror ablehnt. Doch nun wird diese ganze Vergangenheit für nichtig erklärt und alle Schuld auf der Cumhuriyet abgeladen (Cumhuriyet, 2016).◄

Problematisch ist im Zusammenhang der Leistungserbringung von Medien für die Gesellschaft immer, auf welche Weise der *Grad der Funktionserfüllung* der Medien aus
gesellschaftlicher Sicht gemessen werden kann. In diesem Zusammenhang spricht man
von der *publizistischen* (auch journalistischen) *Qualität* von Mediengütern, die man auf
vier verschiedene Weisen zu messen versucht: Indem man

1. Inhaltsanalysen von Medien durchführt, indem man über
2. indirekte Faktoren wie die Größe des Korrespondentennetzwerks, die finanzielle Ausstattung der Redaktion oder die Anzahl der abonnierten Nachrichtenagenturen eine
   Bewertung zu erzeugen sucht, indem man
3. das Publikum oder indem man
4. Experten die Qualität einschätzen lässt (vgl. Wellbrock, 2011, S. 22 ff.).

Als Bewertungskriterien kommen dabei vor allem die folgenden Dimensionen infrage:

- **Aktualität:** Aktuell heißt zeitnah, also bedeutsam für die unmittelbare Gegenwart,
  wobei es eine Produktwelt-abhängige (z. B. Tagesaktualität bei Zeitungen, Aufla-
  genaktualität bei Büchern) sowie eine informationsabhängige Zeitnähe gibt (z. B.
  bei Börsennachrichten vs. Informationen über lang dauernde Entwicklungen des
  Weltklimas).
- **Relevanz:** D. h. die Bedeutsamkeit für den einzelnen Rezipienten oder für die Gesellschaft. Wenn „ein Sack Reis in China umfällt" ist das für viele deutlich weniger
  relevant als wenn sich Brad Pit und Angelina Jolie trennen. Obwohl diese Nachricht
  viele relevant fanden[6] sah es die Bundesregierung nicht als notwendig an, dazu eine
  Stellungnahme abzugeben.[7]
- **Richtigkeit:** D. h. die Berichterstattung unter dem Aspekt der Faktentreue (siehe dazu
  das nachfolgende Beispiel eines Medienfakes der Yes Men).
- **Verständlichkeit:** Es ist von Belang, ob die Medieninhalte unter dem Gesichtspunkt
  der geistigen Anschlussfähigkeit und Verarbeitbarkeit für den Rezipienten geeignet
  sind.
- **Vielfalt:** Der Begriff betrifft die Frage, ob eine Spannbreite an Informationen, an The-
  men, aber auch an Meinungen in dem Medium abgebildet wird. Dies erfordert eine
  kompetente Bewertung, Filterung, Informationsverdichtung sowie eine angemessene
  Einschätzung der Medienkompetenz des Rezipienten durch den Inhaltsanbieter.
- **Vollständigkeit:** Dieser Begriff bezeichnet, ob z. B. ein Bericht die Gesamtheit der
  Informationen abbildet oder nur einseitig oder unvollständig darstellt, Zitate aus dem
  Zusammenhang reißt oder Teilinformationen hervorhebt und damit den Sinn entstellt
  oder verdreht.

---

[6] Vgl. SZ 21.9.2016, S. 8, „Vorbei!".

[7] Vgl. https://www.bundesregierung.de/Webs/Breg/DE/Bundesregierung/Bundespresseamt/_node.
html, Zugriff 21.9.2016.

- **Unparteilichkeit:** Gemeint ist damit, ob etwa im Informationsteil einer Zeitung vorurteilslos und gerecht, keine Meinung bevorzugend berichtet wird und dieser Berichtsteil für den Leser klar vom Meinungsteil getrennt ist.

Fragen

- Suchen Sie bitte positive oder negative Beispiele aus der Medienberichterstattung, in denen die genannten Gütekriterien relevant geworden sind, d. h. die Medien ihnen gerecht oder eindeutig nicht gerecht wurden.
- Welchen Zusammenhang sehen Sie zwischen den Qualitätskriterien und den einzelnen genannten gesellschaftlichen Funktionen der Massenmedien?
- Lassen sich einzelne Qualitätskriterien einzelnen Funktionen der Massenmedien konkret zuordnen? Finden Sie Beispiele dafür! Diskutieren Sie dies in der Gruppe!

Ein instruktives Beispiel, in dem die Richtigkeit, Faktentreue und die Überprüfung von Wahrheit und Herkunft von Information durch das traditionsreiche und seriöse öffentlich-rechtliche Medienunternehmen British Broadcasting Corporation (BBC) offensichtlich nicht gut gelungen ist, ist eine der bekanntesten Medien-Fake-Aktionen der liberalisierungs- und industriekritischen amerikanischen Aktivistengruppe *Yes Men*.[8] Deren Mitglieder geben sich gerne in der Öffentlichkeit unter falschen Namen als Vertreter von ihrer Ansicht nach verantwortungslosen Organisationen und Unternehmen aus, in diesem Beispiel hatte man sich als Sprecher der US-amerikanischen Chemiefirma Dow Chemical ausgegeben und im Liveinterview ein folgenschweres Statement abgegeben (siehe dazu das nachfolgende Beispiel und Abb. 6.2). Medienfakes jüngeren Datums finden sich in Deutschland z. B. unter den Stichworten „Varoufake"[9] und „Verafake"[10] bei dem Grimmepreisträger Jan Böhmermann. Es existiert zu den Methoden des subversiven Umgangs mit den Massenmedien auch systematische Literatur (vgl. z. B. Schölzel, 2016; Blisset & Brünzels, 2012; Teune, 2004, 2008).

Beispiel Yes Men Medienfake – Richtigkeit

Das bis dato bekannteste Fake der Yes Men sorgte indes am 3. Dezember 2004 für Aufsehen, als „Jude Finisterra" im Sender BBC zum zwanzigsten Jahrestag der

---

[8] Die Yes Men haben mehrere Filme über ihre Medienfake-Aktionen gedreht, unter anderem The Yes Men – Streich für Streich die Welt verändern (2003), The Yes Men fix the world (2008) The Yes Men are revolting (2014) und dokumentieren Ihre Aktionen, so auch im Januar 2016 im Europäischen Parlament auf der Website http://yeslab.org/projects, Zugriff 21.9.2016.

[9] http://www.grimme-institut.de/html/index.php?id=2112, Abruf 17.11.2016.

[10] http://www.faz.net/aktuell/feuilleton/medien/rtl-in-erklaerungsnot-boehmermanns-verafake-142 32414.html, Abruf 17.11.2016.

ABBILDUNG 4 ›Jude Finisterra‹ bei BBC
»World Service«, Live-Sendung am
3. Dezember 2004 (9 Uhr)

Abb. 6.2   Yes Men Medienfake. (Quelle: Doll, 2008, S. 248)

Chemie-Katastrophe in Bhopal im Namen von Dow Chemical die großzügige Ent-
schädigung der Opfer vor Ort ankündigte (…) Es dauerte zwei Stunden bis Dow
reagierte, sodass das Interview insgesamt zwei Mal gesendet wurde. An der Frankfurter Börse wurden kurzfristige Verluste der Dow-Aktie von insgesamt 2 Mrd. $ notiert.
Nach ihrem Fernsehauftritt schickten die Yes Men umgehend eine wiederum gefälschte
Gegendarstellung vonseiten Dow Chemicals mit unter anderem folgendem Wortlaut an
die Presse: „Dow will not commit any funds to compensate and treat 120 thousand
Bhopal residents who require lifelong care. The Bhopal victims have already been
compensated; many received about 500 US$ several years ago, which in India can
cover a full year of medical care" (Doll, 2008, S. 248).◄

Öffentliche Meinung und Social Media
In den letzten Jahren haben sich hinsichtlich der Frage nach der Richtigkeit, Faktentreue
und der Überprüfbarkeit von Wahrheit und Herkunft von Information im Internet durch den
Einsatz sogenannter Social oder Political Bots, also Social Media Accounts, die nicht durch
einen Nutzer, sondern durch Software gesteuert werden (vgl. Ferrara, 2019, S. 3), zusätzliche
Probleme ergeben. „Bots can emulate all basic human activity on social media platforms and
they become increasingly more sophisticated as new advancements in Artificial Intelligence
emerge." (Ferrara, 2019, S. 1).

Solche Bots werden inzwischen von einer großen Anzahl von Regierungen, Parteien und
Organisationen eingesetzt[11], um in Form einer *computational propaganda* Thementrends zu
setzen, Meinungen zu manipulieren, zu polarisieren, politische Gegner oder die Opposition
zu diffamieren und den Raum öffentlicher Meinungsbildung so mit Falschinformationen so
zu überschwemmen, dass eine nichtmanipulierte Information unmöglich wird (vgl. z. B.
Hegelich, 2016; Manjoo, 2016; Kind et al., 2017; Ferrrara, 2019; Bradshaw & Howard,
2019).

---

[11] Vgl. http://twiplomacy.com/, Zugriff 24.10.2016.

„In 52 of the 70 countries we examined, cybertroops actively created content such as memes, videos, fake news websites or manipulated media in order to mislead users. Sometimes the content created by cybertroops is targeted at specific communities or segments of users ... This year 47 countries have used trolling as part of their digital arsenal" (Bradshaw & Howard, 2019, S. 15).

Vor diesem Hintergrund müssen Fragen hinsichtlich des Zustandekommens einer öffentlichen Meinung sowie einer eigenen Meinung des souveränen Bürgers neu gestellt werden und es ist erforderlich, auf verschiedenen Ebenen nach Lösungen für diese Probleme zu suchen.

Zunächst ist es sinnvoll, nach Möglichkeiten zu forschen, Bots *automatisiert zu erkennen, zu markieren und zu blockieren,* ein Unterfangen, bei dem sich die Betreiber der Plattformen mit den die Bots einsetzenden Akteuren einen ständigen Wettlauf um die neuesten Ansätze liefern. Zweitens müssen die (über)staatlichen Institutionen ein entsprechendes gesetzliches Regelwerk etablieren, das geeignete *Gesetze und Verfahren zur Sanktionierung* manipulativen Verhaltens festlegt. Drittens sollten Regeln und Verfahren zwischen den politischen Akteuren vereinbart werden, die auf die *Vermeidung unfairer Praktiken* zielen. Viertens ist eine Steigerung des *Gefahrenbewusstseins und der Medienkompetenz* von Bürgern und Zivilgesellschaft im Umgang mit den sozialen Medien als meinungsbildende Institutionen erforderlich, die durch die Zivilgesellschaft, das Bildungssystem und die Medien zu erreichen ist (vgl. Kind et al., 2017, S. 61 ff.; Appel, 2020, S. 205 ff.; Möller, 2019). Die Abb. 6.3 zeigt eine Übersicht von Akteuren und ihren potenziellen wichtigen Aufgaben im Handlungsfeld der Social und Political Bots.

Ein gutes Beispiel für Ansätze, Medienkompetenz bei den Rezipienten zu befördern, ist der im Jahr 2021 von der Bundeszentrale für politische Bildung im Zusammenhang mit einer Studie der Stiftung Neue Verantwortung zur Informations- und Nachrichtenkompetenz[12] bereitgestellte „Newstest" (https://der-newstest.de/Abruf 19.8.22), der zu erkennen hilft, wo man als Rezipient Aufholbedarf beim kompetenten Umgang mit Nachrichten im Internet hat.

6.4 Individualmedien

Anders als Massenmedien dienen *Medien der individuellen Kommunikation* (englisch: Interpersonal Communication, vgl. McQuail, 2010, S. 143 f.), die wir zunächst ganz gut vom Begriff des Massenmediums unterscheiden können, der Kommunikation zwischen einzelnen Menschen oder kleinen Gruppen. Auch das Individualmedium besteht aus einem Kommunikationskanal und benutzt ein bestimmtes Zeichensystem. Es hat aber in seiner normalen Gebrauchsweise nicht die Eigenschaft, *öffentliche Kommunikation* an

---

[12] Vgl. https://www.stiftung-nv.de/de/publikation/quelle-internet-digitale-nachrichten-und-inform ationskompetenzen-der-deutschen Abruf 14.6.2021.

Abb. 6.3 Akteure und Aufgaben im Handlungsfeld Social und Political Bots

ein *disperses Publikum* zuzulassen. Die Kommunikation ist *zweiseitig,* tendenziell privat und erfordert ebenfalls *keine Anwesenheit der Kommunizierenden.*

▶ **Definition Individualmedien** Als Individualmedien gelten technische Mittel, die zwei-seitige Kommunikation zwischen Individuen und/oder kleinen Gruppen ohne räumliche und zeitliche Anwesenheit der Kommunikationspartner (=indirekt) ermöglichen, wie z. B. Telefon, E-Mail, SMS, Brief, Chatrooms oder Diskussionsforen (Schweiger, 2007, S. 17).

Die *gesellschaftlichen Leistungen,* die Individualmedien erbringen, haben dann mehr mit ihrer Infrastrukturaufgabe bei der individuellen privaten und geschäftlichen Kom-munikation in Gesellschaften, mit der in vielschichtigen Gesellschaften notwendigen *Zusammenarbeit und Abstimmung* und mit der notwendig zu vergrößernden geografischen (über größere Entfernungen) und sozialen *Reichweite* (d. h. mit mehr Menschen kommunizieren können) zu tun (vgl. Puppis et al., 2010, S. 283; Hickethier, 2010, S. 19; Tvasmann, 2007, S. 130). Die Nutzer messen die *Qualität von Individualmedien* daran, wie gut sie ihre Bedürfnisse nach kommunikativer Interaktion befriedigen können (vgl. z. B. WhatsApp vs. SMS), während die Gesellschaft als Ganzes die Eignung, Zuverlässigkeit, Qualität und Komfortabilität sowie den Versorgungsgrad dieser Medien als Qualitätsmaßstäbe ansetzt[13].

An dieser Stelle lassen sich schon einige Aussagen zu den Begriffen Massen- und Individualmedien zusammenfassen und gegenüberstellen (vgl. Tab. 6.4).

Fragen

- Erneut die Frage: Was ist das Internet für ein Medium?
- Was sind Anwendungen wie Blogs, E-Mail, WWW, Peer-to-Peer-Tauschnetzwerke, Foren/Chats, Elektronische Märkte, Twitter, Videoplattformen, Social Networks? Suchen Sie sich in Gruppen zu ca. fünf Personen jeweils eine Anwendung heraus und untersuchen Sie diese im Hinblick auf die charakteristischen Kriterien von Massenmedien. Wo würden Sie sie zuordnen?
- Was bedeutet das nun für das Internet als Ganzes? Kann man das Internet damit eindeutig zuordnen?

Mit dem Aufkommen des Internets und ebenso seit das Mobiltelefon in Form des Smartphones zunehmende Verbreitung gefunden hat, wird über deren Zuordnung zu den beiden Medientypen diskutiert, da *je nach Medienanwendung unterschiedliche Medieneigenschaften aufgerufen und genutzt werden können* (vgl. auch Pürer, 2014, S. 210). „Die Kommunikationsmöglichkeiten im Web 2.0 ebnen die bisher in der Kommunikationswissenschaft mitgedachte Trennung von Individual- und massenmedial vermittelter Kommunikation zunehmend ein." (Pürer, 2014, S. 97).

6.5   Das Internet als Integrationsmedium/Hybridmedium

Das Internet als Medium ist sehr komplex, da es sich beim Internet durch die Verkopplung von Computer und Netz um eine *Plattform* handelt, auf der verschiedenste Anwendungen im Bereich von Massen- und Individualmedien realisiert werden. Man spricht in Bezug

---

[13] Dies kann man z. B. in der Regulierungsgrundlage der Telekommunikation in Deutschland erkennen, dem Telekommunikationsgesetz (TKG, letzte Fassung von 6/2021), in dem Kriterien wie Sicherstellung der Konnektivität, Sicherstellung sehr hoher Kapazität, technischer Qualität, Sicherstellung flächendeckenden Angebots, Sicherheit, erschwingliche Preise, Zuverlässigkeit, Störungsfreiheit, Effizienz, Diskriminierungsfreiheit, Bereitstellung eines Standardangebots/Universaldienstleistung etc. vorgeschrieben werden.

Tab. 6.4 Individualmedien und Massenmedien im Vergleich. (Eigene Darstellung)

	Individualmedien	Massenmedien
Eigenschaften	Technisch vermittelt, indirekt, zweiseitig, privat/quasi-privat[a]	Technisch vermittelt, indirekt, einseitig, öffentlich, disperses Publikum,
Individuelle Gründe für die Mediennutzung	Soziale Interaktion, Informationsbedürfnis, Koordination und Kooperation in Wertschöpfungsprozessen	Fünf menschliche Bedürfniskategorien: Kognitiv, Emotional, Sozial, Identitätsbezogen, Zeitbezogen (vgl. Abschn. 9.2; Tab. 9.2)
Qualitätsmaßstab des Individuums	Grad der individuellen Bedürfnisbefriedigung des Nutzers bei der Nutzung des Mediums	
Gesellschaftliche Funktionen	Infrastruktur für die individuelle private und geschäftliche Kommunikation	Übermittlung von Sekundärinformation, Meinungsbildung, Kritik und Kontrolle, Sozialisation, Integration, Unterhaltung/Rekreation, ökonomische Funktion
Qualitätsmaßstäbe der Gesellschaft	Umfang, Qualität und Komfortabilität der angebotenen Dienste, z. B. auch Ausfallsicherheit, Bandbreite, Versorgungsgrad, etc.	Publizistische Qualitätskriterien: • Relevanz • Vielfalt • Verständlichkeit • Richtigkeit • Vollständigkeit • Unparteilichkeit • Aktualität

[a] D. h. dass diese Medien z. B. auch in beruflichen, in dieser Hinsicht nicht wirklich „privaten" Nutzungszusammenhängen eingesetzt werden (vgl. Pürer, 2014, S. 76)

auf das Internet von einem *Hybridmedium oder Integrationsmedium,* das (je nach Anwendung) unterschiedliche Formen der Kommunikation zulässt (siehe Abb. 6.4) (Hickethier, 2010, S. 318 ff.; Pürer, 2014, S. 218 f.).

▶ **Definition Integrationsmedien** Integrationsmedien sind Plattformen, auf denen je nach Anwendung verschiedene Formen der gesellschaftlich institutionalisierten Kommunikationsweisen realisiert werden (können).

Vor diesem Hintergrund hat der deutsche Kommunikationswissenschaftler Joachim R. Höflich (1998, 2000) unter Bezug auf die sogenannte Rahmentheorie Erving Goffmans die Idee entwickelt, dass die *individuellen Gebrauchsweisen* der Menschen sich auch im Medienbereich zu *kollektiven Verhaltensmustern* entwickeln, die *typische Formen*

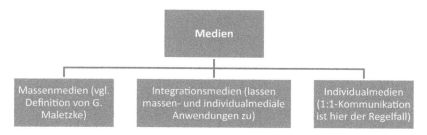

Abb. 6.4 Medientypen nach Öffentlichkeitscharakter. (Eigene Darstellung)

des Medienhandelns darstellen. „Die technischen Grundlagen (Computer als Artefakt und seine Vernetzung) stellen zwar einen ersten, die Kommunikationsmöglichkeiten begrenzenden Rahmen dar, *gewinnen ihre medialen Qualitäten erst durch etablierte Gebrauchsweisen*, also Formen der Institutionalisierung, die kommunikative Handlungen wechselseitig erwartbar werden lassen" (Beck, 2005, S. 24, Hervorhebungen weggelassen, kursive Hervorhebung eingefügt). Höflich erklärt die Notwendigkeit des Erlernens solcher Handlungsweisen (Höflich, 2000, S. 85–100) in Bezug auf das Telefon am Beispiel:

Als die 1894 geborene (…) Theresa Hollerrieth anlässlich ihres einhundertsten Geburtstags zum ersten Mal in ihrem Leben zum Telefonhörer griff, war ihr gar nicht klar, dass sie selbst etwas sagen musste. Sie saß, so wird berichtet (…) zunächst nur da und schwieg (…) Für den Gegenüber, ihren aus Leipzig anrufenden Enkel, wirkte das durchaus irritierend, denn er glaubte, die Telefonleitung sei unterbrochen (Höflich, 2000, S. 85).

Frau Hollerrieth war ganz offenkundig mit dem Gebrauchsrahmen des Telefons nicht vertraut. Höflich fährt fort:

In diesem Sinne handelt es sich bei einem Rahmen um die ‚Organisation von Erfahrung‘, um mehr oder weniger komplexe (Meta-)Verstehensanweisungen, die eine Verkettung von Handlungen und Interaktionen (…) möglich machen und strukturieren (...) wird ein Rahmen verfehlt, dann ist ein angemessenes Handeln nicht möglich (…) der Handelnde hat nicht nur ein Bild von dem, was vor sich geht, sondern auch eine hinlängliche Vorstellung von den Vorstellungen der anderen, einschließlich der Vorstellung von seiner eigenen Vorstellung (Höflich, 2000, S. 87, Hervorhebungen weggelassen).

Die technischen Grundlagen des Mediums sind dabei wie oben beschrieben nur eine erste Betrachtungsebene. Bedeutsam werden diese medientechnischen Konfigurationen erst dadurch, wie sie organisiert werden (zweite Ebene) und durch die sich entwickelnden Gebrauchsweisen sowie ihre soziokulturelle Einbettung (dritte Ebene). Dies hatte ich in Abschn. 6.1 schon erklärt.

Die angesprochenen *Formen der menschlichen Kommunikation über das Internet* kann man drei sogenannten *Kommunikationsrahmen* zuordnen: Einem *Distributionsrahmen,*

Tab. 6.5
Kommunikationsrahmen

Distributionsrahmen	Abruf von Informationen
Diskursrahmen	Teilnahme an öffentlicher Interaktion
Rahmen interpersoneller Kommunikation	Individualkommunikation

was bedeutet, dass das Internet als Abrufmedium benutzt wird, z. B. für Videos, Text- und Bildinformationen. Einem *Diskursrahmen,* der nicht nur Abruf und Rezeption, sondern zusätzlich auch Teilnahme, meist in Gruppen oder Communitys, umfasst, z. B. in Chats oder bei User-Generated-Content-Anwendungen. Und einem *Rahmen der interpersonellen Kommunikation,* der auf wechselseitiger, persönlicher Kommunikation beruht, die typischerweise nicht öffentlich, sondern privater Natur ist (vgl. Tab. 6.5; Beck, 2010, S. 21 f.). Entscheidend dabei ist, dass sich dieser Begriff *Rahmen* weniger auf die Bedingungen des technischen Kanals oder der technischen Anwendungen bezieht, sondern auf die sozialen Regeln, Rollen und Erwartungen der Teilnehmer an der Kommunikation – also die spezielle Weise, in der die Anwendung *institutionalisiert* ist.

Dies bildet ab, auf welche Weise die kommunikative Interaktion regelmäßig in einer Anwendung abläuft. Die Rahmen können zwischen den Nutzern ausgehandelt und/oder von den Betreibern vorstrukturiert sein, sich mit der Zeit ändern, man kann auch entgegen diesen Rahmen handeln oder sich hinsichtlich dessen in der Nutzung einer Anwendung vertun. Diese Rahmen sind *subjektiv interpretierte soziale Rahmen der Interaktion* im Medium Internet (vgl. Beck, 2010, S. 21).

Selbstverständlich bleibt es nicht zwangsläufig bei den existierenden Kommunikationsrahmen, man kann z. B. im Zusammenhang mit der Entwicklung neuer Formen der Medieninteraktion, wie z. B. der Kommunikation mit Chatbots (z. B. www.kuki.ai, ChatGPT), Persönlichen Assistenten (Siri, Cortana, Alexa) oder allgemeiner mit Dialogrobotern (vgl. Sieber, 2018) über die Institutionalisierung neuer Kommunikationsrahmen sprechen, bei denen der Kommunikationspartner des Rezipienten allerdings nicht die Maschine ist, sondern ihre technischen Entwickler und Contententwickler.

Fragen

- Wenn Sie dieses Verständnis der Institutionalisierung des Webs mit den im Kap. 4 angesprochenen Gebrauchsweisen im Social Web (vgl. Tab. 4.2) vergleichen: Wie stehen die in den beiden Ansätzen genannten Formen zueinander?
- Sind beide gleich plausibel?
- Widersprechen sie sich? Wenn ja, inwiefern? Wenn nein, inwiefern nicht? Besteht möglicherweise Kompatibilität?
- Fehlt bei einem Ansatz etwas? Wird bei einem der Ansätze mehr gesagt? Woran liegt das Ihrer Meinung nach?

Selbst einzelne Anwendungen im Internet können Hybride sein: Die E-Mail, welche dem Rahmen der interpersonellen Kommunikation zuzuordnen ist, lässt mit Mailinglisten- oder Newsletter-Funktion eine eher dem Distributionsrahmen entsprechende Funktion zu (obwohl man nicht von „öffentlicher Kommunikation" sprechen kann), Chats können privat (interpersonelle Kommunikation) oder als öffentlicher Meinungsaustausch (Diskursrahmen) geführt werden (vgl. Beck, 2010, S. 28).

6.6 Nachrichtenpersonalisierung, Algorithmen und die Meinungsbildung in Demokratien

Neben Bedrohungen der Pressefreiheit und Einschränkungen der freien Meinungsbildung durch autoritäre Regime, durch gewalttätige gesellschaftliche Gruppen und durch die Konzentration von Nachrichtenmedien in einigen wenigen Händen wird in den letzten Jahren auch die Gefährdung der freien Meinungsbildung und der breiten Informiertheit der Bevölkerung durch das Social Web im Allgemeinen und eine *automatisierte, algorithmische Personalisierung von Nachrichteninhalten* für den Rezipienten diskutiert (vgl. Hagen et al., 2017; Schweiger et al., 2019; Stark & Magin, 2019).

Algorithmen sind rezeptartig programmierte Abfolgen von Schritten, um Datenmengen computerisiert zu organisieren, um damit effizient und schnell ein gewünschtes Ziel zu erreichen. Ein solches Ziel ist z. B., Mediennutzern die für sie relevantesten Resultate für ihre Sucheingabe oder relevantesten Nachrichten aus einem Quellen- oder Datenpool je nach Quelle, Thema, Perspektive etc. auszugeben (vgl. Zydorek, 2018, S. 55).[14]

Eine *automatische Selektion nach persönlicher Relevanz* ist die bestmögliche Anpassung von Nachrichten[15] an die persönlichen Präferenzen eines individuellen Rezipienten, ohne dass er dazu ständig beitragen (z. B. suchen oder aussuchen) muss. Sein Nutzungsprozess wird automatisch beobachtet, erfasst und auf diese Weise die eigenen und auch von anderen, fremden Nachrichtenquellen bezogene Inhalte für das Medienunternehmen immer besser an die individuellen Nutzerpräferenzen anpassbar.

Mark Zuckerberg bestätigte dies im Jahr 2014 mit folgender Aussage über die strategischen Absichten hinter dem Facebook Newsfeed: „Unser Ziel ist es, mit dem Newsfeed die perfekte personalisierte Zeitung für jede Person auf der Welt zu schaffen" (SZ, 14.11.2018).

---

[14] Eine für die Bertelsmann durchgeführte repräsentative Befragung hat kürzlich die Kenntnisse in der deutschen Bevölkerung über den Einsatz von Algorithmen in verschiedenen Lebensbereichen abgefragt. Der Algorithmeneinsatz für „Individuelle Auswahl an Nachrichten und aktuellen Meldungen, die man als Internetnutzer angezeigt bekommt" war 49 % der Befragten bekannt (Bertelsmann Stiftung, 2018, S. 15).

[15] Nicht nur von Nachrichten, sondern auch von Filmen, Musikstücken, Produkten, potenziellen Partnern, Werbeanzeigen etc.

Dies geschieht wie folgt: Die Anbieter „(...) filtern, sortieren und gewichten Inhalte nicht nur, sondern personalisieren auch ihre Zusammenstellung, schneiden sie also individuell auf die einzelnen Nutzer zu und richten sie an den Reaktionen des Publikums aus. Ihre (...) Selektionsmechanismen bemessen Relevanz nicht im Sinne klassischer redaktioneller Leitwerte oder journalistischer Qualitätskriterien, sondern folgen ihren eigenen Regeln und Logiken." (Stark & Magin, 2019, S. 377).

Bei den heutigen Nachrichtenkanälen gibt es, grob gesagt solche, die nicht personalisiert sind (die klassische *Massen*-Nachrichtenmedien sind genau das Gegenteil davon), diejenigen die vom Nutzer selbst personalisiert werden können (anhand eines Profils oder eines Auswahlmechanismus, siehe Abb. 6.5), algorithmisch personalisierte (siehe Bsp. Abb. 6.6.) sowie Zwischenformen zwischen ihnen. Die Abb. 6.7 gibt eine grobe Übersicht über personalisierte und nichtpersonalisierte Nachrichtenkanäle im Jahr 2019.

Grundsätzlich kann man sagen, dass die Anbieter von personalisierten Medieninhalten im Web danach streben, nur oberflächlich und ungenau über die konkreten Kriterien Auskunft zu geben, nach denen ihr Inhalt personalisiert wird. Sie nennen dafür Wettbewerbsgründe, begründen dies also damit, dass eine Offenlegung Konkurrenten die Möglichkeit eröffnen würde, ihre Leistung zu kopieren und imitieren. Außerdem seien Manipulationsversuchen von Interessengruppen leichter, wenn die Funktionsweisen transparent wären (vgl. Zydorek, 2018, S. 59).

Abb. 6.5 Personalisierung durch den Nutzer. (Quellen: Piqd.de (links), news.google.de (rechts), Abruf 9.01.23)

Abb. 6.6 Hinweis auf algorithmische Personalisierung bei upday. (Quelle: upday.de)

Kanal	Item-Formulierung
Offline-Nachrichtenkanäle	
Fernsehen	„Fernsehen"
Radio	„Radio"
Printmedien	„Gedruckte Zeitungen oder Zeitschriften"
Online-Nachrichtenkanäle	
Nicht-algorithmische Nachrichtenkanäle	
Nachrichten-Websites	„Nachrichten, die ich direkt auf einer Nachrichten-Website abgerufen habe (z. B. Spiegel.de, Bild.de)"
Nachrichten-Apps	„Nachrichten aus Apps von Zeitungen, Zeitschriften oder Fernsehsendern (z. B. Spiegel Online App, Focus App)"
Algorithmisch personalisierte Nachrichtenkanäle (APN)	
Social Network Sites	„Nachrichten, auf die ich bei Facebook, Twitter oder anderen sozialen Netzwerken gestoßen bin (z. B. auch Xing, Google+)"
Suchmaschinen	„Nachrichten, die ich bei einer Suchmaschine gefunden habe (z. B. Google Suche, Bing)"
personalisierbare Nachrichten-Apps	„Nachrichten aus Apps, die ich nach meinen Interessen und Vorlieben personalisieren kann (z. B. Upday, Google Now, Apple News)"
Videoplattformen	„Nachrichten, auf die ich bei einer Videoplattform gestoßen bin (z. B. YouTube, myvideo)"
personalisierbare Nachrichten-Websites	„Nachrichten aus Websites, die ich nach meinen Interessen und Vorlieben personalisieren kann (z. B. Google News)"

Abb. 6.7 Übersicht über wesentliche nicht personalisierte und personalisierte Nachrichtenkanäle. (Quelle: Schweiger et al. 2019, S. 34)

Gleichzeitig aber bedeutet dies, dass für die Rezipienten oder die Gesellschaft im Allgemeinen nicht deutlich wird, *nach welchen Kriterien diese Auswahlprozesse verlaufen*. Auch fehlen klare Leitlinien zu Auswahl- und Darstellungsprozessen, die bei den klassischen Pressemedien durch die Existenz von gesetzlichen Grundlagen (z. B. die Landespressegesetze) und Selbstverpflichtungen (z. B. der Pressekodex des Presserates) gegeben sind.

Personalisierte Nachrichten und Öffentliche Meinungsbildung

Wenn nun, so wird im Allgemeinen behauptet, eine aufgeklärte Informationsaufnahme und Meinungsbildung eines mündigen Bürgers auf seinem individuellen Zugriff auf die verschiedenen Themen, Informationen, Ansichten, Positionen und Perspektiven in einer Gesellschaft beruht, die innerhalb einzelner Medien und über die verschiedenen Medien hinweg zum Konsum angeboten werden, würde eine immer spezifischere Anpassung der von einem System angebotenen Nachrichten an die Nutzerpräferenzen die personenbezogene Angebotsvielfalt bzw. *die universelle Information des Bürgers* einschränken. Außerdem kann man als kritikwürdig ansehen, dass sich der Prozess des immer feineren Zuschnitts auf die Interessen des Nutzers *seiner eigenen Kontrolle entzieht* und durch ihn selbst auch nicht genau bestimmt werden kann (Hagen et al., 2017, S. 131 f.). Da ein wesentlicher Anteil der Nachrichten, Schweiger et al. (2019, S. 36) sprechen von durchschnittlich ca. 25 % der gesamten Nachrichtennutzungsdauer deutscher Onliner im Jahr 2017[16], von heutzutage über durch Algorithmen personalisierten Kanälen (Intermediäre und Nachrichtenaggregatoren, Nachrichtenapps, Videoplattformen, Suchmaschinen) empfangen wird[17], ist fraglich, welche negativen Auswirkungen dies im Hinblick auf die universelle Informiertheit des Bürgers und damit auf seine Möglichkeiten der Meinungsbildung haben kann und wie stark sie sein können.

> „Diskutiert werden mögliche negative Folgen wie Filterblasen, Echokammern[18], Desinformation und als Konsequenz eine Spaltung der Gesellschaft in Gruppen mit unterschiedlichen Interessen, Einstellungen und Informationsquellen, die einander aufgrund unterschiedlicher politischer Informiertheit immer fremder werden und kaum mehr miteinander in Diskurs treten" (Schweiger et al., 2019, S. 2).

---

[16] Dabei unterscheiden sich die Altersgruppen (der Nutzungsanteil sinkt mit zunehmendem Alter) und die Gruppen nach Einkommen (hoher APN-Anteil bei niedrigem Einkommen) und nach formaler Bildung. Besonders interessant ist, dass ein generell erkennbarer Meinungspolarisierungseffekt bei jungen APN-Nutzern nicht zu erkennen ist. Im Gegenteil, bei ihnen ist er mit der Abschwächung von Meinungspolarisierung einher (Schweiger et al., 2019, S. 119).

[17] Stark und Magin zitieren den Reuters Digital News Report 2018 damit, dass weltweit 53 % der im Rahmen einer Studie Befragten, die über algorithmisch selektierende Intermediäre ihre Nachrichten empfangen (Stark & Magin, 2019, S. 281).

[18] Wenn in einer sich durch Personalisierung herausbildenden Kommunikationsnische zwischen ihren Teilnehmern immer wieder dieselbe Position, Einstellung, Meinung zurückgespielt wird und sich dadurch verstärken.

Den Prozess der Einschränkung der Vielfalt kann man sich in etwa so vorstellen: Rezipienten haben spezifische Interessen, Vorlieben, politische Einstellungen, die ihre Informationsauswahl in der Art einer *selektiven Zuwendung* mitbestimmen. Zusätzlich können Einseitigkeiten oder Verzerrungen *(Bias)*, absichtlich oder unbeabsichtigt, durch die Informationsanbieter oder Plattformbetreiber in ihren Filterprozessen wirksam werden. Die Filtermechanismen erzeugen dann *Filterblasen* in einer spezifischen Weltsicht gefangener Rezipienten, die wiederum miteinander in intern homogenen aber extern heterogenen *Echokammern* kommunizieren und bei denen sich auf diese Weise zunehmend extremer *polarisierende* Meinungen ausprägen. Die Gesellschaft *fragmentiert* sich so immer weitergehend zu heterogenen Teilpublika, denen die Kommunikation miteinander zunehmend schwieriger oder unmöglich wird (Hagen et al., 2017, S. 133 ff., vgl. Zuiderveen Borgesius et al., 2016).

Diese Entwicklungen haben sehr viel mit der Medienökonomie zu tun, denn sie sind sehr stark mit der zunehmenden Werbefinanzierung von Medieninhalten und damit dem Anwachsen der Bedeutung der Reichweite und Popularität als Qualitätskriterium zur Bewertung und Bezahlung von Mediencontent verbunden. Um dies besser verstehen zu können, sind weitere Ausführungen, z. B. in Kap. 8, 11 sowie 12, 13 und 14 nötig.

Literatur

Appel, M. (2020). Wie lässt sich das Postfaktische eindämmen? In M. Appel (Hrsg.), *Die Psychologie des Postfaktischen: Über Fake News, Lügenpresse, Cklickbait & Co* (S. 205–210). Springer.

Beck, K. (2005). *Computervermittelte Kommunikation im Internet.* Oldenbourg.

Beck, K. (2010). Soziologie der Online-Kommunikation. In W. Schweiger & K. Beck (Hrsg.), *Handbuch Online-Kommunikation* (S. 15–35). VS Verlag.

Beck, K. (2015). *Kommunikationswissenschaft* (4. Aufl.). UVK.

Beck, K. (2020). *Kommunikationswissenschaft* (6. Aufl.). UVK.

Bertelsmann Stiftung (Hrsg.). (2018). Was Deutschland über Algorithmen weiß und denkt – Ergebnisse einer repräsentativen Bevölkerungsumfrage. https://www.bertelsmann-stiftung.de/de/pub likationen/publikation/did/was-deutschland-ueber-algorithmen-weiss-und-denkt/. Zugegriffen: 15. Jun. 2021.

Blisset, L., & Brünzels, S. (2012). *Handbuch der Kommunikationsguerilla* (5. Aufl.). Assoziation A.

Bonfadelli, H., Jarren, O., & Siegert, G. (2010). Publizistik- und Kommunikationswissenschaft, ein transdisziplinäres Fach. In H. Bonfadelli, O. Jarren, & G. Siegert (Hrsg.), *Einführung in die Publizistikwissenschaft* (3. Aufl., S. 3–17). Haupt.

Bradshaw, S., & Howard, P. N. (2019). *The global disinformation order – 2019 global inventory of organised social media manipulation.* Oxford Internet Institute.

Burkart, R. (2002). *Kommunikationswissenschaft* (4. Aufl., S. 378–413). Böhlau.

Cumhuriyet. (2016). Wir ergeben uns nicht. http://www.zeit.de/politik/2016-11/cumhuriyet-tuerkei-journalisten-pressefreiheit. Zugegriffen: 17. Nov. 2016.

Dogruel, L. (2013). *Eine Kommunikationswissenschaftliche Konzeption von Medieninnovationen.* Springer VS.

Doll, M. (2008). Widerstand im Gewand des Hyper-Konformismus. Die Fake-Strategien von The Yes Men. In A. Becker, M. Doll, & S. Wiemer (Hrsg.), *Mimikry. Gefährlicher Luxus zwischen Natur und Kultur* (S. 245–258). Edition Argus.

Donges, P. (2006). Medien als Institutionen und ihre Auswirkungen auf Organisation. *M&K, 54*(4), 563–578.

Ferrara, E. (2019). *Bots, elections and social media: A brief overview, Marina del Rey*: USC Information Sciences Institute. https://arxiv.org/abs/1910.01720. Zugegriffen: 1. Nov. 2020.

Hagen, L.M., Wieland, M., & Au, A.M. (2017). Algorithmischer Strukturwandel der Öffentlichkeit. *Medien Journal, 2*(2017), 126–143.

Hegelich, S. (2016) *Invasion der Meinungsroboter*. Analysen und Argumente. Konrad Adenauer Stiftung Nr. 221, Sept. 2016.

Hickethier, K. (2010). *Einführung in die Medienwissenschaft* (2. Aufl.). J.B. Metzler.

Höflich, J. R. (1998). Computerrahmen und Kommunikation. In E. Prommer & G. Vowe (Hrsg.), *Computervermittelte Kommunikation* (S. 141–174). UVK.

Höflich, J. R. (2000). Die Telefonsituation als Kommunikationsrahmen. In J. Bräunlein & B. Flessner (Hrsg.), *Der sprechende Knochen* (S. 85–100). Königshausen & Neumann.

Jäckel, M. (2008). *Medienwirkungen – Ein Studienbuch zur Einführung* (4. Aufl.). VS Verlag.

Kiefer, M. (2005). *Medienökonomik* (2. Aufl.). Oldenbourg.

Kind, S., Jetzke, T., Weide, S., Ehrenberg-Sillies, S., & Bovenschulte, M. (2017). *Social Bots – TA-Vorstudie*. Büro für Technikfolgenabschätzung beim Deutschen Bundestag.

Künzler, M., & Jarren, O. (2010). Mediensysteme – Medienorganisationen. In H. Bonfadelli, O. Jarren, & G. Siegert (Hrsg.), *Einführung in die Publizistikwissenschaft* (3. Aufl., S. 215–238). Haupt.

Künzler, M., Oehmer, F., Puppis, M., & Wassmer, C. (2013). *Medien als Institutionen und Organisationen*. Nomos.

Maletzke, G. (1963). *Psychologie der Massenkommunikation*. Hans Bredow Institut.

Manjoo, F. (11. November 2016). Truth is a victim on the web. *The New York Times*, S. 1.

McQuail, D. (2010). *McQuails mass communication theory* (6. Aufl.). Sage.

Möller, C. (Hrsg.). (2019). *Was tun gegen Fake News und Hate Speech – Strategien und Ausblicke*. IFAB

Pürer, H. (2014). *Publizistik und Kommunikationswissenschaft* (2. Aufl.). UVK.

Puppis, M., Latzer, M., & Jarren, O. (2010). Medien- und Kommunikationspolitik. In H. Bonfadelli, O. Jarren, & G. Siegert (Hrsg.), *Einführung in die Publizistikwissenschaft* (3. Aufl., S. 271–306). Haupt.

Right Livelihood Award. (2016). Preisträger verteidigen grundlegende menschliche Werte im Angesicht von Krieg und Unterdrückung. http://www.rightlivelihoodaward.org/wp-content/uploads/2016/09/2016-Announcement-PR_DE_FINAL.pdf. Zugegriffen: 22. Sept. 2016.

Schölzel, H. (2016). Das Politische als Kommunikationspraxis. In W. Hofmann & R. Martinsen (Hrsg.), *Die andere Seite der Politik – Konstruktivistische Perspektiven*. Springer.

Schweiger, W. (2007). *Theorien der Mediennutzung – Eine Einführung*. VS Verlag.

Schweiger, W., Weber, P., Prochazka, F., & Brückner, L. (2019). *Algorithmisch personalisierte Nachrichtenkanäle*. Springer VS.

Sieber, A. (2018). *Dialogroboter – Wie Bots und künstliche Intelligenz Medien und Massenkommunikation verändern*. Springer VS.

Sjurts, I. (Hrsg.). (2011). *Gabler Lexikon Medienwirtschaft* (2. Aufl.). Gabler.

Stark, B., & Magin, M. (2019). Neuer Strukturwandel der Öffentlichkeit durch Informationsintermediäre: Wie Facebook, Google & Co. die Medien und den Journalismus verändern. In M. Eisenegger, L. Udris, & P. Ettinger (Hrsg.), *Wandel der Öffentlichkeit und der Gesellschaft* (S. 377–406). Springer VS.

Teune, S. (2004). *Kommunikationsguerilla – Ursprünge und Theorie einer subversiven Protesttaktik.* Diplomarbeit an der FU Berlin.

Teune, S. (2008). Wie ein Fisch im Wasser der Zeichenwelt: Spaßguerilla seit den 1960er Jahren. *Psychologie und Gesellschaftskritik, 32*(4), 39–67.

Tvasmann, L. (Hrsg.). (2007). *Das große Lexikon Medien und Kommunikation.* Ergon.

Wellbrock, C. M. (2011). Die journalistische Qualität deutscher Tageszeitungen – Ein Ranking. *Medienwirtschaft, 2011*(2), 22–31.

Wirth, W., & Fretwurst, B. (2010). Zur Bedeutung der empirischen Methoden in der Publizistik und Kommunikationswissenschaft. In H. Bonfadelli, O. Jarren, & G. Siegert (Hrsg.), *Einführung in die Publizistikwissenschaft* (3. Aufl., S. 57–73). Haupt.

Zuiderveen Borgesius, F. J., Trilling, D., Möller, J., Bodó, B., de Vreese, C. H., & Helberger, N. (2016). Should we worry about filter bubbles? *Internet Policy Review, 5*(1), 1–16.

Zydorek, C. (2018). *Grundlagen der Medienwirtschaft – Algorithmen und Medienmanagement.* Springer Gabler.

Wer produziert Medien?

7

Zusammenfassung

Was ist ein Medienunternehmen und wie lassen sich Medienunternehmen bestimmen?
Was ist ein Online-Medienunternehmen und durch welche Eigenschaften wird es bestimmt?
Wie grenzt man Online-Medienunternehmen von Online-Unternehmen und Unternehmen der Online-Branche ab?
Aufgrund welcher Eigenschaften unterscheidet man verschiedene Sub-Typen bei Medienunternehmen?
Welche sind die spezifischen Gegenstände der Unternehmensaktivitäten, die spezifischen Tätigkeiten, grundlegenden Wertschöpfungsstufen der Medien–Wertschöpfungskette?
Welche Unternehmen repräsentieren beispielsweise den jeweiligen Unternehmenstypus?

7.1 Kategorisierung von Unternehmen nach Tätigkeitsfeld und Leistungsschwerpunkt

Eine Teilmenge der in Kap. 5 definierten und besprochenen Unternehmen sind Medienunternehmen, die ich im Sinne meiner Definition von Medienmanagement in den Mittelpunkt stelle, da sie die Inhalte produzieren und/oder anbieten, die die Rezipienten konsumieren sollen. Grundsätzlich bedeutet die Benennung als Medienunternehmen einerseits, dass sie *in der Medienbranche* tätig sind, andererseits werden damit typischerweise Unternehmen bezeichnet, die *spezifische mit Mediengütern (Inhalten) verbundene Tätigkeiten und Dienstleistungen* übernehmen und sich *hauptsächlich* mit diesen befassen.

© Springer Fachmedien Wiesbaden GmbH, ein Teil von Springer Nature 2023   99
C. Zydorek, *Einführung in die Medienwirtschaftslehre*,
https://doi.org/10.1007/978-3-658-40089-7_7

Ein Automobilunternehmen, das auch seine eigene Mitarbeiter- und Kunden-Zeitschrift herausgibt, bleibt weiterhin ein solches und wird dadurch nicht zum Medienunternehmen. Seine Wertschöpfung besteht *originär* (ursprünglich, angestammt) in der Produktion von Autos und nur *derivativ* (abgeleitet) in der Medienproduktion. Seine Wertschöpfungsprozesse weisen für den Automobilbereich typische Anteile industrieller Sachgüterproduktion auf.[1]

► **Definition Medienunternehmen** Medienunternehmen sind Unternehmen, deren Leistungsschwerpunkt die originäre Wertschöpfung bei der Konzeption, Erstellung und/oder Bündelung sowie Distribution von Medieninhalten zur Information, Unterhaltung, Interaktion und Werbung ist. Neben ökonomischen Zielen werden dabei teilweise auch publizistische Ziele verfolgt[2], die erstellten Leistungen werden wahlweise auf Rechte-, Rezipienten- und Werbemärkten angeboten (vgl. Gläser, 2014, S. 68 ff.; Sjurts, 2005, S. 7; Schumann & Hess, 2009, S. 1, 6, sowie als Übersicht und Kritik verschiedener Definitionsansätze Voci et al., 2019[3]).

Auch hier wieder eine kurze Aufstellung der wesentlichen Merkmale von Medienunternehmen nach der Definition:

- originäre Wertschöpfung bei der Konzeption, (auch technischen) Erstellung und/oder Bündelung, Distribution von Medieninhalten
- Medieninhalte dienen zur Information, Unterhaltung, menschlichen Interaktion und Werbung
- Verfolgung ökonomischer (Profitmaximierung) und evtl. auch publizistischer Ziele
- Angebot auf dem Rechte-, Rezipienten- und Werbemarkt oder zwei oder drei davon.

---

[1] Auch mit dieser Festlegung kann es vereinzelt in der Realität noch zu Zuordnungsproblemen kommen, wie z. B. bei der österreichischen Red Bull Media House GmbH, die Magazine und TV-Sender betreibt (vgl. https://www.redbullmediahouse.com/de#portfolio, Abruf 20.10.2021).

[2] Vgl. dazu Faulstich (2000, S. 53), der in Bezug auf die publizistischen Ziele von einem „Abfallprodukt der Kommerzialisierung" spricht. Publizistische Ziele ergeben sich aus den publizistischen Funktionen von Medien in Gesellschaften: Öffentlichkeitsorientierung, Aufklärung, Ermöglichung der öffentlichen Meinung politische Kontrolle etc. Ich habe das im vorigen Kapitel unter der Überschrift „Gesellschaftliche Funktionen von Medien" besprochen.

[3] Voci et al. (2019, S. 45 f.) verfolgen im Übrigen den Ansatz, Medienunternehmen im engen, im weiteren und im weitesten Sinn zu unterscheiden. Die Eindeutigkeit und Zweckmäßigkeit dieses Abgrenzungsversuchs wird fraglich, wenn man wie Gläser (2021, S. 77) schließt, dass „ein Unternehmen *umso weniger* als Medienunternehmen deklariert werden kann, je weiter es sich von den genannten Kernelementen (Content-Schaffung, -Aggregation, -Verbreitung; Anm. C.Z.) entfernt." (Hervorhebung von mir; C.Z.)

Eine Übersicht, was zu Medienunternehmen gezählt wird, umfasst folgende Unternehmenstypen (vgl. dazu ähnlich[4] Gläser, 2014, S. 70).

- Verlage für Zeitung, Zeitschriften, Bücher, Musik
- Private Rundfunkanbieter wie Radio- und TV-Anbieter
- Produzenten audiovisueller Inhalte wie Ton, TV, Video, Spielfilme, Werbefilm, Multimedia- und Onlineinhalten, Inhalten von Spielen
- Entwickler von Formaten, Konzepten, Ideen oder neuen Produkten im Medienbereich (Formatentwickler, Produzenten) (vgl. Altmeppen, 2009, S. 109, 119 f.)
- Inhaltezulieferer wie Presse- und Nachrichtenagenturen sowie Bildagenturen
- Produktionstechnische Dienstleister in Grafik und Design, in Computergrafik und -animation, Synchronisation, Postproduktion, Vervielfältigung von Ton- und Bildträgern, im Zeitungs- und Buchdruck
- Inhaltedistributoren für die verschiedenen Mediengattungen wie Filmverleih und -vertrieb, Filmtheater, Videotheken und DVD-Verleih, Groß- und Einzelhandel von Verlagserzeugnissen, Versandhandel für Medienprodukte, Kabelgesellschaften, Kabelnetzbetreiber
- Unternehmen aus der (Medien-)Kommunikation wie Werbeberatung und Werbeagenturen, PR-Agenturen, Medien und Kommunikationsberatung, die an der Produktion von werblichen Medieninhalten beteiligt sind.

Lege ich nun den Betrachtungsfokus nun auf den Onlinebereich, so kann man eine Teilmenge dieser Medienunternehmen benennen und beschreiben, die Online-Medienunternehmen. Auch hier biete ich wieder eine Definition an:

▶ **Definition Online-Medienunternehmen**   Online-Medienunternehmen sind Medienunternehmen, deren Schwerpunkt der Leistungserstellung in der Erstellung sowie Zusammenstellung und Veredelung von Medieninhalten zu marktreifen Endprodukten[5] sowie deren Vermarktung besteht. Die Bereitstellung dieser Produkte und der synchrone oder asynchrone Zugriff des Rezipienten darauf erfolgt über eine Datenverbindung, die eine Interaktion und damit eine individuelle Konfiguration (anbieter- und rezipientenseitig) des Leistungsangebotes ermöglichen kann[6].

---

[4] Öffentlich-rechtliche Medienorganisationen gehören, anders als das Gläser sieht, aufgrund des Fehlens des Profitziels nicht zu den Medienunternehmen im Wortsinn. In seiner Auflage von 2021 verfolgt Gläser einen anderen Ansatz.

[5] Es scheint dabei angemessen zu sein, hinzuzufügen: Mit qualitativ erkennbarer kreativer oder redaktioneller Schöpfungshöhe. Ein reines „Hineinstellen" reicht dazu noch nicht aus.

[6] Im Abschn. 6.6 hatte ich diesen individuellen Zuschnitt unter dem Begriff der Personalisierung besprochen.

Abb. 7.1 Schema
Unternehmen. (Eigene
Darstellung)

Hierzu gehören auch Internetplattformen, die als Informations-Intermediäre zwischen Produzenten und Anbietern sowie Rezipienten und Nachfragern von Medieninhalten tätig sind, auch wenn sie keine eigenen Inhalte erstellen und nur *Nutzerinteraktionen/-contents vermitteln*. Dies gilt neben den einfach zuordbaren *Inhalteplattformen* wie Youtube, Twitch, Amazon, Spiegel Online auch für *Social Media-Plattformen* (Snapchat, Facebook, Twitter, etc.), aber auch Suchmaschinen und -Kataloge (Bing, Google), die auch als Inhaltemittler tätig sind[7].

Ich kann also festhalten, dass Online-Medienunternehmen (kurz: OMU) eine vor allem anhand des *Verteilweges der Inhalte* unterscheidbare Teilmenge von Medienunternehmen (MU) sind, die wiederum eine anhand ihrer Branchen- bzw. Wertschöpfungskettenzugehörigkeit bestimmbare Teilmenge der Unternehmen sind (vgl. Abb. 7.1).

Dies ist auch insofern bedeutsam, als es im Medienbereich und auch speziell im Internet durchaus Akteure und Organisationen gibt, die dem Kriterium „Unternehmen" nicht entsprechen und die somit auch keine MU oder OMU sind. Damit sind eventuell die Grundprinzipien ihrer Aktivität andere als diejenigen, die wir für Unternehmen definiert haben. Es kann ihnen z. B. die *Profitorientierung* oder die *Ausrichtung auf Fremdbedarfsdeckung* fehlen.

Da es bei diesem Thema oft zu Abgrenzungsschwierigkeiten kommt, habe ich versucht, die Abgrenzung des Online-Medienunternehmens zum Medienunternehmen und zu anderen im Online-Bereich tätigen Unternehmen noch einmal in Form einer Tabelle zu formulieren (Tab. 7.1).

Alles andere, wie nicht medienspezifische Shops, Infrastruktur-Betreiber oder Softwarehersteller sind in diesem Sinne nicht als Online-Medienunternehmen zu bezeichnen, sondern entweder Online-Unternehmen (kurz OU) oder Unternehmen der Online-Branche (kurz UdOB). Beide Begriffe sind Überbegriffe für Unternehmen, die in dem Sektor tätig

---

[7] Im Gegensatz zu Voci et al. (2019, S. 46), die Intermediäre nicht zu den Medienunternehmen, sondern zu „Pseudo-Medienunternehmen" zählen.

Tab. 7.1 Abgrenzung Online-Medienunternehmen[a]

Kennzeichen eines Online-Medienunternehmens	Abgrenzung des OMU zu Medienunternehmen	Abgrenzung des OMU zu Online-Unternehmen
Schwerpunkt ist die Produktion sowie Zusammenstellung, Veredelung von Medieninhalten zu marktreifen Endprodukten sowie deren Vermarktung	Synchroner oder asynchroner Zugriff durch den Rezipienten Zugriff über Datenverbindung Interaktion und individuelle Konfiguration möglich	Online-Medienunternehmen sind jene Online-Unternehmen, die speziell publizistische Medieninhalte produzieren, veredeln, vertreiben, vermarkten etc.

[a]Bsp. Spiegel Online GmbH & Co. KG, Netflix Inc
Ausschlüsse: Hierunter fallen keine reinen Ersteller von Contents/Produkten oder Services, die nicht spezifisch für Online produziert sind (z. B. Presseagenturen)

sind. Sie sind übergreifender und damit weniger spezifisch als der Begriff des Online-Medienunternehmens. So zählt man zu Online-Unternehmen auch alle Unternehmen, die (irgendwelche) Leistungen über das Internet anbieten, also reinen E-Commerce betreiben.

▶ **Definition Online-Unternehmen** Online-Unternehmen sind Unternehmen, deren Schwerpunkt der Wertschöpfung in der Produktion, Zusammenstellung, der Bereitstellung und Distribution von Leistungen und Inhalten über das Internet einschließlich der Nutzernavigation in ihm besteht.

Unternehmen der Online-Branche als übergreifende Kategorie sind dadurch bestimmt, dass ihre Tätigkeit *mit der Wertschöpfung im Onlinebereich zu tun hat,* aber nicht direkt in der Wertschöpfungskette der Mediengüter angesiedelt sein muss. Dazu können also auch Unternehmen gehören, die die technische Infrastruktur für das Netz produzieren.

▶ **Definition Unternehmen der Online-Branche** Unternehmen der Online-Branche stellen Produkte und Leistungen her, die an der Wertschöpfung im Online-Bereich beteiligt sind.

Die Abgrenzungen zwischen den drei Unternehmenstypen des Online-Bereichs stellt Ihnen noch einmal Tab. 7.2 übersichtlich dar.

Man kann also sagen, dass das Online-Medienunternehmen eine Teilmenge der Medienunternehmen ist, die im Onlinebereich tätig sind. Für sie gilt, dass auf sie die Eigenschaften von Unternehmen zutreffen sowie die Eigenschaften von Medienunternehmen (s. o.).

Auf die letzten beiden Kategorien (OU und UdOB) treffen die Charakteristiken von Unternehmen ebenfalls zu. Allerdings muss ihre Tätigkeit nicht direkt in die Wertschöpfungskette von Medienprodukten eingegliedert sein, sondern sie kann nur indirekt oder

Tab. 7.2 Abgrenzung Online-Unternehmen

Kennzeichen eines Online-Unternehmens[a]	Abgrenzung zu Online-Medienunternehmen	Abgrenzung zu Unternehmen der Online-Branche
Schwerpunkt der Wertschöpfung liegt in Zusammenstellung, Bereitstellung und Distribution von Leistungen, Inhalten und Produkten, Angebot der Leistungen, Inhalte und Produkte über das Internet	OU bieten Leistungen im Rahmen ihres Kerngeschäfts im Online-Bereich an, also nicht nur Inhalte, z. B. Shop-Betreiber. OMU sind also auch OU, aber spezifischer, in der *Content*-Wertschöpfung tätig	Unternehmen, die Produkte oder Leistungen erstellen, die irgendwie in der Branche Online eingesetzt werden (z. B. Software wie Shop-Software, Hardware wie Router). OMU und OU sind also auch UdOB, aber nicht umgekehrt

[a]Bspw. Zalando, eBay

Abb. 7.2 Schema Unternehmen im Online-Bereich. (Eigene Darstellung)

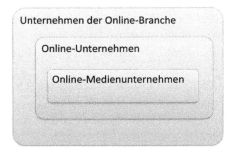

abgeleitet, mit dieser verbunden sein. Ebenso kann es sein, dass nicht der Hauptgegenstand oder Schwerpunkt ihrer Leistungserstellung hier angesiedelt ist. Also gilt die in der Abb. 7.2 dargestellte Beziehung.

Fragen

Um zu überprüfen, ob diese Definitionen und Kriterien für Sie anwendbar ist, suchen Sie sich doch bitte aus der folgenden Liste Beispiele heraus und überprüfen Sie auf der Grundlage des hier dargestellten, um was für einen Typ es sich dabei jeweilig handelt. Begründen Sie Ihre Entscheidung (möglichst schriftlich)![8]

- Bild.de
- Spotify
- Wikipedia
- Deutsche Presse Agentur

---

[8] Eine gute Hilfestellung bieten dazu die jeweiligen Websites, Wikipedia und eine unter „Informationen" bereitgestellte Datenbank zu Akteuren im Medienbereich auf der Website kek-online.de. Diese betreibt die Kommission zur Ermittlung der Konzentration im Medienbereich.

Tab. 7.3 Grundlegende Wertschöpfungsstufen bei Mediengütern

Initiierung, Entwicklung redaktioneller Konzepte, Formate, Programme, Produktideen	Produktion von Inhalten (Journalistische/künstlerische Produktion)	Bündelung, Veredelung und Verpackung von Inhalten	Technische Produktion und Distribution von Inhalten	Konsum

- Blendle.de
- Apple
- Amazon
- T-Online
- eBay
- Mozilla Foundation und in Abgrenzung dazu Mozilla Corporation

7.2   Kategorisierung von Unternehmen nach ihrer Stellung in der Wertschöpfungskette

Unterhalb der Bestimmung des Unternehmenstypus nach seinem Leistungsschwerpunkt werden in der Medienökonomie gerne Sub-Typen von Medienunternehmen danach unterschieden, auf welcher Wertschöpfungsstufe sie hauptsächlich tätig sind.

Eine analytische Vereinfachung unterscheidet als wichtige Produktionsstufen des Mediensektors Produktion, Bündelung und Distribution des Contents (vgl. Zerdick, 2001, S. 62 ff.; Schuhmann & Hess, 2009, S. 12 ff.; Kiefer, 2005, S. 161 ff.; Wirtz, 2006, S. 52 ff.). An anderer Stelle wird diesen drei Stufen eine vierte Stufe vorangestellt (vgl. Tab. 7.3), die sich auf die Initiierung (vgl. Gläser, 2014, S. 349) und den kreativen Vorgang der Konzeption und Entwicklung von Formaten[9], Programmen, Genres, und konkreten Medienprodukten bezieht und die sich von der Idee-Entwicklung über die Erstellung eines Exposés und der Kalkulation bis zu Vermarktung und Lizenzierung des kreativen Produkts zieht (vgl. Abschn. 7.3).

---

[9] „Formate sind publizistische Konzepte für Fernsehsendungen (oder andere Medienprodukte) und umfassen aufeinander abgestimmte inhaltliche und formale Gestaltungsprinzipien, die in serieller Produktion oder internationalen Adaptionen invariant bleiben und so den Rahmen für einzelne, inhaltlich abweichende Ausgaben bilden (…) entsprechend ist die Produktformatinnovation grundlegend für die TV-Unterhaltungsproduktion" (Fröhlich, 2010, S. 120).

Man kann, darauf aufbauend, wenn man also das Augenmerk auf den Wertschöpfungsprozess des Medieninhaltes legt, in der Wertschöpfungskette der Produktion von Mediengütern folgende *Grundtypen von Akteuren* unterscheiden (vgl. Tab. 7.4).[10]

Dazu ist allerdings zu sagen, dass viele Unternehmen auf *mehreren dieser Stufen* arbeiten oder Teil von *Medienkonzernen* sind. Diese Medienkonzerne sind Zusammenschlüsse mehrerer Medienunternehmen, die zwar rechtlich selbstständig sind und formal selbst entscheiden, die ihre wirtschaftlichen Entscheidungen aber im Kontext des Gesamtkonzerns treffen. Man spricht in diesem Zusammenhang davon, dass die *wirtschaftliche Selbstständigkeit* nicht gegeben ist, obwohl rechtlich noch getrennte Unternehmen vorhanden sind (Tab. 7.5).

Medienunternehmen haben möglicherweise also einen Fokus auf *einen* einzelnen Wertschöpfungsbereich in der Produktionskette, *integrieren diese Stufen* aber auch. Insbesondere die großen Medienkonzerne arbeiten auf mehreren oder allen Stufen der Produktentstehung auch verschiedener Mediengattungen.

Damit Sie sehen können, welche traditionellen Medienkonzerne in Deutschland die Branche prägen, habe ich Ihnen dazu ein Ranking abgebildet (Tab. 7.6)[11].

Darüber hinaus bilde ich eine Übersicht nur über die Beteiligungen des größten deutschen Medienkonzerns im deutschen *Print- und Onlinebereich* ab. Sie bekommen auf diese Art und Weise einen kleinen Eindruck davon, welche Ausmaße so eine Konzernstruktur annehmen kann. Beachten Sie dabei, dass es *nur* um die Beteiligung im Printmedienbereich und Onlineportalen und nur in Deutschland geht (vgl. Abb. 7.3).

Wozu ist diese Typisierung gut, wenn es dann doch wieder so viele Ausnahmen gibt, bei denen Unternehmen oder Konzerne mehrere oder alle Stufen übergreifen? Sie macht den Mediensektor übersichtlicher, indem sie eine Einteilung liefert, die man sowohl bei der Marktbetrachtung wie auch im Medienunternehmen selbst anwenden kann, um ein Verständnis der Phänomene dort sowie auch die Zuordnung von Tätigkeiten und Daten (z. B. Wertschöpfungsanteile der jeweiligen Stufen) zu ermöglichen. Ich komme darauf im Abschn. 10.1 zurück, wenn es konkreter um die Güterproduktion in Medienunternehmen geht.

Fragen

- Suchen Sie (über das Internet) je ein Beispielunternehmen/einen Beispielakteur mit Tätigkeitsschwerpunkt für jeden der vier Typen.
- Ist der Akteur nur auf einer Stufe oder auf mehreren Wertschöpfungsstufen tätig?
- Gibt er Information über die Integration seines Produktes in den gesamten Wertschöpfungsprozess? Wenn ja, welche?

---

[10] Dabei ist hinzuzufügen, dass in dieser Betrachtung werbliche Inhalte ausgeschlossen sind. Auf dieses Thema werde ich im nächsten Kap. 8 zurückkommen, wenn es um den Produktionsprozess von Mediengütern und nicht um Unternehmenstypen geht.

[11] ARD und ZDF tauchen hier ebenfalls auf, obwohl Sie keine profitorientierten Unternehmen sind.

Tab. 7.4 Stufen und Akteure des Medien-Wertschöpfungsprozesses

Wertschöpfungsstufe	Initiierung, Entwicklung redaktioneller Konzepte, Formate, Programme, Produktideen, Stoffentwicklung, Spielekonzeption	Produktion von Inhalten (Journalistische/künstlerische Produktion)	Bündelung, Veredelung und Verpackung von Inhalten	Technische Produktion und Distribution von Inhalten	Konsum
Akteure (Unternehmen, Individuen)	Formatentwickler, Autoren, Dramaturgen, Script Doctors Redaktion, Produktmanagement, Creative Producers, Produzenten, Komponisten, Songwriter, Spieleentwickler	Autoren, Künstler, Reporter, Redakteure, Content Provider, Texter, Produzenten, Spieleentwickler, Prosumenten[a]	Zeitungs-, Zeitschriften-, Buchverlage, Radio- und Fernsehsender, Musiklabels, Musikverlage, Content-Aggregatoren, Internet Service Provider	Speichermedienhersteller (Presswerke, Druckereien), (elektronischer) Medienhandel, Broadcast-Netzbetreiber, Internet Service Provider, Logistiker	Rezipient, (Leser, Zuschauer, Hörer, User)

[a] Ein Prosument ist ein produzierender Konsument, der z. B. nutzergenerierte Inhalte (User Generated Content) beisteuert

Tab. 7.5 Unternehmenszusammenschlüsse nach Grad der Intensität der Bindung

Kooperation: Die wirtschaftliche Selbstständigkeit wird nur im betroffenen Bereich und nur für die Dauer der Kooperation eingeschränkt	Integration: Voller Verlust der wirtschaftlichen Selbstständigkeit, eine Leitung	
Beispiele für Kooperationsformen: Arbeitsgemeinschaft/Konsortium Joint Venture Strategische Allianz Strategisches Netzwerk Franchising Kartell Unternehmensverband Virtuelles Unternehmen	Konzern: Es bleiben zwar rechtlich selbstständige Firmen, aber unter einer einheitlichen Leitung, gleich- oder untergeordnet, keine wirtschaftliche Selbstständigkeit gegeben	Fusion/Verschmelzung: Bildung einer neuen wirtschaftlichen *und* rechtlichen Einheit

Tab. 7.6 Deutsche Medienkonzerne und ihr Umsatz 2011, 2015 und 2020 (in Mrd. €). (Quelle: https://www.mediadb.eu/rankings/deutsche-medienkonzerne-2020.html und vorherige Jahre, letzter Abruf 15.06.2021)

	Konzernname	Umsatz 2011	Umsatz 2015	Umsatz 2020
1	Bertelsmann (Gütersloh)	15,786	16,675	17,290
2	ARD (München/Berlin)	6,261	6,284	6,978
3	ProSiebenSat.1 (Unterföhring)	2,756	2,876	4,040
4	Verlagsgruppe Georg von Holtzbrinck (Stuttgart)	2,260	1,719	3,200
5	Axel Springer (Berlin/Hamburg)	3,184	3,038	3,120
6	Hubert Burda Media (Offenburg)	2,199	2,456	2,800
7	Bauer Media Group (Hamburg)	2,030	2,263	2,300
8	ZDF (Mainz)	1,993	2,021	2,210
9	Medien Union GmbH			1,500
10	Ströer SE&Co. KGaA		823,70	1440

Ich werde zur Verdeutlichung nun jeweils kurz ein Unternehmensbeispiel für jede Wertschöpfungsstufe der Medieninhalte darstellen. Dabei habe ich mich bemüht, die dortigen speziellen Eigenschaften des Medienbereiches in den Vordergrund zu stellen.

- WSK-Stufe 1: TV-Produzent und TV-Formatentwickler
- WSK-Stufe 2: Die Nachrichtenagentur als Inhalteproduzent
- WSK-Stufe 3: Ein privater TV-Sender als Programmbündler
- WSK-Stufe 4: Pressegroßhändler als Distributor im Zeitungs- und Zeitschriftenbereich.

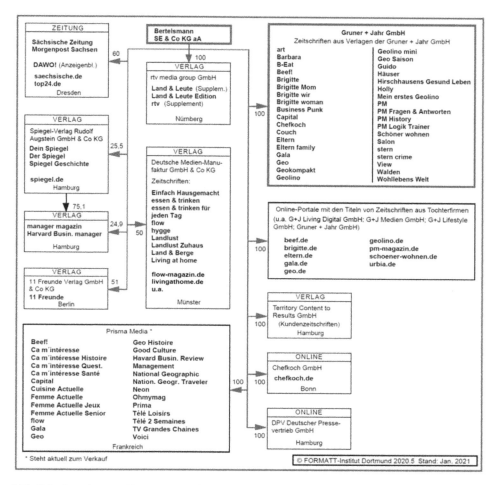

Abb. 7.3 Bertelsmann-Konzern: Beteiligung an Printmedien und Onlineportalen 2020. (Quelle: Media Perspektiven Basisdaten, 2021, S. 39)

7.3   TV-Produzent und TV-Formatentwickler

Bei der Entwicklung von TV-Formaten sind vor allem die Sender und Produktionsunternehmen tätig. Von den ungefähr 800 deutschen Produktionsunternehmen besitzen die großen eigene Entwicklungsabteilungen, welche Formate entwickeln und auch produzieren können (Gerhards, 2013, S. 11).

Die senderunabhängige Warner Brothers International Television Production Germany (WBITVP, bis 2015 eyeworks Deutschland) aus Köln ist ein Tochterunternehmen WB International Production, die Fernsehformate in mehr als 50 Länder vertreibt. WBITVP

Abb. 7.4 Format Adam sucht Eva. (Quelle: https://www.wbitvpgermany.com/castings.aspx)

Deutschland produziert für deutsche Sender verschiedene TV-Formate z. B. „Der Bachelor", „Bares für Rares", „Schwiegertochter gesucht", „Adam sucht Eva" (RTL, RTL 2), „Domian Live", „First Dates" etc.[12]

Diese Formate werden den Kategorien Fiction und Nonfiction zugeordnet. Seit 2014 wird zum Beispiel auf RTL, später auf RTL 2 das internationale (u. a. USA, Niederlande, Spanien, Frankreich u. v. m.) – für den deutschen Markt adaptierte – Format „Adam sucht Eva" (vgl. Abb. 7.4) von WBITVP, eine in mittlerweile sechs Staffeln produzierte Serie, in der es um Paarbildung zwischen nackt auf einer Insel sich begegnenden, später auch semiprominenten Menschen bei Zuschauerzahlen von 1,35–3,68 Mio. gezeigt.

Der Bundesgerichtshof hat im Jahr 2003 in einem Urteil eine Definition des Begriffes Format vorgenommen, die heute gerne zitiert wird:

Das Format einer Fernsehshow kann definiert werden als die Gesamtheit aller ihrer charakteristischen Merkmale, die geeignet sind, auch Folgen der Show ungeachtet ihres jeweils unterschiedlichen Inhalts als Grundstruktur zu prägen und damit zugleich dem Publikum zu ermöglichen, sie ohne weiteres als Teil einer Sendereihe zu erkennen. Von Fall zu Fall kann ein Format durch ganz verschiedene Gestaltungselemente gebildet werden. Neben dem Titel und dem Logo einer Sendung können etwa dazu gehören ein den Gesamtablauf bestimmender Grundgedanke, bestimmte Mitwirkende, die Art und Weise einer Moderation, die Benutzung bestimmter auffallender Sprachwendungen oder Sätze, bestimmte Sendeabläufe, der Einsatz von Erkennungsmelodien oder Signalfarben, die Bühnendekoration und sonstige Ausstattung, die Dauer von Sendung und Beiträgen sowie ein bestimmter Stil der Kameraführung, der

---

[12] Vgl. zu den Formaten und Produktionen von WBITVP Deutschland https://de.wikipedia.org/wiki/Warner_Bros._International_Television_Production sowie https://www.wbitvpgermany.com/catalogue.aspx, Abruf 01.11.2021.

Beleuchtung und des Schnitts. Das Format einer Fernsehshow, in dem Gestaltungselemente dieser Art miteinander verknüpft und verwoben werden, bildet insofern eine gestaltete Einheit, als damit die Grundlage für immer neue Folgen dieser Show gelegt wird. Es ist in aller Regel nicht selbst Gestaltung eines bestimmten Stoffs, sondern ähnlich einem Plan, einem Bündel von Regieanweisungen oder einem Gestaltungsrahmen darauf angelegt, der Entwicklung jeweils neuer gleichartiger Folgen zu dienen. Die einzelne Fernsehshow, die das Format verwirklicht, kann Muster für weitere Folgen sein (BGH, Urteil vom 26.06.2003; Az.: – I ZR 176/01).

Die Bestandteile eines Formates im TV beschreibt folgendes Zitat:

Ein Format als Produkt setzt sich im Wesentlichen aus vier Bestandteilen zusammen: aus der eigentlichen Idee, die juristisch nicht schützbar ist, dem „paper format" (Konzeptbeschreibung), dem „TV programme format" (Sendung) und dem „TV format package", das das Wissen für die Adaption enthält. Die Leistungen des „TV format package" sind der eigentlich vermarktungsfähige Kern von TV-Formaten, sie sind marktrelevantes Know-how (Altmeppen et al., 2009, S. 115).

Die *Vorgehensweise bei der Entwicklung und Vermarktung* eines solchen TV-Formats kann kurz mit den fünf Stufen Exposé, Konzept, Kalkulation, Pitch, Pilotsendung beschrieben werden.

Die Struktur der Beziehung zwischen Produktionsunternehmen und Sender zeigt die Abb. 7.5.

7.4 Die Nachrichtenagentur als Inhalteproduzent

Nachrichtenagenturen sind Inhalteproduzenten für alle Mediengattungen, die journalistische Inhalte verarbeiten und auch Unternehmen, Verbände, Parteien und politische Institutionen, sogar private Kunden, z. B. über Mobilfunkdienste beliefern (vgl. Sievers, 2008, S. 1, Grüblbauer & Wagemann, 2020) im Inland sowie auch im Ausland. Dabei sind heute nicht nur Texte, sondern jede Form von Inhalt (Text, Bild, Audio und Video, Daten, Grafiken, Illustrationen etc.) Ergebnis ihrer Arbeit.

Medien (...) verwenden das Agenturmaterial in höchst unterschiedlicher Weise. Zeitungen drucken Meldungen eins zu eins ab, verwenden verschiedene Agenturtexte, um kombiniert mit eigener Recherche einen Aufmacher für die Seite eins zu schreiben. Radios lesen Agenturmeldungen vor – als Moderation zwischen zwei Musiktiteln oder als Nachrichtensendung zur vollen Stunde. Auch dort, wo es nicht auf den ersten Blick zu sehen ist, fließen oft Agenturmeldungen in die Berichterstattung ein, zum Beispiel in den Hintergrundbericht auf der Seite drei einer Tageszeitung oder in einen Fernsehbeitrag (Sievers, 2008, S. 1).

Vereinfacht lässt sich der Weg des von Nachrichtenagenturen produzierten Inhaltes wie in der Abb. 7.6 dargestellt beschreiben.

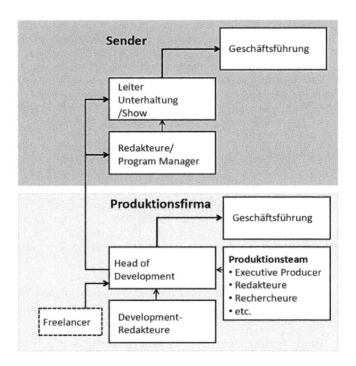

Abb. 7.5 Berichtslinien beim TV Development im Produktionsfirma-Sendermodell. (Quelle: Gerhards, 2013, S. 19)

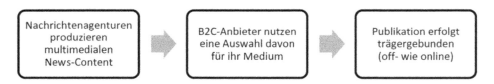

Abb. 7.6 Weg des von Nachrichtenagenturen produzierten Contents. (Quelle: Grüblbauer & Wagemann, 2020, S. 803)

Die Deutsche Presseagentur GmbH (DPA, https://www.dpa.com/de/) ist die wichtigste deutsche Nachrichtenagentur mit den meisten Kunden, der größten Verbreitung, einem Umsatz von ca. 93 Mio. € und ca. 673 Mitarbeitern in ca. 100 Ländern mit einer eigenen Präsenz aktiv, berichtet aber aus allen Ländern und Regionen über 95 Auslandsbüros und 54 Büros im Inland (vgl. dpa, 2021). Sie beschreibt ihre Tätigkeit so: „Gegenstand des Unternehmens ist die Sammlung, Verarbeitung und Verbreitung von Nachrichten, Archiv- und Bildmaterial jeder Art."

Sie bietet den Kunden verschiedene abonnierbare Dienstepakete (tagesaktuelle Nachrichten im sogenannten Basisdienst, regionale Nachrichten über den Landesdienst, Kurznachrichten, Ratgeberinformationen über den Themendienst, Weltnachrichten über den Dienst International, Inhalte für Websites und Apps über den Dienst WebLines etc.), die unterschiedliche Erlöstypen und Preise haben (z. B. monatliche Abonnementgebühren), aber generell nach Reichweite (verkaufte Auflage und digitale Reichweite im Verhältnis 3/1) bepreist werden. Fast alle deutschen Medien mit Nachrichtenredaktion sind dem dpa-Basisdienst angeschlossen, sodass er für die deutschen Nachrichtenmedien eine bedeutsame Funktion hat.

Die Inhalte bezieht die DPA von ihren Korrespondenten, die im Berichterstattungsgebiet jeweilig vor Ort sind und Pressekonferenzen besuchen, Presseinformationen und -mitteilungen bearbeiten, eigene Themen entdecken und recherchieren, z. B. in Interviews und Hintergrundgesprächen. Auf diese Weise produziert sie alleine 1100 Textmeldungen pro Tag im Basis- und in den Landesdiensten (vgl. dpa, 2021). Dabei existiert eine Arbeitsteilung zwischen Korrespondenten und sogenannten Deskern (Tischredakteuren), die die Texte der Korrespondenten überarbeiten und sie dann über Telekommunikationsnetze weiterleiten, zunächst in die Zentralredaktion und von dort aus, evtl. noch mal überarbeitet, an die Kunden. Die Unternehmensstruktur ist, wie in diesem Bereich üblich, gekennzeichnet von einer klaren Trennung zwischen den von der Geschäftsführung geleiteten wirtschaftlichen und technischen Angelegenheiten einerseits und den redaktionellen Angelegenheiten andererseits, die von einer Chefredaktion verantwortet werden (vgl. https://geschaeftsbericht.dpa.com/de/2019/organe-der-gesellschaft). Geschäftsführung und Chefredakteur sind jeweils direkt dem Aufsichtsrat verantwortlich. Dies dient der Trennung kaufmännischer und inhaltlicher Aspekte der Agenturarbeit und soll ökonomischen Einfluss auf redaktionelle Entscheidungen minimieren.

7.5   Privater TV-Sender als Programmbündler

RTL Television ist ein zur Mediengruppe RTL Deutschland gehöriger privater Fernsehsender mit Standort in Köln. Die Mediengruppe RTL Deutschland ist fast vollständig im Besitz des Bertelsmann-Konzerns. Der Sender strahlt seit 1984 in Deutschland aus und sendet ein Vollprogramm[13] mit (im Jahr 2019) 525.600 Sendeminuten. Von diesen sind 20,4 % Information, 21,6 % Real Life/Coaching/Dokusoaps/(scripted) Reality, 19,3 % Fiction, 17 % Moderierte Showprogramme, 1,9 % Sportberichterstattung und 15,3 % Werbung (221 Min/Tag, mit denen es im Jahr 2019 brutto ca. 3,06 Mrd. € eingenommen hat) (Media Perspektiven, 2021, S. 13). RTL (28,5 % Programmanteil) dominiert zusammen mit Sat1 (42,5 % Anteil) den Formatbereich „Nonfiktionale Unterhaltung und

---

[13] Ein Vollprogramm ist das Gegenteil eines Spartenprogramms und umfasst laut Definition im Medienstaatsvertrag (§ 2) neben Unterhaltung auch wesentliche Anteile an Informationen, Bildung und Beratung. Die Anforderungen sind rechtlich verbindlich festgelegt.

Reality TV" und ist hier im Sektor „Show-, Quiz und Musiksendungen mit 14,5 %
Anteil des eigenen Programms führend (Media Perspektiven, 2021, S. 18), mit Sendungen
wie „Wer wird Millionär", „DSDS", „Ninja Warrior Germany", Alarm für Cobra 11-die
Autobahnpolizei", „Bauer sucht Frau", „Der Bachelor" etc.[14]

RTL hat einen relativ hohen Anteil an Eigenproduktionen im Programm (ca. 89 %
des gesendeten Programms, vgl. Maurer et al., 2020, S. 248). Wie das Programm eines
solchen Senders entsteht, beschreiben in groben Zügen die folgenden Abschnitte:

Ein konkretes TV-Programm als Produkt eines Fernsehanbieters besteht aus Fernsehsendungen und anderen Programmbestandteilen. Diese werden in der Programmplanung
unter konzeptionellen Gesichtspunkten unter Restriktionen wie Finanzen, verfügbare Sen-
dezeit, Rechte und Technik so kombiniert, dass die gesetzten Ziele (Niveau, Gewinn,
Programmauftrag, siehe dazu genauer Abschn. 10.3) erfüllt werden (vgl. Brösel, 2006,
S. 624 ff.).

Die Programmplanung lässt sich als fünfphasiger Prozess beschreiben:

(1) Positionierung, Imageplanung und Festlegung der Zielgruppe: Aufgrund der Tatsache,
dass der Sendebetrieb von privaten Sendern auf den Verkauf von Zielgruppenkontakten ausgerichtet ist, ist die Zielgruppendefinition eine notwendige Bedingung für die darauf aufbauende
Positionierung.

(2/4) Planung des Gesamtprogrammschemas und dessen konkrete Besetzung: Das Programmschema wird aus der strategischen Positionierung abgeleitet. (...)

(3) Programmbeschaffungsplanung und -entwicklung. Die Beschaffung und Entwicklung von
TV-Programmen wird überwiegend vom Programmschema bestimmt. Daher wird anhand des
Schemas der Bedarf an Programmen, die eingekauft bzw. neu entwickelt werden müssen,
eruiert.

(5) On-Air-Promotion-Planung: Nach einer genauen Festlegung von Sendungen auf
bestimmte Sendeplätze kann im Rahmen der On-Air-Promotion damit begonnen werden, für diese im eigenen Programm zu werben (Koch-Gombert, 2010, S. 182 f.; siehe
Abb. 7.7).

Das als Ergebnis dieses Prozesses erstellte Programmschema ist die nach Wochentagen
gegliederte Übersicht für die Verteilung der Sendezeiten auf die Programmsparten (...) Gleich-
förmige zeitliche Programmschemata haben sich für die Rundfunkveranstalter in Anbetracht
der steigenden Zahl der angebotenen Programme als wichtigstes Instrument zur Orientierung
der Rezipienten bewährt (...) Im Anschluss an die Programmplanung erfolgt die Programmgestaltung. Hierbei handelt es sich um den Transformationsprozess der Produktionsfaktoren
eines Rundfunkanbieters in die Produktform Rundfunkprogramm (...) Bei werbefinanzierten
Rundfunkanbietern beinhaltet die Programmgestaltung die Bündelung redaktioneller Programme zu einem werbeattraktiven Umfeld (Brösel, 2006, S. 624 f.).

---

[14] Eine umfangreiche Liste der Sendungen ist unter https://de.wikipedia.org/wiki/Liste_von_RTL-
Sendungen zu finden.

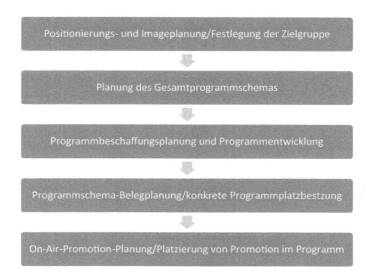

Abb. 7.7 Phasen der Programmplanung. (Quelle: Koch-Gombert, 2010, S. 183, nach Holtmann, 1999)

7.6   Der Presse-Großhandel als Mediendistributor

In der Wertschöpfungsstufe der technischen Produktion und Distribution sind einerseits Hersteller und Distributoren von *materiellen Mediengütern,* wie CD- und DVD-Presswerke und Druckereien für Zeitungen und Bücher sowie die dort aktiven Groß- und Einzelhändler für diese Medien tätig, andererseits Unternehmen, die immaterielle Medieninhalte speichern, verfügbar machen und übertragen (Netzbetreiber, Internet Service Provider). Ein gutes klassisches Beispiel für den Wertschöpfungsbereich der Distribution sind die Pressegroßhändler, weil man an ihrem Beispiel gleichzeitig studieren kann, wie der Staat in die Mediendistribution eingreift, um Meinungsvielfalt zu fördern.

Die 24 deutschen *Pressegroßhändler* sind im Regelfall mittelständische Unternehmen mit einem durchschnittlichen Umsatz von 73,4 Mio. €, die in *bestimmten Vertriebsgebieten* (2020: 52) tätig sind. In der südwestdeutschen Region ist dies z. B. die Presse-Grosso Südwest GmbH & Co. KG, die drei Vertriebsgebiete (Baden Nord, Baden Süd und Bodensee) betreut und 5300 Einzelhändler mit ca. 3500 Pressetiteln beliefert. Die deutschen Pressegrossisten generell sind für die Auslieferung von durchschnittlich 1850 bis zu 6000 Pressetiteln (Zeitungen, Zeitschriften, Rätselhefte, Comics etc.) von den Verlagen zu den 93.600 Einzelhändlern Deutschlands vor Ort (Pressefachhändler, Kioske, Discounter, Tankstellen, Bäckereien etc.) zuständig. Diese verkaufen sie dann an den Leser weiter. 2020 wurden in Deutschland insgesamt etwa 1,2 Mrd. Exemplare verkauft (vgl. Gesamtverband Pressegroßhandel, 2021).

Sehr schön ist am Pressegrosso zu sehen, dass Unternehmen im Medienbereich oft unter *besonderen Rahmenbedingungen* arbeiten. Diese resultieren für die Presse daraus, dass der deutsche Staat die *Pressefreiheit und Pressevielfalt* sichern will, und deswegen mit Art 5 Abs. 1 des Grundgesetzes und dem Gesetz gegen Wettbewerbsbeschränkungen § 1 und § 30 (Preisbindung bei Zeitungen und Zeitschriften) dafür spezielle Regelungen getroffen hat. Diese zielen darauf, ein ausreichendes und breites Angebot von Presseartikeln an jedem Verkaufsort zu sichern, eine Unterversorgung der Bevölkerung mit Informationen zu vermeiden sowie die wirtschaftliche Existenz auch kleiner Verlage und die faire Konkurrenz untereinander zu gewährleisten. Zunächst ist festzustellen, dass nicht alle, aber der Hauptanteil (ca. 60 %) der Presseartikel über den Pressegroßhandel verteilt werden. Alternative Wege zum Rezipienten sind Abonnement, Lesezirkel und Bahnhofsbuchhandlungen (siehe Abb. 7.8 linke Seite und Mitte).

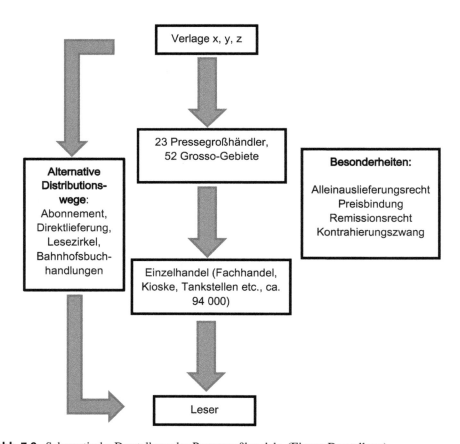

Abb. 7.8 Schematische Darstellung des Pressegroßhandels. (Eigene Darstellung)

Die Besonderheiten, die aufgrund des Auftrags der Wahrung von Pressefreiheit und Pressevielfalt in diesem Bereich zu berücksichtigen sind, sind folgende: Anders als bei anderen Produkten, gibt es eine *Gebiets-* und *Verwendungsbindung:* Der Grossist hat im Regelfall ein *Alleinauslieferungsrecht* gegenüber den Einzelhändlern in seinem Grosso-Gebiet (also ein Gebietsmonopol), der Einzelhandel muss dagegen die *Erstverkaufstage* der Presseartikel gegenüber dem Rezipienten *einhalten.* Daraus resultieren für den Grossisten die Verpflichtung zur Neutralität und ein Angebotszwang *(Kontrahierungszwang):* Jede erhältliche Publikation von jedem Verlag ist von ihm anzubieten (also ein freier Marktzutritt aller Anbieter ist zu sichern) und damit die *Überall-Erhältlichkeit* der Presseartikel zu gewährleisten, wenn sie irgendwo nachgefragt werden.

Dafür gibt es allerdings eine *Preisbindung* für Presseartikel sowie ein Rückgaberecht (Remissionsrecht): Der Verlag bestimmt auch den *Abgabepreis* des Grossisten an den Einzelhandel und den Preis des Einzelhandels an den Endverbraucher. Das *Remissionsrecht* umfasst ein Rückgaberecht nicht verkaufter Exemplare des Einzelhandels an den Großhandel und des Großhandels an den Verlag mit Rückvergütung (Abb. 7.8, rechte Seite; vgl. Pressegrosso.de; Beck, 2011, S. 88 ff.; Wirtz, 2006, S. 200 ff.; https://www. pgsw.de/, wikipedia.de, Stichwort: Pressegrosso, Bundesverband Pressegrosso, 2016a, b; Gesamtverband Pressegroßhandel, 2021. Abrufe jeweilig 20.06.2021).

Literatur

Altmeppen, K.-D., Lantzsch, K., & Will, A. (2009). Unterhaltungsbeschaffung und Unterhaltungsproduktion. In Arbeitsgemeinschaft der Landesmedienanstalten (Hrsg.), *Fernsehen in Deutschland*. Vistas.

Beck, H. (2011). *Medienökonomie* (3. Aufl.). Springer.

Brösel, G. (2006). Programmplanung – Steuerung und Gestaltung des Programms von Fernsehanbietern. in C. Scholz (Hrsg.), Handbuch Medienmanagement. (S. 119–638). Springer.

Bundesverband Pressegrosso. (2016a). Geschäftsbericht 2015. http://www.pressegrosso.de/presse/downloads/geschaeftsberichte.html#c949. Zugegriffen: 3. Okt. 2016.

Bundesverband Pressegrosso. (2016b). Pressegrosso in Zahlen. http://www.pressegrosso.de/branche/branchendaten.html. Zugegriffen: 4. Okt. 2016.

DPA. (2021). Website der Deutschen Presseagentur. https://www.dpa.com/. Zugegriffen: 15. Juni 2021.

Faulstich, W. (2000). *Grundwissen Medien* (4. Aufl.). Fink.

Fröhlich, K. (2010). Die Innovationslogik der deutschen TV-Unterhaltungsproduktion. In K. Lantzsch, K.-D. Altmeppen, & A. Will (Hrsg.), *Handbuch Unterhaltungsproduktion* (S. 117–134). VS.

Gerhards, C. (2013). *Nonfiction-Formate für TV, Online und Transmedia: Entwickeln, präsentieren, verkaufen*. UVK.

Gesamtverband Pressegroßhandel e. V. (2021). *Geschäftsbericht 2020*. https://www.pressegrosso.de/service/aktuelles/news-detail/stresstest-bestanden-grosso-verband-veroeffentlicht-geschaeftsbericht-2020. Zugegriffen: 29. Juni 2021.

Gläser, M. (2014). *Medienmanagement* (3. Aufl.). Vahlen.

Gläser, M. (2021). *Medienmanagement* (4.Aufl.). Vahlen

Grüblbauer, J. & Wagemann, J. (2020) Nachrichtenagenturen. In J. Krone & T. Pellegrini (Hrsg.), *Handbuch Medienökonomie* (S. 801–833). Springer Fachmedien.

Kiefer, M. L. (2005). *Medienökonomik: Einführung in eine ökonomische Theorie der Medien* (2. Aufl.). Oldenbourg.

Koch-Gombert, D. (2010). Aufgaben und Strategien der Programmplanung im klassischen Free-TV. In K. Lantzsch, K.-D. Altmeppen, & A. Will (Hrsg.), *Handbuch Unterhaltungsproduktion* (S. 180–194). VS.

Maurer, T., Beier, A., & Weiß, H.-J. (2020). (2020) Programmprofile von Das Erste, ZDF, RTL, Vox, Sat1 und ProSieben. *Media Perspektiven, 5,* 246–263.

Media Perspektiven. (2021). *Media Perspektiven Basisdaten 2020.*

Schumann, M., & Hess, T. (2009). *Grundfragen der Medienwirtschaft* (4. Aufl., S. 15–17). Springer.

Sievers, B. (2008). Vom Thema zum Ticker – Arbeitsweise und Auswahlkriterien von Nachrichten-agenturen. http://www.wisskommtv.de/wp-content/uploads/2008/08/agenturen.pdf. Zugegriffen: 12. Juli 2012.

Sjurts, I. (2005). *Strategien in der Medienbranche* (3. Aufl.). Gabler.

Voci, D., Karmasin, M., Nölleke-Przybylski, P., Altmeppen, K. -D., Möller, J., & Rimscha, B. V. (2019). What is a media Company today. *Studies in Communication and Media, 8*(1/2019), 29–52.

Wirtz, B. (2006). *Medien- und Internetmanagement* (5. Aufl.). Gabler.

Zerdick, A. (2001). *Die Internet-Ökonomie* (3. Aufl.). Springer.

Mediengüter, Medienmärkte, Akteure auf Medienmärkten

8

Zusammenfassung

Was sind Wirtschaftsgüter? Wodurch werden Medien zu Wirtschaftsgütern? Wie lässt sich am Beispiel der virtuellen Güter zeigen, wie man Wirtschaftsgüter neu erzeugen kann? Auf welchen Märkten sind Medienunternehmen aktiv? Welche sind die wichtigsten Akteurstypen auf Medienmärkten? Welche Bedeutung haben sie für die Medienökonomie? Wie hängen Rezipientenmarkt, Werbemarkt und Gütermarkt zusammen? Wie sieht eine allgemeine Wertschöpfungskette der Werbung über Medien aus?

Ich hatte in den vorhergehenden Kapiteln beschrieben, dass Unternehmen Mediengüter produzieren, um damit die Bedürfnisse von Nachfragern dieser Güter zu befriedigen. Diese Mediengüter werden den potenziellen Rezipienten und anderen Nachfragern (Unternehmenskunden, Weiterverarbeiter) auf Medienmärkten angeboten.

8.1 Eigenschaften von Wirtschaftsgütern

Bevor ich die speziellen Eigenschaften von Mediengütern, auch in Abgrenzung zu anderen Güterarten bespreche, möchte ich zunächst im Allgemeinen klären, was irgendeinen Gegenstand, eine Leistung oder einen rechtlichen Anspruch auf etwas zu einem Wirtschaftsgut im Sinne der Ökonomie macht (vgl. dazu Kiefer & Steininger, 2014, S. 129 ff.; Herdzina & Seiter, 2009, S. 2 f.).

Wirtschaftsgüter werden im Normalfall grundlegend durch nachfolgende Eigenschaften bestimmt:

Für einen beliebigen Gegenstand oder eine Leistung ist ein bedeutsames Charakteristikum die Beziehung, in der es zum Menschen steht. Das Individuum interessiert sich im wirtschaftlichen Sinn dafür, wenn dieser Gegenstand direkt oder indirekt im Hinblick auf die *Befriedigung seiner Bedürfnisse* eingesetzt werden kann. Bringen Güter einen *Nutzen im Hinblick auf Bedürfnisbefriedigung,* dann ist das eine Voraussetzung dafür, dass es Wirtschaftsindividuen gibt, die bereit sind, sie *am Markt nachzufragen.* Das ist nicht überall und bei jedem Menschen im gleichen Maß der Fall. Manchmal wird der Nachfrager erst „künstlich" (z. B. durch Werbung oder die Medien) dazu gebracht, ein solches Bedürfnis zu entwickeln oder seine Existenz erstmalig wahrzunehmen. Auch ist die Frage, ob etwas einen Nutzen hat, *durch das soziale Umfeld* des betreffenden Menschen mit bedingt (z. B. bei Trend- oder Modeprodukten). Ist dies gegeben, messen die Nachfrager ihm einen *bestimmten (individuellen und subjektiven) Gebrauchswert* bei. Sie sind dann in der Lage, diesen Wert in eine ungefähre Vorstellung eines angemessenen Preises zu übersetzen, den sie für dieses Gut zu zahlen bereit wären.

Allerdings werden die Bedürfnisträger nur unter bestimmten Bedingungen dazu bereit sein, einen *Preis* für den Gegenstand *zu entrichten.* Erstens muss das Gut überhaupt *am Markt angeboten werden* (können). Das ist nicht immer gegeben, zum Beispiel werden Schwerkraft, Freiheit oder Macht wie auch Menschen bei uns im Regelfall nicht auf Märkten gehandelt.[1] Außerdem darf das Gut nicht im Überfluss zur Verfügung stehen (z. B. freie Güter wie Luft), es muss also zumindest zeitweise und zumindest an bestimmten Orten *knapp* sein, damit ihm ein Wert beigemessen wird. Denken Sie etwa an den Überfluss und Mangel von trinkbarem Wasser oder von Atemluft an bestimmten Orten. Auch Knappheit ist nicht unbedingt einfach gegeben, sondern kann durch menschliches Handeln *künstlich erzeugt* werden (z. B. Kommerzialisierung und Verknappung von freien Gütern wie Boden und Wasser).

Weiterhin müssen sich *Eigentumsrechte* an dem Gegenstand begründen lassen, er also jemanden gehören. Sei es, dass ihn der Eigentümer extrahiert hat (z. B. Wasser, Gold oder das Erz Coltan, das für die Elektrogeräteproduktion nötig ist), erfunden (und mit einem Schutzrecht versehen) oder produziert hat oder auf andere Weise dazu legitim gelangt ist. Über ein Gut unzweifelhaft und rechtmäßig verfügen zu können und dies gegenüber anderen durchsetzen zu können, ist überaus wichtig.[2] Außerdem gehört dazu, dass der

---

[1] Das ist zu anderen Zeiten und an anderen Orten möglicherweise anders, abhängig auch von der herrschenden Moral- und Rechtsordnung und den natürlichen Rahmenbedingungen.

[2] Dass dies nicht selbstverständlich gegeben ist, zeigen archaische Gesellschaften (z. B. Ureinwohner Australiens, Neuguineas), in denen es gar kein privates Eigentum gab, sondern ein Gegenstand einfach dem zugehörig war, der ihn gerade benutzte. Dass der Umstand, das man ein Gut hat, noch nicht heißt, dass man über das Eigentumsrecht daran verfügt, sei an den Beispielen gezeigt, bei denen Leute dafür bestraft werden, dass sie gemietete Wohnmobile weiterverkauften (vgl. z. B. https://www.waz.de/staedte/essen/wohnmobile-gemietet-und-dann-verkauft-ehepaar-ang eklagt-id231065932.html).

Eigentümer andere von der Nutzung oder den Erträgen dieses Gutes erfolgreich *ausschlie-ßen* kann (Ausschließbarkeit), wenn er das will, z. B. wenn er sich nicht hinreichend für das Gut entlohnt fühlt. Ist dies gegeben, dann können diese Güter am Markt tatsächlich *einen Preis erzielen,* wir sprechen dann von Wirtschaftsgütern (vgl. Kiefer & Steininger, 2014, S. 129 ff.).

▶ **Wirtschaftsgüter – Kerneigenschaften**

- Befriedigen Bedürfnisse/erbringen einen Nutzen
- Treffen auf Nachfrage
- Sind knapp
- Eigentumsrechte an ihnen sind begründbar und durchsetzbar
- Werden am Markt angeboten
- Können einen Preis erzielen

8.2 Mediengüter

Diese Kriterien müssen also auch für Medien gelten, wenn sie als Wirtschaftsgüter produziert und gehandelt werden sollen.

Falls Sie sich fragen, warum es notwendig ist darüber zu reden, kann ich Ihnen zwei Gründe nennen: Erstens werden wir später feststellen, dass nicht alle diese Eigenschaften bei Mediengütern aus sich heraus gegeben sind, sondern, dass es durchaus Probleme damit gibt – denken Sie nur an die schon mehrfach angesprochene Frage der *Durchsetzung des Eigentumsrechts* beim digitalen Download von Musik- und Videodateien oder an die prinzipiell fehlende *Knappheit* bei beliebig kopierbaren digitalen Inhalten.

Zweitens ist aus betriebswirtschaftlicher Sicht immer die Frage, was zu einem Wirtschaftsgut werden kann, um es zu vermarkten und Gewinne damit zu erzielen. Hier ergeben sich bei den digitalen Medien ständig neue Potenziale für Wirtschaftsgüter, die erfolgreich von Unternehmen genutzt werden. Eine sehr gute Voraussetzung dafür ist es, wenn man die Rahmenbedingungen des Handelns der Akteure innerhalb eines Handlungsraums (z. B. in einem Computerspiel oder dem „Metaverse") bestimmen kann. Es gibt Literatur darüber, wie man virtuelle Ökonomien bestmöglich, d. h. profitabel gestaltet (vgl. z. B. Lehdonvirta & Castronova, 2014; Seufert, 2014).

Fragen

- Suchen Sie zu jedem der oben genannten sechs Kriterien für Wirtschaftsgüter ein positives Beispiel und ein Beispiel, in dem das Kriterium kritisch ist oder nicht erfüllt wird. Erklären Sie bitte genau, inwiefern und warum das der Fall ist!

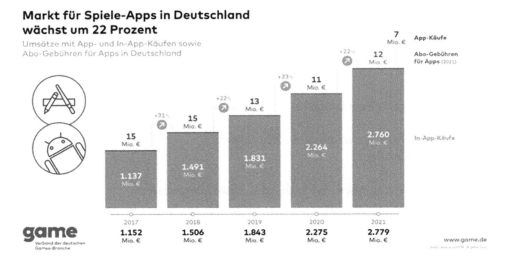

Abb. 8.1 Umsätze bei App- und In-App. (Quelle: https://www.game.de/markt-fuer-spiele-apps-in-deutschland-waechst-um-22-prozent/)

- Wie wird ein Medienerzeugnis zu einem Mediengut? Entwickeln Sie ein eigenes Beispiel (z. B. Spielfilm, Printbericht, Zeitschrift, Musiktitel) in der Gruppe und erklären Sie, wie die Kriterien dabei erfüllt sind (oder erfüllt werden können). Denken Sie dabei auch an die in Kap. 3 besprochenen Produktwelten im Medienbereich.

Ich möchte ein Beispiel diskutieren, das in den letzten Jahren im Internet immer bedeutsamer geworden ist (der Umsatz liegt weltweit pro Jahr im zweistelligen Dollar-Milliardenbereich) und an dem man erkennen kann, wie neue Wirtschaftsgüter konzipierbar und erzeugbar sind: so genannte virtuelle Güter (vgl. zum nachfolgenden Frieling, 2011; Lober & Weber, 2005, van Roessel & Svelch, 2021, Sifa et al., 2015). „Anywhere you look, digital publishers are increasingly making their money from artificially scarce virtual goods" (Lehonvirta & Castronova, 2014, S. 3). Abb. 8.1 zeigt die Bedeutung dieser Güter am Beispiel von Mobile Games und In-App-Käufe darin für den deutschen Markt von 2017 bis 2021.

8.3   Virtuelle Güter als Wirtschaftsgüter

Virtuelle Güter sind Güter, die nur im digitalen Raum existieren, und hier in virtuellen Welten, in Online-Communitys, in Mobilen Gelegenheitsspielen sowie in Massive-Multiplayer-Online-Games. Sie sind eine *spezielle Form von Mediengütern*. Es gibt verschiedene *Unterformen* von virtuellen Gütern. In diesen Umgebungen existieren Gegenstände oder Leistungen, die auf drei Weisen einen *Nutzen* für die Akteure erzeugen können:

- indem sie erstens als *funktionelle Gegenstände* wie Waffen, Werkzeuge oder Sammel-gegenstände (Items) im Rahmen einer Handlung (z. B. in Spielen) hilfreich dabei sind, etwas zu erreichen (z. B. ein höheres Spiellevel) oder Aufgaben zu erledigen. Insofern spielen die Eigenschaften des Gutes im Hinblick auf Performance und Funktionalität eine Rolle (vgl. Lehdonvirta, 2009, S. 110).
- indem sie zweitens als *dekorative Gegenstände* wie Kleider, individuelle Erscheinungs-merkmale oder Accessoires die Personalisierung von Spielfiguren (etwa in virtuellen Welten) ermöglichen. Dabei sind Eigenschaften wie Aussehen, Herkunft, Markierung, Individualisierbarkeit von Bedeutung (Lehdonvirta, 2009, S. 110).
- indem sie drittens als *Mittel der Kommunikation und Wertschätzung* zwischen Mitglie-dern einer Social Community dienen, als soziale Güter, Tauschmittel, Geschenke oder Grüße.

Diese Gegenstände existieren nur virtuell, sie werden am Rechner, z. T. auch von Usern selbst, hergestellt oder erworben und erlangen ihre Funktion im Wesentlichen innerhalb eines spezifischen Spiel- oder Community-Kontextes.

> Hervorzuheben ist, dass virtuelle Güter immer auch durch geistiges Zutun des Konsumenten konstruiert werden (...) Eine Computergrafik als werthaltiges Gut wahrzunehmen, setzt die Bereitschaft voraus, sich mental auf eine Simulation einzulassen. Für Außenstehende, denen die Immersionserfahrung fehlt, ist das Interesse an virtuellen Gütern meist nicht nachvollzieh-bar (Frieling, 2011, S. 16).

Virtuelle Güter werden bei weitem nicht von allen Teilnehmern solcher Plattformen erwor-ben, sind nur zum Teil zwischen Usern tauschbar oder auch handelbar (wie bei „World of Warcraft"). Die professionelle Produktion und der Verkauf virtueller Güter durch den Plattformbetreiber (z. B. früher virtuelle Geschenkbildchen bei Facebook), aber auch die Produktion von Spielgegenständen und virtueller Währung durch andere (das „Gold-farming") basieren auf dem Prinzip, diese durch reale Gegenwerte bezahlen zu lassen. Spezialisierte Händler (z. B. mmoga.de, ingameparadise.de) verkaufen Levels, Items oder Gold in professioneller Weise (Abb. 8.2).

Der Verkauf von Items in Free-to-Play Games ist die Top-Erlösquelle für Games geworden (vgl. noch einmal Abb. 8.1). Das gilt nicht nur für mobile Spiele.

Eine unerwünschte *Vervielfältigung* (Knappheit!) und Übertragung des virtuellen Gutes kann durch den Plattformbetreiber prinzipiell verhindert werden, da diese nur innerhalb der Plattform benutzt oder konsumiert werden können. Einerseits können also diese Güter kostengünstig vom Betreiber produziert, vervielfältigt und dem Nachfrager zugeleitet wer-den, andererseits kann der Betreiber sie (z. B. durch künstliches Veraltern, Abnutzung

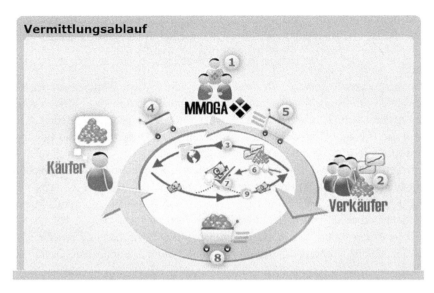

Abb. 8.2 Info der Plattform MMOGA zum Vermittlungsablauf zwischen Verkäufer und Käufer. (Quelle: http://www.mmoga.de/content/Vermittlungsablauf.html, Abruf 23.08.2022)

oder Verbrauch) verknappen und kontrollieren, ob und unter welchen Bedingungen sie besessen, benutzt, kopiert oder weitergegeben werden können.[3, 4]

Virtuelle Güter vereinigen aus ökonomischer Perspektive also zwei positive Dinge der realen und der digitalen Welt: Knappheit/Rivalität und Ausschließbarkeit sind gegeben bzw. in der virtuellen Welt gestaltbar (Vorteil von Sachgütern der Realwelt), die Grenzkosten in der Produktion von Kopien durch den Anbieter sind bei Null (Vorteil der digitalen Welt), weil der Hersteller sie beliebig kopieren kann (Lehdonvirta & Castronova, 2014, S. 41 ff.).

Fragen

- Welches sind die Bedürfnisse, die mit den drei Arten virtueller Güter befriedigt werden?

---

[3] Der Spieler wird beim Eröffnen seines Accounts im Regelfall zugestimmt haben, dass kein Spieler an spielinternen Items ein Eigentum erwerben kann, sondern alles ausschließlich Eigentum des Herstellers bleibt.

[4] Rechtlich gesehen kann man Folgendes festhalten: „Virtuelle Items sind keine Sachen im Sinne von körperlichen Gegenständen, sondern abgrenzbare Teile eines Spiels, also eines Computerprogramms. Was zwischen den Spielern beim Verkauf von virtuellen Items abgeschlossen wird, ist dennoch eine Art Kaufvertrag – aber nicht über eine Sache, an der Eigentum verschafft werden müsste, sondern über einen nichtkörperlichen Gegenstand, genauer gesagt über die Möglichkeit der Nutzung eines virtuellen Items in einem bestimmten Spiel" (Lober & Weber, 2005).

- Inwiefern sind virtuelle Güter knapp? Erklären Sie dies anhand von Beispielen.
- Wie und wo äußert sich die Nachfrage nach virtuellen Gütern?
- Wie kommen die Preise für virtuelle Güter zustande?
- Wer setzt dabei auf welche Weise sein Eigentumsrecht durch?
- Haben Sie andere Ideen für die Kreation von (neuen) Wirtschaftsgütern? Wie könnte man dabei vorgehen?

Die Eigenschaften virtueller Güter wie auch die Eigenschaften des Kontextes, in den sie eingebettet werden, sind durch das Medienunternehmen gestaltbar. So nennen Hamari und Lehdonvirta (2010, S. 25 ff.) eine Anzahl von Faktoren, anhand derer über die Spielmechanik in Games die Verkäufe von virtuellen Gütern gefördert werden können, wie z. B. die Abnutzung der Güter, unbequeme Benutzbarkeit von Spielelementen, das Angebot von besonderen Kaufgelegenheiten, Gelegenheiten zur Änderung existierenden Contents, Schaffung von Status-Gütern und die Schaffung von Ausstattungsvarianten.

Nachdem wir nun wissen, was Güter sind, welchen Kriterien Medien unterliegen müssen, um Wirtschaftsgüter sein zu können und dass dies vom Medienunternehmen gestaltet wird, ist zu klären, auf welchen Märkten Medienunternehmen aktiv sind.

8.4 Auf welchen Märkten sind Medienunternehmen anzutreffen?

Wenn man sich vergegenwärtigt, auf welchen Märkten Medienunternehmen, je nach ihrem Geschäftsmodell, ihrem Erlössystem und ihrer erwerbswirtschaftlichen Orientierung tätig sind, so kann man diese Überlegungen an folgendem Schema (Abb. 8.3) orientieren (vgl. dazu auch Gläser, 2014, S. 169; Siegert, 2006, S. 687 f.). In der Chronologie des Wertschöpfungsprozesses sind zunächst die *Beschaffungsmärkte* zu nennen, auf denen Medienunternehmen als Nachfrager für *Produktionsfaktoren* auftreten. Dies sind Beschaffungsmärkte für Personal und Arbeitsleistung, Technik und technische Infrastruktur (Frequenzen, Kanäle, Hard- und Software), Finanzen, Rechte, Vorprodukte etc. Sie kaufen auch von anderen Medienunternehmen Ideen, Formate und Inhalte bzw. Rechte daran, um sie für ihre Produkte zu verwenden.

Diese Produktionsfaktoren werden im Medienunternehmen in einer bestimmten Art und Weise kombiniert und transformiert, sodass daraus (neue) Wirtschaftsgüter werden. Diese sind ebenfalls verschiedener Art und für unterschiedliche *Absatzmärkte* relevant, auf denen Medienunternehmen als Anbieter auftreten. Man kann diese Märkte nach unterschiedlichen Kriterien betrachten und zusammenfassen. In der Medienökonomie ist es üblich, sie nach den Abnehmertypen zu gruppieren. Es ergeben sich dann drei Märkte: Der *Rezipientenmarkt,* der *Werbemarkt* und der *Markt für Vorleistungen und*

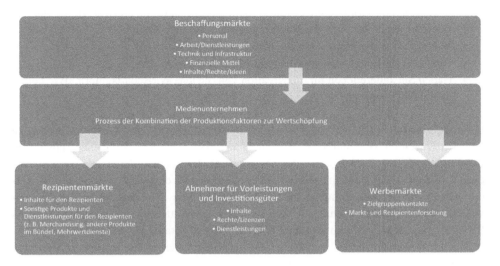

Abb. 8.3 Medienunternehmen und ihre Beschaffungs- und Absatzmärkte. (Quelle: Eigene Darstellung)

Investitionsgüter, also für Güter, die von anderen Unternehmen selbst in ihrem eigenen Wertschöpfungsprozess eingesetzt werden (Abb. 8.3).[5]

Auf Basis dieser Übersicht über die relevanten Aktivitätsfelder von Medienunternehmen ist nun zu fragen, welche die entscheidenden Typen von Akteuren auf diesen Medienmärkten sind.

8.5 Akteurstypen auf Medienmärkten

Die Medienökonomie unterscheidet hier entsprechend drei Typen wichtiger Marktpartner. Diese Reduzierung auf drei Typen beruht auf der vereinfachenden Ansicht, dass man beim Medienunternehmen in dieser Frage nicht mehr zwischen seinen unterschiedlichen möglichen Positionen in der Wertschöpfungskette unterscheidet, sondern einfach annimmt, dass dieses auch die Konzeption und Produktion von Inhalten sowie die Distribution selbst übernimmt. Ziel dieser vereinfachten Darstellung ist es, die Besonderheit des veröffentlichenden Medienunternehmens als Anbieter auf zwei miteinander verbundenen Märkten darzustellen.

---

[5] Das sind beispielsweise Dienstleistungen für andere Unternehmen im redaktionellen Bereich (Erstellung von redaktionellen oder werblichen Inhalten wie im Beispiel der DPA in Abschn. 7.4) oder im Produktionsbereich (z. B. Pre-/Postproduktion in Studios), Verkauf von Rechten, Merchandising, Licensing, Syndikation (Weiternutzung zur Mehrfachverwertung).

Genauer gesagt gilt die Abb. 8.4 für veröffentlichende Medienunternehmen, die (auch nur teilweise) *durch Werbung finanzierte Medien* anbieten: Die beiden Märkte, auf denen sie gleichzeitig anbieten, sind dabei untrennbar im Angebot miteinander verbunden (Abb. 8.4). Man spricht hier von *der doppelten Marktverbundenheit werbefinanzierter Mediengüter.*

Fragen

- Welches sind die Produkte auf den Absatzmärkten des Medienunternehmens, was genau wird verkauft?
- Erklären Sie, inwieweit das Medienunternehmen auf das gleichzeitige Funktionieren beider Marktbeziehungen sowie der Marktbeziehung zwischen seinen beiden Marktpartnern angewiesen ist.
- Was passiert, wenn eine dieser drei Marktbeziehungen nicht gut funktioniert, also das jeweilige Produkt Absatzprobleme hat?
- Suchen Sie ein passendes Beispiel, an dem man diesen Prozess gut illustrieren kann.
- Füllen Sie die folgende Tabelle aus und überprüfen Sie damit, ob Sie die Besonderheiten Doppelter Marktverbundenheit werbefinanzierter Mediengüter verstanden haben:

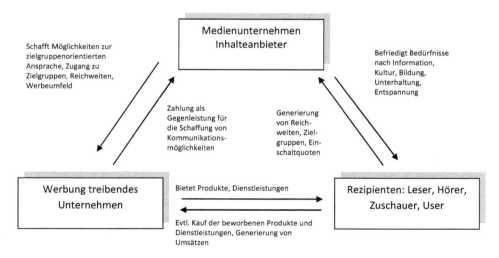

Abb. 8.4 Doppelte Marktverbundenheit bei werbefinanzierten Medienunternehmen. (Quelle: Zerdick et al., 2001)

Markt	Anbieter auf diesem Markt	Nachfrager auf diesem Markt	Tauschgut des Anbieters	Tauschgut des Nachfragers
Rezipientenmarkt				
Werbemarkt				
Markt für Güter und Dienstleistungen				

Die starke gegenseitige Abhängigkeit dieser beiden Märkte im Sinne der Tatsache, dass sie unverzichtbar in ihrer Funktionsweise aufeinander angewiesen sind, hat auf allgemeiner Ebene zwei bedeutsame Folgen, die ich, da es sich um *prinzipielle* oder *strukturelle* Gegebenheiten handelt, schon an dieser Stelle beschreiben möchte. Es handelt sich um die *Werbung-Kontakt-Spirale* (die auch als *Anzeigen-Auflagen-Spirale* oder *Werbespot-Reichweiten-Spirale* bezeichnet wird, vgl. Sjurts, 2011, S. 16, 658) und um die *Wertschöpfungskette der Werbung* in Medien.

8.6   Die Anzeigen-Auflagen-Spirale

Bei der Anzeigen-Auflagen-Spirale geht es um die gegenseitige Abhängigkeit des Erfolgs auf dem Rezipientenmarkt und dem Werbemarkt (Abb. 8.5), die besagt, dass ein werbefinanziertes Medienangebot einen Wettbewerbsvorteil mit wachsender Reichweite/Auflage erreichen kann, da von ihr erzeugte Rezipientenkontakte günstiger produzierbar sind, als mit geringerer Auflage. Es stehen dann wiederum mehr Einnahmen zur Verbesserung der Qualität der Inhalte zur Verfügung, was wieder positive Effekte auf die Reichweite haben kann. Im Fall sinkender Auflage entsteht eine gegenläufige Abwärtsspirale.

> Werbefinanzierte Massenmedien unterliegen der Anzeigen-Auflagen-Spirale bzw. der Werbung-Kontakt-Spirale (…) Die Grundidee ist (…) auf alle werbefinanzierten Medien übertragbar (…) Die Herausbildung der Anzeigen-Auflagen-Spirale begünstigt die markt-führenden Titel und benachteiligt alle anderen Titel im selben Markt (…) In der Regel kann der Marktführer seiner Kundschaft das beste Preis-Leistungs-Verhältnis anbieten. Die auflagenstärkste Zeitung ist für die Werbekunden im Verbreitungsgebiet das attraktivste Medium mit der höchsten Kontaktwahrscheinlichkeit und übt eine Sogwirkung auf die gesamte werbungtreibende Wirtschaft aus. Die Marktführerposition im Anzeigenmarkt führt zu erhöhten Anzeigenumsätzen und ermöglicht diesem Titel Investitionen in publizistische Leistungen und ins Lesermarketing. Damit steigen in der Regel die Reichweite und die Auflage des Titels und damit dessen Attraktivität für neue Anzeigenkunden, während die übrigen Zeitungen auf dem Leser- und Anzeigenmarkt Einbußen erleiden und immer weiter zurückfallen, bis sie aus dem Markt aussteigen müssen (Meier, 2010, S. 258 f.).

Über die Frage, was mit *Qualität von Mediengütern* gemeint sein kann, habe ich schon an anderer Stelle etwas gesagt. Abschn. 6.2 hat die *publizistischen Qualitätskriterien*

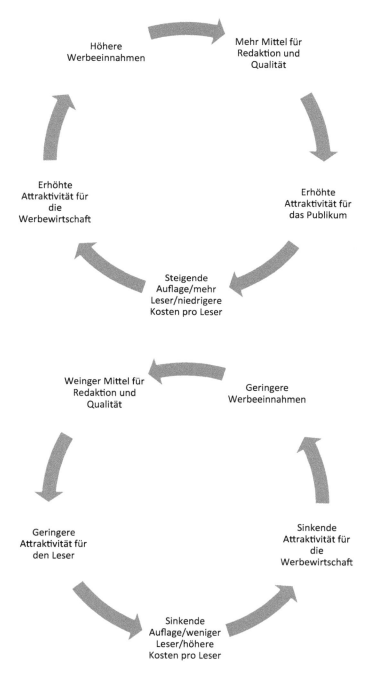

Abb. 8.5 Anzeigen-Auflagen-Spirale: Aufwärtsbewegung und Abwärtsbewegung. (Eigene Darstellung)

behandelt. Die *ökonomisch relevante Qualität* ist das Ausmaß, in dem die angebotenen Medieninhalte genau die Bedürfnisse der Zielgruppenangehörigen erfüllen. *Qualität aus Sicht der Werbetreibenden Unternehmen* ergibt sich aus der Erreichung deren jeweiliger kommunikationspolitischen Ziele wie z. B. Umsatzsteigerung, Neukundengewinnung, Markenbildung *zu möglichst geringen Kosten* (vgl. dazu genauer Kap. 11).

8.7　Die Wertschöpfungskette der Werbung in Medien

Ich hatte in Abschn. 7.2 die Wertschöpfungskette der Medien eingeführt und deutlich gemacht, dass es sich um *chronologische Stufen des Wertzusatzes* zu einem Gut handelt. Weil man auch im Werbebereich einen solchen Wertzusatz produziert, ist es naheliegend zu überlegen, ob es auch für den Werbebereich *typische wertschöpfende Tätigkeiten* gibt, die man in Form einer Wertschöpfungskette darstellen kann. Hier existieren sehr viele unterschiedliche Ansätze, die jeweilig aus unterschiedlichen Positionen (Werbetreibendes Unternehmen, Medienunternehmen, Werbeagenturen) und mit unterschiedlichen Betrachtungsschwerpunkten (z. B. Mehrwertproduktion durch die verschiedenen beteiligten Agenturen) verfolgt werden. Versucht man, die Mehrwertproduktion durch die Medienveröffentlichung *aus Sicht des Werbekunden* zum Ausgangspunkt der Betrachtung zu machen und unterstellt man, dass es sich vornehmlich um *Absatzwerbung* handelt[6], kann man das Ergebnis in einer fünfstufigen Kette zusammenfassen (Tab. 8.1).

Fragen

- Wenn Sie die Stufen der beiden besprochenen Wertschöpfungsketten gegenüberstellen: Wie stehen die Stufen zueinander? Haben sie etwas miteinander zu tun?
- Schauen Sie sich noch einmal die von Ihnen zum letzten Fragenblock angefertigte Tabelle an und machen Sie sich die Abhängigkeiten, die sich daraus für das Medienunternehmen ergeben.
- Wenden Sie die Erkenntnisse auf ein konkretes Beispiel an. Wie können die beschriebenen Phänomene und Umstände etwa in Bezug auf die TV-Serie „Two and a half men", in Bezug auf die Zeitschrift „c't" oder auf „Spiegel Online" verdeutlicht werden?

---

[6] Also Werbung, die auf Produktabverkauf zielt.

Tab. 8.1 Wertschöpfungskette der Werbung über Medien

Entwicklung der Werbekonzeption/Werbeproduktion	Produktion von spezifischen Zielgruppen („Aufmerksamkeitsgemeinschaften")	Bündelung der Werbung mit Content/Werbedistribution/Werbezugang	Distribution und Produktion der Aufmerksamkeit des Publikums/Persuasion	Kauf des beworbenen Produkts
Auftraggeber/Werbeagenturen	Medienunternehmen/Mediaagentur/Mediaforschung	Medienunternehmen/Mediaagentur	Medienunternehmen/Rezipient	Konsument

Was diese Konstellation grundlegend bedeutet, beschreiben Siegert und Brecheis (2010):

> Werbung ist nicht nur eine spezielle Form der Kommunikation, sondern die Werbewirtschaft ist auch relevanter Akteur in der Medien- und Informationsgesellschaft und im herrschenden Kommunikations- und Aufmerksamkeitswettbewerb. Die wechselseitige Verknüpfung von Medien und Werbung macht Letztere auch zu einem Einflussfaktor für die öffentliche Kommunikation. Das Geschäftsmodell der Medien, das die Querfinanzierung über Werbung vorsieht, führt nicht nur zu einem strukturellen Einfluss der Werbung, sondern zunehmend zu einem konkreten inhaltlichen. (Siegert & Brecheis, 2010, S. 57 f.).

Fragen

- Was ist mit „spezielle Form der Kommunikation" gemeint?
- Was heißt „Aufmerksamkeitswettbewerb"?
- Können Sie ein Beispiel für strukturellen und für konkret inhaltlichen Einfluss der Werbung auf die Medien nennen?
- Auf welche Weise wirkt die Werbung als relevanter Akteur im herrschenden Kommunikations- und Aufmerksamkeitswettbewerb?

Diese Diskussion werde ich im Abschn. 11.5 wieder aufgreifen und mit einem Beispiel verdeutlichen.

Literatur

Frieling, J. (2011). Virtuelle Güter: Grundlagen, Eigenschaften und Monetarisierung. *Medienwirtschaft, 2011*(2), 14–21.

Gläser, M. (2014). *Medienmanagement* (3. Aufl.). Vahlen.

Hamari, J., & Lehdonvirta, V. (2010). Game design as marketing: How game mechanics create demand for virtual goods. *International Journal of Business Science and Applied Management, 5*(1), 14–29.

Herdzina, K., & Seiter, S. (2009). *Einführung in die Mikroökonomik* (11. Aufl.). Vahlen.

Kiefer, M. L., & Steininger, C. (2014). *Medienökonomik: Einführung in eine ökonomische Theorie der Medien* (3. Aufl.). Oldenbourg.

Lehdonvirta, V. (2009). Virtual item sales as a revenue model: Identifying attributes that drive purchase decisions. *Electronic Commerce Research, 9*, 97–113.

Lehdonvirta, V., & Castronova, E. (2014). *Virtual economies design and analysis*. The MIT Press.

Lober, A., & Weber, O. (2005). Money for nothing? Handel mit Spielaccounts und virtuellen Gegenständen. http://www.heise.de/ct/artikel/Money-for-Nothing-290112.html. Zugegriffen: 2. Mai 2012.

Meier, K. (2010). Medienökonomie. In H. Bonfadelli, O. Jarren, & G. Siegert (Hrsg.), *Einführung in die Publizistikwissenschaft* (3. Aufl., S. 239–270). Haupt.

Seufert, E. B. (2014). *Freemium economics: Leveraging analytics and user segmentation to drive revenue*. Morgan Kaufmann.

Siegert, G. (2006). Absatzmanagement – Preis, Produkt- und Programmpolitik. In C. Scholz (Hrsg.), *Handbuch Medienmanagement* (S. 693–713). Springer.

Siegert, G., & Brecheis, D. (2010). *Werbung in der Medien- und Informationsgesellschaft* (2. Aufl.). VS.

Sifa,R. Hadiji, F. Runge, J. Drachen, A. Kersting, K. Bauckhage, C. (2015) Predicting Purchase Decisions in Mobile Free-to-Play-Games. In *Proceedings of the Eleventh AAAI Conference on Artificial Intelligence and Interactive Digital Entertainment (AIIDE-15)* (S. 79–85).

Sjurts, I. (Hrsg.). (2011). *Gabler Lexikon Medienwirtschaft* (2. Aufl.). Gabler.

van Roessel, L. & Švelch, J. (2021). Who Creates microtransactions: The production context of video game monetization. In O. Sotamaa & J. Švelch (Hrsg.). *Game production studies* (S. 197–215). Amsterdam University Press.

Zerdick, A., Picot, A., Schrape, K., et al. (2001). *Die Internet-Ökonomie – Strategien für die digitale Wirtschaft* (3. Aufl.). Springer.

Zusammenfassung

Wie lässt sich ein realistisches Bild der Medienauswahlprozesse der Rezipienten gewinnen, wenn man Erkenntnisse der Kommunikationswissenschaften zum ökonomischen Modell hinzunimmt?

Welche Bedürfnisse befriedigen Mediengüter? Welche Funktionen und Nutzen erbringen sie beim Rezipienten?

Wie helfen die Erkenntnisse des Marketings über die Befriedigung verschiedener Typen und Ausprägungen von Nutzerbedürfnissen dem Medienmanagement?

Welche Beispiele illustrieren die Auswahlentscheidungen auf den vier unterscheidbaren Selektionsebenen bei Mediengütern?

Im vorherigen Kap. 8 habe ich die drei wichtigsten Akteurstypen auf Medienmärkten vorgestellt und ihre prinzipiellen Beziehungen miteinander dargestellt. Dieses und die beiden nachfolgenden Kapitel werden sich nun etwas detaillierter mit jeweils einem dieser drei Typen auseinandersetzen.

Der Rezipient als Abnehmer für Mediengüter hat im Gefüge der Medienökonomie eine zentrale Position inne. Das Medienmanagement braucht deshalb eine möglichst pragmatische und realitätsnahe Vorstellung von ihm, seinen Medienauswahl- und Nutzungsprozessen sowie den dabei relevanten Faktoren. Das Ziel dieses Kapitels ist es, ein adäquates Abbild vom Rezipienten und seiner Motivationen als Handelnder sowie der bedeutsamen Rahmenbedingungen seines Handelns auf Medienmärkten zu erlangen.

Meine Vorgehensweise ist die, den Rezipienten als Nachfrager für Mediengüter genauer zu identifizieren und zu untersuchen, *welche Bedürfnisse* er mit Mediengütern auf welche Weise befriedigt. Ausgangspunkt ist dabei die in Kap. 4 vorgestellte

Tab. 9.1 Inhaltliche Struktur medialer Kommunikation. (Quelle: Wirth & Schramm, 2010, S. 577)

Mediale Kommunikation		
Präkommunikative Phase	Kommunikative Phase	Postkommunikative Phase
Motivation/Selektion	Rezeption	Wirkung

Konzeption des rationalen und das Ertrags- /Aufwandsverhältnis optimierenden Güter-nachfragers aus der ökonomischen Theorie (vgl. dazu auch Stark & Kist, 2020, S. 1148 f.), die ich mit Erkenntnissen aus der Kommunikationswissenschaft und des Marketings anreichern möchte. Das in Kap. 4 vorgestellte allgemeine theoretische Modell der Ökonomie erscheint für die Anwendung im Medienmanagement zu abstrakt und zu unspe-zifisch zu sein. Die Marketingwissenschaft, die Kommunikationswissenschaft und die moderne Medienökonomie versuchen deshalb, über die Vorstellung hinauszukommen, dass Mediengüter einfach erstellt werden und dann als fertige Güter an den rational entscheidenden Rezipienten abgegeben werden, der sie dann lediglich in der angebote-nen Form benutzen kann oder nicht (vgl. dazu Kiefer, 2020, Gläser, 2014, S. 449 ff.). Auch versucht man, das Modell *an die realen Entscheidungssituationen* anzunähern, indem man die spezifischen Eigenschaften von Mediengütern wie z. B. die schwierige Vorab-Einschätzung ihrer Qualität, fehlende Konsumrivalität, die schwierige Ausschließbarkeit nichtzahlender Nutzer oder die substitutive Verbundenheit (z. B. gleichzeitige Sendungen) zu berücksichtigen sucht (siehe dazu genauer Kap. 12–14).

Will man in die Zusammenhänge der Mediennutzung etwas detaillierter einsteigen und sie tiefer gehend verstehen, unterteilt man den Prozess medialer Kommunikation am besten in drei Teilphasen (Tab. 9.1).

- eine vorkommunikative Phase, in der es um die Motivation und die Auswahl eines Medienangebots durch den Nutzer geht,
- eine kommunikative Phase, also den eigentlichen Inhalte-Rezeptionsprozess sowie
- eine nachkommunikative Phase, in der dann die Wirkungen der Medienrezeption eintreten (vgl. Wirth & Schramm, 2010, S. 577 f.). Diese Wirkungen, z. B. Verhaltens-änderungen können natürlich prinzipiell wieder Einfluss auf die erste Phase späterer Rezeptionsakte haben.

Für dieses Kapitel spielt die erste Phase eine besondere Rolle, die von der Medien*nutzungs*forschung untersucht wird, ohne dass die zweite, die kommunika-tive Phase (Gegenstand der Medien*rezeptions*forschung) und die dritte, von der Medien*wirkungs*forschung erforschte Teilphase, unwichtig sind. Es hat selbstverständlich eine große Bedeutung für ein Medienunternehmen, unter welchen Rahmenbedingungen die Rezeption seines Medienangebots stattfindet. Das betrifft beispielsweise die Aufmerk-samkeit und den Aktivitätsgrad des Rezipienten, die Sozialkonstellation der Rezeption (allein/in der Gruppe/öffentlich) oder auch den Ort der Nutzung (Phase 2, vgl. Wirth &

Schramm, 2010, S. 578 ff.). Und natürlich ist ein Kaufentscheidungsprozess sehr wohl abhängig davon, welche Erfahrungen in der Vergangenheit mit den Medien generell oder auch mit speziellen Angeboten gemacht wurden und welche Einstellungen und Verhaltensweisen sich dabei im Zeitverlauf eingestellt haben, also den Medienwirkungen (Phase 3). Gleichwohl interessiert in diesem Kapitel besonders, *wie es zu einer konkreten Auswahl eines Mediengutes* durch einen (oder in der Summe möglichst viele) Rezipienten kommt. Mich interessiert also vor allem die Phase 1 des oben abgebildeten Prozesses. Je komplexer und realistischer das Modell des Rezipienten wird, desto mehr spielen Phase 2 und 3 eine Rolle. Dies werde im im Verlauf des Abschn. 9.1 zeigen.

9.1   Kommunikationswissenschaftliche Bezugspunkte der Medienselektion durch den Rezipienten

In der Publizistik- und Kommunikationswissenschaft sind speziell die Medienselektions- und die Mediennutzungsforschung zu berücksichtigen. In der Medienselektionsforschung geht es um Medienauswahlprozesse, also die Frage, wie und warum Rezipienten bestimmte Inhalte auswählen und andere nicht. Auch befasst man sich damit, in welche sozialen und psychischen Rahmenbedingungen diese Selektionsentscheidungen eingebunden sind (vgl. Pürer, 2014, S. 347; McQuail & Deuze, 2020, S. 474 ff.).

Die Mediennutzungsforschung fragt dagegen nach den Funktionen von Medien („funktionale Perspektive"), also aus Sicht des Nutzers nach den Gründen für die Mediennutzung, nach den Rezipientenpräferenzen, den Prozessen und Mustern der Nutzung und den dabei beteiligten Faktoren sowie nach den Strukturen des Gesellschafts- und Mediensystems, innerhalb derer diese Prozesse stattfinden. Auch können Erkenntnisse aus der Media- und Publikumsforschung wichtig sein. Mein Fokus liegt an dieser Stelle auf der Vermittlung eines *für das Medienmanagement handhabbaren Modells,* nicht auf Detailtiefe oder theoretischer Geschlossenheit.

Der Uses-and-Gratifications-Ansatz der Kommunikationswissenschaft liefert uns ein *plausibles grundsätzliches Modell aktiver Bedürfnisbefriedigung durch den Rezipienten von Mediengütern,* dass sich im Verlauf der Zeit weiterentwickelt hat.

Phase 1: Media Effects on Audiences   In der ersten Hälfte des 20. Jahrhunderts hatte sich die Massenmedienforschung mit dem historisch zunehmenden Gebrauch von technischen Massenmedien (Zeitung, Film, Radio und TV etc.) und auch im Kontext der politischen Entwicklungen (Nationalsozialismus, Sowjetischer Kommunismus) wesentlich mit den kulturellen und sozialen Effekten massenhafter Mediennutzung befasst („Media Effects on Audiences Research") (vgl. Reinhard & Dervin, 2009, S. 506 ff.).

Abb. 9.1 Media Effects on Audiences Research: Grundgedanke. (Quelle: Reinhard & Devin, 2009, S. 514, Ausschnitt)

Reinhard und Dervin identifizieren für die Mitte des 20. Jahrhunderts „(…) a massive focus on media effects that resulted from widespread public concern for preventing negative and promoting positive media impacts" (Reinhard & Dervin, 2009, S. 507).

Dabei wurde die Beziehung zwischen den Medien und dem Publikum eher als eine Art Informationsübertragung vom Sender zum Empfänger und nicht so sehr als echte Kommunikationsbeziehung verstanden (Reinhard & Dervin, 2009, S. 508; Abb. 9.1).

Phase 2: Aktive Medienwahl des Rezipienten als Akt der Bedürfnisbefriedigung In Bezug auf die Massenmedien entwickelte sich ab der Mitte des 20. Jahrhunderts der sogenannte Uses-and-Gratification-Ansatz (auch Nutzen- und Belohnungsansatz, kurz: UaG). Zentraler Bezugspunkt des Ansatzes war der von potenziellen Rezipienten gesuchten Nutzen und deren Bedürfnisbefriedigung als Grundlage der Entscheidung dieses Rezipienten für den Medienkonsum. Es ging damit nun weniger um die Folgen des Massenmedienkonsums für den Einzelnen oder die Gesellschaft, sondern um das aktive Rezipientenhandeln bei der Auswahl und Nutzung geeigneter Medienangebote, also die Frage: Wie gehen Menschen mit den Medien aktiv und mit bestimmten Zielen verbunden um?

Ein wichtiger Vertreter des UaG-Ansatzes, Elihu Katz, schrieb zu diesem Forschungsansatz schon (1959, S. 1 f.):

> What (…) [is] dead or dying, it seems to me, is communication research viewed as the study of mass persuasion (…) it is possible to show that the pioneers (…) devoted themselves to measurements of the relative power of various kinds of communication to change opinions, attitudes, and action (…) The question that best sums up this classical approach, I think, is "What do the media do to people?" (…) The direction I have in mind has been variously called the functional approach to the media, or the "uses and gratifications" approach. It is the program that asks the question, not "What do the media do to people?" but "What do people do with the media?"

Bedürfnisse werden in diesem Ansatz, dort wo sie nicht synonym zum Motivbegriff verstanden werden, als Mangelzustände begriffen, die zu Antriebskräften menschlichen Handelns werden. Ein *Motiv* wird dann als eine auf spezifische und situationsbezogene Problemlösung hin konkretisierte Handlungsorientierung verstanden, also eine Konkretisierungsform der Bedürfnisse. Gratifikationen sind die Belohnungen oder Bedürfnisbefriedigungen, die aus dem Handeln resultieren (Sommer, 2019, S. 18 ff., 31).

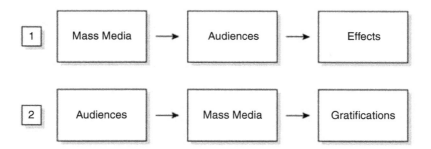

Abb. 9.2 Grundansatz zur Beziehung von Medien und Publikum in der ersten und zweiten Phase. (Quelle: Reinhard & Dervin, 2009, S. 514, Ausschnitt)

Mit diesen Grundorientierungen passt der UaG-Ansatz im Vergleich zu anderen Ansätzen besonders gut zu der von uns in Kap. 4 dargestellten ökonomischen Theorie vom Menschen, der versucht, seine eigenen Bedürfnisse möglichst optimal mit Wirtschaftsgütern zu befriedigen und dabei die ihm zur Verfügung stehenden Mittel der Bedürfnisbefriedigung – also auch Mediengüter – in Anspruch nimmt. Der Gegensatz zwischen dem Medieneffekt- und dem UaG-Ansatz wird in nachfolgender Grafik dargestellt (vgl. Abb. 9.2).

Phase 3: Medienauswahl als dynamischer Prozess innerhalb komplexer Rahmenbedingungen Reinhard und Dervin (2009, S. 508 ff.) fassen den Ansatz in fünf Aussagekomplexen zusammen, die sich aktuell um einen weiteren Aspekt ergänzen lassen:

1. Die Rezipienten wählen aktiv aus unterschiedlichen verfügbaren Medienangeboten aus und orientieren sich dabei bewusst oder unbewusst am Nutzen, die diese Auswahl ihnen erbringt. Bestimmte Mediengattungen zeigen sich dabei aus Sicht des Rezipienten mit bestimmten Nutzenerwartungen verbunden (etwa Zeitungen mit Informationen und TV mit Unterhaltung). Es gibt aber sowohl bei den Mediengattungen wie auch bei den Formaten eine individuell bedingte Spannbreite an Nutzenerwartungen (Reinhard & Dervin, 2009, S. 509).
2. Die Medienauswahl ist zielgerichtet und abhängig von der individuellen Erwartung der Befriedigung der eigenen Bedürfnisse. Es geht dabei selbstverständlich nur um Bedürfnisse, die man mit Medien(contents) auch befriedigen kann. Die vielen unterschiedlichen Bedürfnisse, die durch Medieninhalte zu befriedigen sind, lassen sich zu Überkategorien zusammenfassen und zu übersichtsweisen Listen verdichten. Es lassen sich auch Einzellisten zu bestimmten Medienangeboten oder Produktwelten, Genres, Formaten bilden und erforschen. In den letzten Jahren wurden viele Einzelstudien z. B. zu Online- und mobilen Medien durchgeführt.

3. Medien stehen im Hinblick auf ihre Nutzung durch den Rezipienten in Konkurrenz zu anderen Mitteln der Bedürfnisbefriedigung. Diese sogenannten funktionalen Alternativen können andere mediale Angebote, aber auch nichtmediale Möglichkeiten des Individuums sein, seine Bedürfnisse zu befriedigen (Bsp. Freizeitgestaltung). In der Ökonomie spricht man hier von Ersatz- oder Substitutionsgütern, die einen gemeinsamen relevanten Markt für den Güteranbieter darstellen und seine Wettbewerbsarena darstellen (vgl. Kap. 12, substitutive Verbundenheit).
4. Die Bedürfnisse des Rezipienten sind individuell und abhängig von
   a) seinen persönlich-psychologischen Eigenschaften, wie z. B. Extroversion, Offenheit gegenüber Neuem, emotionale Labilität, Narzissmus, etc. Mit dieser Aussage stimmt die Marketingwissenschaft weitgehend überein, indem sie in ihren Kaufverhaltensmodellen persönliche und psychologische Faktoren als Beeinflussungsfaktoren für das Kaufverhalten des Konsumenten betonen (vgl. Abb. 9.3 nach Kotler et al., 2016.
   b) Auch hinsichtlich sozio-demografischer Faktoren wie Alter, Bildungsstand, Geschlecht wird sowohl von UaG-Ansatz wie auch vom Marketing ein Einfluss auf das Entscheidungsverhalten des Güterabnehmers behauptet.
   c) Auch den situativ-kontextuellen Rahmenbedingungen der Nutzung, wie z. B. den augenblicklichen Lebensumständen des Rezipienten, wird ein Zusammenhang mit der Wahlentscheidung des Konsumenten beigemessen.
   Diese Faktoren wirken zusammen und sind in diesem Zusammenwirken wichtige Einflussvariablen in Bezug auf die Medienrezeption (Reinhard & Dervin, 2009, S. 511).
5. Die Nutzung bestimmter Medien und die Effekte dieser Mediennutzung auf den Rezipienten stehen in einer Wechselbeziehung (also in beide Richtungen). Z. B. nutzen oft ältere, alleinlebende Menschen das Fernsehen, um dem Gefühl des Alleinseins zu begegnen, nehmen aber im Zusammenhang mit dem verstärkten TV-Konsum ihre Umwelt eher als bedrohlich und ängstigend war, gehen deswegen weniger aus und schauen infolgedessen noch mehr TV.

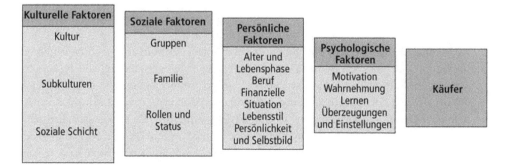

Abb. 9.3 Beeinflussende Faktoren des Kaufverhaltens im Marketing. (Quelle: Kotler et al., 2016, S. 256)

6. Nutzungsentscheidungen werden heutzutage als *Prozesse* verstanden, in denen frühere Erfahrungen mit Bedürfnisbefriedigung bei der Mediennutzung die Erwartungen (Beliefs) an künftige Selektionsentscheidungen beeinflussen und dabei wiederum zusammen mit stabilen Einstellungen (Evaluations) des Rezipienten gegenüber Angeboten, also Medienproduktwelten, Genres, Formaten wirken. Diese Dynamisierung des Modells sowie die Annahme der Optimierung der Selektionsentscheidung des Rezipienten über die Zeitdauer hinweg resultiert aus der Vorstellung, dass tatsächlich erzielte Gratifikation (gratifications obtained) nicht mit der erwarteten Gratifikation (gratifications sought) übereinstimmen muss und dies über die Zeit hinweg bei fehlender Übereinstimmung zu Verhaltensänderungen oder auch bei *Übereinstimmung von gesuchten und erzielten Gratifikationen* zur Stabilisierung des Auswahlverhaltens des betreffenden Rezipienten führt (Reinhard & Dervin, 2009, S. 512 f.; Sommer, 2019, S. 32 ff.).

Nachfolgende Abb. 9.4 zeigt den grundsätzlichen Ansatz dieses Wirkprozesses.

Das scheint aus heutiger Sicht plausibel. Schaut man z. B. die Langzeitstudie Massenkommunikation 2020 (Breunig et al., 2020) an, so liest man Folgendes zur *Stabilität des Nutzungsmotives* Information beim linearen TV seit 2000.

> Trotz der enormen Dynamik am Medienmarkt (…) erweisen sich die elementaren Bedürfnisse und Stimmungslagen, in denen die Menschen Medien nutzen, als vergleichsweise konstant. Seit dem Jahr 2000 sind die Hauptnutzungsmotive des Fernsehens unverändert Information, Spaß und Entspannung. Die gleichen Nutzungsmotive, nur in anderer Reihenfolge, prägen ebenfalls seit dem Jahr 2000 das Radio: Spaß, Information und Entspannung (…) Wer Zeitungen oder Zeitschriften liest, tut dies vor allem, um sich zu informieren, Inhalte frei auswählen zu können, Spaß zu haben und Denkanstöße bzw. Anregungen zu bekommen. (Breunig et al., 2020, S.624)

Der UaG-Ansatz nimmt auf diese Weise eine weitere Stufe der Anpassung an die Realität der Medienselektion vor, indem neben den Bedürfnissen des Rezipienten auch *andere Rahmenfaktoren* bei der Medienauswahlentscheidung relevant werden, die McQuail und Deuze

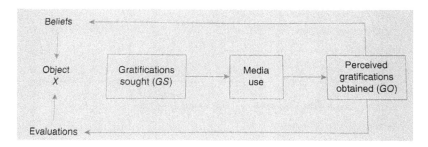

Abb. 9.4 Dynamisches Modell der Medienauswahl als Prozess. (Quelle: McQuail & Deuze, 2020, S. 473)

(2020, S. 475 ff.) nach ihrer Bedeutung die Auswahl betreffend unter den Oberkategorien *Publikumsseite* (Geschmack und Präferenzen, Sozialkulturelle Verortung, Wahrnehmung vorhandener Optionen etc.) und *Medienseite* (Struktur des Angebotes, Vorhandene Wahloptionen, Marketing etc.) systematisieren. Sie variieren je nach persönlichen, sozialen und situativen Rahmenbedingungen, haben aber bedeutsamen Einfluss auf die Medienauswahl und -nutzung (vgl. Ebene drei in der Abb. 9.5), wobei man die *spezifische Contentauswahl* (Specific Content Choice) vor dem Hintergrund *allgemeiner Content-Präferenzen* (General Content Preference Set) und unter der Einbindung von Kontext- und situativen Faktoren (Timing, Präsentation des Angebots, Ort und soziale Situation der Mediennutzung) trifft (McQuail & Deuze, 2020, S. 475 ff., vgl. Zydorek 2018, S. 10ff).

Außerdem berücksichtigt man nun eine *reflexive Komponente,* dass also die Erwartung einer Bedürfnisbefriedigung durch Medienkonsum abhängig davon ist, wie die Gratifikationserfahrungen damit in der Vergangenheit gewesen sind (Ebene 3 der Abb. 9.5, rechte Seite).

Ende der 1990er- und Anfang der 2000er-Jahre wurde eine breite wissenschaftliche Diskussion zur Übertragung des Ansatzes auf das Internet geführt. Als bidirektional übertragendes Medium schien es die Vorstellung eines aktiven und dabei nutzenoptimierenden Users wesentlich eher zu erfüllen als die passiven unidirektional orientierten klassischen Massenmedien (vgl. Ruggiero, 2000, S. 3).

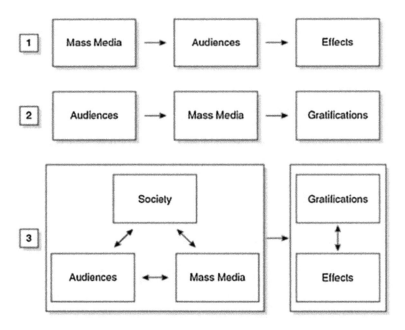

Abb. 9.5 Medienauswahl: Grundansätze bei den ersten drei Entwicklungsphasen im Vergleich. (Quelle: Reinhard & Devin, 2009, S. 514)

Der starke Bezug zur empirischen Forschung hat dazu geführt, dass gerade in den letzten Jahren zur Nutzung digitaler und mobiler Medien eine Vielzahl von empirischen Studien unter Berufung auf den UaG-Ansatz durchgeführt wurden (Online-Nutzung, Nutzung mobiler Medien, Nutzung sozialer Medien wie Facebook, Pinterest, LernApps etc., vgl. z. B. Wang et al., 2016; Menon, 2022). Aber auch generell wird in Bezug auf den ja aus der klassischen Massenmedienforschung stammenden UaG-Ansatz oft behauptet, dass er sehr gut auch auf neue und interaktive Integrationsmedien sowie Soziale Medien übertragbar ist:

The approach is appropriate for application to the internet and other new media, especially for comparison and description, and is increasingly be applied (McQuail, 2010, S. 426).

We have learned that uses and gratifications is a most compatible approach to the study of uses and effects of the newer electronic media at the beginning of the 21st century (Rubin, 2009, S. 148).

9.2 Motive, Bedürfnisse und Mediengratifikationen

Schon die ersten Studien zu einzelnen Medienangeboten, die innerhalb des UaG angefertigt wurden, *sammelten und systematisierten* die Funktionen, die diese für die Rezipienten erbrachten. Bald wurden auch erste Systematisierungsansätze und Oberkategorien gebildet, die sich wesentlich auf die *Funktion von Mediencontents* bezogen.

Contentgratifikationen Die starke quantitativ-empirische Forschungskomponente des UaG-Ansatzes brachte mit sich, dass man Nutzungsmotivationen sammelte und systematisierte, die mit bestimmten Inhalten oder Einzelmedien verbunden waren.

Each of this investigations came up with a list of functions served either by some specific contents or by the medium in question (...) to get information or advice for daily living, to provide a framework for one's day (...) or to be assured about the dignity and usefulness of one's role (Katz et al., 1973/1974, S. 509).

An dieser Stelle sollen keine Einzelübersichten von Bedürfnissen, die mit bestimmten Medienproduktwelten befriedigt werden, aufgeführt werden. Heute fragt man beispielsweise in der Langzeitstudie Massenkommunikation (Breunig et al., 2020) nach den Nutzungsmotiven für Bewegtbild-, Audio- und Textangeboten. Als Übersicht soll hier eine Tabelle mit einer ganzen Bandbreite in der Literatur auftauchender Nutzungsmotive als Übersicht angeboten werden. Die Übersicht ist keineswegs vollständig, sondern bietet lediglich eine Auswahl einiger im Rahmen meiner Recherche gesammelten Bedürfnisse (vgl. Tab. 9.2).

Tab. 9.2 Fünf Motivgruppen für Mediennutzung (Übersicht über in der Literatur genannte Motive)

Motivgruppe	Einzelmotive
Kognitive Motive: Information, Wissenserwerb, Meinungsbildung	Orientierung, Neugier, Denkanstöße, Wissenserwerbstrieb/Lerntrieb, Informationsbedürfnis[1], Bewältigung von realen Problemen/Ratsuche, Reduktion von Unsicherheit durch Wissen, Meinungsbildung, Mitreden können, Kognitive Stimulation, Befriedigung kultureller Bedürfnisse
Affektive Motive: Unterhaltung, Vergnügen, Erholung, Entspannung	Erheiterung/Vergnügen/Spaß, Spannung/(sexuelle) Erregung, Entspannung/Erholung/Passivität, Zerstreuung, Aktivität, Spielen, Heile Welt und Liebe, Ästhetischer Genuss/kulturelle Erbauung, Eskapismus/Wirklichkeitsflucht/Ablenkung von eigenen Problemen/Kompensation, Regulierung von Stimmung, Suchen und Erleben von tiefen Emotionen[2], Empathie/Miterleben/Mitfühlen, Handeln nach Gewohnheit/Ritualen
Soziale Motive[3]: Soziale Kontakte/Interaktion/Kommunikation/parasoziale Kontakte	Suche nach sozialen Kontakten/Anschluss/Gemeinschaft, Suche nach einer Basis für soziale Interaktion, Soziale Interaktion, Geselligkeit, Kommunikation, Gesprächsgrundlage/Stoff für Anschlusskommunikation suchen/Aufbau sozialen Kapitals[4]/Beziehungsmanagement, Zugehörigkeitsgefühl/Einsicht in die Umstände anderer gewinnen/Ausdrücken des eigenen Lebensstils/Dokumentation des eigenen Status, Parasoziale Kontakte[5]/Erleben stellvertretender Gemeinschaft, sich nicht alleine fühlen, Unterstützung in sozialen Anforderungssituationen, Beziehungsmanagement

(Fortsetzung)

[1] Aus dem eigenen Erfahrungsbereich und aus der Spitze der Gesellschaft (z. B. Gala, Bunte)

[2] Künstlerische Wertschätzung, Anerkennung der Aussage, bleibender Eindruck, vermittelte Bedeutung, zum Nachdenken anregen (dafür ist die Investition von kognitiven Ressourcen und emotionaler Energie nötig).

[3] Klassische Massenmedien eignen sich aufgrund ihrer Eigenschaften (einseitig, anonym) nicht direkt zur Befriedigung echter sozialer Bedürfnisse.

[4] Im Sinne des Aufbaus von Vertrauen, Gegenseitigkeit und Gemeinschaft.

[5] Es finden (absichtlich gezielte) Pseudo-Interaktionen zwischen Publikum und Medienakteuren statt, die keine echte wechselseitige Interaktionen darstellen („Guten Abend, meine Damen und Herren…").

Tab. 9.2 (Fortsetzung)

Motivgruppe	Einzelmotive
Motive zur Identitätsbildung: Identifikation und Abgrenzung, Entwicklungsarbeit	Identifikation (positiv/negativ), Suche nach und Lernen an Verhaltensmodellen/Vorbildern, Gefahrloses Ausprobieren von Rollen/Normen/Werten/Handlungskonzepten, Individuelle Entwicklungsarbeit/Auseinandersetzen mit der eigenen Person/Selbstfindung/Selbsterkenntnis, Soziale Integration[6] und Distinktion[7]/sozialer Vergleich[8]
Zeitbezogene Motive	Zeit füllen/totschlagen/Zeitvertreib, Zeit sparen[9], verdichten[10], Zeit/tägliche Aktivitäten strukturieren und framen[11]/Zeitmanagement

Tab. 9.3 Ebenen der Medienauswahl durch den Rezipienten. (Quelle: Eigene Darstellung)

1	Allgemeine Optionen der Bedürfnisbefriedigung (Nichtmedien vs. Medien)
2	Verschiedene Produktwelten/Mediengattungen
3	Verschiedene Medienangebote/Anwendungen
4	Unterschiedliches Content-Angebot

Soziale Gratifikationen und Gratifikationen durch den Nutzungsprozess Die Bedeutung von *anderen Mediengratifikationen* als die des Contents wie *echte soziale Gratifikationen* und *Gratifikationen durch den Nutzungsprozess* selbst gerieten im Zusammenhang mit der Verbreitung und Untersuchung des Internets genauer in den Blick (vgl. Stafford et al., 2004).

---

[6] Zum Beispiel als Teil einer sozialen Gruppe (z. B. Fußballfanverein), die auch gemeinsame Unternehmungen durchführen kann (z. B. Stadionbesuch).

[7] Z.B. von anderen Gruppen, bestimmten Milieus oder dem Mainstream,

[8] Vergleich eigener Gefühle, Werte, Verhaltensweisen mit denen anderer – nach oben und unten (Erfolglosere, Unglücklichere, Hässlichere, Einsamere etc.)

[9] Z.B. durch zeitsparende Recherche und Transaktion (z. B. Kauf bei Amazon) oder Verkürzung der Zeitstruktur linearer Medienangebote (Ausblendung von Werbeunterbrechungen, langweiligen Passagen durch Digitalrekorder).

[10] Gleichzeitige Medienparallelnutzung, Mediennutzung als Nebentätigkeit (Radio) oder Verrichtung anderer Tätigkeiten während der Mediennutzung (vgl. Schweiger 2007, S. 134 f.).

[11] Taktung des individuellen (Nach den Tagesthemen ins Bett) und sozialen Verhaltens („keine Anrufe während des sonntäglichen Tatorts").

Evolving from studies of media and interpersonal communication motives, researchers have produced typologies of internet motives. For example Papacharissi and Rubin (2000) iden-tified five motives for using the internet: interpersonal utility, passing time, information seeking, convenience and entertainment (…) Researchers have also identified motivational links to different functions of the internet such as web browsing and e-mailing (Rubin, 2009, S. 153 f.).

Stafford et al. (2004) beschrieben dann drei Schlüsseldimensionen (gratification profiles) der Internetnutzung: Gratifikationen durch Content, Gratifikationen durch den Nutzungs-prozess und soziale Gratifikationen. Diese sind jeweilig mit Indikatorenvariablen des von ihnen entwickelten Messinstruments verbunden. Für *Content-Gratifikationen* sind diese Variablen in der o. g. Studie education, information, knowledge und research. *Process Gratifications* wurden im Modell von Stafford/Stafford und Schkade mit den Indikatoren search engines, technology, surfing, websites und resources verbunden und *social grati-fications* wurden mit Fragen zu chatting, friends, interaction und people gemessen. Die Kategorie social gratifications wurde *erstmalig im Kontext des (bidirektionen, interaktiven) Internets* als messbar herausgestellt (Stafford et al., 2004, S. 259, 271, 273).

Aufforderungscharakter von Mediengütern Der Forschungsbereich setzt sich auch wei-terhin mit der Bedeutung der technischen, sozialen und kulturellen Rahmenbedingungen der Mediennutzung auseinander und schließt auch die Berücksichtigung *situativer Faktoren* ein. So diskutieren Sundar und Limperos (2013, S. 510 ff.) unter der Überschrift „Technologie als Quelle von Gratifikationen" die Bedeutung von sogenannten *technological affordances* für das Internet und digitale Medien. Dies ist ein aus der Usability-Forschung stammender Begriff, der sich auf den Angebots- oder Aufforderungscharakter von konkreten Technolo-gien bezieht. Gemeint ist eine offensichtlich vorhandene angebotene Gebrauchseigenschaft eines Gegenstands oder Produkts, die zum Handeln auffordernden Charakter hat. So fordert demnach ein Stuhl zum Sitzen auf, ein Knopf zum Drücken etc. Sundar und Limperos unter-scheiden bei Medien vier *Klassen von Eigenschaften mit Aufforderungscharakter,* Modality (der Modus der Präsentation, z. B. Audio oder Bilder), Agency (die Teilnahmemöglichkeit an der Produktion von Content), Interactivity (d. h. die Möglichkeit zu Echtzeit-Änderungen des Contents) und Navigabilty (die Bewegungsmöglichkeit innerhalb des Mediums). Sie wei-sen diesen Eigenschaften dann Gratifikationen zu, wie in der Abb. 9.6 (Sundar & Limperos, 2013, S. 513) beschrieben.

„… the affordances of modern media will lead users to expect certain gratifications and thereby shape the fulfillment that they receive by using these media (Sundar & Limperos, 2013, S. 512; Abb. 9.6).

Besonders interessant ist an dieser Diskussion der Bedeutung der verschiedenen Rah-menbedingungen aus Sicht des Medienmanagements die *Perspektive der Gestaltung* des *Contentangebots,* des *Anwendungs-* sowie auch *Geräte-/Schnittstellenangebots* für den Medienutzer durch die Medienindustrie. Der Blick des Medienmanagements erweitert

Possible New Gratifications from Media Technology

Modality	Agency	Interactivity	Navigability
Realism	Agency-Enhancement	Interaction	Browsing/Variety-Seeking
Coolness	Community building	Activity	Scaffolds/Navigation aids
Novelty	Bandwagon	Responsiveness	Play/Fun
Being There	Filtering/Tailoring	Dynamic control	
	Ownness		

Note. This list is not exhaustive. Each new proposed gratification is theorized to originate from one or more of the 4 broad classes of technological affordances.

Abb. 9.6 Gratifikationen durch die Nutzung von Medientechnologien. (Quelle: Sundar & Limperos, 2013, S. 512)

sich also von den Contentgratifikationen auf soziale und Prozessgratifikationen, die in den technologischen Angebotskomponenten begründet liegen können.

9.3 Selektionsebenen der Medienauswahlentscheidung des Rezipienten

Wichtig ist es immer auch zu fragen, auf welche *Einheiten des Medienanagebots* sich die Auswahlhandlungen des Mediennutzers beziehen (vgl. Pürer, 2014, S. 348). Ich hatte oben mit Stafford et al. (2004) schon darauf hingewiesen, dass in der UaG-Forschung in Bezug auf das Internet contentbezogene (z. B. Information, Unterhaltung) Gratifikationen von prozessbezogenen (z. B. Nutzungshandlungen, Navigation) und von sozialen (z. B. Interaktion mit anderen Usern) Gratifikationen unterschieden wurden. Zusätzlich haben wir nun die Gratifikationen kennengelernt, die aufgrund der offensichtlichen Eigenschaften des Angebots-/Aufforderungscharakters von Technologien, den Affordances erwartet werden.

Dazu können in Bezug auf die Contentauswahl *mehrere Selektionsebenen* solcher Auswahl-Entscheidungsprozesse unterschieden werden. Auf jeder dieser Ebenen gibt es eine Anzahl von *funktionalen Alternativen zum infragestehenden Medienangebot,* sodass der Medienanbieter sich sinnvoller Weise fragen muss: Warum sollte der Rezipient gerade mein Medienangebot wählen und nicht eine der funktionalen Alternativen wahrnehmen (vgl. die Hauptthese Nr. 4 des Uses-and-Gratification-Ansatzes in Abschn. 9.1)? Welchen Vorteil im Bezug auf das von meiner Zielgruppe (oder sogar von dem einzelnen Mediennutzer) zu realisierende Nutzen/Kosten-Verhältnis bietet mein Medienprodukt?

Oder anders formuliert: Der Ansatz kann auf verschiedenen Ebenen eingesetzt werden, um die Medienwahl zu erklären (vgl. Tab. 9.3).

Diese Auswahl eines Medienangebots lässt sich auf vier Ebenen betrachten und untersuchen (vgl. dazu auch Schweiger, 2007, S. 20 ff., 2010, S. 186 ff.; Stark & Kist, 2020, S. 1148)[12]:

Auf der *ersten Ebene* der Wahl zwischen *allgemeinen Optionen der Bedürfnisbefriedigung*.

> Die Medien konkurrieren (...) nicht nur untereinander, sondern auch mit anderen Freizeitaktivitäten und Alltagshandeln. Für die Verantwortlichen in Medien (...) ist es daher hilfreich zu erfahren, warum Menschen bestimmte Medienangebote nutzen (Nutzungsmotive) und wie sie diese bewerten (Breunig et al., 2020, S. 602).

Wenn jemand z. B. das Bedürfnis hat, sich zu informieren, stehen ihm unterschiedliche Möglichkeiten der Befriedigung dieses Bedürfnisses zur Verfügung. Möglicherweise fragt er sich: „Informiere ich mich über ein bestimmtes Ereignis mittels Massenmedien oder in einem persönlichen Gespräch, etwa mit Studienkollegen?"

Auf der *zweiten Ebene* der Wahl zwischen unterschiedlichen *Mediengattungen:* Wenn seine Wahl, etwa mangels informierter Kommilitonen auf die Medien fällt, muss er sich für ein bestimmtes Medium entscheiden. Unbewusst fragt sich das Individuum also vielleicht: „Nutze ich zur Information über mein spezielles Thema besser die Tageszeitung oder die Fernsehnachrichten?" Wir sprechen hier, wie wir in Kap. 3 gesehen haben, aus medienökonomischer Sicht von Produktkategorien oder „Produktwelten".

Auf der *dritten Ebene* muss man sich für ein bestimmtes unter den verschiedenen *Medienangeboten* innerhalb einer Gattung (unterschiedliche Websites, verschiedene Tageszeitungen oder TV-Programme) entscheiden. D. h., man muss eine Wahl zwischen diesen Angeboten im Hinblick auf die optimale und effiziente Befriedigung des gerade relevanten Bedürfnisses vornehmen. „Nehme ich eines der öffentlich-rechtlichen TV-Angebote wahr oder habe ich eine Präferenz für Privatfernsehen?" „Bin ich eher an meiner regionalen Tageszeitung interessiert oder wähle ich die überregionale Qualitätszeitung?" Im Internet bedeutet die Wahl des Medienangebotes noch etwas mehr, nämlich die Entscheidung für eine bestimmte *Anwendung* als Option der Bedürfnisbefriedigung. Man entscheidet sich etwa zunächst für ein Social Network und zuungunsten einer Videoplattform als Option der Unterhaltung, bevor dann die Frage zu entscheiden ist, welches der verfügbaren Social Networks gewählt wird.

Auf der *vierten Ebene* muss sich der Rezipient für einen *konkreten Inhalt* als geeignetes Mittel der Befriedigung seiner Bedürfnisse entscheiden. Dies ist keineswegs mit der

---

[12] Diese Unterscheidung von Ebenen mag Ihnen etwas theoretisch vorkommen. Es wird hier nicht behauptet, dass eine Auswahl so immer stattfindet, sondern dass sich ein Auswahlprozess so betrachten lässt. Es ist klar, dass nicht jeder Auswahlprozess diese Stufen durchläuft. Insbesondere gewohnte und eingeübte (habitualisierte) Entscheidungsprozesse laufen sehr vereinfacht ab. D. h., wenn ich mich immer bei faz.net tagesaktuell informiere, dann ist dazu im Einzelfall kein aufwendiger Entscheidungsprozess, sondern nur ein Routine-Klick auf meinen Favoriten notwendig.

Wahl des Medienangebotes entschieden, da auch innerhalb eines Angebotes unterschiedliche Möglichkeiten der Bedürfnisbefriedigung bestehen können. Hier kommt auch die Entscheidung über das *Medienformat* ins Spiel. So kann man zur Information über das fragliche Ereignis verschiedene Informationsformate nutzen, die betreffende Person mit dem Informationsbedürfnis wird sich möglicherweise fragen: „Informiere ich mich am besten über eine kurze (Agentur-)Nachricht, einen längeren Bericht, eine Reportage, oder nutze ich besser ein Interview, einen Kommentar etc."

Tab. 9.4 Motive der Nutzung des Internets. (Quelle: Eigene Darstellung, bei der Kategorienbildung Bezug auf Schweiger, 2007, S. 80 ff.)

Motivgruppe	Einzelmotive (Beispiele)	Eine Beispielsituation
Affektive Motive	Entspannung, Spaß, Spannung, Erregung, Unterhaltung, Spielen, Ästhetischer Genuss, Wirklichkeitsflucht, Stimmungsregulierung, Suchen tiefer Emotionen	Unterhaltung durch Spielen eines Browsergames, z. B. Farmville
Kognitive Motive	Informationsbedürfnis, Denkanstöße/Anregung, Neugier, Wissenserwerb, Suche nach Rat, Verminderung von Unsicherheit	Suche und Verwendung von Informationen zu einem eigenen individuellen Interessensgegenstand z. B. bei YouTube
Soziale Motive	Mitreden können, Soziale Interaktion, Geselligkeit, Initiierung und Aufrechterhaltung von Sozialkontakten, Suchen nach Gesprächsgrundlage, Erwerb sozialen Kapitals	Kommentierung eines Beitrags einer anderen Person im Social Network
Prozessgratifikation	Selbstbestimmte Nutzung	Aktive eigene Auswahl eines passenden Films in einer Mediathek
Motive der Identitätsbildung und -abgrenzung	Suchen wünschenswerter Verhaltensmuster, Ausprobieren von Rollen/Normen, Selbstfindung, Sozialer Vergleich, Identitätsmanagement	Dynamische Pflege des eigenen Profils und der Timeline im Social Network
Motive mit Zeitbezug	Zeitvertreib, Zeit sparen, Zeit verdichten, Zeit strukturieren	Zeitverdichtung durch parallele Nutzung des Internets während anderer Aktivitäten

Ich möchte nun, bevor ich in Abschn. 9.6 einige Beispiele für diese Entscheidungsebenen präsentiere, zwei weitere aus der Perspektive der Medienwirtschaft wichtige Aspekte behandeln. Es erscheint erstens notwendig, etwas mehr Klarheit darüber zu erlangen, was man über den *Nachfrager von Mediengütern* (vgl. Abschn. 9.4) sagen oder herausfinden kann. Außerdem sollten wir zweitens (in Abschn. 9.5) einen noch genaueren Blick auf die *Funktionen* oder *Leistungen* werfen, die spezifische Medienprodukte für diese Nachfrager erbringen.

9.4   Der Abnehmer auf dem Rezipientenmarkt, wer ist das?

Aus den Erkenntnissen der ökonomischen und kommunikationswissenschaftlichen Theorie heraus ist deutlich geworden, dass Rezipienten auf Medienmärkten unterschiedliche Bedürfnisse haben, die mit diversen Mediengütern verschiedener Art angemessen befriedigt werden können. Die Frage, *wer* denn der Rezipient, z. B. als Abnehmer der von Ihrem zukünftigen Unternehmen produzierten Mediengüter ist, spielt dabei selbstverständlich eine große Rolle, auch wenn es immer noch genug reale Fälle gibt, in denen eine *Zielgruppe* von Güterangeboten nach Eigenschaften, Größe, Budgets und Interessen zu unbestimmt bleibt oder diese Güter *gar nicht auf bestimmte Gruppen von Abnehmern* ausgerichtet sind.

Möchte man etwas über die *Mediennutzung durch die Rezipienten* in Deutschland *in der Langzeitentwicklung* erfahren, so lässt sich dazu die Langzeitstudie Massenkommunikation von ARD/ZDF (2015) heranziehen[13]. Dort finden sich Daten zu den *Rezipienten von Produktwelten* (Nutzungsdaten, Reichweiten, Nutzungsdauern, Nutzungsmotive und Leistungsprofile der Angebote etc.). Spezifisch auf den Online- und Social Media-Bereich bezogene Daten für Deutschland finden sich in der jährlich erscheinenden ARD/ZDF-Onlinestudie[14]. Beispielsweise wird in der Abb. 9.7 das Verhältnis der Nutzungsdauern von *Nicht-Internet-Medien* mit denen des *medialen Internets* (Bewegtbild-, Audio-, Textnutzung) und des *nichtmedialen Internets* (Kommunikation, Shopping, auch Gaming) verglichen. Der Fokus liegt dabei auf den Unterschieden zwischen der Gesamtnutzerschaft und den 14–29-Jährigen Nutzern.

Fragen

Wie verändert sich die Verteilung der Nutzungsdauern auf die drei Kategorien zwischen 2015 und 2020 bei der Gesamtnutzerschaft?

Wie verändert sich die Verteilung dieser Nutzungsdauern zwischen 2015 und 2020 bei den 14–29 Jährigen?

---

[13] https://www.ard-media.de/media-perspektiven/studien/langzeitstudie-massenkommunikation/, Abruf 09.06.2022.

[14] https://www.ard-media.de/media-perspektiven/studien/ardzdf-onlinestudie/ Abruf 09.06.2022.

Der Anteil der medialen Internetnutzungszeit steigt deutlich auf 22 Prozent, bei jungen Menschen ist der Anteil doppelt so groß.

Medien* – Anteilige Nutzungsdauern an Mediennutzung* Gesamt (brutto) in Prozent | 2010 bis 2020

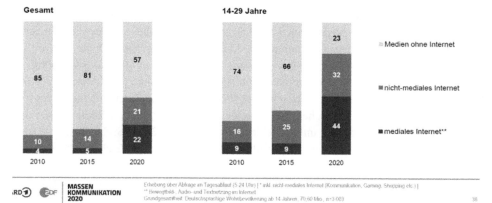

Abb. 9.7 Nutzungsdauern bei Nichtinternetmedien, dem medialen und nichtmedialen Internet. (Quelle: Massenkommunikation, 2020, S. 38)

Wie unterscheiden sich beide Gruppen in Bezug auf die Entwicklung zwischen 2010 und 2020?

Alters- und geschlechtsbezogene Zielgruppenunterschiede lassen sich in der Abb. 9.8 zur mobilen Internetnutzung ablesen.

Aus der medienwirtschaftlichen Sicht ist klar, dass wir als Unternehmen unsere Produkte auf unsere Kunden ausrichten und deswegen wissen müssen, *wer diese Kunden sind oder sein sollen*. Diese Vorstellung entspricht den Erkenntnissen des modernen

Internetnutzung unterwegs 2019 bis 2021 – mindestens wöchentlich genutzt in %

	Gesamt	Frauen	Männer	14-29 J.	30-49 J.	50-69 J.	ab 70 J.
2019	58	54	62	89	76	45	13
2020	55	52	58	85	69	44	15
2021	60	53	67	88	73	50	22

Basis: Deutschspr. Bevölkerung ab 14 Jahren (2021: 2 001; 2020: n=3 003; 2019: n=2 000).

Quelle: ARD/ZDF-Onlinestudien 2019 bis 2021.

Abb. 9.8   Geschlechts- und altersbezogene Unterschiede bei der mobilen Internetnutzung. (Quelle: Beisch & Koch, 2021, S. 488)

Marketings, das Märkte nach verschiedenen Aspekten in einzelne Teilmärkte oder Marktsegmente aufteilt, in denen mit jeweilig verschiedenen Produkten verschiedenen Nachfrager-Typen eine spezifische Leistungen angeboten werden kann. Die *Marktsegmentierung* wird als *integriertes Konzept der Markterfassung und Marktbearbeitung* verstanden, das auf eine hohe Übereinstimmung zwischen den Bedürfnissen der relevanten Zielgruppen und den angebotenen Produkten zielt und dabei auf der differenzierten Anwendung der Marketinginstrumente zur Marktbearbeitung fußt. Dafür ist *vor der eigentlichen Marktbearbeitung* eine *Erfassung der relevanten Informationen* nötig, zu denen neben einer plausiblen Vorstellung vom Abnehmerverhalten (vgl. Abschn. 9.1–9.3) auch die Auswahl derjenigen *Kriterien* gehört, die Nachfrager in Segmente mit intern gleichen oder ähnlichen und zwischen den Segmenten unterschiedlichen Bedürfnissen oder Produktinteressen voneinander unterscheiden (Meffert et al., 2018, S. 214 ff.).

Diese Segmentierungskriterien unterteilt man in soziodemografische (Alter, Familienstand etc.), geografische (Stadt/Land, Wohngebiet etc.) psychografische (Einstellung, Lebensstil, Nutzenvorstellungen etc.) und verhaltensorientierte Kriterien (Preisverhalten, Mediennutzung, Einkaufsstättenwahl etc.), die man auch miteinander kombiniert, um zu *kaufrelevanten Beschreibungen von Abnehmersegmenten* zu gelangen (Meffert et al., 2018, S. 223).

Um Genaueres darüber erfahren, wie sich *bestimmte Gruppen* bei der Mediennutzung unterscheiden, griff man ab den späten 90er Jahren auf sogenannte *Mediennutzertypologien* (MNT) zurück. Man versuchte dazu, die neben Alter und Bildung bedeutsamen Kriterien zu identifizieren, nach denen sich diese Nutzungsverhaltensgruppen eindeutig auseinanderhalten lassen. Dabei wurden Merkmale wie Freizeitverhalten, Themeninteressen, Kleidermode, Lebensziele, Grundwerte und einige Persönlichkeitsmerkmale als relevante Kriterien entdeckt, nach denen sich dann Nutzungstypen unterscheiden lassen (Oehmichen, 2007, S. 226). Damit wollte man die Positionierung und Steuerung von Medienangeboten möglichst zielgenau auf Nutzertypen ermöglichen (vgl. Eckert & Feuerstein, 2015, S. 496). In Abb. 9.9 sehen Sie die Mediennutzertypologie aus den ARD/ZDF-Online-Studien, die im Jahr 2015 aktualisiert und angepasst wurde (vgl. Eckert & Feuerstein, 2015). Im Jahr 2022 ist hier nicht mehr von einer aktuellen Zustandsbeschreibung auszugehen.

Ähnliches ist auch zu *anderen Typologien* zu sagen, die nach der Jahrhundertwende auch für den *Online- und den Social-Media-Bereich* entwickelt wurden, um die speziellen Online-Nutzungsmuster der User abzubilden. Durch die rasche Veränderung von Nutzungsmustern im Internet ist es heutzutage zu aufwendig, die Typen aktuell zu halten bzw. bestehende Typologien verlieren ihre Aussagekraft dadurch, dass sich das Onlinenutzungsverhalten rasch ändert.

Dagegen kann man nun auch bei den Medien die schon in den 70er Jahren entwickelten Sinus-Milieus benutzen. Sie sind ein am Lebensstil bzw. der Alltags-Lebenswelt

Tab. 1	Grundcharakteristik der MedienNutzerTypen
Spaßorientierte	intensive Reizsucher, unbekümmert, Selbstbezüglichkeit und Unsicherheit, adoleszentes Verhalten
Zielstrebige	souveräne, dynamische Macher, durchsetzungsstark, selbstbewusst, erlebnisorientiert
Moderne Etablierte	aktiv, kritisch und liberal, mit souveräner Grundhaltung, kulturaffin, breit interessiert
Familienorientierte	optimistische, selbstbewusste Familienmanager mit Individualitätsanspruch, kontaktfreudig und gut organisiert
Eskapisten	Fokus auf das eigene Umfeld, anpassungsfähig, existenzorientiert und abwartend
Engagierte	breit interessiert, aktiv und aufgeschlossen, hohe Kulturaffinität ohne Abgrenzungsbestreben
Häusliche	Bedürfnis nach Sicherheit und Kontinuität im Alltag, starke Heimatverbundenheit, Orientierung am privaten Umfeld, säkulare Grundhaltung
Hochkulturorientierte	aktive Freizeitgestaltung vornehmlich im Hochkultur- bereich bei offenem Kulturbegriff mit Abgrenzung zum Trivialen, gebildet und anspruchsvoll
Zurückgezogene	eher passive Lebensweise, zurückhaltend, sparsam, geringes Interessenspektrum, überwiegend Einpersonenhaushalte
Traditionelle	wertkonservative Nachkriegsgeneration, hohe Bedeutung von Sicherheit und Harmonie, bescheiden und gläubig

Quelle: MNT-Justierungsstudie 2015.

Abb. 9.9 MNT-Typen 2015. (Quelle: Eckert & Feuerstein, 2015, S. 484)

orientierter genereller Typologisierungsansatz von Zielgruppen in Milieus, die anhand von Schichtzugehörigkeit, Wert- und Alltagseinstellungen sowie soziodemografischen Varia-blen zuordnen. Diese Milieutypen werden kontinuierlich weiterentwickelt (aktuell Sinus 2021) (vgl. Meffert et al., 2018, S. 232 ff.).

> Sie dienen einer differenzierten Beschreibung von Kunden- und Käufergruppen, der geziel-ten Positionierung von Produkten und Dienstleistungen, der Definition von Marktsegmenten für neue Produkte und Relaunches, der Aufspürung von Marktnischen (...) (Sinus 2022[15]; Abb. 9.10).

---

[15] https://www.sinus-institut.de/sinus-milieus Abruf 06.06.2022.

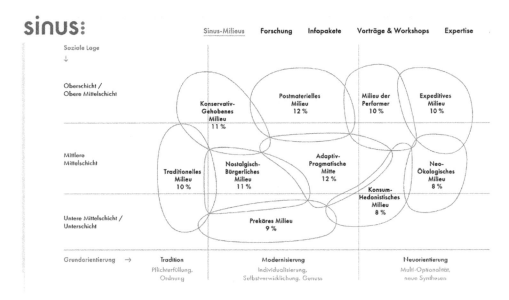

Abb. 9.10 Sinus-Milieus in Deutschland. (Quelle: https://www.sinus-institut.de/sinus-milieus/ sinus-milieus-deutschland Abruf 06.06.2022)

Der Zweck des Einsatzes dieses Instruments für ein Medienunternehmen liegt nicht allein in der *Segmentierung* der Nutzer und der *Positionierung* der unterhaltenden und informierenden Inhalte der Medienunternehmen selbst, sondern es hilft ihnen auch, ihr Produkt auf dem zweiten Markt (vgl. Abschn. 8.4) besser zu verkaufen: auf dem Werbemarkt.

> Die Typologie erlaubt Werbungtreibenden Rückschlüsse für ihre On- und Offline-Kommunikation: Wie kommuniziert man mit welchen Mitteln, in welchen Medien mit seiner Zielgruppe? Sind eher trendorientierte Umfelder gefragt oder setzt die Zielgruppe auf Bekanntes in Form bewährter Medienmarken? Diese und viele andere Fragen lassen sich mit Hilfe der Typologie in der Planungsphase beantworten. (http://www.imuk.de/cn/cntypolog ien/cnwebtypologie.html, Abruf 09.03.2012).

9.5 Welche Bedürfnisse befriedigen spezifische Medienangebote, welchen Nutzen erbringen sie?

In Abschn. 4.3 und Tab. 4.2 habe ich schon kurz erste Erkenntnisse in Bezug auf die Bedürfnisbefriedigung durch die Nutzung von Social Media präsentiert sowie in Tab. 9.2 eine allgemeine Übersicht durch Medien befriedigte Bedürfnisse. Jeden Hersteller und jeden Anbieter eines Produktes interessiert selbstverständlich, was daran speziell der Kunde schätzt.

Für Medienanbieter ergibt sich (…) die strategische Notwendigkeit, die Bedürfnisse, Vorlieben und Gewohnheiten ihres aktuellen oder potenziellen Publikums genau und detailliert zu kennen und ihrem Publikum zuzuhören, um die Erfolgschancen für ihre Plattformen und Produkte zu steigern. Dies ist ein relevanter werdender Aspekt, um sich in der großen Medienvielfalt mit passgenauen und zielgruppengerechten Angeboten von der Konkurrenz abzusetzen zu können. (Beisch & Koch, 2021, S. 502).

Dies kann man herausbekommen, indem man die Nutzer selbst oder eine Vielzahl von Nutzern befragt, warum und wofür sie Medien nutzen. Dabei tritt zutage, welche Medien bestimmte Bedürfnisse besser befriedigen oder beim Rezipienten selbst als geeigneter für bestimmte Bedürfnisse angesehen werden. Ich habe bei meinen Betrachtungen hier besonders das Internet im Blick (vgl. Tab 9.4).

Zur Frage, welche Bedürfnisse *spezifische Mediengüter* befriedigen, ist der Teil der oben genannten Langzeitstudie Massenkommunikation relevant, der sich mit „Funktionen und Images der Medien im Vergleich" befasst, wobei hier im Wesentlichen TV, Radio, Tageszeitung und Internet untersucht wurden, also die vier tagesaktuellen Massenmedien (vgl. Breunig & Engel, 2015, S. 323). Dabei wurde untersucht, „(…) aus welchen Gründen man ein Medium nutzt (…) welche Funktionen die Medien in den Augen der Nutzer erfüllen (…) (Ridder & Engel, 2010, S. 537).

In der Studie werden darüber hinaus Veränderungen und Unterschiede erfasst, beispielsweise unterschiedliche Nutzungsmotive junger, 14–29 Jahre alter Mediennutzer im Vergleich zu älteren Rezipienten. Zwischen 2015 und 2020 ist man dazu übergegangen, nicht mehr die Mediengattungen Fernsehen, Radio, Zeitungen und Internet abzubilden, sondern nach *Rezeptionsmodi* über die verschiedenen Angebotstypen hinweg zu differenzieren, also z. B. Bewegtbildangebote im klassischen TV, bei Streamingdiensten, in Mediatheken und Videoportalen. In Abb. 9.11 habe ich einige Daten aus dem Jahr 2020 abgebildet, die sehr schön zeigen, welche Funktionen beim Rezipienten mit welchen Videoangeboten stärker oder weniger stark verbunden sind. Nutzungsmotive für Audioangebote präsentiere ich im Zusammenhang der Selektionsebenen in Abschn. 9.6.2 und Abb. 9.13).

Fragen

- Bei welcher Funktion liegen die verschiedenen Typen von Bewegtbildangeboten jeweilig vorne?
- Wo fallen die jeweiligen Typen stark zurück?

Bezieht man diese Befragungsergebnisse auf die oben besprochenen Motivkategorien, lassen sie sich recht gut zuordnen:

Die beiden Motive „Dinge erfahren, die für den Alltag wichtig sind" und „Denkanstöße bekommen" verweisen darauf, dass auch *persönliche Weiterentwicklung, Identitätsbildung und Selbstabgrenzung* Motivation für die Auseinandersetzung mit Medieninhalten sein

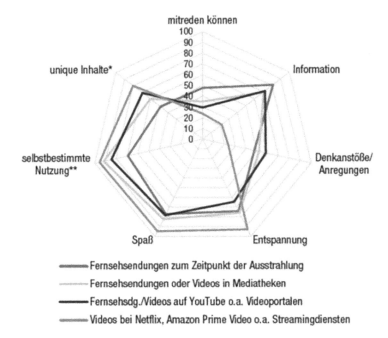

Abb. 9.11 Nutzungsmotive von Bewegtbildangeboten. (Quelle: Breunig et al., 2020; S. 608)

kann. Gerade im Hinblick auf die Bedürfnisbefriedigung durch das Internet und speziell das Social Web sollten also weitere Bedürfnisse wie „soziale Interaktion und Kommunikation", „Aufbau von sozialem Kapital", „Geselligkeit", „Initiierung und Aufrechterhalten von Sozialkontakten", „Identifikation", „Suchen wünschenswerter Verhaltensmuster" und „Selbstfindung" hinzukommen. Aus der Nutzen- und Belohnungsforschung sind eine Anzahl von Motiven und Motivkategorien bekannt, die bei der Systematisierung eines umfassenden Katalogs von Motiven der Internetnutzung behilflich sein können. Ich habe so eine Kategorisierung mit Beispielmotiven und Beispielsituationen für das Internet zusammengestellt (vgl. erneut Tab. 9.4).

9.6 Beispiele für Auswahlentscheidungen auf den vier Selektionsebenen

Ich möchte nun zur Illustration der im Abschn. 9.3 genannten vier Ebenen der Selektion jeweils ein kurzes Beispiel aus unterschiedlichsten Medienbereichen und aus unterschiedlichen Studien bringen. Diese Beispiele zeigen relevante Daten zu den Medienselektionsentscheidungen von (bestimmten) Rezipientengruppen. Entsprechend der in Kap. 4 dargelegten These, dass Rezipienten mit Mediengütern ihre Bedürfnisbefriedigung suchen und dabei prinzipiell im Sinne der Optimierung des Ertrags-/Aufwandsverhältnisses handeln, haben diese Daten für Anbieter von Mediengütern Bedeutung. Der Medienanbieter kann sich dabei für den Prozess oder die dabei beteiligten Variablen interessieren oder auch nur für die Ergebnisse solcher Entscheidungen. Er wird hinsichtlich dieser Daten von der *Publikumsforschung* (der praktisch orientierten Rezipientenforschung) beliefert.

Selbstverständlich ist es aus seiner Sicht nicht damit getan, Medienprodukte herzustellen und auf den Markt zu werfen, sondern das Produkt ist andauernd und unter Beobachtung des Kundeninteresses sowie der Konkurrenz im Hinblick auf die Bedürfnisbefriedigung zu verbessern und an Veränderungen anzupassen, weil sich die Funktionen der Medien im Zeitablauf wandeln, unterschiedliche Altersgruppen und Generationen Medien verschieden nutzen. Dies macht die ständige Neujustierung des Medienangebots erforderlich. Außerdem ergibt sich ein Anpassungs- und Änderungsdruck aufgrund der Wettbewerbslage zwischen Mediengattungen und zwischen verschiedenen Anbietern. Für die vier Ebenen benutze ich in den folgenden Abschn. 9.6.1–9.6.4 folgende Beispiele:

- Ebene 1: Hinsichtlich der *allgemeinen Optionen der Bedürfnisbefriedigung* schauen wir uns an, welche anderen Freizeitbeschäftigungen bei Jugendlichen im Alter von 12–19 in Konkurrenz mit der Mediennutzung als Freizeitaktivität stehen (vgl. JIM-Studie, 2021, S. 11).
- Ebene 2: Bezüglich der Wahl zwischen unterschiedlichen Mediengattungen zur Bedürfnisbefriedigung kann ich erneut auf die Langzeitstudie Massenkommunikation von ARD/ZDF im Jahr 2020 zurückgreifen (Breunig et al., 2021), um zu zeigen, welche *Mediengattungen* für die Befriedigung spezifischer Bedürfnisse besser geeignet sind, hier bei Audioangeboten.
- Ebene 3: Die Wahl zwischen unterschiedlichen *Medienangeboten innerhalb der Gattungen* lässt sich anhand der ARD/ZDF-Onlinestudie 2021 illustrieren (Beisch & Koch, 2021), in der die tägliche Nutzung von Social Media-Anwendungen bei 14–29-jährigen dokumentiert wird.
- Ebene 4: Zu der Entscheidung für konkreten *Inhalt* betrachten wir die von Kindern bei YouTube präferierten Inhalte (KIM-Studie, 2020).

9.6.1 Beispiel Ebene 1: Allgemeine Optionen der Bedürfnisbefriedigung

Bei den allgemeinen Optionen der Bedürfnisbefriedigung steht die Mediennutzung im Hinblick auf verschiedene Bedürfnisse in Konkurrenz zu anderen, *nichtmedialen Möglichkeiten.* Unterhaltung und Information sind Bedürfnisse, bei denen die Medien klassischerweise in Konkurrenz mit Face-to-Face-Kommunikation stehen. Seit dem Siegeszug des Social Web werden auch soziale Bedürfnisse (z. B. soziale Interaktion, Kennenlernen von anderen Personen, Kontaktpflege, Erzeugen von Gemeinschaftsgefühl, Diskussion und Debatte, vgl. ARD Forschungsdienst, 2011, S. 115 ff.) zunehmend konkurrierend über die Massenmedien befriedigt. Ich möchte an diesem Beispiel etwas genauer die Konkurrenz zwischen diesen Handlungsalternativen beleuchten, um zu zeigen, auf welche Weise man beim Angebot von Mediengütern genaueres Wissen erlangen kann. Einen guten Realitätsbezug hat dies durch die Erfahrungen der Coronazeit, als Lockdowns soziale Aktivitäten in Präsenz drastisch erschwerten.

Abb. 9.12 zeigt die wichtigsten non-medialen Optionen der Bedürfnisbefriedigung in Bezug auf die Freizeitgestaltung bei Jugendlichen zwischen 12 und 19 Jahren für die Jahre 2020 und 2021 in Deutschland.

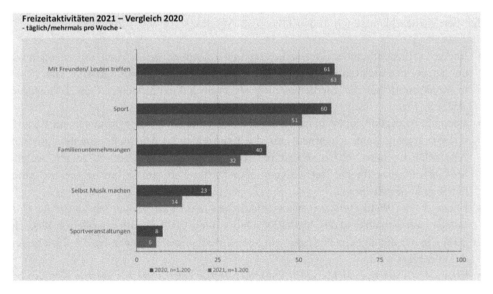

Abb. 9.12 Non-medialen Optionen der Bedürfnisbefriedigung in Bezug auf die Freizeitgestaltung bei Jugendlichen zwischen 12 und 19 Jahren. (Quelle: JIM-Studien, 2020, 2021)

Tab. 9.5   Funktionale mediale Äquivalente zu nonmedialen Aktivitäten

Funktionale Äquivalente zum…	Funktionale Äquivalente im Medienbereich
Sport	Wii/PS/Nintendo/Xbox Sports, VR-Systeme und sonstige „Exer-gaming[16]" (Fitness-Spiel-)Applikationen mit sportlichen Aspekten (Wii Fit, Beat Saber, Zwift, Peloton-Bike, Freelatics), Fitnessangebote wahrnehmen via TV, Videoplattformen (YouTube), Personal Training/Fitnessangebote mit Videoanwendungen (Zoom, Skype)
Treffen mit Freunden/Leuten	Zoom, Skype, Discord, Face Time etc., Online-Multiplayergames, Social Media Anwendungen (FB, Instagram, TikTok, Roblox[17]), Messenger-Dienste (WhatsApp, Telegram, Threema), Chats
Selbst Musik machen	Musik hören (alle Distributionswege), Karaoke, Musizieren über Videoanwendungen (Zoom), Eigene Mehrspur-Musikaufnahmen mit geeigneten Softwareanwendungen (ProTools, Cubase) oder Apps (Sonic PI, DAW, Mixvibes, Beatmaker etc.), Austausch über Musik mit anderen (Soundcloud)
Einkaufsbummel	TV-Homeshopping, Online-Shopping, Auktionsplattformen, Preisvergleichsplattformen, Pinterest, Unboxing/Haul-Videos, InGame-Shops, Kauf von Skins/Items

Fragen

- Welche medialen Ersatzaktivitäten gibt es aus Ihrer Sicht für die folgenden Aktivitäten:
  - Sport
  - Mit Freunden/Leuten treffen
  - Selbst Musik machen
  - Einkaufsbummel
- Was sind die Kosten und Nutzen der jeweiligen medialen und nonmedialen Aktivität?
- Unter welchen Rahmenbedingungen verändern sich diese Kosten und Nutzen?
- Haben Anbieter von Medieninhalten Einfluss auf diese Kosten und Nutzen? Inwiefern?

Tab. 9.6 Kosten und Nutzen nichtmedialer Freizeitaktivitäten

	Kosten	Nutzen/Bedürfnisbefriedigung
Sport	Ausrüstungskosten, evtl. Kosten einer Mitgliedschaft, Kosten für Ressourcenmiete, Zeit (incl. An-/Abfahrt), Überwindung/Motivation, evtl. Koordinationskosten mit anderen	körperliche und mentale Auslastung/Ausgleich/Stressabbau, Erhalt der körperlichen Fitness, Spaß, Gemeinschaft/Teamwork, Kompetitivität, Draußen sein, Ablenkung, evtl. Sozialkontakte, Endorphine, evtl. Status (je nach Sportart), eigene Bestätigung (der Leistungsfähigkeit)
Treffen mit Freunden/Leuten	Reiseaufwand, Spesen, Zeit, Koordinationsaufwand und -kosten	Soziale Interaktion/Kommunikation, Integrationsgefühl/Gemeinschaft/Geselligkeit, Spaß, Ablenkung, Eskapismus, Repräsentation, Bedürfnis nach Informationsaustausch
Selbst Musik machen	Ausrüstungskosten, Schulungs- und Übungsaufwand, Kosten für Unterricht, Noten, Motivation	Spaß, Ablenkung/Eskapismus, Ausleben der eigenen Kreativität, evtl. Geselligkeit/Soziale Interaktion/Gemeinschaft, Sozialer Status/Soziales Kapital, Emotionen ausdrücken, mentaler Ausgleich, Zeitvertreib
Einkaufsbummel	Fahrtkosten/Spesen, Zeitaufwand, evtl. Anreise, evtl. Stress, Kosten der Waren	Zeitvertreib, Ablenkung, Erlebnisse, Gemeinschaft. Erledigung von Besorgungen, verschiedene Bedürfnisbefriedigungen durch gekaufte Güter/Besitz der Güter (Anerkennung über Güterkonsum/Coolness/Bedürfnis nach Neuem, Ersatzkäufe)

Gerade zu Corona-Zeiten wurden mediale funktionale Äquivalente wie die in der nachfolgenden Tabelle aufgeführten Beispiele besonders relevant. Sie sind selbstverständlich für jeden Einzelnen unterschiedlich bedeutsam (vgl. Tab. 9.5).

Der Medienanbieter kann diese Freizeitoptionen als mit einem bestimmten Kosten-/Nutzen-Verhältnis verbundene Alternativen der Bedürfnisbefriedigung sozialer Bedürfnisse („Mit Freunden/Leuten treffen") sehen, die in Konkurrenz zu seinem Medienangebot stehen. Das Medienprodukt wird nur dann eine Entscheidungsalternative, wenn dieses Kosten-/Nutzenangebot für eine nennenswerte Anzahl an Rezipienten wertvoller erscheint.

Bei den Kosten und Nutzen der nonmedialen Aktivitäten lassen sich (auch wieder beispielhaft) Folgende nennen (vgl. Tab. 9.6).

---

[16] Vgl. dazu https://de.wikipedia.org/wiki/Exergaming.

[17] Vgl. dazu https://www.cnbc.com/2020/04/08/roblox-is-seeing-a-surge-during-coronavirus-shelter-in-place.html, Abruf 13.06.2021.

Ihnen stehen die Kosten, Nutzen und Besonderheiten medialer funktionaler Äquivalente entgegen (vgl. Tab. 9.7).

9.6.2 Beispiel Ebene 2: Mediengattungen/Produktwelten

Zur Frage, welche Produktwelt bestimmte Rezipientenbedürfnisse am besten befriedigt, erhält man aus der oben genannten Langzeitstudie Massenkommunikation 2020 Antworten, die die Verteilung der Bevorzugung der Massenmedien in Bezug auf die schon oben genannten Motivdimensionen aufzeigt. Ich bringe hier ein einfaches Beispiel zu den Funktionen von Audioinhalten (vgl. Abb. 9.13).

Fragen

- Wie sieht es nach Abb. 9.13 bei Angeboten Radio, Radioangebote im Internet und Streamingdiensten hinsichtlich ihrer Funktionserbringung aus? Welche bringen welche Funktionen am besten?

9.6.3 Beispiel Ebene 3: Medienangebot/Anwendung

Weiterhin wurde in Abschn. 9.3 nach der Entscheidung für ein bestimmtes Medienangebot gefragt. Ich hatte für das Internet gesagt, dass hier zuvor eine Entscheidung für einen bestimmten Dienst bzw. eine bestimmte Anwendung erfolgen muss, bevor eine konkrete Webseite (nicht: Website!) ausgewählt wird.

Mich interessieren aus Vereinfachungsgründen an der nächsten Tabelle im Zusammenhang mit der konkreten Fragestellung nur die Anwendungen, die echte Medieninhalte bieten, also keine Commerce- und Individualkommunikationsanwendungen. Welche dieser Anwendungen für welche Zielgruppe besonders attraktiv sind, lässt sich dann aus der Abb. 9.14 ersehen.

Fragen

- Welche sind die drei nach Abb. 9.14 bevorzugten Anwendungen bei den 14–29-Jährigen?
- Welche Veränderungen im Zeitablauf zwischen 2018 und 2021 fallen auf?
- Überlegen Sie bitte, welche Gründe es für diese Veränderungen geben könnte.

Tab. 9.7 Kosten, Nutzen und Besonderheiten medialer funktionaler Äquivalente

Aktivität	Kosten	Nutzen	Besonderheiten
Game- und VR-Systeme	Ausrüstungskosten, Motivation, Zeit, Schulungsaufwand	Status/Kulturelles Kapital, Zeitvertreib, Erhalt der Fitness, Ablenkung, phys./mentaler Ausgleich	Ortsunabhängig, Anschaffungskosten, Ohne Zugangsbeschränkung
Sport-Apps	Evtl. Ausrüstungskosten, Motivation, Zeit, Schulungsaufwand	Zeitvertreib, Ablenkung, Erhalt der Fitness, phys./mentaler Ausgleich	Geringe Einstiegskosten
Fitnessanwendungen per Video	Koordinationskosten, Evtl. Teilnahmekosten/Abo	Zeitvertreib, Geselligkeit, Erhalt der Fitness, phys./mentaler Ausgleich	Zeit
Treffen mit Leuten über Videoanwendungen	Koordinationskosten, Schulungsaufwand, Ausrüstung	Sozialer Kontakt, Geselligkeit, Gemeinschaft/Integration, Status, Spaß,	Ortsungebunden, Spontan möglich
Social-Media- und Messengeranwendungen	Nutzungszeit, Rezeptionsaufwand für ungewollte Messenges	Sozialer Kontakt, Geselligkeit, Gemeinschaft, Status, Spaß,	Ohne Zugangshürden, Orts- und Zeitungebunden, spontan möglich
Musik hören	Nutzungszeit, Beschaffungskosten, Such- und Selektionsaufwand	Ablenkung, Entspannung, Spaß,	Zugang je nach Distributionsweg
Musik machen, Mehrspuraufnahmen	Initialkosten, Schulungsaufwand	Kreativität, Selbstverwirklichung,	Kreativität
Zoom-Bandproben	Koordinationsaufwand	Geselligkeit, Kreativität,	gemeinsame Kreativität ohne Ortspräsenz

(Fortsetzung)

Tab. 9.7 (Fortsetzung)

Aktivität	Kosten	Nutzen	Besonderheiten
Homeshopping	Kaufpreise, Versandkosten, Recherchezeit, Risiko Fehlkauf aufgrund virtueller Präsentation, Datenschutzaspekte	Entdecken neuer Produkte, unbeschränkte Produktauswahl, Gütervergleichsmöglichkeit, Mehrwert durch Güterkauf/Tausch, Einsparen von Zeit und Spesen, Bequemlichkeit	zeitlich/örtlich unabhängig, Auswahl, Vergleichsmöglichkeit, zeitsparend
Preisvergleichsplattformen	Zeitaufwand, Recherche, Konzentration, Datenschutz	Entdecken neuer Produkte, Mehrwert durch Güterkauf, Einsparen von Zeit und Spesen, Gütervergleichsmöglichkeit	Optimierung Preis-/Leistung möglich, Schnäppchen
Auktionsplattformen	Zeitaufwand, Koordinationsaufwand, Datenschutz	Großes Angebot, Einsparmöglichkeiten/Schnäppchen, individuell anpassbar	Individuelle Aushandlungsmöglichkeit (Anpassung an individuelles Kosten-/Nutzen-Verhältnis)

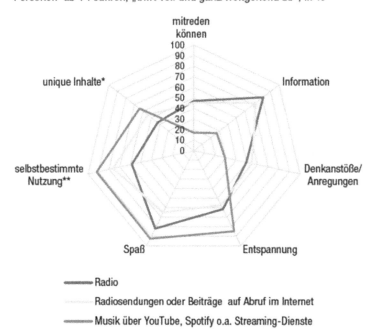

Profile der Nutzungsmotive von Audioangeboten 2020
Personen ab 14 Jahren, „trifft voll und ganz/weitgehend zu", in %

*) Unique Inhalte: „weil es dort Inhalte gibt, die ich nur dort finde".
**) Selbstbestimmte Nutzung: „weil ich dort selbst bestimmten kann, wann und was
ich nutze".

Basis: Befragte, die das jeweilige Medienangebot mind. mehrmals pro Monat nutzen.
Quelle: ARD/ZDF-Massenkommunikation Langzeitstudie.

Abb. 9.13 Nutzungsmotive für Audioangebote. (Quelle: Breunig et al., 2020, S. 608)

9.6.4 Beispiel Ebene 4: Konkreter Medieninhalt

Als Beispiel in Bezug auf den konkreten Medieninhalt als geeignetes Mittel der Bedürfnisbefriedigung kann die Auswahlentscheidung von 6–13-jährigen Jugendlichen hinsichtlich
ihrer Vorlieben bei YouTube Videos dienen. Für die KIM-Studie des Medienpädagogi-
schen Forschungsverbunds Südwest von 2020 wurden Kinder danach gefragt, was ihre
liebsten Inhalte auf Youtube sind bzw. wie oft sie diese Inhalte wöchentlich nutzen.
Die Antworten variieren nach Altersuntergruppe (6–7, 8–9, 10–11, 12–13 Jahre, siehe
Abb. 9.15).

Abb. 9.14 Nutzung von
Social Media in der
Altersgruppe 14–29 Jahre
(Quelle: Beisch & Koch, 2021,
S. 499)

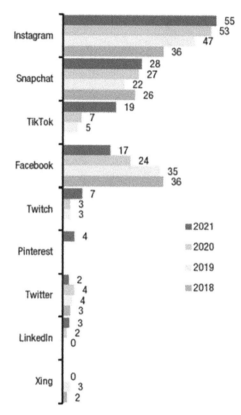

Nutzung von Social Media 2018 bis 2021
- täglich, 14 bis 29 Jahre
in %

Basis: Deutschspr. Bevölkerung ab 14 Jahren in
Deutschland (2021: n= 2 001; 2020: n=3 003; 2019:
n= 2 000).

Quelle: ARD/ZDF-Onlinestudien 2018 bis 2021.

Fragen

- Welches sind in den jeweiligen Alterssegmenten der Abb. 9.15 die drei relevantesten
  Inhalte?
- Welche Anteile der Kinder sind in den Altersgruppen in Bezug auf User Generated
  Conted aktiv?

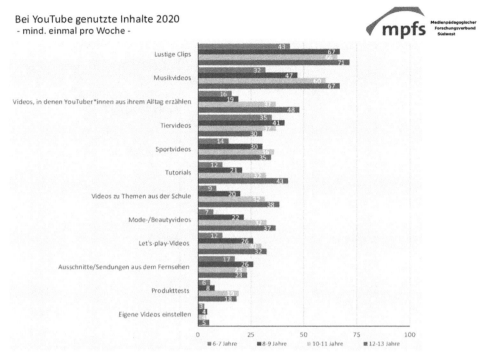

Abb. 9.15 Bei YouTube genutzte Inhalte. (Quelle: KIM-Studie, 2020)

9.7   Das Publikum als Produzent und Produkt

Die mit dem Internet allgemein und dem Sozialen Web im Speziellen in Bezug auf den Rezipienten eingetretenen Veränderungen sind mannigfaltig, medienwirtschaftlich und gesellschaftlich spielen aber seine Rollen als *Produzent* von Medieninhalten und als *Produkt,* eine hervorstechende Rolle (vgl. Zerdik et al., 2001; Napoli, 2016; Zubov, 2019; Lanier, 2014; Zydorek, 2018, S. 43 ff.) Nicht nur können Rezipienten selbst Content produzieren, der für andere Rezipienten von Rezeptionswert ist und in Form von Kontaktchancen von Medienunternehmen an Werbetreibende Unternehmen verkauft werden kann, sondern sie können auch Marken, Produkte und Inhalte bewerten, kommentieren, befürworten, empfehlen und so selbst in bedeutsamer Weise als Promotoren von Mediengütern tätig werden (Napoli, 2016, S. 261).

Literatur

ARD Forschungsdienst. (2011). Nutzung und Funktionen von Social Communities. *Media Perspektiven, 2011*(2), 115–120.

ARD/ZDF. (2015). *MedienNutzerTypologie Basispräsentation.* http://www.ard-zdf-mnt.de/index. html#demografie. Zugegriffen: 5. Okt. 2016.

Beisch, N., & Koch, W. (2021). ARD/ZDF Onlinestudie 2021. *Media Perspektiven, 10*(21), 486–503.

Breunig, C., & Engel, B. (2015). Massenkommunikation 2015: Funktionen und Images der Medien im Vergleich. *Media Perspektiven, 7–8*(2015), 332–342.

Breunig, C., Handel, M., & Kessler, B. (2020). (2020) Massenkommunikation 2020: Nutzungsmotive und Leistungsbewertungen der Medien. *Media Perspektiven, 12*, 602–625.

Eckert, M., & Feuerstein, S. (2015). Veränderung und Grundcharakteristik der MedienNutzerTypen. *Media Perspektiven, 2015*(11), 482–496.

Gläser, M. (2014). Medienmanagement. (3. Aufl.). Vahlen.

JIM-Studie (2015) Medienpädagogischer Forschungsverbund Südwest. (2015). *Jugend, Information, (Multi)Media (JIM-Studie).* Medienpädagogischer Forschungsverbund Südwest.

JIM-Studie (2021) Medienpädagogischer Forschungsverbund Südwest. (2021). *Jugend, Information, Medien (JIM-Studie).* Medienpädagogischer Forschungsverbund Südwest.

KIM-Studie (2020) Medienpädagogischer Forschungsverbund Südwest. (2020). *Kindheit, Internet, Medien (KIM-Studie).* Medienpädagogischer Forschungsverbund Südwest.

Katz, E. (1959). Mass communications research and the study of popular culture: An editorial note on a possible future for this journal. *Studies in Public Communication, 2,* 1–6. http://repository. upenn.edu/asc_papers/165.

Katz, E., Blumler, J. G., Gurevitch, M. (1973/1974) *The public opinion quarterly,* 37, 4 (Winter, 1973–1974), S. 509–523.

Kiefer, M. L. (2020). Dienstleistungsökonomik und Medien. In J. Krone & T. Pellegrini (Hrsg.). Handbuch Medienökonomie. (S. 165–195). Springer Fachmedien.

Kotler, P. et al. (2016). Grundlagen des Marketing. (6. Aufl.). Pearson.

Lanier, J. (2014). *Wem gehört die Zukunft? Du bist nicht der Kunde der Internetkonzerne, du bist ihr Produkt.* Hoffmann und Campe.

McQuail, D. (2010). *McQuail's mass communication theory* (6. Aufl.). Sage.

McQuail, D., & Deuze, M. (2020). *McQuail's mass communication theory.* Sage

Meffert, H., Burmann, C., Kirchgeorg, M., & Eisenbeiß, M. (2018). *Marketing* (13. Aufl.). SpringerGabler.

Menon, D. (2022). Uses and gratifications of educational apps: A study during COVID-19 pandemic. *Computers and Education Open, 3.*

Napoli, P. (2016). The audience as product, consumer, and producer in the contemporary media market place. In G. F. Lowe & C. Brown (Hrsg.), *Managing media firms and industiries, media business and innovation* (S. 261–275). Springer.

Oehmichen, E. (2007). Die neue Mediennutzertypologie MNT 2.0. *Media Perspektiven, 2007*(5), 226–234.

Pürer, H. (2014). Publizistik und Kommunikationswissenschaft (2. Aufl.). UVK.

Reinhard, C. D. & B. Dervin. (2009). Media Uses and Gratifications. in Eadie, W.F. (Hrsg.) 21st Century Communication: A Reference Handbook. Sage Publications.

Ridder, C.-M., & Engel, B. (2010). Massenkommunikation 2010: Funktionen und Images der Medien im Vergleich. *Media Perspektiven, 2010*(11), 537–548.

Rubin, A. M. (2009). Uses and gratification – An evolving perspective on media effects. In R. L. Nabi & M. B. Oliver (Hrsg.), *The SAGE handbook of media processes and effects* (S. 147–157). Sage.

Ruggiero, T. E. (2000). Uses and Gratifications Theory in the 21st Century. Mass Communication & Society (2000/3(1)). (S. 3–37).

Schweiger, W. (2007). *Theorien der Mediennutzung*. VS Verlag.

Schweiger, W. (2010). Informationsnutzung Online. In W. Schweiger & K. Beck (Hrsg.), *Handbuch Online-Kommunikation* (S. 184–210). VS Verlag.

Sinus (2022). Sinus Milieus. https://www.sinus-institut.de/sinus-milieus. Abruf 6.8.2022.

Sommer, D. (2019). *Uses and gratifications*. Nomos.

Stafford, T. F., Stafford, M. R., & Schkade, L. L. (2004). Determining uses and gratifications for the internet. *Decision Sciences, 35*(2), 259–288.

Sundar, S. S., & Limperos, A. M. (2013). Uses and grats 2.0: New gratifications for new media. *Journal of Broadcasting & Electronic Media, 57*(4), 504–525.

Stark, B., & Kist, E. L. (2020). Mediennutzung. In J. Krone & T. Pellegrini (Hrsg.), *Handbuch Medienökonomie* (S. 1137–1162). Springer.

Wang, R., Sundar, S. S., & Yang, F. (2016). Why do we pin? New gratifications explain unique activities in pinterest. *Social Media + Society, July–September,* 1–9.

Wirth, W., & Schramm, H. (2010). Medienrezeptionsforschung. In H. Bonfadelli, O. Jarren, & G. Siegert (Hrsg.), *Einführung in die Publizistikwissenschaft* (3. Aufl., S. 575–603). Haupt.

Zerdick, A. (2001). *Die Internet-Ökonomie* (3. Aufl.). Springer.

Zubov, S. (2019). *Surveillance Capitalism – Überwachungskapitalismus – Essay*. ApuZ. https://www.bpb.de/shop/zeitschriften/apuz/292337/surveillance-capitalism-ueberwachungskapitalismus-essay/. Zugegriffen: 15. Juni. 2022.

Zydorek, C. (2018). *Grundlagen der Medienwirtschaft – Algorithmen und Medienmanagement*. Springer Gabler.

Zusammenfassung

Wie kann man sich den Wertschöpfungsprozess in Medienunternehmen vorstellen?
Welche Produktionsfaktoren werden in Medienunternehmens eingesetzt?
Welche Ziele werden dabei im kommerziellen Medienunternehmen verfolgt?
An welchen Zielen messen die Unternehmen den Erfolg ihrer Aktivitäten?
Wie werden heutzutage die Rezipienten in die Wertschöpfung bei Mediengütern eingebunden?
Inwiefern kann man das Rezipientenverhalten als durch Medienunternehmen vermarktbares Wirtschaftsgut betrachten?

Der zweite der in Abschn. 8.5 behandelten Akteurstypen auf Medienmärkten ist das Medienunternehmen selbst. Zu diesem Akteur können wir schon auf einige Vorarbeiten zurückgreifen, die in Abschn. 5.1 (Unternehmen) und Kap. 7 (Wer produziert Medien?) geleistet worden sind.

Das ist *erstens* die Bestimmung der Charakteristika, durch die *Unternehmen, Medienunternehmen* und *Online-Medienunternehmen* gekennzeichnet sind. Als Kernpunkte wurden dabei folgende *Eigenschaften der drei Typen* festgehalten (siehe Tab. 10.1):

Zweitens wurde eine Bestimmung vorgenommen, was die *grundlegenden Stufen der Wertschöpfung* bei Mediengütern, welche Tätigkeiten diese umfassen (vgl. Tab. 7.3) und von welchen Akteuren sie typischerweise ausgeübt werden (vgl. Tab. 7.4).

Ich hatte außerdem in Kap. 8 davon gesprochen, dass es im Medienunternehmen einen *Kombinationsprozess* von auf Beschaffungsmärkten gekauften *Produktionsfaktoren* gibt, dessen Ergebnisse Produkte für drei Absatzmärkte sind (vgl. Abb. 8.3).

© Springer Fachmedien Wiesbaden GmbH, ein Teil von Springer Nature 2023
C. Zydorek, *Einführung in die Medienwirtschaftslehre*,
https://doi.org/10.1007/978-3-658-40089-7_10

Tab. 10.1 Eigenschaften der zuvor besprochenen Unternehmenstypen. (Eigene Darstellung)

Unternehmen	• Rechtlich organisierte Wirtschaftseinheit • Ausrichtung auf Profiterzielung und- maximierung • Orientierung auf Fremdbedarfsdeckung • Autonome Entscheidungen mit eigenem Risiko bei der Kombination von Produktionsfaktoren • Handelt nach ökonomischem Prinzip
Medienunternehmen	• Sind Unternehmen • Originäre Wertschöpfung bei der Konzeption, Erstellung, Bündelung, Distribution von Medieninhalten • Die Medieninhalte dienen zur Information, Unterhaltung, Interaktion und Werbung • Verfolgung ökonomischer und (evtl.) publizistischer Ziele • Angebot der Produkte wahlweise auf dem Rechte-, Rezipienten- oder Werbemarkt
Online-Medienunternehmen	• Sind Medienunternehmen • Schwerpunkt der Leistungserstellung bei Erstellung/Zusammenstellung/Veredelung/Vermarktung von Content • Bereitstellung und Zugriff auf Inhalte erfolgt synchron/asynchron • Zugrundeliegende Datenverbindung erlaubt Interaktion und individuelle Konfiguration des Leistungsangebots

Diesen Prozess der Kombination von Produktionsfaktoren, in dem die Wertschöpfung in Medienunternehmen abläuft, möchte ich nun etwas genauer betrachten und im Bezug darauf folgende Fragen beantworten:

Frage 1: Wie kann man sich den Wertschöpfungsprozess eines Medienunternehmens vorstellen?
Frage 2: Welche Produktionsfaktoren werden dabei eingesetzt?
Frage 3: Welche Ziele werden dabei im kommerziellen Medienunternehmen verfolgt?
Frage 4: An welchen Beispielen lassen sich diese Ziele von Medienunternehmen konkret zeigen?

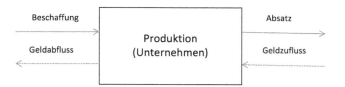

Abb. 10.1 Der Leistungsprozess. (Quelle: Bea et al., 2002, S. 2)

10.1 Wie kann man sich den Wertschöpfungsprozess eines Medienunternehmens vorstellen?

In der Betriebswirtschaftslehre unterscheidet man den sogenannten *Leistungsprozess* (Bea et al., 2002, S. 1) oder Realgüterprozess (Sjurts, 2011, S. 520), der die Bewegung *aller Güter außer Geld- und Finanzmittel* abbildet (Beschaffung, Produktion und Absatz), von einem *Wertumlaufprozess,* bei dem es um die geldlichen Mittel im Unternehmen geht (Investition, Finanzierung, Finanzmittelströme) und dem *Managementprozess,* der mit der Steuerung des Unternehmens befasst ist (vgl. Sjurts, 2011, S. 360). Mit dem Medienmanagementprozess habe ich mich an anderer Stelle (Zydorek, 2018, S. 21–40) befasst. An dieser Stelle sollen der Leistungsprozess (vgl. Abb. 10.1) und der Wertumlaufprozess in ihren Grundzügen dargestellt werden.

Leistungsprozess ist die Beschaffung und Kombination (Transformation) von Produktionsfaktoren zur Erzeugung und zum Absatz von Gütern. Um den Leistungsprozess abwickeln zu können, muss sich ein Unternehmen in die Prozesse der sie umgebenden Märkte eingliedern, also alle benötigten Produktionsfaktoren erwerben, diese kombinieren bzw. transformieren und die von ihm erzeugten Güter am Markt absetzen. Diesem Realgüterstrom fließt ein Nominalgüterstrom[1] entgegen; denn in einer Marktwirtschaft werden Güter bzw. Werte nur für eine Gegenleistung, i. d. R. Geld bereitgestellt, was auch für die Veräußerung der Fertigprodukte am Markt gilt. Sowohl der Real- als auch der Nominalgüterstrom unterliegen dem allgemeinen Kriterium der Wirtschaftlichkeit (Bea et al., 2002, S. 1 f.).

Medien sind Gegenstand von Investitionsprozessen von Unternehmen, werden also produziert, um im Kombinationsprozess der Güter aus bestimmten Vorleistungen bzw. Produktionsfaktoren von Unternehmen einen Mehrwert zu erzeugen (Wert zu schöpfen) und damit einen Gewinn zu erzielen (vgl. zu weiteren Zielen der Medienunternehmen Abschn. 10.3). Die *Beschaffung* des Medienunternehmens richtet sich auf die Produktionsfaktoren, die das Unternehmen einsetzen will, deswegen nennt man sie auch Einsatzgüter.

▶ **Definition** Wertschöpfung = Umsatz − Vorleistungen

---

[1] Als Nominalgüter bezeichnet man Geld, Kredite, Forderungen, Verbindlichkeiten bzw. deren Wert.

Die Wertschöpfung des Medienunternehmens habe ich in Abschn. 7.2 in Bezug auf die *nichtwerblichen Inhalte* und in Abschn. 8.7 in Bezug auf die *werblichen Inhalte* besprochen. Ich stelle Ihnen in Tab. 10.2 noch einmal die Kernaussagen zusammen dar.

Aufbauend auf Abb. 8.3, die die Beschaffungs- und Absatzmärkte des Medienunternehmens fokussiert hat, möchte ich mich nun etwas genauer mit dem internen Leistungs- und Wertumlaufprozess befassen. Dazu ist zu klären, welche Produktionsfaktoren dabei im Medienunternehmen verarbeitet werden.

10.2   Produktionsfaktoren im Medienunternehmen

Im Allgemeinen wird unter dem Begriff *Produktionsfaktoren* Folgendes verstanden:

▶ **Definition Produktionsfaktoren** Als Produktionsfaktoren bezeichnen wir die materiellen und immateriellen Mittel und Leistungen, die im Zusammenhang mit der Herstellung und der Bereitstellung von Gütern eingesetzt werden.

Diese werden in der Betriebswirtschaftslehre zu Gruppen zusammengefasst. Man unterscheidet auf der obersten Ebene die sogenannten *Elementarfaktoren* von den *dispositiven Faktoren*. Die *dispositiven Faktoren* (Leitung, Planung, Organisation, Überwachung) habe ich in Zydorek 2018 (Abschn. 1.4) besprochen, wo es um Medienmanagement geht. Unterhalb dieser Ebene werden die Elementarfaktoren aufgegliedert in *Werkstoffe* (Rohstoffe, Hilfsstoffe), in *Betriebsmittel* (Gebäude, Maschinen, Werkzeuge, Patente, Lizenzen) und in die *ausführende menschliche Arbeit*. Zu den Rohstoffen kann gerade im Medienunternehmen auch *Information* gehören, die in den Produktionsprozess und das Produktionsergebnis des Unternehmens eingeht.

Manchmal wird darauf verwiesen, dass bei der Produktion von Gütern auch so genannte *externe Faktoren* eingesetzt werden. Extern sind diese, weil sie nicht von dem produzierenden Unternehmen, sondern *vom Abnehmer, dem Kunden* eingebracht werden. Z. B. muss bei der Produktion von *Dienstleistungen* (wie Wissensvermittlung, Beratung, künstlerische Unterhaltung) vom Dienstleistungsnehmer selbst etwas in die Produktion eingebracht werden, nämlich Aufmerksamkeit, Zeit, Information oder Kompetenz sowie Wissen um die Benutzung des Content (z. B. bei Games oder generell komplexen Mediengütern). Dieser Leistungsabnehmer beteiligt sich also an der Produktion des Gutes und ist insofern besonders wichtig. Ohne seine Bereitschaft zur Einbringung seines externen Faktors können die Güter nicht produziert werden.[2] Genauso ist das mit den von uns im

---

[2] Bei Dienstleistungen handelt es sich nach Rudolf Maleri um *immaterielle* Güter, die *für den fremden Bedarf* produziert werden und eine *„Notwendigkeit des Einsatzes externer Faktoren bei der Dienstleistungsproduktion"* in sich tragen (Maleri, 1994, S. 121). „Externer Faktor ist zumeist der Kunde als Person oder eine Sache in seinem Besitz/Eigentum. Daher ist im Dienstleistungsbereich eine markthonorierte Produktion ohne Kundenbeteiligung nicht möglich" (Pepels, 2009, S. 1073).

Tab. 10.2 Medien-Wertschöpfungsketten des Rezipienten- und Werbemarkts

	Konzeption/Entwicklung (für bestimmte Zielgruppen)	Produktion	Bündelung mit anderen Inhalten und Werbung	Technische Produktion und Distribution	Rezeption
Rezipientenmarkt – Gut: Content					
Werbemarkt- Gut: Rezipientenkontakte	Konzeption und Werbeproduktion	Produktion von Zielgruppen mit dem Content	Bündelung mit nichtwerblichen Inhalten	Distribution	Konkrete Produktion von Rezipientenkontakten, Erzeugung von Aufmerksamkeit/Persuasion/Produktabsatz

Kap. 9 behandelten Leistungen hinsichtlich der Bedürfnisbefriedigung des Medienkonsumenten: Wenn er sich dem Konsum der TV-Sendung, des Internetauftritts, des Buchs oder Musikstücks verweigert, kommt die Dienstleistung, also seine Bedürfnisbefriedigung nicht zustande, obwohl das Produkt selbst produziert ist und angeboten wird (vgl. dazu genauer Abschn. 12.4).

Welche Produktionsfaktoren werden speziell in Medienunternehmen eingesetzt? Zunächst muss gesagt werden, dass sich dies sehr danach unterscheiden kann, in welcher Stufe der Wertschöpfungskette das Medienunternehmen jeweilig tätig ist. Wir betrachten also die schon genannten Wertschöpfungsprozesse als Transformationsprozesse des jeweiligen Inputs an Produktionsfaktoren/Einsatzgütern auf denjenigen Stufen, auf denen das Medienunternehmen tätig ist. Und je nach Wertschöpfungsstufe sieht der Transformationsprozess der Produktionsfaktoren dann durchaus unterschiedlich aus und die Einsatzgüter (Inputs) wie auch die Ausbringungsgüter (Outputs) unterscheiden sich.

Die zentralen Produktionsfaktoren in Medienunternehmen sind (Abb. 10.2):

- Personal/Arbeitsleistung/Dienstleistungen, vor allem im kreativ-schöpferischen Bereich (Erstellung von Content jeder Art, journalistisch, künstlerisch etc.), aber auch im technischen (z. B. Programmierung) und kaufmännisch-administrativen Bereich (z. B. Abrechnung). Hier spielt auch das in den Produktionsprozess eingehende (Hintergrund-)Wissen der Mitarbeiter (z. B. Künstler und Redakteure, technische Mitarbeiter, Kaufleute) eine Rolle. Das Wissen geht dort als Betriebsmittel in den Kombinationsprozess ein.
- Information, Inhalte bzw. Rechte an Inhalten sind ein zweiter wichtiger Input des Medienunternehmens. Hier handelt es sich um redaktionelle und künstlerisch-kreative

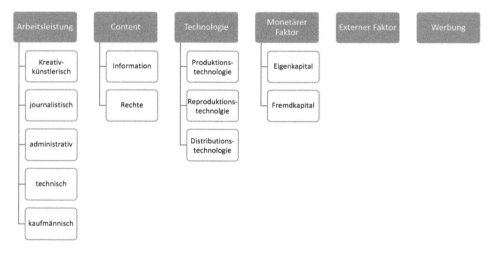

Abb. 10.2 Produktionsfaktoren in Medienunternehmen. (Eigene Darstellung)

Inhalte, um Information (als Rohstoff, wie eine Katastrophennachricht oder ein Fußballergebnis, aber auch Markt- und Marketinginformationen).

- Als dritter wichtiger Faktor spielt die Technik in Form von Produktions-, Reproduktions-[3] (z. B. Press- und Kopiermaschinen) und Distributionstechnik (z. B. Sende- und Empfangsgeräte) eine Rolle. In kaum einem Medienunternehmen wird ohne den Einsatz von Technik produziert. Die Verbreitung der Inhalte über Zeit und Raum hinweg macht entsprechende Reproduktions- und Distributionsmittel der verschiedenen Medienproduktwelten erforderlich.

- Vierter wichtiger Faktor ist der monetäre Faktor. Man spricht hier wie gesagt von Nominalgütern, die Geld und geldnahe Güter wie Schecks und Wechsel umfassen. Sie dienen als Organisationsmittel für den Tausch (vgl. Bea et al., 2002, S. 2 f.). Die hohen Erstkopiekosten von Mediengütern wie Filmen machen die Finanzierung und die Herkunft der Finanzmittel zu einem kritischen Faktor.

- Als fünften Produktionsfaktor habe ich bereits den externen Faktor identifiziert. Das Besondere am externen Faktor ist, dass er nicht an den klassischen Beschaffungsmärkten bezogen wird, sondern vom Abnehmer der Leistung. Seine Bedeutung ist wie beschrieben für die Medienunternehmen an der Rezipienten-Schnittstelle sehr hoch, da ohne ihn die Leistungserstellung für den Werbemarkt nicht funktioniert.

- Auch Werbeinhalte sind ein Vorprodukt, das in den Kombinationsprozess des Medienunternehmens in der Stufe der Bündelung der Ausbringungsgüter (bei werbefinanzierten Medien) eingeht (Sjurts, 2004, S. 170).

Die Tab. 10.3 zeigt beispielhaft, welche Produktionsfaktoren in welcher Wertschöpfungsstufe vorkommen können.

Auf dieselbe Weise ist auch im Hinblick auf die *Wertekette der Werbung* zu verfahren. Auch hier kann sehr allgemein etwas über die an Medienwertschöpfungsprozessen beteiligten Produktionsfaktoren gesagt werden (Tab. 10.4).

Bei der Produktion von Mediengütern wie Kinofilmen, TV-Produktionen, Zeitung(sartikeln), Musikstücken oder -Alben, Livekonzerten auf DVD, einer (redaktionellen) Website, eines Games oder der Kommunikation/Interaktion mit einem Freund auf Facebook kann man also einen *prinzipiell ähnlichen Prozess* identifizieren. Möchte man diesen genannten Prozess der Wertschöpfung in Medienunternehmen in seinen Grundprinzipien und im Zusammenhang mit dem Wertumlaufprozess vereinfacht darstellen, dann lässt sich das wie folgt tun (vgl. Abb. 10.3).

---

[3] Die Reproduktionsmittel dienen der Herstellung der Verbreitungsfähigkeit. Es wird ein materielles Duplikat der Urkopie angefertigt, wie bei der analogen Filmrolle für die Kinodistribution oder eine digitale abrufbare Kopie erstellt, wie bei der downloadbaren MP3-Datei oder einer spezifischen Webseite eines Nachrichtenportals.

Tab. 10.3 Produktionsfaktoren in der Wertschöpfungskette des Rezipientenmarktes (Beispiele)

Wertschöpfungsstufe	Konzeption/Entwicklung (für bestimmte Zielgruppen)	Produktion	Bündelung mit anderen Inhalten und Werbung	Technische Produktion und Distribution	Rezeption
Produktionsfaktoren (Beispiele)	Kreative Arbeitsleistung	Produktionstechnik, technische künstlerische und journalistische Arbeitsleistung	Produktionstechnik, Zielgruppenkontakt, Reproduktionstechnik, technische Arbeitsleistung	Distributionstechnik, Endgeräte	Zeit, Aufmerksamkeit, Medienkompetenz etc.
Beispiel/Ergebnis	Idee, Exposé, Kalkulation, Skript	Einzelprodukt (Artikel, Sendung, Musikstück)	Programm, Urkopie eines Medienprodukts (Mutterband, Masterpiece)	Bereitstellung/Verfügbarkeit des Produkts beim Rezipienten	Unterhaltung, Information, Zeitvertreib etc.

Tab. 10.4 Produktionsfaktoren in der Wertschöpfungskette für den Werbemarkt (Beispiele)

Wertschöpfungsstufe	Konzeption und Werbeproduktion	Produktion von Zielgruppen mit dem Content	Bündelung mit nichtwerblichen Inhalten	Distribution	Konkrete Produktion von Rezipientenkontakten, Erzeugung von Aufmerksamkeit/Persuasion/Produktabsatz
Produktionsfaktoren (Beispiele)	Kreative Arbeitsleistung, Werbekonzept, Beratung, Produktionstechnologie	Distributionstechnik, Kreative Arbeitsleistung, Programmplanung,	Produktionstechnik, Reproduktionstechnik, Distributionstechnik	Endgeräte, externer Faktor, Technik zur Erfolgskontrolle	Zeit, Aktivität, monetäre Mittel
Beispiel/Ergebnis	Werbekonzept, Werbespot, Werbeanzeige	Eine spezifische Zielgruppe zu einer bestimmten Zeit rezipiert ein Programm	Programm für diese Zielgruppe zu dieser Zeit	Zielgruppenkontakt	Erreichung der Werbeziele (z. B. Imagegewinn, Produktkauf etc.) eines Werbespots

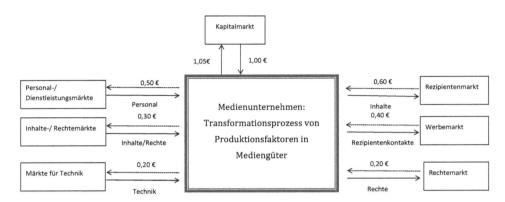

Abb. 10.3 Leistungsprozess, Wertumlaufprozess und Marktbeziehungen des Medienunternehmens. (Eigene Darstellung)

10.3   Welche Ziele werden beim kommerziellen Medienunternehmen verfolgt?

Ich hatte das Thema bereits bei der Definition von Medienunternehmen (vgl. Abschn. 7.1) behandelt: Es geht laut dieser Definition im Medienunternehmen um *ökonomische und publizistische* Ziele. Das ökonomische Hauptziel wurde bereits ganz grob durch die Definition des Unternehmens bestimmt, als die Ausrichtung auf *Profiterzielung und -maximierung* auf der Basis der Deckung fremden Bedarfs unter Beachtung des Wirtschaftlichkeitsprinzips. Dieses Ziel muss aber, wenn man die Entwicklung der Bedeutung von Unternehmenszielen seit den 1970er Jahren berücksichtigt, um weitere, auch komplexere und um mittelbare Ziele ergänzt werden (vgl. Macharzina & Wolf, 2010, S. 226 ff.).

In einer empirischen Untersuchung im Jahr 2007 erforschte Uwe Eisenbeis die Ziele von Medienunternehmen anhand einer *Inhaltsanalyse von Geschäftsberichten* und einer *Befragung von 101 Managern von Medienunternehmen.* Es wurden 28 Ziele abgefragt, die zu Basiszielen wie „interne Leistungs- und Performanceorientierung", „externe Qualitäts- und Stakeholderorientierung", „Markenbildungs- und Zukunftsorientierung" sowie „Marktstellungs- und Sicherheitsorientierung" gruppiert wurden (vgl. Eisenbeis, 2007).

Die zentralen Ziele in der Präferenzstruktur von Medienunternehmen (...) sind das Gewinnziel, als insgesamt wichtigstes Ziel, sowie im Hinblick auf die Position in der Grundstruktur des Zielsystems von Medienunternehmen das Ziel Qualität (Eisenbeis, 2007, S. 218). Die (...) wichtigsten Ziele für Medienunternehmen sind Deckungsbeitrag, Einschaltquote/Auflage,

Tab. 10.5 Ziele von Medienunternehmen

Zentrale Ziele von Medienunternehmen	Situativ wichtige Ziele von Medienunternehmen
Gewinn, Qualität	Deckungsbeitrag, Einschaltquote/Auflage, Erschließung neuer Märkte, Kundenbindung/Kundenzufriedenheit, Risikominimierung/Sicherheit/Sicherung des Unternehmensbestands, Umsatz, Wachstum sowie Wettbewerbsfähigkeit

Erschließung neuer Märkte, Gewinn, Kundenbindung/Kundenzufriedenheit, Qualität, Risikominimierung/Sicherheit/Sicherung des Unternehmensbestands, Umsatz, Wachstum, sowie Wettbewerbsfähigkeit (...) Die Relevanz der Ziele im und für das Unternehmen hängt von unterschiedlichen situativen Faktoren ab (Eisenbeis, 2007, S. 217).

Zu diesen *situativen Faktoren,* mit denen die letztgenannten Ziele variieren, gehören die Größe und das *Alter des Unternehmens,* der *Schwerpunkt des inhaltlichen Angebots,* die *Erlösquellen* und die *Zugehörigkeit zu Unterbranchen* (vgl. dazu und zu den nachfolgenden Abschnitten Eisenbeis, 2007, S. 218, 82–92).

Tab. 10.5 stellt die von Eisenbeis identifizierten Ziele von Medienunternehmen übersichtlich dar. Um Ihnen zu veranschaulichen, wie sich diese Ziele in der Alltagspraxis des Medienunternehmens auftauchen, möchte ich einige ausgewählte Ziele nun anhand einiger möglichst prägnanter Beispiele konkretisieren.

10.4 Die Ziele von Medienunternehmen an konkreten Beispielen

10.4.1 Gewinn, Umsatz und Rentabilität

Der Gewinn (auch Profit, Überschuss, Erfolg) ist, wie schon aus der Definition der Unternehmung in Abschn. 5.1 abgeleitet, prinzipiell die *wichtigste Orientierungsgröße* für (kommerzielle) Medienunternehmen. Der Gewinn ergibt sich aus dem Unterschied zwischen den Erlösen und den Kosten, wobei man dies in Bezug auf eine *zeitliche Periode* (ein Geschäftsjahr) betrachten kann oder auch als *Stückgewinn* eines spezifischen Produktes. Man kann ihn kurzfristig, mittel- oder langfristig betrachten, klar ist aber, dass in der langfristigen Betrachtung ein Gewinn nötig ist, um das Überleben eines Unternehmens zu garantieren. Bereits in Abschn. 5.1 hatte ich in dem Beispiel Südwestdeutsche Medienholding ein Beispiel zu (negativem) Gewinn gebracht. Hier seien nur kurz einige Vergleichsdaten zum Thema Gewinn gesammelt, damit Sie eine Vorstellung von den (recht unterschiedlichen) Gewinnerwartungen in Teilbranchen bekommen (Tab. 10.6).

Die genaueren Bezeichnungen *ausreichender, angemessener* oder *zufriedenstellender* Gewinn verweisen darauf, dass die Bewertung entweder *subjektiv* (durch eine Person oder Gruppe) oder *relativ* (in Bezug auf andere Größen) vorgenommen wird. Ansonsten sagt

Tab. 10.6 Gewinne Medienunternehmen. (Quellen: https://www.forbes.com/lists/global2000/, Handelsblatt, www.boerse.de/)

	2020	2021
Bertelsmann	3,1 Mrd. €	3,2 Mrd. €
ProSiebenSat.1	267 Mio. €	449 Mio. €
Verlagsgruppe Georg von Holtzbrinck	92,9 Mio. €	
Axel Springer	654 Mio. €	
Meta (Facebook)	29,3 Mrd. US$	39,4 Mrd. US$
Alphabet (Google)	40,3 Mrd. US$	75,9 Mrd. US$
Netflix		5,0 Mrd.US$
Disney		3,1 Mrd. US$

die Tatsache „Gewinn im Jahr 2021" nichts darüber aus, *wie viel* Gewinn *unter welchem finanziellen Aufwand* erwirtschaftet wurde.

Rentabilität bezeichnet eben dieses *Verhältnis von Gewinn zum eingesetzten Kapital,* das Ergebnis wird dann als Prozentsatz dargestellt, also als Verzinsungsprozentsatz des eingesetzten Kapitals. Man ermöglicht sich damit dann den Vergleich von Verzinsungsalternativen (z. B. der Produktion anderer Güter, dem Aktienkauf, oder andere Geldanlagen). Auch hier muss man noch überlegen, in Bezug zu welcher Größe man den Gewinn betrachtet. Dies ist abhängig davon, was man tatsächlich erfahren will. Die Rentabilität des vom eigenen Unternehmen selbst eingesetzten Kapitals *(Eigenkapitalrentabilität)* ergibt eine Aussage dazu, ob sich die Investition im Vergleich mit anderen Anlagemöglichkeiten hinsichtlich Verzinsung lohnt bzw. gelohnt hat. Die *Gesamtkapitalrentabilität* (Return on Investment) sagt etwas über die Rentabilität des gesamten eingesetzten Kapitals, also auch der geliehenen Mittel (Kredite) aus, ist also der Gewinn pro Einheit des investierten Kapitals, der in einer Periode erwirtschaftet wurde.

▶ **Definitionen Umsatz, Gewinn, Rentabilität**

Umsatz (Erlös) = (abgesetzte) Menge × Preis (mit Verkaufspreisen bewertete Absatzmenge)
Gewinn = Erlöse – Kosten
Rentabilität = Gewinn/eingesetztes Kapital
Eigenkapitalrentabilität = Gewinn/eingesetztes Eigenkapital

**Entwicklung Anzeigen- und Vertriebsumsätze der Zeitungen 2017-2021 –
Tageszeitungen, Wochen- und Sonntagszeitungen**
Angaben in Mrd. Euro, Quelle: BDZV

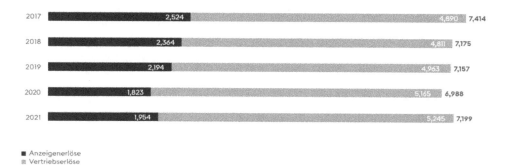

■ Anzeigenerlöse
▨ Vertriebserlöse

Abb. 10.4 Anzeigen- und Vertriebsumsätze von Zeitungen. (Quelle: BDZV, 2022, S. 4)

10.4.2 Umsatz und Deckungsbeitrag

In diesem Zusammenhang wird der *Deckungsbeitrag* eines Produktes oder einer Leistung bedeutsam. Dies ist der Betrag, den dieses Produkt nach Abzug der direkten Kosten oder Einzelkosten zur *Deckung der Gemeinkosten* leistet. Das heißt, wenn dieses Produkt in einer bestimmten Anzahl abverkauft wurde, wurde damit ein bestimmter *Umsatz* (Anzahl der abgesetzten Güter mal Verkaufspreis, bei Mediengütern oft zusätzlich Werbeeinnahmen, vgl. Abb. 10.4) gemacht, von dem dann die direkt zu diesem Produkt zurechenbaren Kosten abgezogen werden (z. B. Produktkosten pro Einheit für Rohstoffe, Löhne für die Fertigung des Produkts). Man kann damit ermitteln, ob die Produktion dieser Leistung wirtschaftlich vertretbar ist, zum Unternehmenserfolg beiträgt (vgl. Tab. 10.7). Der *Umsatz* ist z. B. insofern bedeutsam, als er angibt, ob das Medienunternehmen überhaupt ein nennenswertes Geschäft gemacht hat (z. B. auf dem Werbemarkt und dem Rezipientenmarkt, vgl. Abb. 10.4 und Tab. 10.7).

10.4.3 Wachstum

Wachstum ist ebenfalls eines der typischen Ziele von Unternehmen, es drückt Erfolg aus, vergrößert die Marktmacht, ermöglicht die bessere Ausnutzung von vorhandenen Ressourcen. Aber auch hier ist anzugeben, worauf genau sich der Begriff im Einzelfall bezieht, geht es um *quantitative* Größen wie *Umsatz, Gewinn, um Ressourcen, Anzahl der Beschäftigten, um neue Produkte oder neue Geschäftsfelder, Wachstum von Größen wie Einschaltquoten/Auflage/Marktanteile/Reichweite,* im Zentrum der Betrachtung? Hohe

Tab. 10.7 DB-Rechnung für eine Publikumszeitschrift. (Quelle: Köcher, 2000, S. 238, verändert und verkürzt)

	Brutto-Umsatzerlöse *Copy-Verkauf* der Zeitung + Brutto-*Werbeerlöse*
Bruttoumsatz	= Brutto-Umsatzerlöse
Preisnachlässe	– Erlösminderungen (Rabatte/Provisionen …)
Nettoumsatz	= Netto-Umsatzerlöse
Abzüglich Einzelkosten	– Heftkosten (Druck/Papier) – Versand/Verpackung
Deckungsbeitrag	= Deckungsbeitrag

Produktionskosten der Erstkopien von Mediengütern (z. B. Kinofilmen) bewirken, dass Medienunternehmen grundsätzlich am Wachstum ihrer Märkte interessiert sind. Oder geht es um qualitatives Wachstum über *neue Produktionsmethoden, Leistungsfähigkeit, Effizienz und Effektivität* des Unternehmens (vgl. Macharzina & Wolf, 2010, S. 266; Kowatsch, 2007, S. 132)? Geht es um *internes* Wachstum, etwa durch die Neuentwicklung von Produkten oder um *externes* Wachstum durch Übernahme anderer Unternehmen? Je nachdem, welchen Bezugspunkt des Wachstums man seitens des Unternehmens in den Mittelpunkt stellt, verändert sich auch die Messbarkeit des Erfolges in Bezug auf dieses Wachstum.

10.4.4   Erschließung neuer Märkte, Einschaltquote/Auflage

Zwei der bedeutsamsten Wachstumsziele in der Medienwirtschaft sind die Erschließung neuer Märkte und die Einschaltquote/Auflage. Neue Märkte kann man verstehen als neue *geografische* Märkte, also neue Regionen oder Länder. Anderseits spricht man auch von neuen Märkten, wenn man *neue Kundengruppen,* auch mit anderen Produkten, gewinnen kann.

Mit dieser Art geografischen Wachstums und der Ausweitung des Produktportfolios lässt sich das Risiko eines Unternehmens, welches sich aus der Abhängigkeit von einem spezifischen regionalen oder Produkt-Standbein ergibt, senken (vgl. Abschn. 10.4.6). Auch bei der *Einschaltquote (TV)/Auflage (Print)/Reichweite (Web)* ist Wachstum ein Erfolgsfaktor.

10.4.5   Qualität, Kundenzufriedenheit, Kundenbindung

Die Zielgrößen Kundenbindung/Kundenzufriedenheit und Qualität hängen zusammen. Sie beziehen sich einerseits auf den Rezipienten, andererseits auf den Werbekunden

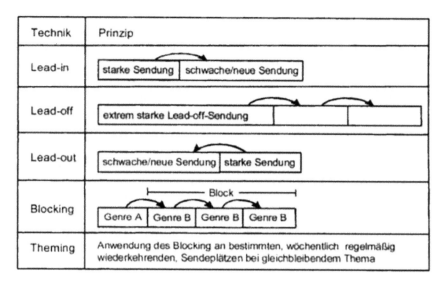

Technik	Prinzip
Lead-in	starke Sendung | schwache/neue Sendung
Lead-off	extrem starke Lead-off-Sendung
Lead-out	schwache/neue Sendung | starke Sendung
Blocking	Block — Genre A | Genre B | Genre B | Genre B
Theming	Anwendung des Blocking an bestimmten, wöchentlich regelmäßig wiederkehrenden, Sendeplätzen bei gleichbleibendem Thema

Abb. 10.5 Kundenbindung in der Programmplanung. (Quelle: Petzoldt & Sattler, 2009, S. 90)

als Abnehmer der Kontaktleistungen des Medienunternehmens. Die Kundenzufriedenheit steigt mit der wahrgenommenen Qualität des Produktes[4]. Da Medienunternehmen auf beiden Märkten an einer dauerhaften Kundenbeziehung interessiert sind, unternehmen sie größere Anstrengungen, einmal gewonnene Kunden nicht wieder zu verlieren. Man setzt deswegen z. B. im TV verschiedene Instrumente zur Zuschauerbindung ein (vgl. nachfolgendes Beispiel und Abb. 10.5).

Beispiel: Kundenbindung/Zuschauerbindung

Die TV-Programmplanung nutzt verschiedene Instrumente der Kunden- bzw. *Zuschauerbindung* an das Programm:

„Diese Strategie, in deren Rahmen (werk)täglich eine Programmierung der gleichen Sendeform auf dem gleichen Sendeplatz erfolgt, bezeichnet man als Stripping (…) das Programm muss für den Zuschauer planbar und berechenbar zusammengestellt werden. (…) Die Strategie des Audience Flow bildet neben dem Stripping einen zweiten wesentlichen Baustein der Programmplanung. Insgesamt gilt es, Sendestrecken herzustellen, die mehrere Programmplätze umfassen. Einmal erreichte Zuschauer müssen durch die Programmstruktur möglichst ohne Verluste von einer Sendung zur nächsten geleitet werden" (Koch-Gombert, 2010, S. 184). Dazu vermeidet man Genrewechsel zwischen den Sendungen und nutzt Lead-in (eine starke Sendung vor ein neues oder

---

[4] Bzw. dem Verhältnis zwischen *erwarteter* und *tatsächlicher* Qualität des Medienproduktes aus Sicht des Rezipienten.

schwaches Programm positionieren), Lead-off (der Versuch, durch eine starke Sendung zu Beginn der Primetime ein hohes Publikum für die ganze Primetime zu gewinnen) und Blocking (mehrere Sendungen gleichen Typs und Inhalts hintereinander platzieren) (vgl. Koch-Gombert, 2010, S. 185).◄

Qualität ist im Zusammenhang mit Medien zumindest auf dem *Rezipientenmarkt* eine schwierig zu bewertende Dimension. Qualitätswahrnehmung eines Produktes durch den Rezipienten ist immer subjektiv (vgl. Sjurts, 2011, S. 513). Der Qualitätsmaßstab ist das Ausmaß der erwarteten Bedürfnisbefriedigung (vgl. Tab. 6.4)[5].

Auf dem *Werbemarkt* lässt sich Qualität einfacher und objektiv messen. Hier ist die Qualität tatsächlich mit Kennzahlen messbar, die angeben, wie genau die Zielgruppe erreicht wird (*Zielgruppenaffinität* des Mediums oder der Werbemaßnahme). Darüber hinaus ist ebenso anhand von Kennzahlen (z. B. Umsatzwachstum, Zahl der Neukontakte oder Neukunden) messbar, ob die zugesagten Werbeziele mit einer Werbemaßnahme erreicht wurden. Dazu werde ich im Kap. 11 noch Genaueres sagen.

10.4.6 Risikominimierung/Sicherheit/Sicherung des Unternehmensbestandes

Als Risikominimierungsstrategie hatte ich oben schon die Verteilung des Geschäfts auf mehrere Produkt- oder Geschäftsfeld-Standbeine genannt. Da die Medienbranche aufgrund ihrer speziellen Eigenschaften (hohe Fixkosten, die vor den ersten Einnahmen entstehen, hohe Floprate, Zeitabhängigkeit des Werts der Güter, fehlende objektive Qualitätskriterien etc.) (vgl. Kap. 12 und 13 sowie Kiefer & Steininger, 2014, S. 185 f.) risikoreich ist, ist man bemüht, die kurzfristigen (z. B. Liquidität[6]) und die langfristigen (nachhaltige Sicherung des Unternehmensbestandes) Unsicherheitsfaktoren (hohe Produktionskosten, Rezipientenverhalten, technische und rechtliche Rahmenbedingungen der Vermarktung) möglichst zu minimieren. Dazu gibt es eine Anzahl von Ansätzen wie Produkttests, Risikobeteiligung aller beteiligter Wertschöpfungspartner und mittlerweile sogar computergestützte Prognoseinstrumente auf der Basis neuronaler Netzwerke für die zu erwarteten Einnahmen (vgl. Gladwell, 2006; Zydorek, 2018, S. 69 ff., 2022, Kap. 1 und 2).

---

[5] Zum Thema der publizistischen Qualität hatte ich in Abschn. 6.3 im Zusammenhang mit der Diskussion der gesellschaftlichen Funktionen von Medien schon die wichtigsten Kriterien genannt, die dabei eine Rolle spielen: Aktualität, Relevanz, Richtigkeit, Verständlichkeit, Vielfalt, Vollständigkeit, Unparteilichkeit (vgl. Wellbrock 2011, S. 26).

[6] Liquidität ist die Fähigkeit des Unternehmens, alle erforderlichen Zahlungen aus bereitstehenden (mehr oder minder sofort) flüssigen Mitteln fristgerecht vornehmen zu können. D. h. den jeweilig mit bestimmten Fristigkeiten anfallenden Verpflichtungen zur Zahlung sind dann jeweilig Mittel in der entsprechenden Höhe gegenüberzustellen.

Eine der wichtigsten inhaltsbezogenen Strategien ist der Rückgriff auf Produktionsformate (…) Für die produzierende Organisation wie den individuellen Produzenten mindert der Rückgriff auf anerkannte Formate der Fiktion-Produktion nicht nur den Faktor Unsicherheit erheblich, er erleichtert in der Regel auch die Realisierung der Produktion: Budgets werden eher freigegeben für ein relativ erfolgssicheres Format als für ein Avantgarde-Projekt (…) Weniger unmittelbar schlagen sich herstellungsbezogene Strategien der Unsicherheitsbewältigung in den Medienprodukten nieder (…) die wichtigste Strategie ist wohl die, Produktionsaufträge nach Track Records zu vergeben, also nach Zahl der Projekte, die ein Produzent bereits produziert hat (Kiefer, 2005, S. 206 f.).◄

10.4.7   Wettbewerbsfähigkeit

Die Wettbewerbsfähigkeit stellt eine Beziehung zu den Konkurrenten des jeweiligen Medienunternehmens dar. Hierbei geht es grundsätzlich darum, hinsichtlich vieler verschiedener Größen wie Preisen, Ressourcen, Prozessen, Produktqualität und -design, Standort, Service, Erfolgspotenzialen in Bezug auf die Wettbewerber nicht zurückzufallen, sondern mindestens gleichwertig, eher besser zu sein. Hierzu gibt es eine reichhaltige Managementliteratur (vgl. z. B. Porter, 2000; Fleck, 1995; als Übersicht Welge et al., 2017, S. 309 ff.).

10.5   Die Einbindung des Rezipienten in die Wertschöpfung bei Mediengütern im Onlinebereich

Ein besonders Kennzeichen der Entwicklung der letzten 15 Jahre im Mediensektor ist der Versuch, durch die *Einbindung des Rezipienten* in die Wertschöpfungskette des Medienprodukts Kosten zu sparen (vgl. z. B. Bakker, 2012, S. 2–5) sowie gleichzeitig die Akzeptanz des Produkts zu testen und zu verbessern sowie durch virale Effekte die Reichweite der Inhalte zu steigern.

Im Web 2.0 finden wir eine Vielzahl von Fällen, in denen der Content nicht mehr vom Medienunternehmen selbst produziert wird, sondern man lässt den User selbst diejenigen Inhalte produzieren, die andere User interessieren (...) Dass Aktualitätsgewinne des Mediums, bessere Abdeckung von Themen und Ereignissen sowie eine höhere Rezipientenbindung an das „mit-produzierte Medium" erreicht werden, sind willkommene Effekte neben dem Einspareffekt bei der Medienproduktion, die aus der Personalintensität von Content-Produktionsprozessen resultiert. Aber auch auf anderen Ebenen als der Beschaffung von Content werden die Ressourcen und Aktivitäten des Kunden/Rezipienten bei der Produktion weiterer Rezipientenkontakte und Transaktionen nutzbringend eingesetzt. Dies ist z. B. bei

Angeboten der Fall, bei denen Rezipienten *aktiv oder passiv an der Wertschöpfung im Bünde-lungsbereich*, z. B. der Individualisierung des Produktangebotes, teilnehmen. Aktiv geschieht das bei sogenannten Product Finders (Suchfeatures, Produktvergleichen, Dialog- und Filter-systemen), Recommendation Systems („Kunden, die diesen Artikel gekauft haben, kauften auch (...)") und aktiver Produktbewertung, wie sie das Unternehmen Amazon.com seit langem einsetzt, um gezielt Produktvorschläge machen zu können (Zydorek, 2009, S. 74 f.; Fußnoten weggelassen).

Kolo (2020, S. 1000) zeigt eine Übersicht von Tätigkeiten in denen User zur Wertschöp-fung traditioneller Medien beitragen (können) (Abb. 10.6).

In diesem Zusammenhang ist darauf hinzuweisen, dass Unternehmen wie Facebook und Google, die sich gerne als Technologiefirmen oder Plattformen bezeichnet haben, natürlich als Medienunternehmen aktiv sind (vgl. Napoli & Caplan, 2017)[7].

Die nutzergenerierten Inhalte selbst wurden von der OECD ganz grundsätzlich definiert als

- Content, der über das Internet öffentlich zugänglich gemacht wird
- in dem ein Mindestmaß an kreativer Schöpfungshöhe steckt und
- der außerhalb professioneller Routinen und Praktiken erzeugt wird (OECD, 2007, S. 11).

Die Übergänge zwischen amateurhaft und professionell produziertem Content sind heut-zutage fließend. Wenn man beispielsweise an die Contents sogenannter Creators auf Streaming-Plattformen denkt (z. B. Rezo, Marvin), kann man sie z. T. kaum nach die-ser Definition als UGC bezeichnen. Ebenso verwischen die Grenzen zwischen Content, der unbezahlt bleibt und denjenigen Inhalten, für den die Produser an den Erlösen beteiligt werden oder auf andere Weise (von Werbetreibenden Unternehmen, „Sponsoren", durch den Verkauf eigener Produkte) bezahlt werden.

Über die Gründe, warum sich User im Social Web an der Wertschöpfung für das Medienunternehmen beteiligen, habe ich schon in Abschn. 4.3 argumentiert, dass der User dabei auf verschiedenen Ebenen Bedürfnisbefriedigung erfahren kann: *Teilhabe und Interaktion* mit Inhalten durch Bewertung, Kommentierung, „Sharen" und „Liken" hilft bei der Befriedigung sozialer Bedürfnisse und dient dem Informationsmanagement (Wie orientiere ich mich in der Welt?). Die *Produktion von Inhalten* wie Texten, Audio, Videos, Kommentaren etc. kann der Identitätsarbeit, dem Identitätsmanagement (Wer bin

---

[7] Die von Ihnen vorgetragenen Argumente sind: 1. Wir produzieren keinen Content 2. Wir sind Com-puterwissenschaftler 3. Wir bearbeiten unsere Inhalte nicht editoriell 4. Wir finanzieren uns über Werbung. Beziehen wir diese Aussagen auf unsere Definition von Onlinemedienunternehmen wird schnell klar, dass das keine validen Argumente sind. Es ging den Unternehmen immer nur darum, attraktiv für Investoren zu sein und der (starken) Regulierung als Medienunternehmen zu entgehen (vgl. Napoli & Caplan, 2017).

ich?), dem Impression- sowie Beziehungsmanagement (Wo ist mein Platz in der Gesellschaft?) sowie dem Selbstwirksamkeitsgefühl dienlich sein (vgl. noch einmal Tab. 4.2 und Schmidt & Taddicken, 2017, S. 31 ff.).

10.6   Das Rezipientenverhalten in den interaktiven Medien als Mehrwert und Handelsgut

Es wäre eine Unterschlagung wichtiger Erkenntnisse und Diskussionen der letzten zwei Dekaden, wenn ich Sie nicht darauf hinweisen würde, dass die Entwicklungen hin zum großenteils durch Werbung finanzierten Web und die massive Nutzung von Smart Products im Alltag vieler Menschen noch viel umfassendere und gravierendere ökonomische und gesellschaftliche Folgen haben, als eine (teilweise) „Enteignung" von Produsern von den Urheberrechten der von Ihnen hergestellten Contents auf Plattformen, die vom User Generated Content leben.

An Beispielliteratur prominenter Mahner (vgl. Lanier, 2014, 2018; Nadler et al., 2018; Zubov, 2018, 2019) will ich kurz verdeutlichen, worum es aus Sicht des Mediennutzers geht und was daran kritisiert wird.

Aufgrund der lange Zeit beschränkten Möglichkeiten, im Internet als Medienunternehmen Erlöse beim Rezipienten direkt zu erzielen („Kostenlosweb" vgl. noch einmal das Modell der doppelten Marktverbundenheit in Abschn. 8.5), haben sich in den letzten zwanzig Jahren andere Formen der Erlöserzielung durchgesetzt, die heute nur deswegen funktionieren können, weil die Medienunternehmen *Anwendungsarchitekturen* (Zubov: Extraktionsarchitekturen) erstellt haben, bei der die Mediennutzung durch den Rezipienten einen Mehrwert für andere (Werbetreibende Unternehmen, Aufkäufer von Verhaltensdaten) generiert (Zubov: Behavioural Surplus).

> In dieser digitalen Umklammerung wird jedes „smarte" Gerät, jedes Interface, jeder Touchpoint zum Knotenpunkt eines unermesslichen Nachschubnetzes, das einzig dem Aufspüren, Verfolgen, Herbeiführen und Extrahieren von weiterem Verhaltensüberschuss dient (Zubov, 2018, S.2).

Die mittlerweile im Web entstandenen Extraktionsarchitekturen des Überwachungskapitalismus (Zubov) helfen heutzutage aufgrund der Interaktivität und des Echtzeitcharakters bei der Erzeugung eines Mehrwerts, indem sie menschliches Verhalten prognostizierbar und sogar beinflussbar machen (Lanier: Behaviour Modification Machines)[8]. Und das gilt aufgrund der umfassenden Verbreitung und Institutionalisierung der Smartphone-Nutzung, digitaler Assistenten und sogenannter Smart Products in enormem Ausmaß und nun fast jeder Lebenssituation, durch entsprechende Apps, sogar während wir schlafen.

---

[8] Plastische Beispiele dafür kann man in dem Film „The Social Dilemma" (Deutsch: Das Dilemma mit den Sozialen Medien) von Jeff Orlowski-Yang von 2020 sehen (https://www.imdb.com/title/tt1 1464826/).

Neben der Tatsache, dass Rezipienten dadurch bei der Nutzung vermeintlich kosten-loser Anwendungen in Unkenntnis große Werte an die Medienunternehmen (Plattformen, Anbieter von Anwendungen und Apps, Suchmaschinen, Anbieter von Smart Products etc.) übertragen, ohne sich darüber im Klaren zu sein, setzen sich die Nutzer zunehmend raffinierterer Verhaltensmanipulationen in Bezug auf ihre Mediennutzung, ihre Präferen-zen und ihren Konsum, ihre Meinung usw. aus. Dieser Vorgang findet aufgrund des Wettbewerbs immer besserer Methoden der Verhaltensprognose und -steuerung keine Begrenzung und die Nutzung dieser Medien ist heutzutage unverzichtbar, wenn man am Sozialen Leben, Arbeit, Bildung, Gesundheit etc. teilnehmen will. Deshalb wird nun in der wissenschaftlichen und öffentlichen Diskussion angemahnt, dass dieser Prozess ers-tens dem Nutzer bewusst zu machen ist (Algorithmentransparenz) und das zweitens der Staat hier regulierend eingreifen soll, damit wir einerseits selbst entscheiden können, was wir für akzeptabel halten und wir nicht unlegitimierter, böswilliger oder schädlicher (auch politischer) Verhaltensmanipulation unterworfen werden.

Mittlerweile wurde (auch) zu diesem Thema auf der europäischen Ebene ein sehr komplexer staatlicher *Regulierungsansatz* formuliert und beschlossen, der wahrschein-lich ab dem späten Jahr 2023 Anwendung findet: *Das Digitale Dienste Gesetz* (Digital Service Act), das europäisch einheitlich und fair die *Sorgfaltspflichten digitaler Dienste,* die als Vermittler fungieren[9] und Verbrauchern den Zugang zu Waren, Dienstleistun-gen und Inhalten ermöglichen, formuliert (vgl. zum Folgenden Europäische Kommission, 2020; Burggraf et al., 2021; Zimmermann & Heinzel, 2022). Ziel ist die Schaffung eines *transparenten und sicheren Online-Umfeldes.*

Die Verpflichtungen sind prinzipiell *in vier Kategorien* zunehmend strikter gestuft, je nachdem, ob nur reine Durchleitung oder auch Verarbeitung, Filterung etc. stattfinden, ob die Angebote *für alle Nutzer* (öffentlich, keine geschlossenen Gruppen) bereitgestellt werden und *wie groß* die Anbieter sind (vgl. Abb. 10.7, dort von außen nach innen nach immer strikteren Regeln, die in der darauffolgenden Abb. 10.8 von links nach rechts hinzukommen). Die für die illegalen Informationen und ihre Verbreitung verantwortlichen Nutzer, Infoanbieter etc. bleiben zusätzlich zu den hier regulierten Dienstleistern auch weiterhin in der Verantwortung und haftbar.

Im DSA werden (sehr weit, in Art. 2) illegale Inhalte definiert als

1. Informationen, die an sich rechtswidrig sind, etwa illegale Hassrede, terroristische Inhalte oder rechtswidrige diskriminierende Inhalte,

---

[9] Vermittlungsdienstleister ist der Oberbegriff für Internetdienste-Anbieter, Cloud-Dienste, Messaging-Dienste, Onlinemarktplätze und soziale Netzwerke. Wer Dienste anbietet, auch reine Durchleitung, Caching, Hosting sowie Vermittlung von Dienstleistungen, die auf elektronischem oder nicht elektronischem Weg erbracht werden (IT, Transport, Beherbergung, Lieferdienste), muss Verpflichtungen in Bezug auf illegale Inhalte erfüllen.

Beispiele für den Einsatz sozialer Medien im Kontext traditioneller Medien:

- In sozialen Medien beobachtbare Nutzer-interessen, geben Hinweise auf Themenwahl
- Nutzer tragen direkt zur Konzeption neuer oder modifizierter Inhalte bei
- Soziales Begleit-angebot traditioneller Medienmarken eröffnet neue Werbeformen

- Nutzer stellen eigene Inhalte zur Verfügung (mit mehr oder weniger starken Eingriffen durch eine Redaktion)
- Begleitangebote in den sozialen Medien („Second Screen") nach bzw. vor eigentlicher Sendung sowie parallel
- Kommentierung von Inhalten

- Nutzer bewerten die Relevanz von Nach-richten (soziales Ranking)
- Nutzer stellen sich selbst ein kompaktes Informationsangebot aus verschiedenen Quellen zusammen
- Kombination redaktioneller und sozialer Inhalte

- Soziale Medien bieten traditionellen Medienmarken ergänzende Publikationsplattform (neue „Kioske" im Internet zur Distribution von Inhalten)
- Nutzer geben Empfehlungen zu Inhalten bzw. Medienangeboten

Abb. 10.6 Userbeiträge zur Wertschöpfung in Medien. (Quelle: Kolo, 2020, S. 1000, Ausschnitt)

Abb. 10.7 Asymmetrische Regulierung nach dem DSA. (Quelle: Zimmermann & Heinzel, 2022, S. 10, Ausschnitt)

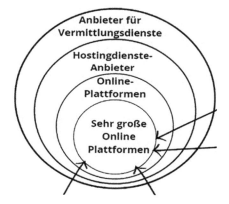

2. Informationen, die mit rechtswidrigen Handlungen zusammenhängen, etwa der Weitergabe von Darstellungen sexuellen Missbrauchs von Kindern, der rechtswidrigen Weitergabe privater Bilder ohne Zustimmung, Cyber-Stalking und
3. Mit dem Verkauf nicht konformer oder gefälschter Produkte, der nicht genehmigten Verwendung urheberrechtlich geschützten Materials und Handlungen im Zusammenhang mit Verstößen gegen das Verbraucherschutzrecht verbunden sind.

Es geht also um jede Form von illegalen Inhalten und angebotenen Produkten, die dem User und der Gesellschaft Nachteile oder negative Folgen erbringen und um die Einrichtung von Gremien und Verfahren, die das Selbst- und Fremdmonitoring der dagegen ergriffenen Maßnahmen festlegen und überwachen. Es geht also um die Frage der Verantwortung und Haftung für illegale Inhalte und Aktivitäten. Darüber hinaus geht es auch um Onlinewerbung und den Einsatz von Algorithmen, z. B. in Empfehlungssystemen.

Den komplexen und durchdachten Regelungsansatz kann ich an dieser Stelle nicht weiter ausführen, bedeutsam im Zusammenhang dieses Abschnitts sind jedenfalls eine ganze

Abgestufte Regelungsdichte: welche Anforderungen für welche Plattformen

	Vermittlungs-dienste	Hosting Dienste	Online-Plattformen	sehr große Online-Plattformen
Transparenzberichte	•	•	•	•
Verpflichtung zur angemessenen Berücksichtigung der Grundrechte in Nutzungsbedingungen	•	•	•	•
Auf Anweisung Zusammenarbeit mit nationalen Behörden	•	•	•	•
Kontaktstellen und – falls erforderlich – rechtlicher Vertreter	•	•	•	•
Melde-, Abhilfe- und Informationspflichten gegenüber Nutzern		•	•	•
Beschwerde- und Rechtsbehelfsmechanismen sowie außergerichtliche Streitbeilegungsverfahren			•	•
Vertrauenswürdige Hinweisgeber			•	•
Maßnahmen gegen missbräuchliche Meldungen und Gegendarstellungen			•	•
Prüfung der Vertrauenswürdigkeit von Drittanbietern			•	•
Transparenz von Onlinewerbung zugunsten der Nutzer			•	•
Meldung von Straftaten			•	•
Verpflichtung zu Risikomanagement und Compliance-Beauftragter				•
Externe Risikoprüfungen und öffentliche Rechenschaftspflicht				•
Transparenz der Empfehlungssysteme und Wahlmöglichkeiten der Nutzer beim Zugang zu Informationen				•
Datenaustausch mit Behörden und Forschenden				•
Verhaltenskodizes				•
Zusammenarbeit in Krisen				•

Quelle: Europäische Kommission. Faktenblatt DSA: Ein Europa für das digitale Zeitalter – was sich für Plattformen ändert.

Abb. 10.8 Welche Regeln für welche Plattform. (Quelle: Burggraf et al., 2021, S. 294)

Anzahl von Anforderungen, speziell die Regelungen zur *Transparenz von Onlinewerbung* und *Empfehlungssystemen,* der *Vertrauenswürdigkeit von Drittanbietern* und *Verpflichtungen zur Zusammenarbeit* mit Behörden, der Öffentlichkeit und Forschenden. Wichtige Regelungen zur Werbung und zu Algorithmen sind bspw.:

- Eine Transparenzpflicht gegenüber dem Nutzer über algorithmische Empfehlungssysteme und deren Kriterien sowie die Möglichkeit für Nutzer einzurichten, diese selbständig zu verändern (Art. 29)
- die Pflicht zur eindeutigen Benennung von Werbung[10] einschließlich des dahinterstehenden Unternehmens und der wichtigsten Targeting-Parameter (Art. 24).

---

[10] „Werbung sind Informationen, die dazu bestimmt sind, die Botschaft einer juristischen oder natürlichen Person zu verbreiten, unabhängig davon, ob damit gewerbliche oder nichtgewerbliche Zwecke verfolgt werden, und die von einer Online-Plattform auf ihrer Online-Schnittstelle gegen Entgelt speziell zur Bekanntmachung dieser Informationen angezeigt werden" (COM (2020) 825 final Art. 2).

- Bei Erwachsenen darf künftig keine Werbung mehr auf Basis von sensiblen Daten ausgespielt werden, z. B. Gesundheitsdaten und alle Informationen, die auf die sexuelle Orientierung, die politische Meinung oder die religiöse Überzeugung schließen lassen.
- Verbot zielgerichteter Werbung, für die die Daten von Minderjährigen ausgewertet werden (Art. 24).
- Öffentliche Sammlung und Dokumentation der Inhalte, Werbetreibenden Unternehmen, Werbezeitraum und Targeting-Kriterien für ein Jahr (Art. 30).
- Einräumung von Zugriff auf zugrunde liegende Daten für die Behörden und für Wissenschaftler (Art. 31).

Wie sich dieses Regelungspaket in der Praxis bewähren wird, bleibt abzuwarten.

Literatur

Bakker, P. (2012). Aggregation, content farms and huffinization – The rise of low-pay and no-pay journalism. *Journalism Practice, 6.*

BDZV. (2022). *Zur wirtschaftlichen Lage der deutschen Zeitungen.* Branchenbeitrag. Berlin.

Bea, F. X., Dichtl, E., & Schweizer, M. (2002). *Allgemeine Betriebswirtschaftslehre: Bd. 3. Leistungsprozess.* UTB.

Burggraf, J., Herlach, C., & Wiesner, J. (2021). EU digital services und digital markets act. *Media Perspektiven, 5,* 292–300.

Eisenbeis, U. (2007). *Ziele, Zielsysteme und Zielkonfigurationen von Medienunternehmen: Ein Beitrag zur Realtheorie der Medienunternehmen.* Hampp.

Europäische Kommission. (2020). *Vorschlag für eine Verordnung über einen Binnenmarkt für digitale Dienste.* 15.12.2020, COM (2020) 825 final.

Fleck, A. (1995). *Hybride Wettbewerbsstrategien. Zur Synthese von Kosten- und Differenzierungsvorteilen.* Gabler.

Gladwell, M. (16. Oktober 2006). The Formula. *The New Yorker.* http://www.newyorker.com/magazine/2006/10/16/the-formula. Zugegriffen: 22. Jan. 2017.

Kiefer, M. (2005). *Medienökonomik* (2. Aufl.). Oldenbourg.

Kiefer, M. L., & Steininger, C. (2014). *Medienökonomik: Einführung in eine ökonomische Theorie der Medien.* (3. Aufl.). Oldenbourg.

Köcher, A. (2000). Medienmanagement als Kostenmanagement und Controlling. In M. Karmasin & C. Winter (Hrsg.), *Grundlagen des Medienmanagements* (S. 219–243). W. Fink.

Koch-Gombert, D. (2010). Aufgaben und Strategien der Programmplanung im klassischen Free-TV und im Digitalen Wettbewerb. In K. Lantzsch, K.-D. Altmeppen, & A. Will (Hrsg.), *Handbuch Unterhaltungsproduktion* (S. 180–194). VS Verlag.

Kolo, C. (2020). Social Media in J. Krone & J. Pellgrini. (Hrsg.) *Handbuch Medienökonomie.* (S. 990–1013). Springer.

Kowatsch, T. (2007). Wachstumsstrategien. In C. Zydorek (Hrsg.), *Strategien im Medienmanagement: Bd. 3 Arbeitspapier der Fakultät Digitale Medien* (S. 123–170). Hochschule Furtwangen.

Lanier, J. (2014). *Wem gehört die Zukunft? Du bist nicht der Kunde der Internetkonzerne, Du bist ihr Produkt.* Hoffmann und Campe.

Lanier, J. (2018). *How we need to remake the Internet.* TED 2018. https://www.ted.com/talks/jaron_lanier_how_we_need_to_remake_the_internet. Zugegriffen: 6. Apr. 2022.

Macharzina, K., & Wolf, J. (2010). *Unternehmensführung: Das internationale Managementwissen* (7. Aufl.). Gabler.

Maleri, R. (1994). *Grundlagen der Dienstleistungsproduktion* (3. Aufl.). Springer.

Nadler, A. Crain, M., & Donovan, J. (2018). *Weaponizing the Digital Influence Machine: The Political Perils of Online Ad Tech*. Data & Research Science Institute. https://datasociety.net/library/weaponizing-the-digital-influence-machine/. Zugegriffen: 12. Aug. 2022.

Napoli, P. M., & Caplan, R. (2017). Why media companies insist they're not media companies, why they're wrong and why it matters. *First Monday, 22*(5), 1–13.

OECD. (2007). Participative web and user-created content. https://read.oecd-ilibrary.org/science-and-technology/participative-web-and-user-created-content_9789264037472-en#page4. Zugegriffen: 8. Juni 2020.

Pepels, W. (2009). *Handbuch des Marketings* (5. Aufl.). Oldenbourg.

Pezoldt, K., & Sattler, B. (2009). *Medienmarketing: Marketingmanagement für werbefinanziertes Fernsehen und Radio*. UTB.

Porter, M. E. (2000). *Wettbewerbsvorteile* (6. Aufl.). Campus.

Schmidt, J.-H., & Taddicken, M. (2017). (Hrsg.). *Handbuch Soziale Medien*. Springer VS.

Sjurts, I. (2004). Der Markt wird's schon richten!? Medienprodukte, Medienunternehmen und die Effizienz des Marktprozesses. In K.-D. Altmeppen & M. Karmasin (Hrsg.), *Medien und Ökonomie: Bd. 2. Problemfelder der Medienökonomie* (S. 159–182). VS Verlag.

Sjurts, I. (Hrsg.). (2011). *Gabler Lexikon Medienwirtschaft* (2. Aufl.). Gabler.

Welge, M. K., Al-Laham, A., & Eulerich, M. (2017). *Strategisches Management* (7. Aufl.). Springer Gabler.

Wellbrock, C. M. (2011). Die journalistische Qualität deutscher Tageszeitungen – Ein Ranking. *Medienwirtschaft, 2011*(2), 22–31.

Zimmermann, H., & Heinzel, C. (2022). *Der Digital Services Act – Plattform-Regulierung für Demokratie und Nachhaltigkeit in der EU – aktueller Stand und Verbesserungspotenziale*. German Watch.

Zubov, S. (2018). *Das Zeitalter des Überwachungskapitalismus*. Campus.

Zubov, S. (2019). Surveillance Capitalism – Überwachungskapitalismus. In Aus Politik und Zeitgeschichte. https://www.bpb.de/shop/zeitschriften/apuz/292337/surveillance-capitalism-ueberwachungskapitalismus-essay/. Zugegriffen: 7. Apr. 2022.

Zydorek, C. (2009). Postmediale Wirklichkeiten und Medienmanagement. In S. Selke & U. Dittler (Hrsg.), *Postmediale Wirklichkeiten – Wie Zukunftsmedien die Gesellschaft verändern* (S. 67–92). Heise.

Zydorek, C. (2018). *Grundlagen der Medienwirtschaft - Algorithmen und Medienmanagement*. Springer Gabler.

Zydorek, C. (2022). *KI in der digitalisierten Medienwirtschaft - Fallbeispiele und Anwendungen von Algorithmen*. Springer Gabler.

Akteurstyp 3: Der Abnehmer auf dem Werbemarkt (Werbetreibende Unternehmen)

Zusammenfassung

Was sind werbetreibende Unternehmen, was sind Werbung durchführende Unternehmen?

Welche Bedeutung hat die Werbung für den Medienbereich?

Welche Bedeutung haben die Mediengattungen für die Werbewirtschaft?

Wie viel Geld geben Unternehmen für Medienwerbung aus?

Welchen Nutzen erzeugen die Medien für das werbetreibende Unternehmen?

Welche Handlungsfelder hat die Kommunikationspolitik, welches sind kommunikationspolitische Ziele der werbetreibenden Unternehmen?

Wie kann man die Werbeleistung der Medien messen?

Welche Basis-Kennzahlen der Onlinewerbung gibt es?

Welchen Einfluss haben Werbetreibende auf die Medienunternehmen?

11.1 Begriffe der Werbewirtschaft

Bevor ich mich dem dritten wichtigen Akteur auf Medienmärkten, seinen Interessen und seiner konkreten Beziehung zu den Medien zuwenden kann, müssen dazu einige Begriffe eindeutig geklärt werden. Hierzu gehört zunächst der Begriff *werbetreibendes Unternehmen,* der falsch verstanden werden kann. Es geht hierbei *nicht* um Unternehmen, deren Wertschöpfungstätigkeit im Werbebereich liegt (Werbeagenturen) und die man deswegen der Werbebranche zurechnet, sondern um Unternehmen (z. B. Obi und Zalando), Personen (z. B. Politiker), Organisationen (z. B. World Vision als wohltätige Organisation oder die Deutsche Bundesbank als staatliche Institution). Diese machen für ihre Produkte (z. B. das Bitburger Bier), sich selbst (z. B. Apple) oder von ihnen als Händler

© Springer Fachmedien Wiesbaden GmbH, ein Teil von Springer Nature 2023   193
C. Zydorek, *Einführung in die Medienwirtschaftslehre,*
https://doi.org/10.1007/978-3-658-40089-7_11

angebotene Produkte (z. B. Sport- und Damenschuhe) und Dienstleistungen (z. B. Auto-reparatur) Werbung. Oder sie beauftragen jemand anderen damit, dies zu konzipieren und zu realisieren, eine Agentur. Wichtige beteiligte Aspekte sowie die Absicht dahinter ist ganz allgemein wieder anhand der schon im benutzen Lasswell-Formel zu verdeutlichen (Tab. 11.1) (vgl. Siegert & Brecheis, 2010, S. 136).

Davon abgrenzend kann man die Akteure der Werbebranche als *Werbung Durch-führende* bezeichnen, was aber kaum jemand tut. In der Praxis wird oft der Begriff *Werbeagenturen* benutzt, der verdeutlicht, dass hier jemand für einen anderen handelt, agiert. Ich hatte schon in Abschn. 8.7 (vgl. Tab. 8.1) die allgemeine Wertschöpfungs-kette der Medienwerbung beschrieben. Werbeagenturen sind historisch ursprünglich als sogenannte *Mediaagenturen* gestartet, die für die wirtschaftliche und *möglichst erfolg-reiche Verteilung der Medienbudgets* von Werbetreibenden Unternehmen zuständig waren (Nöcker, 2021, S. 153). Daraus haben sich eine ganze Anzahl von Unterformen entwi-ckelt, die hier nicht behandelt werden können (vgl. dazu in aller Kürze Nöcker, 2021, S. 140–152). Für die Zwecke dieses Kapitels steht neben der Werbeberatung der Krea-tivteil einschließlich der Produktion und Verbreitung der Werbung im Vordergrund. Der *Prozess der Konzeption, Planung und Durchführung einer Werbekampagne* kann ganz grob wie folgt beschrieben werden (Kotler et al., 2007, S. 885 ff., ergänzt):

- Festlegung der Ziele, Zielgruppe und Marktsegmente
- Festlegung des Werbebudgets
- Entwicklung der Werbestrategie (Wahl und Entwicklung der Werbebotschaft, Auswahl der Medien)
- Produktion und Verbreitung der Werbung
- Messung der Werbewirkung.

Dabei sind dann die Werbeagenturen als Spezialisten eingebunden. Um die Aussagen bzw. Werbebotschaften, die der Erreichung der Ziele des werbetreibenden Unternehmens dienen sollen, an den Rezipienten oder genauer die *Zielgruppe* dieser Maßnahme heran-zutragen, bedient man sich *Werbeträgern,* die diese Botschaften öffentlich machen oder gezielt an einzelne Angehörige der Zielgruppe kommunizieren. Dafür kommen nicht nur die von mir in diesem Buch in den Mittelpunkt gestellten Massenmedien infrage, sondern auch Individualmedien (z. B. für Telefonwerbung) und natürlich das Integrations-medium Internet (z. B. Banner-, E-Mail-, Affiliate- und Suchmaschinenwerbung). Aber auch darüber hinaus gibt es eine Vielzahl von anderen Werbeträgern wie Plakate, Litfaß-säulen, Einkaufstüten, menschliche Kleidung, Schaufenster, Flyer, öffentliche und private Verkehrsmittel, Werbegeschenke, etc.

Da es eine riesige Anzahl möglicher Werbeträger gibt und sich immer jemand findet, der diesen Werberaum verkauft, findet man eine Menge auch zunächst abwegig erschei-nende Werbeträger (z. B. den Rücken von Boxern, Raumschiffe, den Sandwich-Man mit Bauch- und Rückenplakat). Dies ist nicht das Thema dieses Buchs und hier nur insofern

Tab. 11.1 Werbung als Kommunikationsprozess. (Quelle: In Anlehnung an Siegert & Brecheis, 2017, S. 157, verändert und ergänzt)

Wer?	Sagt was?	In welchem Kanal?	Zu wem?	Mit welchem Effekt?
Werbetreibende Unternehmen (Werbliche Kommunikatoren/Produkthersteller, Händler)	Werbebotschaften (Werbliche Aussagen) in einem Werbemittel (Anzeige, Spot etc.)	Werbeträger/Werbekanäle	Zielgruppen (spezifische Rezipientengruppen als Adressaten der Botschaft)	Persuasion (Beeinflussung), Werbewirkung, Handlungsauslösung (Kauf)

von Bedeutung, als, wie ich in Kap. 8 unter Verweis auf Siegert und Brecheis (2017, S. 58 f.) schon festgestellt habe, sich die Medienunternehmen damit im *Wettbewerb mit den Anbietern anderer Werbeträger* befinden.

Was uns dann als konkrete *Werbebotschaft* auf den *Werbeträgern* begegnet, also als *operativ realisierte, sinnlich wahrnehmbare Umsetzung der Werbebotschaft,* wird als das *Werbemittel* definiert. Das Werbemittel ist also die konkrete Anzeige, die in Printmedien auftaucht, der Werbespot im Rundfunk, das Banner oder das Pop-up im Internet.

Fragen

Definieren Sie (schriftlich, möglichst in einem kurzen Satz) folgende Begriffe:

- Werbetreibende Unternehmen
- Werbedurchführende Unternehmen/Werbeagenturen
- Werbezielgruppe
- Werbebotschaft
- Werbeträger
- Werbemittel.

11.2   Die Bedeutung der Werbung für die Medienunternehmen

Hinsichtlich der Frage nach der Wichtigkeit der Werbung für die Medien kann man drei Ansätze der Beantwortung wählen: Man kann erstens die gesamten *Werbeinvestitionen der Unternehmen* pro Jahr betrachten, zweitens die *Netto-Werbeinnahmen* der Medienunternehmen untersuchen (vgl. Siegert & Brecheis, 2017, S. 115 ff.) oder sich anschauen, welche Beträge *einzelne Unternehmen* im Jahr für Werbung aufwenden.

Die *Werbeinvestitionen* (oder Brutto-Werbeausgaben) geben die monetären Werte der Gesamtleistung der Werbung an. In Deutschland waren das im Jahr 2021 ca. 38 Mrd. €, nach 36 Mrd. € im Jahr 2020 (vgl. Media Perspektiven, 2022, S. 57). Es werden Provisionen, Skonti und Leistungen der Agenturen eingerechnet und nicht die üblicherweise gewährten (z. T. großen) Rabatte vom Betrag abgezogen. Insofern ist es für uns, aus der Perspektive der Medienunternehmen, besser, die Netto-Werbeeinnahmen zu betrachten, da sie angeben, welche Geldsummen tatsächlich fließen.

Nachfolgende Abb. 11.1 zeigt die gerundeten Werte für die *Netto-Werbeeinnahmen* der Medien im Jahr 2020 für Deutschland und gibt ihnen gleichzeitig eine Vorstellung davon, wie die *Bedeutung einzelner Medienproduktwelten* für die Werbewirtschaft ist.

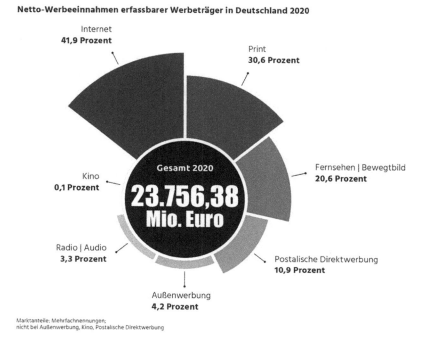

Abb. 11.1 Netto-Werbeeinnahmen erfassbarer Werbeträger in Deutschland 2020. (Quelle: https://zaw.de/wert-der-werbung/ueberblick-infografik/ Abruf 14.06.2022)

Fragen

- Welche sind den Netto-Werbeeinnahmen nach die vier Hauptwerbeträger des Massenmedienbereichs?
- Wie hoch ist somit der Anteil der hier thematisierten Massenmedien an den gesamten jährlichen Nettoeinnahmen?
- Wie ist das Verhältnis der Einnahmen von Internet-Angeboten und Fernsehen?
- Wie stehen die Nettowerbeeinnahmen zu den Bruttowerbeausgaben (vgl. oben), wenn man das Bezugsjahr 2020 betrachtet?

Wenn man sich anschaut, welche Kostenanteile das Werbebudget bei den *Produktanbietern und beim Handel* hat, dann ist zu sagen, dass sich das je nach Branche, Unternehmen und Produkt unterscheidet. Auch die Methoden zur Ermittlung des optimalen Kommunikationsbudgets für das Werbetreibende Unternehmen sind vielfältig (Meffert et al., 2019, S. 640 ff.). Oft wird der Anteil prozentual an einer ausgewählten Bezugsgröße, z. B. am *Umsatz, Marktanteil oder Gewinn des Produktes im letzten Jahr* orientiert (vgl. Unger,

2006, S. 743, Meffert et al., 2019, S. 643), es ist möglich, sich an den *typischen Ausgaben in dem spezifischen Produktsegment* zu orientieren oder auch *zielorientiert* vorzugehen und zur Maßgabe zu machen, wieviel Budget für die Erreichung eines bestimmten Ziels (Prozentuale Bekanntheit, Ziel-Jahresumsatz, Wettbewerbsanteil) nötig ist (vgl. Meffert et al., 2019, S. 641). Man kann als ein solches Ziel auch die Gewinnung eines einzelnen neuen Kunden betrachten und auf Basis der Kalkulation der *Kosten eines Neukunden* arbeiten. Als grobe Orientierung kann man sagen, dass der Umsatzanteil der Werbung zwischen unter einem Prozent bis zu 30 % liegen kann.

Was Werbeausgaben einzelner *Branchen* und *einzelner Unternehmen* angeht, möchte ich mit ein paar Daten nur eine Vorstellung von den Budgetgrößen geben: Im Jahr 2021 gab in Deutschland der Lebensmitteleinzelhandel mit ca. 2,6 Mrd. Euro am meisten aus, PKW und Süßwaren gaben ungefähr je 1 Mrd. Euro für Werbung aus, für Glücksspiel und Mobilfunk wurde ungefähr je 600 Mio. Euro ausgegeben (Statista 2022[1] nach Nielsen).

Bei den Bruttowerbeausgaben der *Unternehmen* in Deutschland liegt traditionell Procter + Gamble (Blendax, Lenor, Gilette, Wella u. v. m.) vorne, 2019 mit knapp über 1 Mrd. €, im Jahr 2019 gefolgt von Ferrero (Duplo, Nutella, Rocher u. v. m., 515 Mio. €), Lidl (393 Mio. €), Amazon (387 Mio. €) sowie L'Oreal (Kosmetik, Friseurbedarf, Konsumgüter, 262 Mio. €)[2].

Nachdem nun die Begriffe und einige Grundlagen geklärt sind, kann ich auch zum dritten Akteurstyp drei wichtige Fragen stellen und (exemplarisch) beantworten.

Frage 1: Welchen Nutzen erzeugen die Medien für das werbetreibende Unternehmen (vgl. Abschn. 11.3)?
Frage 2: Wie wird die Werbeleistung gemessen (vgl. Abschn. 11.4)?
Frage 3: Wie wird das Medienprodukt an die Bedarfe der werbetreibenden Wirtschaft angepasst (vgl. Abschn. 11.5)?

11.3   Welchen Nutzen erzeugen die Medien für das werbetreibende Unternehmen?

Um zu verstehen, welchen Nutzen die Werbung für die Werbetreibenden Unternehmen hat, die solche enormen Investitionen rechtfertigen, ist kurz zu klären, warum es für Anbieter von Gütern heute überhaupt notwendig ist, Werbung zu treiben.

Dazu wird im Allgemeinen in der Marketingliteratur angeführt, dass in unserer Gesellschaft *(Überflussgesellschaft)* das Angebot von Gütern die Nachfrage bei Weitem

---

[1] Vgl.   https://de.statista.com/prognosen/75226/branchen-mit-den-hoechsten-werbeausgaben-in-above-the-line-medien, Abruf 14.6.22.

[2] Vgl.   https://www.absatzwirtschaft.de/die-konzerne-und-branchen-mit-den-hoechsten-werbeausgaben-224965/, Abruf 14.6.22.

übersteigt und deswegen die anbietenden Unternehmen versuchen, die potenziellen Kunden davon zu überzeugen, gerade ihre Produkte zu kaufen, da der Konsument, anders als in einer Situation der *Knappheitswirtschaft,* beliebig aus den existierenden Angeboten auswählen kann. Da also der Käufer die Auswahl und Entscheidungsmacht am Markt hat, spricht man von einem *Käufermarkt,* während die Knappheitswirtschaft einen *Verkäufermarkt* hat, bei dem die Kunden sofort Schlange stehen, wenn sie mitbekommen, dass Güter im Angebot sind (vgl. Bea et al., 2002, S. 213 ff.). Tab. 11.2 zeigt diese Zustände übersichtsweise.

Die Medien sind für die werbetreibenden Unternehmen *Mittel der Kommunikationspolitik,* Werbeträger für ihre Werbebotschaften. Die Kommunikationspolitik ist – neben der Preis-, der Produkt- und der Distributionspolitik – wiederum ein Teil des *Handlungs- und Gestaltungsportfolios* der Güter anbietenden Unternehmen, die Marketing betreiben. Sie wollen damit also grundsätzlich *Nachfrage schaffen* und versuchen, sich als Anbieter von Gütern zur Befriedigung dieser Nachfrage gegenüber dem Abnehmer *in eine günstige Position zu bringen.*

Wenn man, wie die Kommunikationspolitik der Marketinglehre, dieses Ziel genauer betrachtet, lässt es sich in eine ganze Anzahl von Unterzielen aufspalten, die jeweilig einzeln oder in Kombination der Grund für die werblichen Aktivitäten der Unternehmen sein können:

Ziele von kommunikationspolitischen Maßnahmen können etwa sein (vgl. Cravens & Piercy, 2006, S. 342 f.; Unger, 2006, S. 740):

- Positionierung des Produkts, Bedürfniswahrnehmung in der Zielgruppe (Bewusstwerdung des Bedürfnisses)
- Finden und Identifizieren der Käufer (durch Kundenfeedback auf Werbebotschaften)

Tab. 11.2 Verkäufermarkt und Käufermarkt im Vergleich. (Quelle: Bea et al., 2002, S. 215)

Merkmal	Verkäufermarkt	Käufermarkt
Wirtschaftliches Entwicklungsstadium	Knappheitswirtschaft	Überflussgesellschaft
Verhältnis Angebot zu Nachfrage	N > A (Nachfrageüberhang) Nachfrager aktiver als Anbieter	A > N (Angebotsüberhang), Anbieter aktiver als Nachfrager
Engpassbereich der Unternehmung	Beschaffung und/oder Produktion	Absatz
Primäre Anstrengungen der Unternehmung	Rationelle Erweiterung der Beschaffungs- und Produktionskapazität	Weckung von Nachfrage und Schaffung von Präferenzen für eigenes Angebot
Langfristige Gewichtung der betrieblichen Grundfunktionen	Primat der Beschaffung/Produktion	Primat des Absatzes

- Neukundengewinnung
- Markenbildung und Markenwahrnehmung, Markenbekanntheit, Markensympathie
- Einstellungsbeeinflussung bzgl. Produkten und Unternehmen
- Steigerung der sozialen Akzeptanz von Produkten
- Alternativenbewertung des Kunden (gegenüber Wettbewerbsprodukten, -marken)
- Fällen von Kaufentscheidungen, Abbau psychologischer Kaufhemmnisse
- Kunden erhaltende Ziele, Erhaltung einer langen Kundenbeziehung (Nachkaufkommunikation)
- Umsatzsteigerung
- Steigerung der Anzahl der Produkttests durch Konsumenten
- Information und Meinungsbildung gegenüber der Öffentlichkeit
- Unternehmensinterne Ziele (Mitarbeitermotivation, -zufriedenheit etc.).

Diese Ziele variieren nach dem *Typ des Kaufes,* der *Phase innerhalb der Entscheidungsfindung des Konsumenten,* der *Reife des Produktmarktes* sowie nach der *Rolle der Kommunikationspolitik im Marketingprogramm des Produktanbieters.* In der Umsetzung heißt das, dass man die unterschiedlichen *Teilinstrumente der Kommunikationspolitik* zur Erreichung dieser Ziele nutzen kann und soll, man muss einen zielgerechten und *zielgruppengerechten Kommunikationsmix* finden. Man spricht hinsichtlich dieser Teilinstrumente auch von den *Handlungsfeldern der Kommunikationspolitik.* Wenn ich bisher von werblicher Kommunikation gesprochen habe, habe ich übergreifend diese verschiedenen *Teilinstrumente* gemeint:

- Werbung
- Verkaufsförderung (Sales Promotions)/Point of Sale-Marketingmaßnahmen
- Öffentlichkeitsarbeit (Public Relations)
- Persönlicher Verkauf
- Direktmarketing
- Sponsoring
- Eventmarketing
- Online-Marketing (mit all seinen Facetten, speziell: Display-Marketing, Affiliate Marketing, Search-Marketing, E-Mail-Marketing).[3]

Dazu werden Medien eingesetzt, wie in obiger Abb. 11.1 des ZAW gezeigt wurde, in weiterhin wachsendem Maß auch das Internet, Mobile Medien und Soziale Medien.

In der Praxis werden unter dem schon beschriebenen Konkurrenzdruck der Anbieter von Werbeleistungen ständig neue Alternativen entwickelt, die die Erreichung der oben

---

[3] Zu den Werbeformen im Onlinebereich zieht man am besten die Auflistung des Online-Vermarkterkreises im Bundesverband Digitale Medien (unter http://www.werbeformen.de/ Abruf 18.06.2022) zu Rate. Für weitere Standards kann man beim Internet Advertising Bureau als internationalem Verbund der Onlinewerbebranche suchen (www.iab.com, Abruf 18.06.2022).

genannten Kommunikationsziele werbetreibender Unternehmen *gezielter, besser* und *billiger* ermöglichen sollen. Ein kurzes Beispiel soll solche neuen Ansätze zeigen: Das sogenannte *Native Advertising*. Erkennbar ist, dass bei diesen Neuentwicklungen die *Rahmenfaktoren der jeweiligen Medienproduktwelt* eine Rolle spielen.

Der ZAW, Dachverband der deutschen Werbewirtschaft beschreibt (2016) Native Advertising als eine *bezahlte Content-Marketing-Form in Online-Medien, in der Inhalte als Text, Video, Bild, Grafik oder deren Kombinationen in Fremdmedien platziert werden.* Diese Native Ads werden in optischer Gestaltung, in Inhalt, Tonalität und Thema an das redaktionelle Umfeld des Trägermediums angepasst und hinsichtlich der funktionalen Nutzungsmöglichkeiten (z. B. teilen/sharen und damit unbezahlte Verbreitung durch den Rezipienten) und der technischen Eigenschaften in die Infrastruktur des Trägermediums (eigene Webseite/Plattform statt fremder Ad-Server) integriert (ZAW, 2016, S. 4 ff.) (vgl. Abb. 11.2).

In den letzten Jahren hat sich im Zusammenhang mit dem Wachstum der Sozialen Medien eingebürgert, dass man im Werbebereich zwischen *paid, owned und earned media* unterscheidet. Während der klassische Kommunikationsweg (so wie auch das gerade erwähnte Native Advertising) die bezahlte (paid) Schaltung von Werbung in den Medien ist, werden auch *eigene* Medienangebote (owned) und Werbekommunikation, die *durch*

Abb. 11.2 Beispiel Native Advertising Deutsche Bahn bei Focus Online. (Quelle: ZAW, 2016, S. 7)

User geteilt und weiterverbreitet wird (earned), für die Werbetreibenden Unternehmen immer relevanter (vgl. Meffert et al., 2019, S. 718 ff.).

Fragen

- Was könnten die Gründe für die Entwicklung dieser neuen Werbeform sein?
- Auf welcher technischen Grundlage entsteht die Notwendigkeit der Integration von Werbung in redaktionellen Content?
- Welche Folgen hat das für das Rezipientenverhalten?
- Was sagen Sie zu Native Advertising aus Rezipientensicht?
- Wie sind die rechtlichen Rahmenbedingungen in Deutschland? Bitte recherchieren Sie, z. B. in o. g. ZAW-Studie (2016) auf S. 50 ff.
- Was bedeuten die in diesem Zusammenhang auftauchenden Begriffe „Erkennbarkeitsgrundsatz" und „Trennungsgrundsatz". Benutzen Sie zur Beantwortung der Fragen den § 8 des Medienstaatsvertrages von 11/2020[4] und § 6 des Telemediengesetzes[5] sowie die jeweiligen Landespressegesetze, z. B. von Baden-Württemberg[6].

Insgesamt kann man als Trends dieser Veränderung die *Personalisierung,* die *Verstärkung der Interaktivität* sowie die *Integration werblicher und redaktioneller Inhalte* identifizieren. Die verstärkte *Interaktivität* resultiert aus den neuen technischen Möglichkeiten, die es erlauben, aus einer unidirektionalen anonymen Kommunikation (Ausstrahlung von Werbung ohne direkten Rückkanal) einen interaktiven Prozess zu machen, der sich aufgrund der Reaktion des Rezipienten in Echtzeit *an die Situation und den Rezipienten anpassen kann.* Damit verbunden lässt sich die Werbung genau auf den jeweiligen Nutzer sowie seine Aktionen und Bedürfnisse zuschneiden, sodass er das Gefühl hat, als Zielperson – persönlich – direkt angesprochen zu werden *(Personalisierung).* Dabei ist die Verbindung *(Integration)* von werblichen und redaktionellen Inhalten dazu geeignet, die Werbewirkung zu erhöhen (vgl. Siegert & Brecheis, 2017, S. 58 ff., 2019). Das gerade zitierte Beispiel des Native Advertising verdeutlicht dies eindrucksvoll.

Fragen

Wie ist Ihre jeweilige Position zu folgenden Fragen? Überlegen Sie sich Argumente und diskutieren Sie sie in der Gruppe:

- Ist die (künstliche) Weckung von Nachfrage beim Konsumenten moralisch verwerflich?

---

[4] https://www.ard.de/ard/die-ard/Medienstaatsvertrag-100.pdf, Abruf 18.8.2022.

[5] https://www.gesetze-im-internet.de/tmg/inhalts_bersicht.html, Abruf 18.8.2022.

[6] https://www.landesrecht-bw.de/jportal/;jsessionid=D3C2E80E6A7D585278BBD2B1C8493ED6.jp90?quelle=jlink&query=PresseG+BW&psml=bsbawueprod.psml&max=true&aiz=true#focuspoint, Abruf 18.8.2022.

- Wird der Konsument in seiner Entscheidungsfreiheit eingeschränkt, wenn Unternehmen mit hohem Werbedruck in den Medien ihre Produkte anpreisen? Wie verhält sich das im Hinblick auf die im Kap. 4 dargelegten Vorstellung von einer rationalen Kaufentscheidung des Nachfragers?
- Halten Sie Marketingbudgets von bis zu 30 % für überzogen? Sollte es Beschränkungen geben? Welcher Art könnten diese Beschränkungen sein?
- Hat der Staat die Pflicht, hier regulierend einzugreifen? Wenn ja, in welcher Weise tut er dies bereits und sollte er dies tun? Recherchieren Sie in den im vorstehenden Fragenblock genannten (Fußnoten 4 bis 6) und anderen Quellen weitere Werbebeschränkungen in Deutschland.
- Welche anderen Möglichkeiten gibt es, eventuelle negative Effekte der Werbung auszugleichen oder zu verhindern?

Mittlerweile ist immer deutlicher geworden, dass eine rechtliche Begrenzung der Möglichkeiten der Integration von werblichen und nichtwerblichen Contents, der individuellen und verhaltensbezogenen Ausspielung von Werbung im Web erforderlich ist, da ansonsten *negative Auswirkungen der kommerziellen Interessen auf den Einzelnen und die Gesellschaft* überhand nehmen (vgl. z. B. Nadler et al., 2018). Dazu wurde zum Jahr 2018 in der EU die sogenannte Datenschutzgrundverordnung (Verordnung EU 2016/679) zum Schutz der Daten natürlicher Personen erlassen, ab dem Jahr 2023 wird der Digital Service Act (vgl. noch einmal Abschn. 10.6) diese ergänzen.

11.4 Wie wird die Werbeleistung gemessen?

Das Medienunternehmen erbringt für das werbetreibende Unternehmen eine Dienstleistung. Diese besteht darin, den gezielten Zugang zu Rezipienten zu ermöglichen und deren Aufmerksamkeit auf die werbliche Botschaft auszurichten. Es ist selbstverständlich, dass die Werbekunden an einer *möglichst genauen Messung und Kontrolle* dieser Leistung interessiert sind, da sie nur für das bezahlen wollen, was tatsächlich erbracht wird. Die *Medialeistung* steht den jeweiligen *Kosten* für eine Kampagne entgegen. Auf Basis einer Abwägung des Inputs und des erwartbaren Outputs fällt der Werbekunde seine Entscheidung für eine Kampagne oder dagegen.

Auf Grundlage dieser Daten ist eine ökonomisch begründbare Auswahl von Werbeträgern möglich. Es ist sogar möglich, das ökonomische Prinzip in reiner Form umzusetzen. Das Ziel kann lauten: Eine bestimmte Zielgruppe von Personen ist zu einem definierten Prozentsatz (Reichweite) in festgelegter Häufigkeit (Werbedruck) zu möglichst geringen Kosten zu erreichen (Unger, 2006, S. 737).

11.4.1 Werbeleistung und Werbeziele

Diese Aussage muss allerdings in der Praxis mit einigen Einschränkungen versehen werden, denn die Frage nach der Werbeleistung der Medienträger für den Werbekunden kann vor dem Hintergrund der im vorigen Abschn. 11.3 genannten *unterschiedlichen Werbeziele* eigentlich nicht pauschal beantwortet werden. Es geht grundsätzlich darum, welche Leistung ein Werbemittel (z. B. ein Werbespot) in einem bestimmten Werbeträger (z. B. TV-Programm) *in Bezug auf die in der Planungsphase festgelegten kommunikationspolitischen Ziele* erbringt und wie viel dieses kostet. Hier soll dann zumindest über die *Werbeträgergattungen* hinweg und innerhalb der Werbeträgergattung zwischen den einzelnen *Werbeträgeralternativen* ein Vergleich möglich sein, um beurteilen zu können, welche Alternative eine *effizientere* Erfüllung der Werbeziele ermöglicht bzw. um eine Auswahl der geeigneten Werbeträger zu ermöglichen. Man nennt dies *Intermediaselektion* und *Intramediaselektion.*

11.4.2 Zielgruppenbestimmung

Wie oben schon gesagt, ist neben der Klärung der Ziele auch eine klare *Bestimmung der Zielgruppe* durch das Werbetreibende Unternehmen erforderlich, da sich darüber mit der Hilfe von sogenannten *Media-Analysen* dann wirksame und effiziente Werbeträger finden lassen. Media-Analysen analysieren die Werbeträger im Hinblick auf ihre *Leistung zur Erreichung von Werbezielen* und untersuchen die demografischen, psychografischen und verhaltensbezogenen Eigenschaften ihres Publikums. Sie ermöglichen damit die Bestimmung der Personentypen, die über die verschiedenen Medien erreichbar sind.[7]

> Ohne eine tiefgehende Zielgruppenbeschreibung in Verbindung mit Marktsegmentierung ist eine Mediaplanung nicht sinnvoll. Sie kann ihr eigentliches Ziel, den kostengünstigen Transport der Kommunikation oder der Botschaft zur Zielgruppe, nicht realisieren. (Unger, 2006, S. 741).

---

[7] Diese Media-Analysen werden von darauf spezialisierten Organisationen durchgeführt, z. B. durch die Arbeitsgemeinschaft Media-Analyse (vgl. agma-mmc.de), das Institut für Demoskopie Allensbach mit der Allensbacher Markt- und Werbeträgeranalyse (ifd-allensbach.de), die Arbeitsgemeinschaft Fernsehforschung (agf.de), die mit der Gesellschaft für Konsumforschung (gfk.de) bei den Fernsehdaten zusammenarbeitet. Für den Bereich des Internets und des mobilen Sektors veröffentlicht die Arbeitsgemeinschaft Online Forschung (agof.de) Nutzungsdaten und Reichweiten (https://www.agof.de/studien/daily-digital-facts/monatsberichte/. Abruf 30.8.2022).

Die Zielgruppenbestimmung erfolgt, wie im Marketing üblich, über soziodemografische Kriterien (Alter, Geschlecht, Einkommen), psychografische Kriterien (Interessen, Ansichten), Verhaltenskriterien (Kaufverhalten, Mediennutzungsverhalten) und lebensstilbezogene Kriterien (Wertvorstellungen, Milieuzugehörigkeit). Ich hatte schon in Abschn. 9.4 in diesem Zusammenhang die *Mediennutzertypologien* und *Sinus-Milieus* eingeführt.

11.4.3 Festlegung des Werbebudgets

Das Kommunikationsbudget wird im Wesentlichen von vier Größen bestimmt: Erstens nach der Art und der Anzahl der zu erreichenden Personen der Zielgruppe, also der angestrebten *Reichweite,* zweitens nach der für diese Art der Ansprache geeigneten *Art der Werbeträger* und drittens nach der als notwendig angesehenen Häufigkeit, mit der die zu erreichende Zielgruppe durch die ausgewählten Medien angesprochen werden soll, das heißt dem notwendigen *Werbedruck* (...) Ferner lässt sich viertens aus den Kommunikationszielen auch das *Format der jeweiligen Belegungen* ableiten (Länge von TV- oder Hörfunkspots, Anzeigenformate und deren Farbigkeit) (Unger, 2006, S. 743, Hervorhebungen durch mich; C.Z.).

Die Begriffe *Reichweite* und *Werbedruck* sind zusammen mit zwei weiteren Größen als zentrale Kennzahlen für die Messung der Werbeleistung anzusehen.

11.4.4 Kennzahlen zur Werbeleistungsmesung und ihre Anwendung

Um die Werbeleistung zu messen und zu bewerten werden in der Praxis vier grundsätzliche Kennzahlen benutzt.

- *Reichweite:* Die Reichweite bezeichnet entweder die gesamte Zahl der Kontakte eines Werbeträgers oder Werbemittels mit den Rezipienten und heißt dann *Bruttoreichweite.* Dabei wird nicht berücksichtigt, wie viele dieser Kontakte Mehrfachkontakte mit denselben Rezipienten sind, es wird allein die Anzahl der Kontakte gezählt. Will man wissen, wie viele *unterschiedliche* Rezipienten (eben zum Teil auch mehrfach) erreicht wurden, so gibt die *Nettoreichweite* darüber Auskunft. Diese Reichweiten werden auch über Mehrfachbelegung eines Werbeträgers oder die Werbebelegung verschiedener Träger hinweg gemessen.
- *Kontakthäufigkeit/Werbedruck:* Wird die Bruttoreichweite durch die Nettoreichweite geteilt, erhält man die (durchschnittliche) *Anzahl der Kontakte* des Werbeträgers oder Werbemittels mit dem einzelnen Rezipienten. Dies wird Opportunity to Contact (OTC) genannt. Die Bezeichnung Werbedruck ergibt sich daraus, dass die Intensität der Werbeansprache des einzelnen Rezipienten sich mit Mehrfachkontakten erhöht.
- *Werbekosten/Streukosten:* Zunächst einmal ergeben sich die Kosten einer Maßnahme aus dem Preis, der pro Spotlänge oder pro Anzeigenfläche des Werbeträgers bzw. der

206 Akteurstyp 3: Der Abnehmer auf dem Werbemarkt (Werbetreibende …

verschiedenen Schaltungen einer Kampagne zu zahlen ist. Diese absoluten Zahlen sind allerdings kaum vergleichbar, sodass man eine Größe entwickelt hat, die einen Vergleich der Werbeträger(gattungen) ermöglicht. Dies ist der *Tausender-Kontakt-Preis* (TKP), der den für tausend Rezipientenkontakte zu zahlenden Preis darstellt. Er ist aus den oben genannten Kosten dadurch errechenbar, dass man die zu zahlenden Schaltungskosten ($\times 1000$) durch die Anzahl der Rezipientenkontakte teilt. Oft wird der Preis einer Maßnahme erst auf der Basis des TKP errechnet und man kauft (z. B. im Internet) X-tausend Kontakte zu einem Preis von X € pro tausend Kontakten.

- *Qualität der Werbekontakte:* Die Qualität der Kontakte ergibt sich zunächst daraus, ob der Kontakt mit einem *Angehörigen der Zielgruppe oder jemand anderem* stattfindet. Das dahinterstehende Ziel ist, möglichst alle Mitglieder der Zielgruppe zu erreichen und möglichst keinen Rezipienten zu erreichen, der nicht Mitglied der Zielgruppe ist (vgl. Siegert, 2006, S. 705), da dies eine Verschwendung von Geld bedeutet. Man bezeichnet das als *Streuverlust.* Dies wird durch das Maß der *Affinität* des Mediums beschrieben. Das Affinitätsmaß teilt die Reichweite in der anvisierten Zielgruppe ($\times$ 100) durch die Reichweite in der Gesamtnutzerschaft. Ist, aufgrund entsprechender Ausrichtung des Medieninhalts, die Reichweite in der Zielgruppe höher als die in der Gesamtnutzerschaft, ist die Zielgruppenaffinität des Mediums größer/intensiver. Außerdem ist die Qualität des Kontakts abhängig von der *Intensität der Wahrnehmung des Werbemittels,* seiner *Glaubwürdigkeit* und seinem *Image,* der *Emotionalisierung* und dem *Involvement des Rezipienten* während des Kontaktes (vgl. Beyer & Carl, 2008, S. 159 ff.; Gläser, 2010, S. 464 f.).

Nicht selten treten Unterschiede zwischen der im Vorfeld prognostizierten und der dann tatsächlich eingetretenen Werbeträgerleistung auf. Ob eine bestimmte Fernsehsendung oder Zeitungsausgabe tatsächlich die erwartete Leistung erbringen, ist ja vorab nie hundertprozentig gewiss und muss sich erst erweisen. Tritt dieser Fall ein, so werden im Nachhinein z. T. hohe Rabatte oder auch *Freispots/Freianzeigen* gewährt. Die Dienstleistung Werbung ist insofern ein sogenanntes *Erfahrungsgut* (vgl. Abschn. 13.2), das sich aber aufgrund eines gut ausgebauten Messapparates und entsprechender Garantiezusagen der Medienunternehmen relativ transparent kontrollieren lässt.

Beispiel zum Tausender-Kontaktpreis

Formel: Schaltpreis der Werbemaßnahme/Reichweite $\times$ 1000 = TKP

Beispiel: Eine 1/1-seitige Farbanzeige im „Spiegel" kostet im Jahr 2012 60.447 € (vgl. Preisliste 66, gültig ab 1.1.2012). Der Spiegel erreicht damals bei einer Druckauflage von 1,3 Mio. Stück jede Woche 6,14 Mio. Leser.

Berechnung: 60.447 €/6.140.000 Leser $\times$ 1000 = TKP = 60.447.000/6.140.000 = 9,85 €/1000 Leser.

Es kostete also im Jahr 2012 9,85 €, 1000 Lesern eine ganzseitige Spiegel-Anzeige zu präsentieren (Brutto, also ohne Abzug von Rabatten, Skonti etc.).◄

11.4.5 Werbekennzahlen im Onlinebereich

Im Onlinebereich lässt sich die Werbeleistung aufgrund verschiedener Faktoren, aber besonders der *Interaktivität* und *Personalisierung der Ansprache* sowie der *Echtzeitverfügbarkeit* von Nutzerdaten oft wesentlich besser messen, als bei Medien, die nur in eine Richtung Kommunikation ermöglichen (vgl. Meffert et al., 2019, S. 700 ff., Lammenet, 2019, S. 365 ff., Siegert & Brecheis, 2017, 2019). Außerdem wird eine *direkte Transaktion* in Form einer Bestellung/eines Produktkaufs möglich, im mobilen Nutzungskontext sogar durchgehend. Zur Messung dieser Wirkungen haben sich in den letzten 25 Jahren zunehmend differenziertere Kennzahlen und Messinstrumente entwickelt, die beim reinen Seitenabruf, bei Interaktion mit den Website-Inhalten und bei darüber hinaus gehenden Transaktionsprozessen gesammelt werden (Tab. 11.3).

Die Kennzahlen (Metriken), mit denen man auf Basis dieser Prozesse arbeitet, sind heutzutage geeignet, den *tatsächlichen finanziellen Erfolg* des Werbetreibenden Unternehmens darzustellen, weil prinzipiell genau der *Verlaufsweg vom Erstkontakt mit dem Rezipienten bis zur konkreten Transaktion zwischen dem Rezipienten und dem Werbetreibenden Unternehmen* (die sogenannte Customer Journey) nachvollzogen werden kann,

Tab. 11.3 Grundsätzliche Möglichkeiten zur Datengewinnung im Onlinebereich

Nutzungsdaten und -kennzahlen/Kontaktdaten aus Informationsabruf	Daten aus bidirektionalen Kommunikationsakten	Daten aus höherwertigen (ökonomischen) Transaktionsprozessen
Logfiles (IP-Adresse, Hits, Zeit, Ort, technische Ausstattung)	Anmeldung/Registrierung (z. B. Newsletter)/Log-in-Daten	Bestelldaten, Bezahldaten Lieferstatusdaten
Cookies (Wiederbesuchsraten, Navigationsverhalten, Clickstreams)	Formulareinträge/Fragebogeneinträge	Daten aus After-Sales-Services
Suchanfragen	Daten aus Newsgroups/Chatsystemen	Daten aus Retourenmanagement
	Kommentare, Rezensionen Bewertungen, Beschwerden, Empfehlungen	Daten zu Wiederholungskäufern
	Angebotsanfragen	Conversion Rates
	Daten zu Downloads	
→ werden durch wesentlich automatisierte Datenerhebung beim Informationen abrufenden (passiven) Surfer erhoben	→ werden durch automatisierte und manuelle Datenerhebung beim User erhoben, der aktiv bidirektionale Kommunikation betreibt	→ werden in Kontexten ökonomischer Transaktionsprozesse erhoben
→ Wertigkeit der Transaktion und der generierten Daten steigt von links nach rechts →		

z. B. bei sogenanntem Affiliate Marketing, in dem der Websitebetreiber, der dem Werbe-treibenden Shopbetreiber eine Transaktion (z. B. ein Buchkauf bei Amazon) vermittelt, eine prozentuale Provision bekommt.

Die Vielzahl von Metriken, die im Online-Bereich genutzt werden, kann man auf verschiedene Weise systematisieren. Es hat sich in der Praxis dabei das sogenannte *Trichter-(Funnel-)Modell der Marketing-Erfolgsmessung* eingebürgert, das den logischen und chronologischen Verlauf von der Kenntnisnahme einer Werbemaßnahme durch einen Rezipienten bis zum (daraus resultierenden) Verkauf, der *Konversion* in einen realen Kun-den mit Umsatz mit dem Unternehmen beschreiben soll und sich ganz grob an der schon klassischen *AIDA-Formel der Werbewirkung* orientiert (vgl. Meffert et al., 2019, S. 815). Dieses Schema stellt die vier Phasen Weckung von Aufmerksamkeit (Attention), In-Betracht-Ziehen eines Produktes (Interest/Consideration), Entwicklung eines Besitzwun-sches (Desire) und Produktkauf (Action) dar. Den Phasen können bestimmte Maßnahmen, bestimmte Handlungen des Rezipienten, so genannte Kernleistungsindikatoren (KPI) und Messgrößen (Metriken) zugeordnet werden.

Grundsätzlich, und in der historischen Betrachtung zuerst orientierte sich die Online-Werbung wie die Massenmedien an *Sichtkontakten mit Werbemitteln,* die ebenfalls im Tausenderbündel nach einem jeweilig spezifischen TKP abgerechnet werden und die man als Page Impressions (PI) oder Ad Impressions (AI) mit einem bestimmten Tausender-Preis (CPM) abrechnet. Die Reichweite eines Werbeträgers wird in Seitenbesuchen/Visits gemessen, wobei Brutto- von Nettoreichweite unterschieden wird und man aus der Diffe-renz zwischen Brutto und Netto die durchschnittlichen Wiederbesuche (Visits) einzelner Besucher (Unique Visitor) berechnen kann.

Die Interaktivität des Mediums ermöglicht, über die Sichtkontakte hinaus die *Reaktion des Rezipienten* zu ermitteln und auch dem WTU mit Preisen zu berechnen, nach *Cost Per Click* (CPC). Dies ist eine höherwertige Werbeleistung, weil er schon auf das Wer-bemittel reagiert hat und insofern ein gewisses Interesse zeigt. Die *Click Through Rate* (CTR) misst den prozentualen Anteil von Ad Impressions, die zu einem Click auf das Werbemittel geführt haben. Wird der *finanzielle Aufwand für die Werbemaßnahme* und die Umwandlung des Rezipienten in einen Käufer sowie sein *Umsatz* bzw. der mit ihm erzielte Gewinn gemessen, kann man im Endeffekt feststellen, ob es einen finanziellen Erfolg der Werbemaßnahme gibt, einen *Return on Advertising Spend* (vgl. Tab. 11.4).

Insbesondere die Nachkaufphase wird im ursprünglichen Funnel-Modell nicht betrach-tet. Da diese im Social Web immer wichtiger wird, hat man das Modell dafür um zwei Stufen erweitert, in denen jetzt die *Kundenloyalität* (Produktwiederkauf) und eine *Weiter-gabe positiver Produktbewertungen* (Rezensionen, Virale Weitergabe von Empfehlungen, Fans, Brand Advocates) in das Modell integriert werden.

Tab. 11.4 Werbekennzahlen Online (Auswahl/vereinfacht)

Abkürzung	Name der Kennzahl	Kurzerklärung
Metriken zur Werbeleistung		
PI/AI	Page Impression (Page View)/Ad Impression (Ad View)	Anzahl der Aufrufe einer Webseite bzw. eines Werbemittels in Tausend
Visit	Visits/User	Anzahl Besuche, Bruttoreichweite, Mehrfachbesuche werden als Neukontakt gezählt
Unique Visitor	Unique Visitor/Unique User	Nettoreichweite, Mehrfachbesuche werden registriert
Visits per Unique Visitor	Visits per Unique Visitor	Wiederbesuchsrate/Besuchsintensität
Click	Click/Ad-Click	Clicks auf ein ausgeliefertes Werbemittel, dass verlinkt ist bzw. den User weiterleitet
CTR	Click Through Rate	Ad Impressions geteilt durch Ad Clicks, also Anzahl der Impressions, die zu einer Weiterleitungsaktion geführt haben
Stickiness	Stickiness	Verweildauer in Sekunden auf der Site
Bounce Rate	Bounce Rate	Absprungrate der Besucher nach kurzer Aufenthaltszeit ohne Aktion
Conversion Rate	Conversion Rate	Umwandlungsquote von einer Metrik in eine andere (AI in Click, Click in Lead, Lead in einen Produktkauf)
Metriken zu Kosten der Werbeleistung		
TKP/CPM	Tausendkontaktpreis/Cost per Mille	Preis pro tausend Werbeeinblendungen, z. B. Banner
CPC/PPC	Cost per Click/Pay per Click	Preis pro Click auf eine Werbeanzeige/Banner/Link
CPL	Cost per Lead	Preis pro zustande gekommenem Kundenkontakt/Neukundenanfragen
CPO/CPS/CPA	Cost per Order/Cost per Sale/Cost per Action	Preis pro Bestellung eines Produkts, die aus einer Werbemaßnahme resultiert

(Fortsetzung)

Tab. 11.4 (Fortsetzung)

Abkürzung	Name der Kennzahl	Kurzerklärung
DB I	Deckungsbeitrag I	Umsatzerlös (Absatzmenge X-Preis) – direkt zurechenbare Kosten (Produktion, Schaltung, Versand etc.) = DB I
ROI/ROAS	Return on Investment/Return on Advertising Spend	Ertrag einer Werbeaktion geteilt durch die Werbeaktionskosten (z. B. 1250 €/1000 € = 1,25 = 25 % Ertrag)

11.5 Wie wird das Medienprodukt für die werbetreibende Wirtschaft angepasst?

Dass Mediengüter möglichst gut auf die Interessen und Bedürfnisse der Rezipientenzielgruppe ausgerichtet werden, ist eine selbstverständliche Folge des Wunsches des Medienanbieters, seine Produkte abzusetzen und dafür angemessene Preise zu erzielen. Nicht unmittelbar klar ist vielen Beobachtern, dass die *Orientierung am Kunden* natürlich auch und insbesondere für diejenigen Mediengüter gilt, die nicht ausschließlich vom Rezipienten, sondern teilweise oder ganz *von Werbetreibenden Unternehmen finanziert* werden. Die Werbewirtschaft nimmt in verschiedenen Hinsichten Einfluss auf die Gestaltung des Angebots von Mediengütern (vgl. Kiefer & Steininger, 2014, S. 265–274).

> Die Präferenzen der Werbewirtschaft richten sich auf die Zugangsmöglichkeiten zu von ihr definierten Zielgruppen, die vom Medienunternehmer mit Hilfe eines Programmangebots auf dem Rezipientenmarkt geschaffen werden. Die so immer gegebene Möglichkeit der indirekten Beeinflussung des Angebots auf dem Rezipientenmarkt durch Kundenpräferenzen auf dem Werbemarkt hängt in ihrer konkreten Ausgestaltung von zweierlei ab: 1. Dem Finanzierungsanteil, den die beiden Kundenkreise dem Medienproduzenten leisten und 2. Ihrer jeweiligen Durchsetzungsfähigkeit und Marktmacht gegenüber dem Produzenten (…) Dem Medienunternehmen steht auf dem Werbemarkt, anders als auf dem Rezipientenmarkt, also ein gleichwertiger Partner gegenüber, ähnlich gut informiert, durch Marktsignale und -strategien wenig beeindruckbar, der seine Präferenzen und Ziele, aber auch seine Marktmacht genau kennt und einsetzt (Kiefer & Steininger, 2014, S. 267–269).

Beispiele, an denen sich dies in neuerer Zeit gut verdeutlichen lässt, gibt es zur Genüge. Ich hatte in Abschn. 11.3 bereits unter dem Stichwort *Native Advertising* den Einfluss werblicher Interessen auf die Inhalte medialer Online-Angebote angesprochen. Im Grunde ist bei allen kostenfreien Online-Angeboten die Frage zu stellen, ob deren Inhalte nun primär auf den Rezipienten oder die dritte Partei, die werbetreibenden Unternehmen, ausgerichtet sind. Folgendes Zitat beschreibt diesen Trend:

Marken werden Erlebnisse schaffen, um Daten zu sammeln, mit deren Hilfe sie dann Kampagnen abhängig von meiner Zeit und meinem Aufenthaltsort steuern. Das heißt konkret: Eine Modemarke erfasst, welche Smartphonebesitzer ihre Filialen besuchen, verknüpft das mit Daten über die Bannerwerbung, die ein Kunde schon gesehen sowie den Einkäufen, die er getätigt hat, und lässt danach Software entscheiden, welche Rabatt-Offerten per SMS rausgehen und welche als Modetrend verkleidete Geschichte auf dem persönlichen Social-Media-Feed des Kunden auftaucht (Heuer, 2015, S. 43).

Es gibt eine lang andauernde Diskussion über die Frage, wie Webinhalte finanziert werden sollten (vgl. z. B. McFadden, 2001). Eine wesentliche Antwort, die sich seitdem manifestiert hat ist: durch Werbung. Diese Werbung muss, wie oben beschrieben, zielgruppengerecht (d. h. heutzutage: personalisiert) zugestellt werden. Die geschichtliche Durchsetzung dieses Finanzierungsmodells (vgl. u. a. Zubov, 2019; Lanier, 2018) und negativen individuellen (psychische Instabilität, Depression, Essstörungen, soziale Isolation) und gesellschaftlichen (Desinformation, Hassbotschaften, Polarisierung, Vertrauensverlust in gesellschaftliche Institutionen etc.) Folgen werden mittlerweile breit diskutiert (vgl. z. B. Beutelsbacher & Meyer, 2021; Hurtz et al., 2021; Nadler et al., 2018), staatliche Regulierung ist in der Umsetzung (z. B. Netzwerkdurchsetzungsgesetz in Deutschland, Datenschutzgrundverordnung und Digital Services Act in der EU).

Vor dem Hintergrund der unter Abschn. 11.3 genannten drei Trends *Interaktivität, Personalisierung* und *Integration* tauchen dabei auch immer wieder Probleme für die Werbewirtschaft und die werbefinanzierten Medien auf, die mit der (mangelnden) Akzeptanz des Rezipienten zu tun haben. Ein eindrucksvolles älteres Beispiel ist die Anpassung von Facebook an die Bedarfe der Werbewirtschaft, den ich an anderer Stelle besprochen habe (Zydorek, 2017, S. 163 ff.). Nachfolgender Text befasst sich mit den Widersprüchen und Akzeptanzproblemen, die die Plattform YouTube im Jahr 2017 im Spannungsfeld zwischen Erlöserzielung und kostenlosem Angebot aufwarf, die *im Sinne der Werbewirtschaft* aufgelöst werden mussten. Diese Ereignisse werden im Netz unter dem Begriff „Adpocalypse", einer Zusammensetzung von Advertisement und Apocalypse diskutiert und zeigen deutlich den Einfluss der Werbetreibenden selbst auf solche Umsatz- und Gewinn-Giganten wie Google, welches bei YouTube völlig neue Maßstäbe der Contentregulierung und des Creator-Ökosystems einführte (Kumar, 2019, S. 7). Der Grund für YouTubes Strategiewechsel hin zum rigorosen Monitoring der Inhalte war im Bekanntwerden von Beispielen begründet, bei denen extremistische Videos (vgl. Times, 2017) sowie Videos, in denen die Grenzen des Geschmacks verletzt wurden (z. B. bei den „Creatern" Logan Paul und PewDiePie) zusammen mit Werbung bedeutsamer Werbetreibender gezeigt worden war (vgl. Abb. 11.3). Daraufhin drohten mehr als 250 wichtige Werbekunden[8] damit, im Fall, das YouTube dagegen keine Abhilfe einrichte, ihre Werbebudgets abzuziehen (vgl. Sprave, 2018, Business Insider, 2017, Kumar, 2019). Waren bis dahin

---

[8] Hier ist eine Liste solcher Werbetreibenden, darunter Heinz, L´Oreal, McDonalds, Toyota, VW u.v.m. https://www.businessinsider.in/here-are-the-biggest-brands-that-have-pulled-theiradverti sing-from-youtube-over-extremist-videos/articleshow/57793895.cms Abruf 21.7.2022.

Abb. 11.3 Werbeschaltung mit dschihadistischem Video. (Quelle: Times, 2017 https://www.the times.co.uk/article/big-brands-fund-terror-knnxfgb98?wgu=270525_54264_15840423205114_ a4dc63e040&wgexpiry=1591818320&utm_source=planit&utm_medium=affiliate&utm_content= 22278, Abruf 12.3.2020.)

nur auf Meldung hin Maßnahmen ergriffen worden, wurde nun algorithmisch mit ler-nenden Systemen nach Inhalten gesucht, diese kategorisiert) und die Werbeeinbledungen entsprechend eingeschränkt.

Fragen

- Fassen Sie die Situation der Adpocalypse mit eigenen Worten zusammen. Recher-chieren Sie ggf. dazu im Internet. Was sind die wichtigsten Aussagen?
- Worin bestand das hier geäußerte Problem der Werbetreibenden Unternehmen und wie ist es genau begründet?
- Wie setzte sich die Werbetreibende Wirtschaft ihre Interessen ggü. YouTube/Google durch?
- Welche grundsätzlichen Ansätze zur Lösung dieses Problems werden genannt?
- Was bedeutet das für den Medienanbieter YouTube und die User?
- Welche Akteure waren mit der gefundenen Lösung aus welchen Gründen nicht zufrieden? Recherchieren Sie!

Literatur

Bea, F. X., Dichtl, E., & Schweizer, M. (2002). *Allgemeine Betriebswirtschaftslehre: Bd. 3. Leistungsprozess.* UTB.

Beyer, A., & Carl, P. (2008). *Einführung in die Medienökonomie* (2. Aufl.). UTB.

Beutelsbacher, S. & Meyer, L. (5. Oktober 2021). Moralischer Bankrott – Facebook-Wistleblowerin sagt vor US-Senat aus in: Die Welt. https://www.welt.de/wirtschaft/article234229792/Moralischer-Bankrott-Facebook-Whistleblowerin-Frances-Haugen-sagt-vor-US-Senat-aus.html. Zugegriffen: 21. Juli 2021.

Business Insider. (22. März 2017). The real motivations behind the growing YouTube advertiser boycott. https://www.businessinsider.com/why-advertisers-are-pulling-spend-from-youtube-2017-3. Zugegriffen: 21. Juli 2021.

Cravens, D. W., & Piercy, N. F. (2006). *Strategic marketing* (8. Aufl.). McGraw Hill.

Gläser, M. (2010). *Medienmanagement* (2. Aufl.). Vahlen.

Heuer, S. (2015). Werbung im Schafspelz. *Brand Eins, 2015*(12), 39–43.

Hurtz, S., Kampf, L., Krause, T., Kreye, A., Mascolo, G., & Obermaier, F. (2021). Das steht in den Facebook Files, S.Z. 26.10.2021. https://www.sueddeutsche.de/kultur/facebook-files-mark-zuckerberg-1.5448206. Zugegriffen: 21. Juli 2021.

Kiefer, M. L., & Steininger, C. (2014). *Medienökonomik: Einführung in eine ökonomische Theorie der Medien* (3. Aufl.). Oldenbourg.

Kotler, P., Armstrong, G., Saunders, J., & Wong, V. (2007). *Grundlagen des Marketings* (4. Aufl.). Pearson.

Kumar, S. (2019). The algorithmic dance: YouTube's Adpocalypse and the gatekeeping of cultural content on digital platforms. *Internet Policy Review, 8*(2), 1–21.

Lammenet, E. (2019). *Praxiswissen Online-Marketing.* (7.Aufl.). SpringerGabler.

Lanier, J. (2018). How we need to remake the Internet. TED 2018. https://www.ted.com/talks/jaron_lanier_how_we_need_to_remake_the_internet. Zugegriffen: 21. Juli 2022.

McFadden, D. (2001). The tragedy of the commons – A Nobel Laureate's warning on the net's shared resources. *Forbes.* http://www.forbes.com/asap/2001/0910/061_print.html. Zugegriffen: 30. Okt. 2016.

Media Perspektiven. (2022). Bruttowerbeaufwendungen Januar bis Dezember 2021. *Media Perspektiven, 1*(22), 57.

Meffert, H., Burrmann, C., Kirchgeorg, M., & Eisenbeiß, C. (2019). *Marketing – Grundlagen marktorientierter Unternehmensführung* (13. Aufl.). SpringerGabler.

Nadler, A., Crain, M., & Donovan, J. (2018). *Weaponizing the digital influence machine: The political perils of online ad tech.* Data & Research Science Institute. https://datasociety.net/library/weaponizing-the-digital-influence-machine/. Zugegriffen: 12. Aug. 2022.

Nöcker, R. (2021). *Ökonomie der Werbung* (3. Aufl.). SpringerGabler.

Siegert, G. (2006). Absatzmanagement – Preis, Produkt- und Programmpolitik. In C. Scholz (Hrsg.), *Handbuch Medienmanagement* (S. 693–713). Springer.

Siegert, G. & D. Brecheis. (2010). *Werbung in der Medien- und Informationsgesellschaft.* (2. Aufl.). VS.

Siegert, G. & D. Brecheis. (2017). *Werbung in der Medien- und Informationsgesellschaft.* (3. Aufl.). VS.

Siegert, G., & D. Brecheis (2019). Online-Kommunikation und Werbung. In W. Schweiger & K. Beck (Hrsg.). *Handbuch Online-Kommunikation.* (S. 479–505). Springer.

Sprave, J. (2018). Was ist die Adpocalypse auf Youtube? https://de.quora.com/Was-ist-die-Adpocalypse-auf-YouTube. Zugegriffen: 20. Aug. 2022.

Times. (2017). Big brands fund terror trough online adverts. https://www.thetimes.co.uk/article/
big-brands-fund-terror-knnxfgb98?wgu=270525_54264_15840423205114_a4dc63e040&
wgexpiry=1591818320&utm_source=planit&utm_medium=affiliate&utm_content=22278.
Zugegriffen: 21. Juli. 2022.

Unger, F. (2006). Mediaplanung – Voraussetzungen, Auswahlkriterien und Entscheidungslogik. In
C. Scholz (Hrsg.), *Medienmanagement* (S. 735–760). Springer.

ZAW. (2016). *ZAW-Reader Native Advertising Beschreibung-Cases-Recht.* Zentralverband der deutschen Werbewirtschaft.

Zubov, S. (2019). *Surveillance Capitalism – Überwachungskapitalismus* – Essay. ApuZ. https://
www.bpb.de/shop/zeitschriften/apuz/292337/surveillance-capitalism-ueberwachungskapitali
smus-essay/. Zugegriffen: 15. Juni. 2022.

Zydorek, C. (2017). *Einführung in die Medienwirtschaftslehre.* (2. Aufl.). SpringerGabler.

Eigenschaften von Mediengütern (1) 12

Zusammenfassung

Was bedeutet: Der duale Charakter von Mediengütern?
In welchen drei Hinsichten spricht man vom dualen Charakter und was bedeutet das für das gesellschaftliche Angebot von Mediengütern?
Inwiefern können Mediengüter meritorische Güter sein?
Welche Arten und Intensitäten der Verbundenheit von Mediengütern existieren?
Was sind Dienstleistungen und inwiefern sind Mediengüter als Dienstleistungen zu sehen?
Welche Vorteile hat diese Betrachtung für das Management von Mediengütern?

Meine Ausführungen zu den Eigenschaften von Mediengütern sind, obwohl sie knapp und vergleichbar oberflächlich sind, aufgrund ihres Umfangs auf drei Kapitel verteilt. Ich bin in den vergangenen Kapiteln schon mehrfach auf Wirtschaftsgüter, deren grundlegende Eigenschaften (Abschn. 8.1) sowie Mediengüter (Abschn. 8.2 und 8.3) eingegangen. Auch habe ich grundsätzlich etwas zu den Charakteristika von Mediengütern bei der Bedürfnisbefriedigung der Rezipienten gesagt (Kap. 9). Ich möchte hier noch einmal betonen, dass man sich aus mehreren Gründen mit diesen Gütereigenschaften beschäftigen kann, z. B. vor dem Hintergrund der *volkswirtschaftlichen Bedeutung* der Medien oder vor dem Hintergrund von Erwägungen zur Notwendigkeit, den Mediensektor von staatlicher Seite aus zu *steuern* oder zu *regulieren*. In den drei folgenden Kapiteln wird im Mittelpunkt stehen, dass diese Gütereigenschaften eine *veränderte Funktionsweise von Medienmärkten* bedingen und dass diese Eigenschaften zu berücksichtigen sind, wenn man *Medienmanagement betreiben will* oder, wie ich in Kap. 2 und 3 geschrieben habe, Medienunternehmen managen und Medien bewusst gestalten möchte (vgl. auch Wirtz, 2007, S. 1186). Was hier nicht behauptet wird, ist, dass diese Eigenschaften *ausschließliche* Eigenschaften von Mediengütern sind. Sie lassen sich (teilweise) auch bei anderen Gütern entdecken. In ihrer Gesamtheit stellen diese Gütereigenschaften der Medien aber den *Bedingungsraum* dar, *in dem das Medienmanagement stattfindet.*

Auch hatte ich in Abschn. 10.2 in der Diskussion der Produktionsfaktoren schon einmal auf den *Dienstleistungscharakter* von Mediengütern hingewiesen und den *dualen Charakter* von Mediengütern erwähnt. Mit letzterem will ich meine Erklärungen beginnen.

Zuvor sei noch darauf hingewiesen, dass ich in diesen Kapiteln über *Mediengüter auf Medienmärkten* sprechen werde. Das bedeutet im Anschluss an meine bisherigen Ausführungen, dass ich nicht nur etwas über die Eigenschaften am *Rezipientenmarkt* sagen muss, sondern an vielen Stellen genauso die Charakteristika von Mediengütern am *Werbemarkt* zu behandeln habe. Insgesamt enthalten die drei Kap. 12, 13 und 14 folgende Themen:

- Der duale Charakter von Mediengütern in drei Betrachtungsbereichen
- Meritorische und demeritorische Güter
- Verbundenheit von Gütern
- Mediengüter als Dienstleistungen
- Schwierige Qualitätsbewertung von Mediengütern
- Informationseigenschaften von Mediengütern und Markttransparenz
- Hohe Fixkosten in der Produktion bei Mediengütern
- Zeitelastizität von Mediengütern
- Mediengüter als Güter mit externen Effekten/Netzeffektgüter
- Medien als öffentliche Güter oder Mischgüter

12.1 Der duale Charakter von Mediengütern

Mediengüter sind in drei Hinsichten als duale Güter zu bezeichnen. *Dual* heißt dabei ungefähr so viel wie *zweizahlig* und bedeutet hier, dass eben *genau zwei* Ausprägungen oder zusammengehörige Aspekte von etwas vorliegen und nicht viele oder nur Einzeldinge. Die drei Bereiche der Dualität von Mediengütern beeinflussen ihre gesellschaftliche Produktion und Verteilung maßgeblich. Das Medienmanagement hat dies zu berücksichtigen.

Content und Medienträger Erstens verkoppeln Medienprodukte immer ein *immaterielles Produkt,* den Inhalt (Content) mit einem Träger (das Papier, das Zelluloid, die Rundfunk-Wellen, der Blue Ray-Rohling etc.) (Abb. 12.1). Der Träger ist das eigentliche (Übertragungs-)Medium, welches den Inhalt transportiert. Für den Rezipienten und auch den Werbetreibenden hat eigentlich der Content die zentrale Bedeutung (vgl. Sjurts, 2004, S. 162, 2005, S. 8–13), auch wenn heutzutage das Abrufgerät (denken Sie an Smartphones

Abb. 12.1 Duales Gut 1:
Content vs. Medienträger

Mediengut		
Content:	Immateriell, Dienstleistung, in der Verteilung schwer kontrollierbar
Medienträger:	materiell oder immateriell, gestaltbare Hülle des Contents für die Distribution

und das iPad, Flat-Screen-TV-Geräte etc.) für den Rezipienten eine größere Bedeutung hat, als zu früheren Zeiten, als das graue Wählscheibentelefon, das Grammofon oder der Furnier-Schwarz-Weiß-Fernseher eher auf seine Funktionsweise als technisches Medium reduziert wurde und (zumindest zunächst) nicht als Design-Gegenstand mit eigenem ästhetischen Wert bewertet wurde.

Das *Transportmedium* ermöglicht für das *Management der Wertschöpfung wichtige Funktionen,* da es die *Darstellbarkeit* von Informationen, die *Reichweite* in der Rezipientenschaft, die *Möglichkeit des Ausschlusses* nicht zahlender Rezipienten vom Konsum des Contents, die Möglichkeit einer *gleichzeitigen Content-Nutzung* durch mehrere Rezipienten usw. mitbestimmt. Dies hatte ich schon in Tab. 3.1 unter der Überschrift *Mediengattungen nach wichtigen Beschreibungskriterien* erstmals angesprochen. Das Management wird hier unter Gesichtspunkten der Produktpolitik die *Gestaltungsräume nutzen,* die wir schon im Abschn. 3.3 bezüglich der Produktwelten identifiziert haben: die Eigenschaften, die möglichen Differenzierungskriterien der Mediengattungen sowie die produktpolitischen Spielräume hinsichtlich der Gestaltung des Kern- und des Randproduktes.

Funktion für den Rezipienten und die Gesellschaft Zweitens, und das habe ich in Kap. 4 und 6 auch schon so behandelt, kann man vielen Mediengütern einen dualen Charakter in Bezug auf ihre *Funktion* beimessen (vgl. Heinrich, 2020, S. 146–163). Sie sind einerseits auf die *Befriedigung individueller menschlicher Bedürfnisse* ausgerichtet, haben also die bedürfnisbefriedigende Eigenschaft eines *Wirtschaftsguts* und auf der anderen Seite die *gesellschaftlichen Funktionen,* die Integration, Meinungs- und Willensbildung, Kritik und Kontrolle, Information, Unterhaltung und Rekreation zu befördern. In diesem Zusammenhang wird von den Medien als *Kulturgüter* gesprochen (vgl. Abb. 12.2):

(...) Angebote von Medienunternehmen prägen nachweislich den Medienkonsum, die Medienrezeption und auch tägliche kulturelle Praktiken, die entscheidenden Einfluss auf identitätsbildende Prozesse haben (...) die Globalisierungsdiskussion zeigt, dass traditionelle Instanzen der kulturellen Sozialisation weltweit an Bedeutung verlieren. Im Gegenzug nehmen Medien im Kontext von Kultur und Prozessen kultureller Identitätsbildung (...) eine immer wichtigere Rolle ein (...) Medien und Medienangebote sind Bestandteil jeder Kultur. Aus diesem Grund ist in Deutschland z. B. der Versand von Büchern günstiger und es gibt eine Bindung für die Buchpreise usf. Wobei klar ist, dass nicht nur das Buch ein Kulturmedium ist, sondern je nach

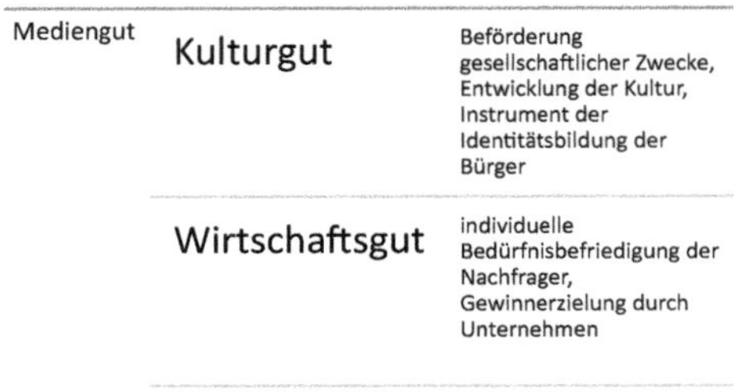

Abb. 12.2 Duales Gut 2:
Kulturgut vs. Wirtschaftsgut.
(Quelle: Eigene Darstellung)

Mediengut	Kulturgut	Beförderung gesellschaftlicher Zwecke, Entwicklung der Kultur, Instrument der Identitätsbildung der Bürger
	Wirtschaftsgut	individuelle Bedürfnisbefriedigung der Nachfrager, Gewinnerzielung durch Unternehmen

Nutzung und Stellenwert in individuellen Medienkulturen z. B. die PlayStation oder Video (Karmasin & Winter, 2000, S. 29 ff.).

Diese Dualität hat Folgen für die Bedingungen ihrer gesellschaftlichen Herstellung und Verbreitung, Beyer und Carl (2008, S. 12) fassen dies gut zusammen:

Medienprodukte sind Kultur- und Wirtschaftsgüter (...) ihre Produktion erfolgt in zwei Ordnungssystemen, die aber dennoch miteinander kooperieren müssen (...) Beide Systeme besitzen unterschiedliche Leitwerte und Steuerungsmechanismen, weshalb es oftmals zu Zielkonflikten und Prioritätenfragen kommt. Das führt makroökonomisch vor allem zu der Frage, inwieweit ökonomischer Wettbewerb zu den Ergebnissen führt, die auch publizistisch und gesellschaftlich erwünscht sind.

Fragen

- Was sind beispielsweise *kulturelle Praktiken,* die Einfluss auf unsere persönliche Identitätsbildung haben?
- Wie kann man sich den *Prozess der Identitätsbildung* unter den Bedingungen intensiver Nutzung des Internets beispielsweise vorstellen?
- Welche sind die beiden *Ordnungssysteme,* von denen Beyer und Carl sprechen?
- Welche sind die jeweiligen *Leitwerte,* welche die Steuerungsmechanismen dieser Systeme?
- Wie sieht so ein *Zielkonflikt* aus? Kennen Sie Beispiele aus der aktuellen Diskussion oder können Sie ein fiktives Beispiel bilden?

Ein Beispiel für ein Spannungsfeld, welches aus diesem Doppelcharakter resultiert, ist der Umstand, dass journalistische Medien zur Meinungsbildung beitragen, wenn sie *vielfältig* sind. Andererseits wäre aus ökonomischer Sicht das gesellschaftliche Medienangebot aber am kostengünstigsten, wenn es nur *eine* Zeitung oder *einen* TV-Kanal gäbe. Man nennt dies *natürliches Monopol* und bezeichnet damit den Umstand, dass sich rein unter ökonomischen Gesichtspunkten natürlicherweise dort ein Angebotsmonopol durchsetzen würde, weil es am effizientesten ist.

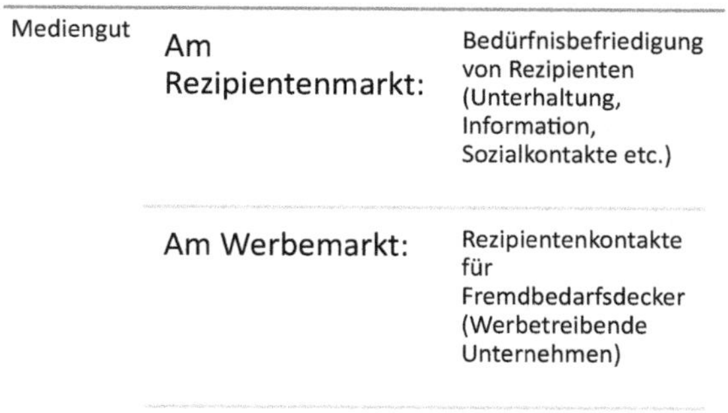

Abb. 12.3 Duales Gut 3:
Rezipientenmarkt vs.
Werbemarkt. (Quelle: Eigene
Darstellung)

Mediengut		
	Am Rezipientenmarkt:	Bedürfnisbefriedigung von Rezipienten (Unterhaltung, Information, Sozialkontakte etc.)
	Am Werbemarkt:	Rezipientenkontakte für Fremdbedarfsdecker (Werbetreibende Unternehmen)

Produkt für den Rezipientenmarkt und den Werbemarkt Drittens haben werbefinanzierte
Medien einen dualen Charakter als simultane Produkte für den Rezipientenmarkt und den
Werbemarkt (vgl. Abb. 12.3). Der duale Charakter resultiert aus dem *absichtlichen Verkoppeln* von Gütern für den Rezipientenmarkt und den Werbemarkt, ist also auf die die bewusste
Erzeugung von *Verbundenheit* zwischen den beiden Gütern *Interessante Medieninhalte*
und *Kontaktchancen mit Rezipienten* zurückzuführen. Dies hatte ich in Abschn. 8.5 bereits
besprochen und mit dem Verweis auf die Anzeigen-Auflagen-Spirale das gleichzeitige Funktionieren beider Marktbeziehungen zur unbedingten Voraussetzung für die Produktion und
das Angebot werbefinanzierter Mediengüter erklärt.

12.2   Mediengüter als meritorische und demeritorische Güter

In Kap. 6 hatte ich wichtige Funktionen der Massenmedien in unserem Gesellschafts-
system hervorgehoben. Die genannten gesellschaftlichen Funktionen von Mediengütern
führen dazu, dass der Staat bei uns die Produktion und deren Konsum, sowie auch eine
vielfältige (pluralistische) Angebotsstruktur für wünschenswert hält. Allerdings betrifft
diese Wünschbarkeit weniger unterhaltende als *informative* und *bei der Meinungsbildung
behilfliche* Güter, also speziell journalistische und bildende Medieninhalte. Deren Produktion und Konsum ist gesellschaftlich erwünscht, bzw. der Staat hält einen noch stärkeren
Konsum dieser Güter für sinnvoll. Je mehr von diesen Gütern konsumiert werden, desto
stärkere *positive Effekte* in Bezug auf die *Förderung der staatlichen Ziele* sind zu erwarten
(vgl. Heinrich, 2020, S. 145–164).

Man kann im Umkehrschluss sagen, dass die *Konsumentenpräferenzen* für informative
Güter aus Sicht des Staates *nicht stark genug ausgeprägt* sind, so wie dies auch in Bezug
auf andere Güter, z. B. Kranken-, Renten- und Arbeitslosenversicherung, Schulbesuch,
kulturelle Güter, der Fall ist und dass der Staat deswegen mit verschiedenen Mitteln in
die Entscheidungssouveränität des Konsumenten eingreift (vgl. Musgrave, 2008, S. 1;
Kiefer & Steininger, 2014, S. 138–141; Heinrich, 1999, S. 41–43). Man nennt diese Güter
meritorische Güter.

Das ökonomische Kriterium zur Abgrenzung meritorischer Güter von Gütern ohne Meritorik ist die Übereinstimmung mit den bekundeten Konsumentenpräferenzen. Diese ist bei Gütern ohne Meritorik gegeben bzw. soll vom Marktmechanismus sichergestellt werden. Bei meritorischen Gütern hingegen liegt eine Übereinstimmung mit den Konsumentenpräferenzen nicht vor (Sjurts, 2011, S. 407).

Dass diese Vorstellung dem in Abschn. 4.1 beschriebenen Bild des souveränen und rationalen Konsumenten widerspricht, der selbst am besten weiß, was für ihn richtig ist, liegt auf der Hand. Bei Mediengütern lässt sich verkürzend annehmen, dass es einen *Unterschied zwischen den Zielen individueller Bedürfnisbefriedigung* und den *Funktionsvoraussetzungen unserer Gesamtgesellschaft* gibt, die dazu führt, dass der Staat in die Ökonomie eingreift, z. B. durch Subventionierung (Kinofilm) oder Steuervorteile (Presseerzeugnisse), Preisbindung (Bücher), Angebot der Güter durch öffentlich-rechtliche Unternehmen (Radio und TV), oder Angebotszwang für private Unternehmen (Pflicht von Nachrichtensendungen in TV-Vollprogrammen). Diese Eingriffe hält man für nötig, damit keine negative Selektion staatlich wünschenswerter Güter durch den ungeregelten Markt eintritt, sie vom Markt verschwinden.

Wenn der Konsum von bestimmten Gütern aus gesellschaftlicher Sicht reduziert werden soll, spricht man von *demeritorischen Gütern.* Auch hier erfolgen Eingriffe des Staates, z. B. über das Verbot des Angebots oder durch Einschränkung des Konsums durch Minderjährige bei Filmen, Spielen und Schriften, wie er im § 131 des Strafgesetzbuches in Bezug auf Gewaltdarstellungen geregelt ist[1] (vgl. Tab. 12.1). Bekannte Beispiele zu diesem Thema aus den letzten Jahren sind z. B. das Massenhafte Vorkommen rechtsextremer Musik und verfassungsfeindlicher Symbole auf Soundcloud (vgl. Vice, 2018) und der jahrelange Rechtsstreit um die Indizierung des Albums *Sonny Black* von Bushido im Jahr 2015, da in den Texten Gewalt und ein krimineller Lebensstil verherrlicht würde, zudem seien sie frauen- und homosexuellenfeindlich, sie seien geeignet, Kinder und Jugendliche sozialethisch zu desorientieren. Die Indizierung wurde letztlich 2018 letztinstanzlich vor dem Bundesverwaltungsgericht bestätigt (Spiegel, 2019).

Meritorik am Werbemarkt *Werbung* kann nicht grundsätzlich als meritorisch oder demeritorisch bezeichnet werden, auch wenn wir Werbung in Abschn. 6.2 unter den positiven gesellschaftlichen Funktionen genannt haben, da sie den *Geld-Ware-Kreislauf zu beschleunigen* hilft. Werbung für bestimmte Güter kann erwünscht sein (z. B. Parteienwerbung vor Wahlen, Werbung für gemeinnützige Zwecke oder Organisationen, Spendenwerbung) oder

---

[1] Nach dem § 131 StGB wird mit Freiheitsstrafe bis zu einem Jahr oder mit Geldstrafe bestraft, wer eine Schrift, die grausame oder sonst unmenschliche Gewalttätigkeiten gegen Menschen oder menschenähnliche Wesen in einer Art schildert, die eine Verherrlichung oder Verharmlosung solcher Gewalttätigkeiten ausdrückt oder die das Grausame oder Unmenschliche des Vorgangs in einer die Menschenwürde verletzenden Weise darstellt, verbreitet oder der Öffentlichkeit zugänglich macht, *einer Person unter achtzehn Jahren* anbietet, überlässt oder zugänglich macht.

Tab. 12.1 Meritorik und Demeritorik bei Mediengütern

	Medienträger	Medieninhalt
Meritorik	Meritorik resultiert evtl. aus Charakter des Trägers/Netzes als gesellschaftliche Kommunikationsinfrastruktur	Externe Effekte bzgl. publizistischer Funktionen (Grund für Meritorik), auch Demeritorik (z. B. jugendgefährdende Inhalte)

auch unerwünscht sein. So ist es – um im Beispiel zu bleiben – nach dem Jugendschutzgesetz (§ 15 Abs. 4 und Abs. 5) z. B. verboten, die Listen der wegen Gewaltverherrlichung indizierten Mediengüter zu Werbezwecken zu nutzen oder mit der Aufnahme in den Index zu werben[2], sowie auch die Werbung für bestimmte andere Güter, z. B. Zigaretten- und Tabak[3] gesetzlich eingeschränkt wird.

12.3 Verbundenheit von Gütern

Güter können unverbunden oder verbunden sein. Das bezieht sich nicht so sehr auf die Güter selbst, sondern auf bestimmte Eigenschaften oder Leistungen dieser Güter, die sie erbringen (vgl. Kiefer, 2005, S. 134). Hinsichtlich dieser *Leistungen für den Nutzer* können sie miteinander in Beziehung stehen. Dann sind sie *in der Nachfrage* miteinander verbunden. Haben sie eine Beziehung im Produktionsprozess, dann nennt man sie *im Angebot verbunden*. Man spricht dabei von der *Art der Verbundenheit* von Gütern.

12.3.1 Verbundenheit in der Nachfrage

12.3.1.1 Substitutive Verbundenheit

Der einfachste und Ihnen sicher unmittelbar plausibelste Fall ist die *substitutive* Verbundenheit von Gütern in der Nachfrage: Güter, die sich in ihrer Leistung für den Abnehmer gegenseitig ersetzen können, sind zahlreiche zu nennen. Im Alltag wird man damit konfrontiert, dass ein bestimmtes Produkt gerade nicht erhältlich ist (z. B. Kaffee, Butter, eine Zigarettenmarke) und man dann auf ein Produkt zurückgreift, dass hinsichtlich seiner

---

[2] Selbstverständlich gibt es im Internet Hitlisten, die diese Titel wie z. B. „Ein Zombie hing am Glockenseil" (1980) oder „Muttertag – Ein Albtraum aus Blut und Gewalt" (1980) sammeln und bewerten, wie z. B. http://www.moviepilot.de/liste/beschlagnahmte-filme-nach-131-stgb-noir (Abruf 1.11.2016). Beide Filme wurden in später gekürzten Fassungen dann doch auf den deutschen Markt gebracht.

[3] Die im September 2020 neu beschlossenen Tabakwerbeverbote kann man z. B. hier nachlesen: https://www.bundesrat.de/DE/plenum/bundesrat-kompakt/20/993/02.html#top-2

Leistung ähnlich ist (Latte Macchiato, Margarine oder Bratfett, eine andere Zigarettenmarke). Dazu ist zu sagen, dass man die Frage, was sich gegenseitig ersetzt, *nicht allgemeingültig* beantworten kann, sondern immer dazu sagen muss,

- für wen,
- in welcher Situation,
- in Bezug auf welches Kundenbedürfnis und
- in welcher Intensität

sich Güter gegenseitig ersetzen. Für den einen ist Tee ein Ersatz für Kaffee, während dies für andere gar nicht oder nur in bestimmten Situationen infrage kommt. Manchmal ist eine *absolute Substitutionsqualität* gegeben, oft können sich Produkte nur *hinsichtlich einzelner Aspekte* substituieren. Ein Sparkonto kann für mich dann einer Eigentumswohnung ähneln, wenn ich es unter dem Aspekt der Geldanlage betrachte. Betrachte ich es unter dem Aspekt der Suche eines Lebensmittelpunktes, haben diese Dinge kaum etwas miteinander zu tun. Aus Sicht des Produktanbieters muss man dabei über Intensitäten von Substitutionsbeziehungen *als Ebenen des Wettbewerbs mit anderen Produkten* (Levels of Competition), reden. Abb. 12.4 zeigt auf, dass diese Substitutionsintensität von der Produktform bis dahin reichen kann, dass zwei Produkte höchstens hinsichtlich der Geldverwendung bei der Zielgruppe rivalisieren (Budget Competition).

Im *Medienbereich* existieren in der Nachfrage verbundene, sich gegenseitig ersetzende Güter sowohl in der *aktuellen Substitutionskonkurrenz* (z. B. zwei gleichzeitige TV-Sendungen), aber auch auf der Ebene der *langfristigen Ersetzung der Funktion* eines Gutes durch ein anderes (z. B. Schellackplatte und Vinylplatte, CD und Audiokassette als Trägermedien für Audioinhalte). Für das Medienmanagement sind beide Aspekte in strategischen Zusammenhängen von großer Bedeutung, denn sowohl das kurz- und mittelfristige wirtschaftliche Überleben, wie auch die langfristige Überlebensfähigkeit der Unternehmen ist davon abhängig, ob, wie und wie stark die Substitutionsbeziehungen zwischen Leistungsangeboten sind. Schafft es ein Unternehmen, sich *gegen den Wettbewerb abzuschirmen,* indem es sein Produkt unverzichtbar und einzigartig macht (z. B. früher Facebook gegenüber anderen Social-Network-Anbietern im Non-Business-Bereich, wie das damalige VZ-Netzwerk oder MySpace), dann hat es eine schwer angreifbare Stellung. Das Beispiel in Abb. 12.5 und 12.6 bezieht sich auf Substitutionstendenzen bei der Videonutzung und bildet das ab, was auch meine Studierenden in ihrer eigenen Lebensrealität so wahrnehmen[4].

---

[4] Vgl. dazu auch: Hennig-Thurau et al. (2019).

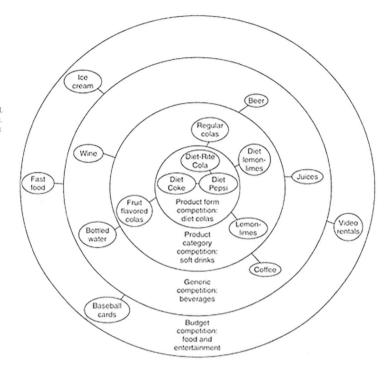

EXHIBIT 3.8
Example of Levels of Competition

Source: Donald R. Lehmann and Russell S. Winer, *Analysis for Marketing Planning*, 4th ed. (Burr Ridge, IL: Richard D. Irwin, 1997), 22. Copyright © The McGraw-Hill Companies. Used with permission.

Abb. 12.4 Substitutionsbeziehungen zwischen Gütern. (Quelle: Cravens & Piercy, 2006, S. 82)

Fragen

1. Wenn Sie die Abb. 12.5 und 12.6 zugrunde legen: Inwiefern unterscheiden sich die Tagesreichweiten bei der Videonutzung der 14–29jährigen von der Gesamtnutzerschaft?
2. Welche langfristigen Substitutionstrends würden Sie dahinter vermuten?
3. Wie unterscheiden sich Ihrer Ansicht nach die Erwartungen der jüngeren und älteren Rezipienten an die Videonutzung? Was erwarten die Jüngeren genau von der von ihren bevorzugten Gebrauchsweise (mindestens drei Dimensionen)?
4. Wie sind Ihrer Meinung nach die veränderten Gebrauchsweisen der Jüngeren und Älteren zu erklären?

Substitution auf dem Werbemarkt Substitutionscharakter haben in Bezug auf das Medienprodukt für den *Werbemarkt* andere Leistungsangebote, die die *Kontakt- und Werbeleistung* der Medien für die werbetreibenden Unternehmen erbringen können. Dies sind zunächst einmal alle Werbemöglichkeiten, die nicht über Massen- und Hybridmedien kommunizieren, sondern über andere Werbeträger, in Kap. 11 hatte ich z. B. von Litfaßsäulen, Einkaufstüten,

Etwa neun von zehn Menschen kommen an einem gewöhnlichen Tag mit medialen Bewegtbildern in Berührung. In der Gesamtbevölkerung ab 14 Jahren erzielen Fernsehsendungen hier mit 72 Prozent die größte Reichweite, das heißt, etwa drei von vier Menschen in Deutschland werden pro Tag von Fernsehsendungen erreicht, wobei es sich dabei in der Regel um das Live-Fernsehprogramm handelt, das eine Tagesreichweite von rund 67 Prozent aufweist (vgl. Abbildung 5). Die Reichweite von Fernsehsendungen, die über die sendereigenen Mediatheken bzw. über YouTube genutzt wurden, liegt in der Gesamtbevölkerung bei rund 5 Prozent.

Anders sieht es bei den 14- bis 29-Jährigen aus: Hier wird an einem Durchschnittstag mit 45 Prozent nur noch weniger als jeder Zweite über Fernsehsendungen erreicht (vgl. Abbildung 6). Zwar ist auch in diesem Alterssegment die lineare Nutzung des Live-Programms die dominierende Art fernzusehen – die Tagesreichweite liegt aber insgesamt nur bei gut einem Drittel (37 %). Knapp jeder zehnte unter 30-Jährige (9 %) wird pro Tag mit nicht-linearen Fernsehinhalten über Mediatheken und YouTube erreicht, womit die Tagesreichweite deutlich über dem Wert für die Gesamtbevölkerung (5 %) liegt und gegenüber dem Vorjahr eine steigende Tendenz aufweist.

Bei den unter 30-Jährigen haben Bewegtbildinhalte jenseits von Fernsehsendungen die Tagesreichweite des Fernsehens überstiegen: 51 Prozent der Befragten geben an, am Vortag Filme oder Videos über das Internet gesehen zu haben. Zentral sind dabei die Streamingdienste wie Amazon Prime Video und Netflix, die ihre Tagesreichweite auf 36 Prozent steigern konnten, sowie YouTube und andere Videoportale, deren tägliche Reichweite auf 22 Prozent kletterte.

Abb. 12.5 Substitutionstendenzen bei der Videonutzung. (Quelle: Frees et al., 2019, S. 314–322, Ausschnitte)

Automobilen, Werbegeschenken, Flyern etc. gesprochen. Auch Direktwerbung über Telefon oder Customer Relationship Marketing sind als solche Substitute zu verstehen. Selbstverständlich spielt auch der Wettbewerb zwischen den Medienproduktwelten eine Rolle. Dabei ist festzustellen, dass (anonyme) Werbung über die klassischen Medien in den letzten Jahren verstärkt durch Werbung in den Online-Medien ersetzt wird. Dies wird damit erklärt, dass sich dort Werbung besser zielgruppenbezogen oder sogar individuell adressieren und auch die Werbewirksamkeit besser messen lässt (vgl. z. B. Siegert & Brecheis, 2019). Dies wird aus Sicht der Werbetreibenden Unternehmen als Wettbewerbsvorteil gewertet.

12.3.1.2 Komplementäre Verbundenheit

Der andere Typ in der Nachfrage verbundener Güter sind *komplementäre Güter*. Komplementäre Güter sind solche, die in der Nutzung aufeinander angewiesen sind, sich ergänzen und deswegen in der Regel im Absatz gemeinsam nachgefragt werden. Das heißt, wenn

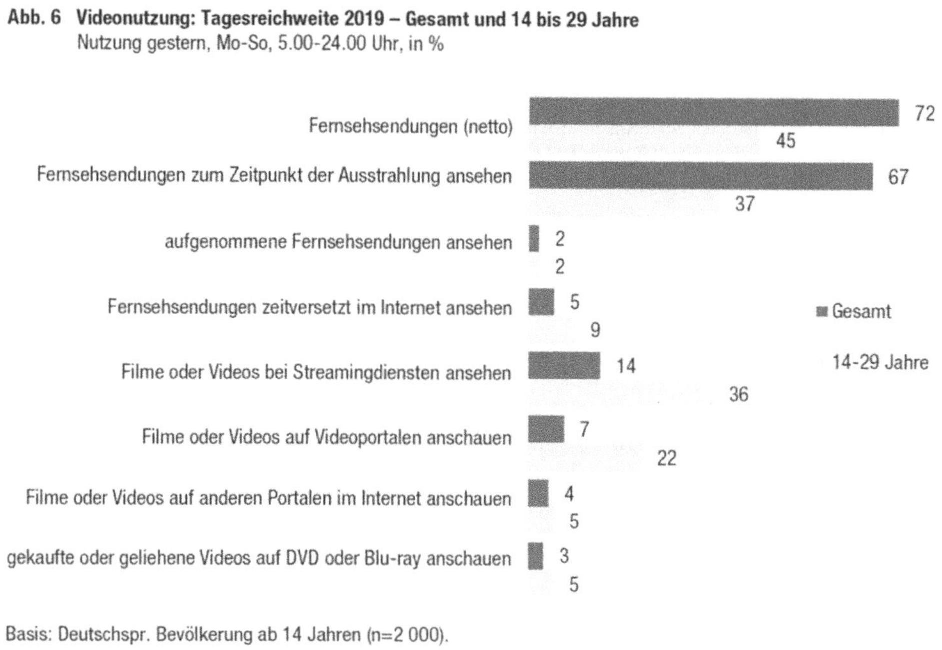

Abb. 6 Videonutzung: Tagesreichweite 2019 – Gesamt und 14 bis 29 Jahre
Nutzung gestern, Mo-So, 5.00-24.00 Uhr, in %

	Gesamt	14-29 Jahre
Fernsehsendungen (netto)	72	45
Fernsehsendungen zum Zeitpunkt der Ausstrahlung ansehen	67	37
aufgenommene Fernsehsendungen ansehen	2	2
Fernsehsendungen zeitversetzt im Internet ansehen	5	9
Filme oder Videos bei Streamingdiensten ansehen	14	36
Filme oder Videos auf Videoportalen anschauen	7	22
Filme oder Videos auf anderen Portalen im Internet anschauen	4	5
gekaufte oder geliehene Videos auf DVD oder Blu-ray anschauen	3	5

Basis: Deutschspr. Bevölkerung ab 14 Jahren (n=2 000).

Abb. 12.6 Videonutzung Tagesreichweite. (Quelle: Frees et al., 2019, S. 317)

der Absatz des einen Gutes steigt, entwickelt sich auch der des anderen Gutes positiv. Dies ist also genau andersherum als bei der Nachfrageabhängigkeit zwischen Substitutionsgütern. Dabei gibt es solche Güter, die in der Nutzung *zwingend* zusammen verwendet werden müssen (perfekte oder vollkommene Komplemente) wie auch solche, die *nicht zwingend* zusammen betrieben werden müssen bzw. aus ökonomischer Sicht nicht zwingend zusammen nachgefragt werden müssen (Gabler, 2011, S. 246). Im Medienbereich ist diese Gleichgerichtetheit des Absatzes selbstverständlich das Ziel von Medienunternehmen. Schafft es ein Unternehmen, *Produkte aneinander zu binden,* ergeben sich daraus möglicherweise erhöhte Gewinnpotenziale oder positive Transfereffekte von einem Produktmarkt in einen anderen hinein. Dies lässt sich beispielsweise anhand der Produkte des Apple-Konzerns zeigen, der als Komplementärgüter die Medienverwaltungsplattform iTunes an Medieninhalte wie Musikdateien, Podcasts, Videodateien und Endgeräte wie iPod, iPhone, iPad und Apple TV gekoppelt hat. Auch bekannt ist, dass Microsoft des Öfteren wegen der unauflösbaren Bindung seiner Produkte (Betriebssystem, Browser, Explorer; Mediaplayer) aneinander von der EU zu hohen Strafen verurteilt wurde (vgl. z. B. Spiegel, 2013) und Google seine Suche, den Chrome Browser und andere Apps als zwingendes Komplementärprodukt mit seinem Android-Betriebssystem verbunden angeboten hat (vgl. Deutsche Welle, 2018).

Tab. 12.2 Verbundenheit in der Nachfrage bei Mediengütern

	Medienträger	Medieninhalt
Verbundenheit in der Nachfrage	Beides ist möglich: Komplementarität (CD/CD-Spieler) oder substitutive Verbundenheit (Vinyl/CD)	Beides ist möglich: Substitution von Inhalten (Auflagen, Lieferungen, Neuigkeiten, gleichzeitige Sendungen) Komplementarität (Fortsetzungen, Folgen, Mash Ups, Anwendungssoftware etc.)

Sogenannte Mashups[5] stellen ebenfalls gute Beispiele für Komplementärprodukte dar. Durch die Verknüpfung bereits bestehender Software und Inhalte kommen neue Inhalte oder Anwendungen zustande, z. B. wenn Anwendungen für Hotelbuchungen (wie Booking.com) die Funktionalitäten von kartografischen Anwendungen (wie Google Maps) benutzen, um zusätzliche Informationen über die geografische Lage des Hotels zu integrieren und damit einen Mehrwert für den User zu generieren (vgl. Tab. 12.2).

Fragen

Untersuchen Sie Mashups, etwa Websites, die die API (die Schnittstelle für Anwendungsprogramme) von Google Maps nutzen und eigene Inhalte ergänzen[6] und Apps, wie Facebook Apps oder die annähernd 2 Mio. Apps aus dem Apple App Store[7] unter dem Aspekt des Komplementärgutes. Was sind die ökonomischen Zusammenhänge des Betriebs und Angebots dieser Programme? Sammeln Sie Ideen und diskutieren Sie diese mit Ihren Kommilitonen.

12.3.2 Verbundenheit im Angebot

Im *Angebot verbundene Güter* nennt man Kuppelprodukte. Diese Kuppelprodukte fallen im *Produktionsprozess simultan an,* das klassische Beispiel aus dem Schwarzwald ist das gleichzeitige Anfallen von Brettern, Rindenmulch[8] für den Garten und Sägemehl

---

[5] Ein Mashup im Internet ist ein Medieninhalt, der durch die Verknüpfung bestehender Inhalte entsteht. Die Möglichkeit der Verknüpfung wird im Softwarebereich durch die Bereitstellung offener Schnittstellen befördert. Letztlich ergibt sich dadurch die Möglichkeit, ohne viel Aufwand einen ökonomischen Mehrwert zu erzeugen (vgl. O'Reilly, 2005).

[6] Eine große Auswahl solcher Mashups, die sich auf Maps beziehen, erhalten Sie über http://www.programmableweb.com/tag/mapping. Andere API und eine Vielzahl von Mashups findet man dort ebenfalls, Abruf 27.4.2021.

[7] Stand April 2021.

[8] Zerkleinerte Baumrinde, die im Garten als Bodenabdeckung das Wachstum von Unkraut hemmen soll.

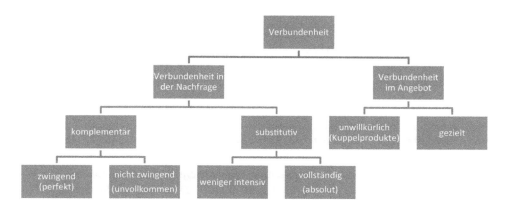

Abb. 12.7 Typen und Grade der Verbundenheit. (Eigene Darstellung)

als Heizstoff oder Katzenstreu im Sägewerk. Möglicherweise wurden historisch zunächst nur Bretter hergestellt und man fragte sich irgendwann, ob man die Reste, bis dahin Abfall, nicht auch zu Geld machen kann. Hier handelt es sich also um den Versuch der *besseren Nutzung von Produktionsfaktoren,* die dann gleichzeitig in *mehr als einem spezifischen Produktionsprozess* eingesetzt werden. Dabei sind diese Produktionsprozesse, wie eben in der Holzproduktion, natürlicherweise bzw. unwillkürlich gegeben und die Produktionsergebnisse fallen automatisch an (vgl. Kiefer, 2005, S. 134). Die dahinterstehende zentrale Frage ist, wie man die dabei zwangsläufig entstehenden Ergebnisse, Nebenprodukte, Abfälle wirtschaftlich sinnvoll nutzen kann.

Ein anderer Ansatz ist die *gezielte Verkopplung* von Produktangeboten mit einem spezifischen Hintersinn: z. B. der Herstellung eines Verbundes[9] aus Werberaum und aus dem redaktionellen Anteil der Mediendienstleistung zur (Mit-)Finanzierung des Letzteren durch den Erstgenannten. Das ermöglicht dann, auch diejenigen Güter herzustellen und zu vermarkten, deren Einnahmen nicht ausschließlich aus dem Verkauf an den Rezipienten refinanziert werden können, sondern für die neue Finanzierungsquellen erschlossen werden müssen, weil der reine Medieninhalt nicht die Umsätze erzielt, die seine Erstellung refinanzieren könnten.[10] Abb. 12.7 stellt die besprochenen Typen der Verbundenheit noch einmal übersichtlich dar.

Die Besonderheit des werbefinanzierten Models ist, dass der Verbundcharakter des Medienprodukts abhängig von der Einbringung eines Produktionsfaktors ist, der *nicht in der Verfügung des Produzenten des Medienguts, sondern in der Verfügung des Rezipienten*

---

[9] Die Ökonomie spricht in diesem Fall *nicht* von einem Kuppelprodukt, weil das Ergebnis nicht zwangsläufig anfällt.

[10] Es hat sich in der Praxis eine Anzahl von weiteren Modellen zur besseren Refinanzierung von Mediengütern entwickelt, z. B. Anrufgebühren bei Call-in-Shows oder Querfinanzierung durch Abverkauf von Produkten oder Merchandising-Artikeln u. v. m.

Tab. 12.3 Verbundenheit von Mediengütern im Angebot

	Medienträger	Medieninhalt
Verbundenheit im Angebot (hier: gezielte Verkopplung von Produktangeboten)	Grundsätzlich: Träger und Inhalt werden als Produktionsfaktoren (absichtlich) verbunden	Inhalt und Werbung werden als Produktionsfaktoren für die Aufmerksamkeit der Rezipienten verbunden

steht. Die Einbringung dieses *externen Produktionsfaktors* Aufmerksamkeit/Nutzungszeit kann vom Medienunternehmen, z. B. über die Contentqualität, nur beeinflusst, aber nicht erzwungen werden. Da aber die zweiseitige Refinanzierung des werbefinanzierten Produkts mit der Einbringung der Aufmerksamkeit des Rezipienten (nicht dem Kauf des Produkts!) steht und fällt, sind besondere Anstrengungen des Medienunternehmens nötig, den Rezipienten zur Mediennutzung zu bewegen.

Verbundenheit von Gütern auf dem Werbemarkt Hinsichtlich der *Verbundenheit am Werbemarkt* interessiert die Medienökonomie sich also vor allem für die besonderen Eigenschaften, die durch die doppelte Vermarktung des Medienproduktes im Hinblick auf die beiden Märkte für Rezipienten und Werbetreibende (man spricht hier von zweiseitigen Märkten) entstehen. Dabei interessiert man sich besonders für die Möglichkeiten der *gezielten Steuerung und Maximierung der Werbeleistung* sowie auch für Fragen der optimalen Organisation dieser Verbundproduktion, also einer möglichst positiven Gestaltung der Anzeigen-Auflagen-Spirale (vgl. dazu noch einmal die Anzeigen-Auflagen-Spirale in Abb. 8.5 sowie Tab. 12.3) (vgl. auch Rimscha & Siegert, 2015, S. 116 ff.).

12.4　Mediengüter als Dienstleistungen

Wirtschaftsgüter liegen nicht nur in der Form berührbarer, dinglicher Gegenstände vor (*Sachgüter* wie Werkzeuge, Nahrungsmittel oder auch Geldmünzen und -scheine), sondern können auch immateriell sein. Beispielsweise können *Rechte* wie das Nutzungsrecht (im Mietverhältnis einer Wohnung oder eines Autos) oder auch *Rechtsverhältnisse*[11] (wie ein Kundenstamm oder ein Schuldverhältnis zwischen Wirtschaftssubjekten) als Wirtschaftsgüter gehandelt werden. Ein großer Teil von Wirtschaftsgütern tritt in unserer Gesellschaft allerdings als *Dienstleistung* auf, die jemand an einem anderen erbringt, seien es Beratungs- (Rechtsanwalt), Wissensvermittlungs- (Professor, Lehrer), Pflege- (Friseur,

---

[11] Ein Rechtsverhältnis bezeichnet eine rechtliche Beziehung einer Person zu einer anderen Person, z. B. im Rahmen eines Vertrages.

Altenpfleger), Gesundheits- (Arzt) und andere Dienstleistungen (z. B. Autoreparatur). Dienstleistungen werden wie folgt definiert:

▶ **Definition** Dienstleistungen sind marktfähige (entgeltliche oder unentgeltliche) Verrichtungen (Interaktionen) eines Anbieters am externen Faktor (Kunde oder Kundenobjekt), um daran selbstständig oder sachleistungsverbunden (d. h. als Kundendienste) von diesem gewünschte Ergebnisse (Zustandsbewahrung oder -veränderung) zu erzielen (Pepels, 2009, S. 1070).

Fragen

- Wieso wird der Kunde oder das Kundenobjekt als *externer Faktor* bezeichnet?
- Geben Sie je ein Beispiel für die *selbstständige* Ergebniserzielung am externen Faktor in Form einer Zustandsbewahrung und als Zustandsveränderung.
- Geben Sie je ein Beispiel für die *sachleistungsverbundene* Ergebniserzielung am externen Faktor in Form einer Zustandsbewahrung und in Form einer Zustandsveränderung.

12.4.1 Allgemeine Kennzeichen von Dienstleistungen

Sie werden *für den fremden Bedarf* produziert. Es gilt also nicht als Dienstleistung, wenn man etwas für sich selbst tut, z. B. sich selbst die Haare schneidet, sich wäscht. Tut man dies für einen anderen, erbringt man eine Dienstleistung.

Dienstleistungen sind *immateriell*. Daraus resultiert, dass sie selbst *nicht lagerfähig* und *nicht transportierbar, nicht übertragbar,* sind. Eine *Produktion auf Vorrat* ist in dieser Form nicht möglich. Dies mache ich meinen Studierenden gerne daran deutlich, dass ich sie bitte, sich das Gegenteil vorzustellen, z. B. bei einem Haarschnitt. Friseure könnten Haarschnitte im Vorhinein produzieren, für potenzielle Kunden in Mengen einlagern oder sie an jemand erbringen, der sie dann später an den Endkunden weiterüberträgt, falls derjenige gerade keine Zeit hat. – Eine zunächst mal sehr abwegige Vorstellung!

Ihre Produktion ist ein *zweistufiger Prozess,* der aus 1) Herstellung der Leistungsbereitschaft und 2) Endproduktion des Gutes besteht. Diese Endproduktion setzt den Einsatz *externer Produktionsfaktoren* voraus. Dies ist der Dienstleistungsnehmer, der Präsenz, Zeit und Aufmerksamkeit, Nutzungskompetenz und Decodierbereitschaft (vgl. Kiefer, 2005, S. 146) einbringt oder eine Sache, die von ihm eingebracht werden muss (z. B. ein defektes Gerät, das repariert werden soll). Die Endproduktion der Dienstleistung und die Nutzung der Dienste des Anbieters durch den Abnehmer fallen zeitlich und/oder örtlich zusammen (vgl. Abb. 12.8).

Während die Vorkombination der internen Faktoren noch an beliebigem Ort stattfinden kann, ist die Endkombination mit dem externen Faktor an dessen physische Präsenz gebunden.

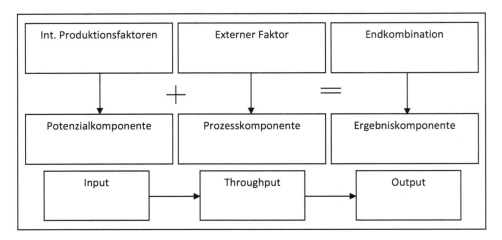

Abb. 12.8 Dienstleistungskonzept. (Quelle: Pepels, 2009, S. 1071)

Nur wo Kundenbedürfnis und Leistungsangebot (zeitlich und) räumlich zusammentreffen, entsteht Umsatz (Pepels, 2009, S. 1072).

Gläser (2010, S. 157) gibt dafür ein Beispiel: Der TV-Zuschauer schaut eine Sendung zum Zeitpunkt der Ausstrahlung und rezipiert sie (externer Faktor), sodass die Leistung (Unterhaltung, Information, Zeitvertreib) in diesem Rezeptionsakt entsteht. Dies bedingt also einen Zwang zur Kooperation zwischen Anbieter und Abnehmer (zeitlich und/oder räumlich synchroner Kontakt nötig). Man fasst dies begrifflich im sogenannten *Uno-actu-Prinzip,* gemeint ist das Zusammenfallen der endgültigen Produktion und der Leistungsabnahme durch den Nachfrager *in einem Akt.*
  Dienstleistungen sind auch *keine homogenen Produkte,* da die beteiligten Abnehmer variieren und somit auch das Ergebnis des Leistungserbringungsprozesses, z. B. die finale Frisur oder der Kenntnisstand des Dienstleistungsnehmers nach einer Beratung oder Schulung unterschiedlich ist. Das Endprodukt enthält also durch Teilnahme des Nachfragers *eine individuelle, subjektive Produktkomponente,* die sich je nach Individuum unterscheidet. Insgesamt ist im Vergleich zu Sachgütern eine *Standardisierung des Produktionsergebnisses* damit schlechter möglich. Abb. 12.9 stellt die Eigenschaften von Dienstleistungen zusammengefasst dar.

12.4.2 Mediendienstleistungen

„Medienangebote [sind, C.Z.] überwiegend dem Bereich der immateriellen Güter mit der Charakteristik von informations-/wissensbasierten und nicht handwerklichen Dienstleistungen zuzuordnen (…)" (Kiefer & Steininger, 2014, S. 148). Sie sind immateriell

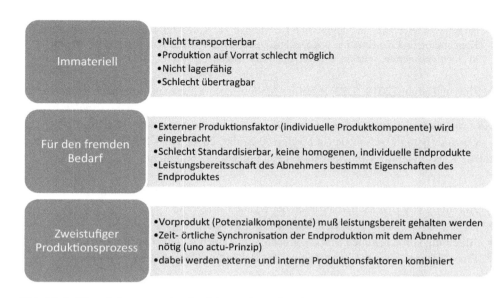

Abb. 12.9 Dienstleistungsmerkmale. (Eigene Darstellung)

(daher unsere in Kap. 1 und Abschn. 12.1 herausgestellte Unterscheidung zwischen Content und Medienträger, der durchaus ein Sachgut wie das Zeitungspapier sein kann), der Produktionsprozess ist zweiphasig (Bereitstellung der Potenzialkomponente und Endproduktion der Dienstleistung), und ihr Ergebnis ist die Information, Orientierung, Unterhaltung usw., die der Rezipient unter Einsatz von Geld, Zeit, Medienkompetenz und Aufmerksamkeitszuwendung produziert.

Dienstleistungen und Medienmanagement Die Frage, in welchem Umfang und welcher Grundsätzlichkeit diese Besonderheiten Veränderungen bei der Produktion und Vermarktung von Mediengütern ergeben, wird gegenwärtig diskutiert (vgl. Kiefer, 2020). Jedenfalls ist eindeutig, dass ein Perspektivenwechsel von einer Produkt- hin zu einer *kunden- und servicezentrierten Sichtweise* eine realistischere Abbildung der tatsächlichen Herausforderungen beim Medienmanagement – gerade in Bezug auf digitalisierte und Online-Contents – erbringen kann (Kiefer, 2020, S. 178–182).

Versteht man auch mediale Dienstleistungen (...) als Problemlösungsangebote, dann rückt die Zweckdienlichkeit aus Sicht des Konsumenten/Rezipienten in den Vordergrund und ersetzt die der Produzenten-/Anbietersphäre verhaftete und am Sachgut orientierte Gebrauchstauglichkeit. Mediale Dienstleistungen sollen „gebrauchstauglich" bleiben im Sinne von Verständlichkeit, leichter Handhabung, schnellem Zugang etc., wichtiger wird jedoch die Relevanz – aus Sicht des Medienkonsumenten – des Problemlösungsangebots. Der vom medialen Dienstleistungsanbieter geschaffene potentielle Wert in Form eines Leistungsangebots muss vom Rezipienten vor dem Hintergrund seiner Lebensumstände als rational und/oder emotional relevant anerkannt und durch seine Bereitschaft zur Ko-Kreation realisiert werden. Ohne Kooperation und Ko-Kreation des Medienkonsumenten wandelt sich potentieller Wert nicht in einen realisierten, sondern in Ressourcenverschwendung (Kiefer, 2020, S. 179).

Meffert und Bruhn (2018, S. 23) legen aus Marketingsicht hierzu passend nahe, *durch Klassifizierung* spezifischer Dienstleistungen anhand verschiedener Kriterien die *Problemstruktur oder Herausforderungen bei ihrer Produktion und Vermarktung* zu analysieren.

Genauer gesagt, weisen sie (in Meffert & Bruhn, 2018, S. 18–23) darauf hin, dass eine solche Klassifizierung von Dienstleistungen Folgendes ermöglicht:

- Eine Beschreibung und Vergleiche der (eigenen/fremden) Dienstleistung.
- Ableitung von Eigenschaftsprofilen der eigenen Angebote.
- Ableitung von Besonderheiten, die man für das Marketing nutzen kann.
- Ableitung von relevanten Marktsegmenten für (eigene) Dienstleistungen.
- Eine differenzierte marketingstrategische Behandlung der einzelnen Angebote.

Kriterien oder Dimensionen, die man dabei verwenden kann, sind z. B. die *Berührbarkeit/Tangibilität* der Dienstleistung, wie die *Beziehung zwischen Erbringer und Abnehmer* gestaltet wird (vgl. Abb. 12.10)[12], wie die *Zeitstruktur der Leistungserbringung* ist, worauf sich genau die *Transaktion* bezieht (ihn selbst oder seinen Besitz) etc. Die Tab. 12.4 zeigt einige Dimensionen und ihre Ausprägungen, die man m. E. sinnvoll zur Charakterisierung von Mediendienstleistungen bzw. ihrer Produktwelten heranziehen kann. Diese Charakterisierung hilft aufgrund ihres Detailreichtums bei der Analyse der im obenstehenden Zitat von Kiefer (2020) hervorgehobenen Tauglichkeit von Mediengütern als *Problemlösungsangebot* für den potenziellen Rezipienten. Dies kann man sich einfach am Beispiel der beziehungsbezogenen Subdimension *Grad des Zuschnitts auf den Rezipienten* (standardisiert vs. individualisiert) oder der kundenbezogenen Subdimension *Anschlussfähigkeit beim Rezipienten* (voraussetzungsvoll vs. voraussetzungsfrei), aber auch an vielen anderen Dimensionen der in nachfolgender Tab. 12.4 stehenden Beschreibungsdimensionen verdeutlichen.

Ein *Eigenschaftsprofil von Mediendienstleistungen,* das sich solchermaßen für die Analyse des Charakters von Medienprodukten als Problemlösungsangebot für den Kunden eignet, lässt sich nicht generell, sondern eher *in Bezug auf die Produktwelt oder das konkrete Produkt* beschreiben. Einen Versuch, dies beispielhaft für Medienproduktwelten zu tun, sehen Sie in Abb. 12.11. Hier werden eine ganze Anzahl von Veränderungen bei der Produktion, Zusammenstellung, Distribution und Rezeption von Videoinhalten erkennbar, die mit den im Abschn. 12.3 beschriebenen Substitutionstendenzen im Bereich der Videorezeption gegenwärtig stattfinden. Die Abb. 12.12 stellt ebenfalls einen Bezug

---

[12] Medieninhalte sind z. B. unberührbar und an den Menschen gerichtet, der sie in sein Bewusstsein aufnimmt und dort verarbeitet.

Welchen Charakter hat der Dienstleistungsprozess?	Wer oder was ist der direkte Empfänger der Dienstleistung?	
	Mensch	Objekt
Berührbar (Tangible)	■ Dienste, die auf den menschlichen Körper gerichtet sind: – Personentransport – Gesundheitswesen ⬇ ■ Physische Präsenz des Kunden erforderlich	■ Dienste, die auf Güter oder andere physische Besitztümer gerichtet sind: – Fracht-/Transportwesen – Reinigungsunternehmen ⬇ ■ Physische Präsenz des Kunden nicht erforderlich
Unberührbar (Intangible)	■ Dienste, die auf den Intellekt des Menschen gerichtet sind: – Ausbildung – Werbung/PR ⬇ ■ Geistige Präsenz des Kunden erforderlich	■ Dienste, die auf unberührbare Vermögenswerte gerichtet sind: – Bankwesen – Steuerberater ⬇ ■ Geistige Präsenz des Kunden nur zeitweise erforderlich

Abb. 12.10 Klassifizierung von Dienstleistungstypen. (Quelle: Meffert & Bruhn, 2018, S. 20)

der Dienstleistungseigenschaften einer Medienproduktwelt zu bereits in diesem Buch (in Abschn. 3.3) angesprochenen Substitutionsverhältnissen her: Die Veränderung der Produktwelt Nachrichten von der Print- in die Onlinewelt. Es wird hoffentlich daran erkennbar, dass sich auf diese Weise *Mediendienstleistungen aufgrund ihrer Profileigenschaften im Hinblick auf ihre Gestaltungs- und Vermarktungsmöglichkeiten genauer beschreiben lassen.*

Im Anschluss an die im Kap. 3 geführte Diskussion um die *gezielte Gestaltung von Produktwelten* – wie etwa die in Abschn. 3.3 geführte tiefer gehende Analyse der Veränderung der Produktwelt Nachrichten – wird also hier vorgeschlagen, aus Sicht des Medienmanagements die weitere Analyse der *Problemstruktur der Produktion und Vermarktung von Medienproduktwelten* voranzutreiben, um weitergehende und differenzierte Hinweise für das *Management der eigenen Produktwelt,* im Sinn der von Kiefer (2020) und Meffert und Bruhn (2018) vorgeschlagenen Handlungsmaximen zu erhalten: Die Relevanz der Medienproduktwelt als *Problemlösungsangebot* für den potenziellen Rezipienten optimal zu gestalten über die Beschreibung, Analyse und Bildung von Eigenschaftsprofilen sowie der Ableitung von relevanten Marktsegmenten und Hinweisen für eine entsprechende *differenzierte Marktbearbeitung.*

Darüber hinaus kann man an diesen Beispielen gut erkennen, dass die Anbieter von Mediendienstleistungen im Allgemeinen ständig dabei sind, die *Eigenschaften von Content-Produktwelten* zu verändern, zu optimieren, besser an die sich wandelnden Bedürfnisse der Rezipienten anzupassen. Die *dafür relevanten Dienstleistungscharakteristika zu identifizieren, zu analysieren, welche Veränderungen erwartbar und erforderlich sind und wie eine

Tab. 12.4 Dimensionen und Ausprägungen der Dienstleistungscharakterisierung

Dimension	Ausprägung	Gegenausprägung	Erläuterung
Beziehungsbezogen	Ohne formale Beziehung zwischen Anbieter/Nachfrager	Mitgliedschaftsähnliche Beziehung	Art der Beziehung bestimmt die Planbarkeit, Kundentreue, Kommunikation etc.
	Standardisiert	Individualisiert	Grad des Zuschnitts der DL auf den Rezipienten
	Anonym	Ggs. Bekannt	Beziehungsqualität der Anbieter/Nachfrager
	Automatisierte Leistungsübergabe	Persönliche Leistungsübergabe	Persönlichkeitsgrad der Leistungsbeziehung
	Am Menschen	Am Objekt	Objekt/Subjekt der Leistungsabnahme
Transaktionsbezogen	Diskret	Kontinuierlich	Struktur des Leistungsprozesses
	Einmalig	Mehrfach/Dauerhaft	Wiederholungsgrad
	Interaktiv	Nicht interaktiv/nur ausliefernd	Interaktionsgrad
Leistungszielbezogen	Prozessbezogen	Ergebnisbezogen	Bezugsgrund der Leistungswahrnehmung
	Konsumtiv	Investiv	Auf Verzehr vs. auf Akkumulation der Leistung ausgerichtet
Angebotsbezogen	Intellektuell	Handwerklich	Charakter der Leistung
	Kreativ	Repetitiv	Charakter der Leistung
	Problembehaftet	Problemlos	Anforderungsgrad an den Erbringer
Kundenbezogen	Exklusiv (Inhalt)	Inklusiv	Exklusivitätsgrad
	Voraussetzungsvoll (Inhaltsnutzung)	Voraussetzungsfrei	Anschlussfähigkeitsgrad beim Abnehmer
	Komplex	Einfach	Komplexitätsgrad
	Zweckbezogen	Universell/allgemein	Universalitätsgrad

Quelle: Eigene Recherchen auf Basis der Erläuterungen von Meffert und Bruhn (2018, S. 18–23)

		Beides möglich/ mittel				
Personalisiert	O				X	Massenbezogenes Angebot
Persönlich[1]					XO	Automatisiert/apparatebezogen[2]
Konsumtiv		O	X			Investiv (für den Rezipienten)
Materieller Prozess					XO	Immaterieller Prozess
Personenbezogen[3]	X				O	Ausrüstungsbezogen[4]
Intellektueller Prozess	X[5]				O[6]	Handwerklicher Prozess
Mitgliedsähnl. Beziehung	O		X[7]			Keine Formale Beziehung
Kreativ	X[8]				0	Repetitiv
Ubiquitärer Zugriff		O	X			Örtlich beschränkter Zugriff
Exklusivität		O[9]			X	Inklusivität
Multimedial					XO	Uni-/Bimedial
Voraussetzungsvoll [10]				XO		Problemlose Rezeption
Aktuell			XO			Zeitversetzt/Nicht aktuell
Kontinuierl. Erstellung[11]		X		O		Wird diskret/sporadisch erbracht[12]

Abb. 12.11 Polaritätenprofile Lineares TV-Programm (x) vs. Streamingdienst (o). (Eigene Darstellung).

1 Zwischen Geber und Nehmer, z. B. persönliche Übergabe.
2 Durch Apparate/ Maschinen erbracht.
3 Qualität der DL ist von personalen Faktoren des Erbringers (hier Redaktion, Programmgestaltung! = Kompetenz, Involvement, Freundlichkeit etc.) abhängig.
4 z. B. Einrichtung, Standort, Aufmachung (z. B. Qualität des Algorithmus, Backbone, vorhandene Lizenzen).
5 Programmerstellung ist eine intellektuell-kreative Leistung der Redaktion.
6 Nachdem die Konstruktion des Empfehlungsalgorithmus abgeschlossen ist, wird er nur noch (automatisch) durchgeführt. Auch lernende Algorithmen sind vorab definiert.
7 U.A. Zwangsmitgliedschaft für Regelhaushalte beim öffentlich-rechtlichen TV, keine Mitgliedschaft beim kommerziellen Free-TV.
8 Betrifft den Erstellungs¬pro¬zess des Programms.
9 z. T. so genannte Originals bzw. Exklusivlizenzen.
10 Beim Rezipienten, z. B. spezifische Kenntnisse oder Fertigkeiten für die Rezeption erforderlich.
11 Programmgestaltung ist eine kontinuierliche Aufgabe.
12 z. B. durch den Ankauf von Sendelizenzen

wettbewerbsoptimale Anpassung des Dienstleistungscharakters des eigenen Angebots zu erreichen ist, ist eine große Herausforderung auf Weg zu nachhaltiger Existenzsicherung des Medienunternehmens. Seine Anfänge nahm dies bereits, als es noch darum ging, flüchtige Mediengüter (wie Musikaufführungen) hinsichtlich des uno-actu-Prinzips zu manipulieren, *indem man sie auf physische Distributionsmedien brachte*[13] und so die Rezipientenschaft von Medieninhalten enorm ausweiten konnte. Heutzutage kann man, wie an den bereits diskutierten Beispielen Nachrichten-, Musik- und Videorezeption beschrieben, in relativ

---

13 Möglicherweise klang zu dieser Zeit die Idee, Medieninhalte auf physische Medienträger ebenso absurd wie meine in Abschn. 12.4.1 geäußerten Ideen zu Frisuren auf „Frisurenträgern" und ihre Übertragung auf den Dienstleistungskunden.

			Beides möglich/ Mittel			
Personalisiert			O		X	Massenbezogenes Angebot
Persönlich[1]		X O				Automatisiert/apparatebezogen[2]
Konsumtiv			O	X		Investiv (für den Rezipienten)
Materieller Prozess		X			O	Immaterieller Prozess
Ressourcenintensität Inhalt	XO					Ressourcenintensität niedrig
Ressourcenintensität Träger		X			O	Ressourcenintensität niedrig
Auslieferung problembehaftet	X[3]			O[4]		Auslieferung unproblematisch
Personenbezogen[5]	X				O	Ausrüstungsbezogen[6]
Intellektueller Prozess	X[7]				O[8]	Handwerklicher Prozess
Kreativ	X[9]				O[10]	Repetitiv
Mitgliedschaftsbeziehung			O X[11]			Keine Formale Beziehung
Ubiquitärer Zugriff	O	X[12]				Örtlich beschränkter Zugriff
Rivalität des Inhaltes		X[13]			O	Nichtrivalität[14]
Exklusivität des Inhaltes		X	O[15]			Inklusivität des Inhalts
Multimedial		O			X	Uni-/Bimedial
Rezeption voraussetzungsvoll[16]				XO		Problemlose Rezeption
Aktuell	O[17]	X[18]				Zeitversetzt/Nicht aktuell
Kontinuierliche Erstellung			O[19]		X[20]	Diskret erbracht

Abb. 12.12 Polaritätenprofile Printzeitung (z. B. FAZ) (X) vs. Online-Zeitung (z. B. Faz.net) (O).
1 Zwischen Geber und Nehmer, z. B. persönliche Übergabe.
2 Durch Apparate/ Maschinen erbracht.
3 Materielle Zustellung/Leistungsübergabe ist kompliziert, aufwendig und teuer.
4 Abhängig vom Medienzugang (Website, App, Feed, Aggregator, Social Network Site etc.).
5 Die Qualität der DL ist von personalen Faktoren des Erbringers (der Kompetenz, dem Involvement etc. der Redaktion) abhängig.
6 Ausrüstungsbezogene Faktoren sind Einrichtung, Standort, Aufmachung, Software, Bots, Algorithmen.
7 Programmerstellung ist eine intellektuell-kreative Leistung der Redaktion.
8 Personalisierung anhand von Profilen und Cookies, die Gestaltung des Empfehlungsalgorithmus ist komplex, seine Ausführung rein handwerklich.
9 Erstellungsprozess des Programms/der Tagesausgabe.
10 Bei einem bereits bestehenden Auswahl-Algorithmus.
11 Abhängig davon, ob im Internet werbefinanziert oder abofinanziert, bei der Druckversion davon, ob Abo oder Einzelverkauf.
12 Zeitung wird ortsbezogen übergeben, aber an vielen Orten verkauft.
13 Eine Gewisse Rivalität wird über das Trägermedium generiert.
14 Konsum eines Rezipienten wird nicht durch den Konsum eines anderen Rezipienten beeinträchtigt.
15 Je nach Erlöstyp (werbefinanziert vs. Abo-, Transaktions-, Spendenmodell etc.)
16 Beim Rezipienten, z. B. spezifische Kenntnisse oder Fertigkeiten für die Rezeption erforderlich.
17 Echtzeitaktualität.
18 Tagesaktualität.
19 Werden tendenziell kontinuierlich aktualisiert.
20 Jede Ausgabe wird individuell und diskret erstellt. Aber: Kontinuierliche Erbringung an jedem Wochentag

Tab. 12.5 Materialität bei Mediengütern

	Medienträger	Medieninhalte
Materialität	Materieller Träger (Sachgut) oder immaterieller Träger (Funkwellen)	Immateriell/Dienstleistungscharakter als „Problemlösungsangebot" für Rezipienten

kurzer Zeit drastische Veränderungen der Produktwelten erleben, die die Existenzbedingungen von Unternehmen ganzer Medienindustrien verunsichern. Grundlage ist die Tatsache, dass immaterielle Medieninhalte ganz unterschiedlich gehandhabt werden können (vgl. Tab. 12.5).

Aufgrund der Komplexität der Argumentation möchte ich noch einmal zusammenfassen, wie ich in diesem Kapitel vorgegangen bin:

- Ich habe zunächst allgemeine *Eigenschaften* von Dienstleistungen vorgestellt.
- Danach habe ich allgemeine *Kennzeichen von Mediendienstleistungen* genannt.
- Danach habe ich dienstleistungsbezogene *Beschreibungsdimensionen von Medienprodukten und -produktwelten* eingeführt.
- Zuletzt habe ich innerhalb diesen Dimensionen Kennzeichen von Medienprodukten und -*produktwelten als Problemlösungsangebote* für Rezipienten identifiziert.

Medienwerbung als Dienstleistung

Auch die *Werbung* ist als Dienstleistung zu betrachten, die vom Medienunternehmen am Werbekunden (fremder Bedarf) erbracht wird. Es geht zentral um die *Erzeugung umsatzrelevanter Aufmerksamkeit* für den Werbekunden bzw. im Abschn. 11.3 genannte andere kommunikationspolitische Ziele. Die Leistungsbereitschaft entsteht mit der beim Kunden durch den Medieninhalt erzeugten Aufmerksamkeit, die auf ein Thema, Produkt oder das Werbetreibende Unternehmen gelenkt wird. Diese Aufmerksamkeit kann das werbetreibende Unternehmen je nach Interessenlage für unterschiedlichste Zwecke wie Produktumsatz, Kundeninformation oder als qualifizierte Kundenkontakte für weitere Aktivitäten nutzen.

Literatur

Beyer, A., & Carl, P. (2008). *Einführung in die Medienökonomie* (2. Aufl.). UTB.

Cravens, D. W., & Piercy, N. F. (2006). *Strategic marketing* (8. Aufl.). McGraw Hill.

Deutsche Welle. (18. Juli 2018). EU verhängt Rekordstrafe von 4,3 Milliarden Euro gegen Google. *DW*. https://www.dw.com/de/eu-verh%C3%A4ngt-rekordstrafe-von-43-milliarden-euro-gegen-google/a-44717771. Zugegriffen: 22. Aug. 2022.

Frees, B., Kupferschmitt, T., & Müller, T. (2019). Massenkommunikation Trends 2019. *Media Perspektiven, 7–8*(2019), 314–322.

Gabler. (2011). *Gablers Wirtschaftslexikon*. Gabler.

Gläser, M. (2010). *Medienmanagement* (2. Aufl.). Vahlen.

Heinrich, J. (1999). *Medienökonomie* (Bd. 2). Westdeutscher.

Heinrich, J. (2020). Mediengüter zwischen Wirtschafts- und Kulturgut. In J. Krone & T. Pellegrini (Hrsg.), *Handbuch Medienökonomie* (S. 145–164). Springer.

Hennig-Thurau, T., Schauerte, R., Herborg, N., & Wiechmann, D. (2019). *Quo Vadis, deutsche Medien*. Die Zukunftdeutscher Fernsehanbieter in digitalen Streaming-Zeiten. WWU.

Karmasin, M., & Winter, C. (Hrsg.). (2000). *Grundlagen des Medienmanagements*. Fink.

Kiefer, M. (2005). *Medienökonomik* (2. Aufl.). Oldenbourg.

Kiefer, M. L. (2020). Dienstleistungsökonomik und Medien. In J. Krone & T. Pellegrini (Hrsg.), *Handbuch Medienökonomie* (S. 165–195). Springer.

Kiefer, M. L., & Steininger, C. (2014). *Medienökonomik: Einführung in eine ökonomische Theorie der Medien* (3. Aufl.). Oldenbourg.

Meffert, H., Bruhn, M., & Hadwich, K. (2018). *Dienstleistungsmarketing* (9. Aufl.). Springer Gabler.

Musgrave, R. A. (2008). Merit goods. In S. N. Durlauf & L. E. Blume (Hrsg.), *The new Palgrave dictionary of economics* (2. Aufl.). Palgrave MacMillan UK.

O'Reilly, T. (2005). *What Is Web 2.0: Design patterns and business models for the next generation of software. MPRA Paper No. 4578*. http://mpra.ub.uni-muenchen.de/4578/.

Pepels, W. (2009). *Handbuch des Marketings* (5. Aufl.). Oldenbourg.

von Rimscha, B., & Siegert, G. (2015). *Medienökonomie*. VS.

Siegert, G., & Brecheis, D. (2019). Online-Kommunikation und Werbung. In W. Schweiger & K. Beck (Hrsg.), *Handbuch Online-Kommunikation* (S. 479–505). Springer.

Sjurts, I. (2004). Der Markt wird's schon richten!? Medienprodukte, Medienunternehmen und die Effizienz des Marktprozesses. In K.-D. Scholz & M. Karmasin (Hrsg.), *Medien und Ökonomie* (Bd. 2, S. 123–158). VS Verlag.

Sjurts, I. (2005). *Strategien in der Medienbranche*. (3. Aufl.). Gabler.

Sjurts, I. (Hrsg.). (2011). *Gabler Lexikon Medienwirtschaft* (2. Aufl.). Gabler.

Spiegel. (2013). EU verdonnert Microsoft zu 561-Millionen-Strafe. https://www.spiegel.de/wirtschaft/unternehmen/eu-verdonnert-microsoft-zu-561-millionen-strafe-a-887199.html.

Spiegel. (30. Oktober 2019). Bushido-Album Sonny Black steht zu Recht auf dem Index. *Der Spiegel*. https://www.spiegel.de/kultur/musik/bushido-album-sonny-black-steht-laut-urteil-zu-recht-auf-dem-index-a-1294192.html. Zugegriffen: 20. Aug. 2022.

Vice. (2. August 2018). Soundcloud ist voll von rechtsextremer Musik und verfassungsfeindlichen Symbolen. *Vice*. https://www.vice.com/de/article/kzygpy/soundcloud-rechtsextreme-musi. Zugegriffen: 22. Aug. 2022.

Wirtz, B. (2007). Medienbetriebe. In R. Köhler, H.-U. Küpper, & A. Pfingsten (Hrsg.), *Handwörterbuch der Betriebswirtschaft* (S. 1182–1195). Schäffer-Poeschel.

Eigenschaften von Mediengütern (2) 13

Zusammenfassung

Lässt sich die Qualität von Mediengütern objektiv bewerten? Welche Probleme gibt es dabei?

Welche Informationseigenschaften haben Mediengüter?

Welche neuen Lösungen zur Qualitätsbewertung von Gütern werden im Internet verfolgt?

Warum haben Mediengüter hohe First Copy Costs und eine starke Fixkostendegression?

Sind Medien Gebrauchs- oder Verbrauchsgüter?

13.1 Schwierige Qualitätsbewertung von Mediengütern

Da Mediengüter in Form von Unterhaltung, Bildung, Information etc. von jedem Rezipienten unterschiedlich wahrgenommen und bewertet werden, fällt eine objektive Aussage darüber, ob ein Medieninhalt eine niedrige oder hohe Qualität hat, sehr schwer. So kann man sehr gut darüber streiten, ob die die Bild-Zeitung oder die Autobiografie von Dieter Bohlen „Der Bohlenweg – Planieren statt sanieren" *gute* Medienprodukte sind. Genauer betrachtet liegt die Problematik der Qualitätsbewertung bei Informations- und Wissensgütern in mehreren Aspekten begründet (vgl. Kiefer & Steininger, 2014, S. 158, 321; Beyer & Carl, 2008, S. 14):

- An der *Komplexität des Produktes* (z. B. eines Zeitungs-Dossiers über ein Thema wie z. B. über die im Jahr 2021 bekannt gewordenen Pandora Papers zur internationalen Steuerhinterziehung, an deren Auswertung 600 Journalisten aus 117 Ländern gearbeitet

© Springer Fachmedien Wiesbaden GmbH, ein Teil von Springer Nature 2023
C. Zydorek, *Einführung in die Medienwirtschaftslehre*,
https://doi.org/10.1007/978-3-658-40089-7_13

haben[1]), die dem einzelnen Rezipienten eine echte Bewertung unmöglich macht, etwa hinsichtlich der Qualität der Analyse und auch der Glaubhaftigkeit oder Wahrheit.

- An der *Perspektive der Produktbewertung:* Man wird hinsichtlich der Qualität eines Medienguts zu durchaus unterschiedlichen Aussagen kommen, wenn man Sie aus der Sicht eines Literaturkritikers, des Rezipienten, des Medienunternehmens, seiner Mitarbeiter, des Staates oder der werbetreibenden Wirtschaft beurteilt.

- An dem *Qualitätsmaßstab:* Die Bewertung eines Medienprodukts muss sich an *Kriterien* orientieren, hinsichtlich derer dann der *Erfüllungsgrad* bestimmt werden könnte. Geht es in einem Printtitel um Unterhaltung, um Information, Wissensvermittlung oder investigativen Journalismus? Sind Boulevardzeitungen schlechter als „Qualitätszeitungen" oder erfüllen sie einfach andere Zwecke, nämlich die Unterhaltung des Rezipienten? Mit dem Bedeutungswachstum des Internets und später des Social Web ist das Qualitätskriterium der *Popularität* eines Medieninhaltes wichtiger geworden, da Popularität bei werbefinanzierten Medien mit höheren Werbeeinnahmen gleichzusetzen ist. Im Jahr 2021 wird dies – z. B. im Zusammenhang mit den Geschäftspraktiken von Facebook/Meta zur Steigerung der eigenen Reichweite – zunehmend als gesellschaftliches Problem wahrgenommen.[2]

- An dem *Unterschied des Ergebnisses der Einbringung des externen Produktionsfaktors.* Wenn Mediengüter, wie im Abschn. 12.4 argumentiert wurde, zu einem gewissen Bestandteil aus dem Beitrag des Rezipienten bestehen, ist die Qualität des Endproduktes abhängig davon, wie der Wissens-/Erfahrungsstand, der Geschmack, die Intensität der Zuwendung zum Produkt, die Aufmerksamkeit gerade beim Einzelnen im speziellen Rezeptionsakt, dem Akt der Endproduktion des Medienguts, ausgeprägt sind. Es ist bekannt, dass ein wichtiger Beitrag zur Qualitätswahrnehmung des Rezipienten entsprechende gesendete Qualitätssignale des Medienunternehmens sind (vgl. Beyer & Carl, 2008, S. 15; Karmasin & Winter, 2000, S. 149 ff.).

Dennoch existieren, wie wir schon in Abschn. 6.2 gesehen haben, durchaus auch objektive oder messbare Qualitätskriterien wie (mediengattungsabhängige) Aktualität, Vielfalt, Vollständigkeit oder Richtigkeit der Berichterstattung. Nachfolgende Beispiele zeigen Möglichkeiten zur Information über die journalistische Qualität der Berichterstattung durch Medienprodukte auf:

In Deutschland kann man sich beispielsweise über Berichterstattung beim *Presserat* als freiwilliges Organ der Selbstkontrolle der deutschen Presse (Printmedien und Onlineauftritte), z. B. wegen *falscher Tatsachenbehauptungen* und *unzureichender Recherche,* beschweren. Die Mitglieder des Presserates (Zeitungen, Zeitschriften, Journalisten) haben

---

[1] Vgl. dazu https://projekte.sueddeutsche.de/artikel/politik/pandora-papers-geheimgeschaefte-von-politikern-enttarnt-e500259/, https://de.wikipedia.org/wiki/Pandora_Papers, Abruf 23.11.2021.

[2] Vgl. stellvertretend für viele ähnliche Texte zu diesem Thema https://www.golem.de/news/anhoerung-im-us-kongress-whistleblowerin-vergleicht-facebook-mit-tabakkonzernen-2110-160110.html, Abruf 22.11.2021.

sich zur Einhaltung der 16 Artikel („Ziffern") des sogenannten *Pressekodex*[3] verpflichtet. Beschwerdeausschüsse behandeln die eingehenden Beschwerden und haben drei (nur
eingeschränkt scharfe) Sanktionierungsmöglichkeiten: Hinweis, Missbilligung und Rüge
(mit oder ohne Abdruckverpflichtung der Rüge im eigenen Blatt). Zum November 2021
hatte der Presserat für das Jahr 45 Rügen ausgesprochen, von denen ich einige beispielhaft mit ihrer jeweiligen Begründung ausgewählt habe, um deutlich zu machen, was für
Gründe für die Rüge vorliegen können.[4]

- COSMOPOLITAN (530/21/1): „Corona-Schock: Horror-Studie in Israel veröffentlicht", Ziffern 2 (Sorgfalt), 3 (Richtigstellung) und 14 (Medizin-Berichterstattung)
- BILD Online (732/21/1): „Ganze Familie von Flut verschluckt!", Ziffer 8 (Schutz der
  Persönlichkeit)
- BILD Online (500/21/1): „So tapfer kämpft sich Eitan (5) zurück ins Leben"/„Eitan
  weiß noch nicht, dass seine Familie tot ist"/„Eitan (5) hat die Augen geöffnet"/„Das
  waren Eitans erste Worte nach dem Koma", Ziffern 1 (Achtung der Menschenwürde),
  8 (Schutz der Persönlichkeit) und 11 (Sensationsberichterstattung)
- HÖRZU (471/21/3): „Hallo, Doktor!", Ziffer 7 (Trennung von Werbung und Redak-
  tion)
- BILD (0208/21/1): „BILD Live ist die Stimme des Volkes", Ziffer 1 (Wahrhaftigkeit)
- BILD Online (0071/21/2): „Es sterben weniger Menschen, als täglich gemeldet wer-
  den", Ziffer 1 (Wahrhaftigkeit und Achtung der Menschenwürde) und Ziffer 14
  (Medizinberichterstattung)
- LUDWIGSBURGER KREISZEITUNG (1312/20/1): „Verliebter Afghane vor
  Gericht", Ziffer 12 (Diskriminierung)
- BILD Online (1147/20/2): „10 000 Dollar Cash für einen Retweet von Trump",
  Präambel des Pressekodex (Verpflichtung für das Ansehen der Presse)
- B.Z. + Online (1095/20/2): „Hat linker Wirrkopf das Auto abgefackelt?"/„Prozess um
  Auto-Brandstiftung – Freispruch für Angeklagten", Ziffern 13 (Vorverurteilung) und 8
  (Schutz der Persönlichkeit).

Aus Sicht des Rezipienten ist ein weiterer Aspekt für die Problematik der Qualitätsbewertung bedeutsam, der mit der Komplexität des Produktes, aber insbesondere auch
mit der Stellung des Rezipienten als nichtprofessionellem Verbraucher zu tun hat, der
nicht unbeschränkt Zeit aufwenden kann, potenziell für ihn interessante Güter intensiv zu
begutachten: die *Informationseigenschaften der Güter.*

Zusammenfassung
Gründe für die schwierige Qualitätsbewertung bei Medieninhalten:

---

[3] Vgl. https://www.presserat.de/pressekodex.html.
[4] Vgl. https://www.presserat.de/ruegen-presse-uebersicht.html, Abruf 22.11.2021.

- Komplexität des Medienproduktes
- Bewertungsperspektive
- Qualitätsmaßstab
- Dienstleistungscharakter des Gutes
- die spezifischen Informationseigenschaften von Mediengütern

13.2 Informationseigenschaften von Gütern/Mediengüter und Markttransparenz

13.2.1 Informationseigenschaften von Gütern als Grund für schwierige Qualitätsbewertung

Hinsichtlich der Qualitätsbewertung der Güter bzw. dem *Zeitpunkt* der Möglichkeit, ihre Qualität als potenzieller Abnehmer verlässlich abzuschätzen (auch: Qualitätstransparenz für den Abnehmer), gibt es bei verschiedenen Gütern Unterschiede. Güter lassen sich, wenn man sehr grob urteilt, in drei Kategorien einteilen: Inspektionsgüter, Erfahrungsgüter und Vertrauensgüter, je nachdem, ob *vor* der Kaufentscheidung, *nach* dem Ausprobieren oder der Nutzung des Gutes oder *selbst dann nicht* eine Qualitätsbeurteilung des Konsumenten in Bezug auf die angestrebte Befriedigung seiner Bedürfnisse erfolgen kann (vgl. Tab. 13.1) (vgl. Heinrich, 1999, S. 39; Sjurts, 2004, S. 165).

Wenn man sich die Beispiele genauer anschaut, stellt man schnell fest, dass es schwierig ist, ein Gut zu finden, dass tatsächlich einer der Kategorien *eindeutig* zurechenbar ist. Die Bohrmaschine mag zwar bei der Inspektion im Baumarkt funktionsfähig erscheinen, aber erbringt sie die zugesagten 1500 W Leistung? Ein Nahrungsmittel mag frisch aussehen (inspizierbar), gut schmecken (erfahrbar), aber ist es tatsächlich biodynamisch erzeugt worden oder hat keine langfristig wirksamen negativen Auswirkungen auf meinen Körper? Darauf muss ich wohl vertrauen und hier hilft mir möglicherweise eine entsprechende Kennzeichnung einer vertrauenswürdigen Institution (Stiftung Warentest, Verbraucherzentrale, Gütesiegel wie bioland o. Ä.).

Klar wird aber durch diese Überlegungen, dass es besser ist, von *Inspektionseigenschaften, Erfahrungseigenschaften und Vertrauenseigenschaften* zu sprechen, die bei Gütern erkennbar sind. Je nachdem, welche Eigenschaft untersucht wird, kann ein Wirtschaftsgut in zwei oder auch alle drei Kategorien fallen (Abb. 13.1).

13.2.2 Informationseigenschaften bei Mediengütern

Medien haben meist *Erfahrungsguteigenschaften,* da der den Konsumenten interessierende Aspekt, der Inhalt, nicht gut beurteilt werden kann, ohne das Gut zu rezipieren,

Tab. 13.1 Kategorien von Gütern nach Informationseigenschaften

Güterart	Eigenschaften	Beispiele[a]
Inspektions-/ Suchgüter	Die Beschaffenheit/Qualität des Gutes ist ohne nennenswert große Transaktionskosten[b] vor dem Kauf erkennbar und überprüfbar. Damit herrscht kein Informationsvorsprung des Anbieters gegenüber dem Nachfrager und dieser kann beim Kauf rational Kosten und Nutzen abwägen.	Möbel, Bohrmaschinen, Tiefkühltruhen, Kleidung, Schmuck, Häuser
Erfahrungsgüter	Sie zeigen ihre Qualität erst im Verbrauch oder Gebrauch (vollzogener Konsum) durch den Nutzer. Der Anbieter hat einen Informationsvorsprung gegenüber dem Nachfrager, den er zu seinem Vorteil nutzen kann.	Restaurantessen, Nahrungsmittel, viele Konsumgüter, Mediengüter, Touristikleistungen, Haarschnitt, Kinderbetreuung
Vertrauensgüter	Von einzelnen Verbrauchern können zugesicherte Eigenschaften vor und nach dem Kauf nicht überprüft werden, da die Informationskosten (als Teil der Transaktionskosten) so hoch sind, dass sich das verbietet bzw. nicht lohnt.	Medikamente, medizinische Diagnose, ärztliche Behandlung, Opernaufführung, Autoreparatur, Fernsehnachrichten

[a] Die Beispiele stammen überwiegend aus Heinrich (1999, S. 39) und Kiefer (2005, S. 132)
[b] Transaktionskosten sind Kosten des sozialen Austausches. Man bezeichnet Sie auch als „ökonomisches Gegenstück zur Reibung", da sie z. B. als Kosten der Suche und Information, als Vereinbarungs-, Durchsetzungs- und Kontrollkosten bei der Übertragung von Eigentumsrechten/Transaktionen anfallen und somit auf die eigentlichen Kosten des Eigentumsrechts zu addieren sind, wenn man es erwerben will.

auszuprobieren, zu testen. Hier muss tatsächlich die *Qualität im Hinblick auf die Bedürfnisbefriedigung* des potenziellen Abnehmers ausprobiert werden. Aber auch *Inspektionseigenschaften* sind bei Mediengütern gegeben, z. B. ästhetische Eigenschaften, die man ansehen und bewerten kann (z. B. Covergestaltung, Booklet, Format, Farbe und Layout des Zeitschriftenpapiers). Wie schon in der Tabelle angesprochen, können wichtige Eigenschaften von Mediengütern aber auch im Bereich der Vertrauenseigenschaften, dann, z. B. wenn es um den Wahrheitsgehalt eines Berichts (siehe Beispiele in 13.1 zum Presserat), eines gemeldeten Börsenkurses geht oder es sich um komplexe Informationsgüter handelt (vgl. Kiefer & Steininger, 2014, S. 142) (vgl. Tab. 13.2). Die Vertrauenseigenschaften medialer Informationenen sind in den letzten Jahren im Zusammenhang mit dem Thema

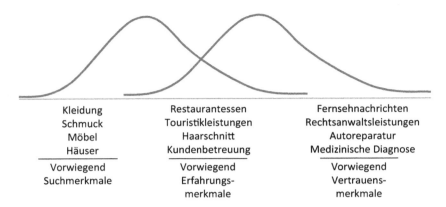

Kleidung	Restaurantessen	Fernsehnachrichten
Schmuck	Touristikleistungen	Rechtsanwaltsleistungen
Möbel	Haarschnitt	Autoreparatur
Häuser	Kundenbetreuung	Medizinische Diagnose
Vorwiegend Suchmerkmale	Vorwiegend Erfahrungs- merkmale	Vorwiegend Vertrauens- merkmale

Abb. 13.1 Informationsökonomisches Güterspektrum. (Quelle: Kiefer, 2005, S. 132 nach Kuhlmann, 2001)

Tab. 13.2 Informationseigenschaften von Mediengütern

	Medienträger	Medieninhalte
Informationseigenschaften	Inspektionseigenschaften/Erfahrungseigenschaften (funktioniert das Abspiel? welche Kompressionsrate wurde gewählt?)	(Komplexe) Erfahrungsgüter (Unterhaltung) oder Vertrauensgüter (Information)

Fake News stark in der Öffentlichkeit diskutiert worden. Mittlerweile gibt es Institutionen, deren Aufgabe die Verifizierung von Nachrichten (sogenannten Faktencheck[5]) und die Identifikation von bewusster Irreführung (Desinformation) durch Falschnachrichten und der dahinterstehenden Akteure dienen[6].

Informationseigenschaften und Medienmanagement Wie im klassischen Marketing wird auch im Medienmanagement nach Lösungen gesucht, die die Qualitätsunsicherheit des Konsumenten vor dem Kauf des Gutes reduzieren helfen, da Qualitätsunsicherheit eine verlässliche Kosten-Nutzen-Bewertung und damit eine Kaufentscheidung verhindern kann (Tropp & Weinacht, 2020, S. 679). Zwei traditionelle anbieterseitige Methoden sind der

---

[5] Z.B. https://www.tagesschau.de/faktenfinder/, https://correctiv.org/faktencheck/, https://www.poynter.org/ifcn/, letztere Adresse präsentiert das International Fact-Checking Network, das Standardentwicklung, Vernetzung und Training organisiert.

[6] Z.B. www.EUvsDisinfo.eu, eine Datenbank, die Nachrichten im Internationalen Raum sammelt, die eine einseitige, verzerrte oder falsche Realitätsdarstellung in sich tragen und damit Pro-Russische Interessen zu befördern scheinen.

Aufbau von Medienmarken mit einer Vertrauensfunktion für eine bestimmte Leistungserbringung für den Rezipienten (vgl. Esch, 2014; Siegert et al., 2015) und die Etablierung
spezifischer, wieder erkennbarer Medienformate, die eine gewisse Erwartungssicherheit
bieten (vgl. McDowel, 2006, S. 229–250; Swoboda et al., 2006, S. 789–813; Tropp & Weinacht, 2020, S. 677–703). Medienunternehmen, wie z. B. unsere deutschen TV-Sender und
Zeitungsverlage, setzen diese Konzepte erfolgreich um.

Fragen

- Überlegen Sie sich Strategien für verschiedenen Medienprodukte, die helfen, dem
  Nachfrager eine Qualitätssicherheit vor dem Kauf zu vermitteln – „das Produkt in
  Richtung eines Inspektionsguts zu bewegen". Geben Sie dazu jeweilig Beispiele aus
  Ihrer eigenen Erfahrung.
- Suchen Sie Testimonials von Prominenten[7] für Medienprodukte. Welche Formen
  nehmen solche Testimonials dort typischerweise an?

Informationseigenschaften auf dem Werbemarkt Mediengüter haben, wie ich im vorherigen Kapitel belegt habe, auf dem *Werbemarkt* Erfahrungsguteigenschaften. Es ist vor dem
Kontakt mit dem Rezipienten nicht erkennbar, welche Leistung für das werbetreibende
Unternehmen genau erbracht werden wird. Aufgrund der Tatsache, dass die Werbeträger
gegenüber der werbetreibenden Industrie genau die Leistungserbringung nachweisen müssen und dafür eigens Werbeträgerkennzahlen und spezifische unabhängige Institutionen
für die Messung und Dokumentation geschaffen wurden (agma, Allensbacher Werbeträgeranalyse, GfK-Meter, Informationsgemeinschaft zur Feststellung der Verbreitung von
Werbeträgern, vgl. Abb. 13.2 sowie Abschn. 11.4), lassen sich die zu erwartenden Leistungswerte aber im Vorhinein relativ gut ermitteln (vgl. Sjurts, 2005, S. 11). Dazu bieten
die Werbeträger sogar entsprechende Vorab-Information an, die sogenannten *Mediadaten*.
Diese werden den Werbekunden, nicht selten auch der Allgemeinheit (vgl. z. B. https://gru
ppe.spiegel.de/spiegel-media/portfolio-national-international, Abruf 12.04.2022) zur Verfügung gestellt. Werden die zugesagten und verkauften Leistungswerte nicht erreicht, wird
dies nachträglich ausgeglichen.

---

[7] Testimonials sind Aussagen von der Produktzielgruppe bekannten, dort als vertrauenswürdig geltenden Personen, deren Funktion es ist, dem potenziellen Käufer ein Gefühl der Sicherheit zu geben,
z. B. Fußballtrainer wie Jürgen Klopp für Opel, Schauspieler wie George Clooney für Nespresso
oder Sportler wie Boris Becker für AOL („Bin ich schon drin?"). Einer der bekanntesten Fälle in der
deutschen Werbegeschichte ist das Testimonial von Manfred Krug, einem in den 1990er Jahren sehr
bekannten und im Oktober 2016 verstorbenen Schauspieler für die „Volksaktie" der Telekom 1996,
welches mit einem enormen Werbedruck ausgestrahlt wurde. Nachdem die Aktie stark im Wert
gesunken war, entschuldigte sich Krug bei den Käufern: „Ich entschuldige mich aus tiefstem Her-
zen bei allen Mitmenschen, die eine von mir empfohlene Aktie gekauft haben und enttäuscht worden
sind" (http://www.stern.de/lifestyle/leute/schauspieler-krug-entschuldigt-sich-bei-t-aktionaeren-581
528.html, Abruf 01.07.2012).

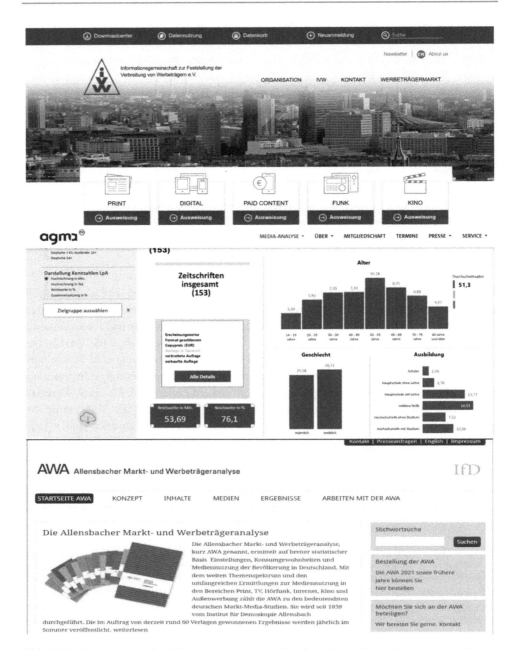

Abb. 13.2 Institutionen der Werbeträgeranalyse. (Quellen: https://www.ivw.de/, https://www. agma-mmc.de/media-analyse/ma-pressemedien/berichterstattung#c4827, https://www.ifd-allens bach.de/awa/startseite.html, Abruf 26.11.2021)

- Suchen Sie im Internet nach Mediadaten für einen Werbeträger, beispielsweise DER SPIEGEL (Print, Online, Mobile, siehe den obenstehenden Link) oder die Apothekenumschau (https://www.wub-media.de/mediadaten-download, Abruf 12.04.2022) und versuchen Sie, etwas über die (jeweiligen) Leistungswerte, die Preise, Zielgruppen, Rabatte und buchbare Sonderwerbeformen herauszufinden.

13.2.3 Qualitätsunsicherheit im Internet – Neue Lösungen

Das Problem der mangelnden Qualitätssicherheit des Abnehmers verschärft sich im Internet: Nachrichten können reine Erfindungen oder Gerüchte sein[8], Produktanbieter gar nicht real existieren oder Betrüger sein, Transaktionen können nur scheinbar ausgeführt werden und die Qualität eines Gutes kann maßlos übertrieben dargestellt werden. Für alle diese Probleme versuchen die Anbieter auch im Internet aus anderen Sektoren bereits bekannte und auch spezialisierte und neue Web-Lösungen zu finden, wie z. B. Sicherheitsinstitutionen (z. B. Paypal, Trusted Shops), Produktproben (z. B. freier Download einer einfachen Produktvariante, Testnutzung für einen beschränkten Zeitraum, Teaser), Rücktritts- und Abbestellrechte, Garantien, Referenzen, Zertifizierung, so genannter Käuferschutz etc.

Im Internet tragen starke Marken (z. B. Amazon, Spiegel.de, ebay) dazu bei, dem Konsumenten das notwendige Vertrauen zu geben, eine ökonomische Transaktion auszuführen, d. h. auch: Inhalte zu rezipieren. Das Reuters Institute (2016) hat dazu eine internationale Studie zu Nachrichtenquellen durchgeführt und berichtet über die Ergebnisse:

> When we look at the strength of the association (or correlation) between overall trust in the news and a number of other potential drivers, we can see that there is a very strong link between trust in the news and trust in news organisations (...) In all 26 countries trust in news organisations is the most important driver of overall trust (...) In other words, trust in the news is almost synonymous with trust in news brands (...) Another point often made by our focus group participants was that trust in news brands takes a long time to build. Some news brands – typically those that have been around a long time – are often seen as main sources of news, whereas new players – even if they have a large reach – are thought of as secondary sources or ‚guilty pleasures‘[9] (Reuters Institute, 2016, S. 94 f.).

---

[8] „Over the years there have been a number of well-documented cases where misleading pictures and stories in social media have been given the ‚oxygen of publicity‘ by news companies desperate to get one step ahead on a major news story (…) Pictures are sometimes fabricated by governments or other official sources and then released via social media, on their own websites, or direct to news agencies (…) *An analysis of the top 100 most-tweeted picture stories for The Guardian datablog showed that 15 per cent were fakes*" (Schifferes et al., 2014, S. 407 f., Hervorhebung von mir, C.Z.).

[9] Das bedeutet ungefähr lasterhaftes Vergnügen.

Abb. 13.3 Vertrauen in Nachrichtenmedien in Deutschland nach dem Digital News Report. (Quelle: Newman et al., 2020, S. 70)

Auch die Daten in Abb. 13.3 bestätigen anhand von Befragungsdaten die *Bedeutung von etablierten Nachrichtenmarken* mit bekannterweise seriöser Berichterstattung für das Rezipientenvertrauen.

Der *Transfer von Marken* innerhalb einer Mediengattung (sogenannte *Line Extensions,* z. B. die Zeitschrift Neon beim Stern) sowie der Markentransfer etablierter Medienunternehmen in eine andere Mediengattung (sogenannte *Brand Extensions,* z. B. Spiegel TV bei der Zeitschrift Der Spiegel) sind auch im Internet typischerweise anzutreffen, z. B. bei Spiegel Online, SZ-Online, Zeit.de, FAZ.net, RTL.de, ProSieben.de, TVSpielfim.de, etc.

Der Übergang zum Web 2.0 und zum Social Web wird durch die *Stärkung der User* bei der Lösung des Unsicherheitsproblems mitbestimmt. Qualitätsbewertungen der User werden auf den produktanbietenden Websites selbst gesammelt und Websites spezialisieren sich auf *Produktbewertungen* (Produktbewertungsportale wie z. B. trustpilot.com). Darüber hinaus findet auch auf Social Networks bewertende Kommunikation über Produkte statt. Zimmermann (2014, S. 25) unterscheidet vier Typen von Bewertungsportalen, Bewertungsportal-Communitys (Ciao.de, Dooyoo.de), Bestprice-Bewertungsportale (Idealo.de, guenstiger.de), Bewertungsportale für regionale Wirtschaftsbetriebe (yelp.de, my-hammer.de) sowie Shop-integrated Bewertungsportale (Amazon.de, Booking.com). Daneben nennt er noch Portale, die das Geschäftsverhalten und die Zuverlässigkeit des Transaktionspartners bewerten helfen (ebay.de, Trusted Shops) (Zimmermann, 2014,

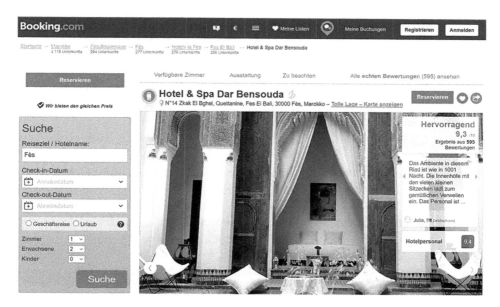

Abb. 13.4 Produktbewertungen bei Booking.com

S. 26). Neben den Produktbewertungen (z. B. Sterne, Sonnen) werden *schriftliche Rezensionen* zugelassen, z. T. können die Bewertungen selbst noch einmal (als hilfreich oder korrekt) bewertet werden oder Kommentare dazu abgegeben werden.

Die vorliegenden Daten zur Frage der *Nutzung und Wirkung von Produktbewertungen* im Netz sind uneinheitlich. Während nach der Allensbacher Werbeträgeranalyse von 2015 unter den über 14-jährigen deutschsprachigen Bundesbürgern 10 % häufiger Produkte oder Dienstleistungen bewerten und sich 21 % beim Kauf von neuen Produkten an Bewertungen anderer Internetnutzer orientieren (de Sombre, 2015, S. 22), beziehen nach dem Branchenverband der Digitalwirtschaft Bitkom 72 % der Käufer im Netz in der Regel vor dem Kauf Produktbewertungen anderer Kunden in ihre Informationssuche ein und 41 % erklären, dass die Meinung anderer Nutzer Einfluss auf ihr Kaufverhalten hat (Bitkom, 2015). Ein typisches Beispiel sind die Produktbewertungen bei Booking.com (vgl. Abb. 13.4).

Die vertrauenssteigernde Wirkung von (positiven) Rezensionen ist mittlerweile längst von unseriösen Anbietern erkannt worden. So berichtet beispielsweise die Stiftung Warentest (2020, S. 48–53) darüber, wie sich bei darauf spezialisierten Agenturen[10] positive Bewertungen kaufen lassen und wie diese Agenturen (positive) Bewertungen bezahlen und auf die einzelnen Bewertung Einfluss zu nehmen versuchen. Händler und Marktplätze

---

[10] Z.B. Lutendo.com, empfohlen.de, shopdoc.de.

(z. B. Amazon, Holidaycheck) haben dagegen erkannt, dass dies zu einem Vertrauensproblem beim potenziellen Kunden führt und versuchen deswegen, Fakebewertungen auf unterschiedlichen Wegen (z. B. händisch oder/und durch Prüfalgorithmen) zu erschweren und eliminieren. Es existieren auch spezialisierte Anwendungen, die die Plausibilität von Bewertungen einschätzen (vgl. Abb. 13.5 zu einer Säule, die angeblich gegen sogenannte „Chemtrails" wirkt), auch als Browsererweiterung (z. B. fakespot). Die Verlässlichkeit dieser Anwendungen ist allerdings schon anhand einfacher Plausibilitätstests mit Fantasieprodukten grundsätzlich zu hinterfragen (vgl. Abb. 13.6 mit einer „Hühnerwarnweste Omlet").

Die *Informationsökonomie* fasst Anstrengungen von Anbietern und Konsumenten zur Verbesserung der Informationslage unter den Begriffen *Screening* und *Signaling* zusammen. Signaling bedeutet das aktive Übertragen von Information an den (potenziellen) Marktpartner zur Verringerung von Informationsdefiziten bzw. Unsicherheit. Diese Aktivität kann für die informierende Seite durchaus Kosten produzieren, aber trotzdem sinnvoll sein. Screening bedeutet, dass sich ein Marktteilnehmer aktiv um Information über seinen potenziellen Marktpartner oder die zu tätigende Transaktion bemüht (vgl. Clement & Schreiber, 2016, S. 99 ff.; Rimscha & Siegert, 2015, S. 201).

Es lässt sich so ein Vier-Felder-Schema konstruieren, welches man für *taktische Überlegungen zur Verbesserung der Informationssituation* auf Medienmärkten, also in der Situation vorab nicht ausreichender Informationslage aufgrund von Erfahrungs- oder Vertrauensgütern verwenden kann (Tab. 13.3).

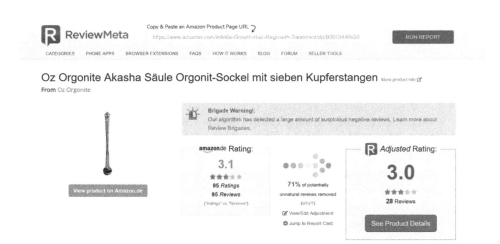

Abb. 13.5 Plausibilitätsbewertung von Bewertungen. (Quelle: https://reviewmeta.com/amazon-de/ B016Z3PO2E, Abruf 24.11.2021)

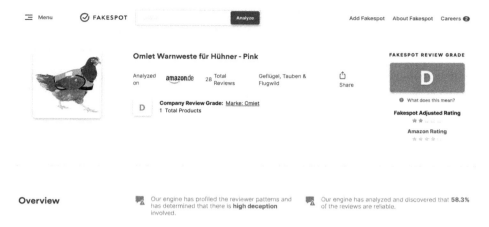

Abb. 13.6 Rating von Produktrezensionen. (Quelle: https://www.fakespot.com/product/omlet-war nweste-fur-huhner-pink Abruf 25.11.2021)

Tab. 13.3 Beispiele für Signaling und Screening als aktive Handlungstaktiken. (Eigene Darstellung in Anlehnung an Clement & Schreiber, 2016, S. 99)

	Signaling	Screening
Güteranbieter	Markenentwicklung und -kommunikation, Benennung von Referenzkunden, Abbildung von Rezensionen, Produktproben, Abbestellrechte, Garantien, Testimonials, Nutzung von Gütesiegeln zu Güter-, Dienstleistungs- und Datenschutzqualität[a]	Nutzung von Infoangeboten zur Zuverlässigkeit, zu Retouren und Zahlungsfähigkeit des (potenziellen) Kunden[b], Nutzung von soziodemografischen Daten, Big Data, Social Data
Güternachfrager	Informationen zum eigenen Kundenprofil, zur Zahlungsbereitschaft, zu Kundenbedürfnissen geben, Gehaltsnachweis, Persönliche Kommunikation	Informationssuche zu Anbieter- und Güterqualität, -bewertungen, Produkt- und Preisvergleichsportale

[a]Z. B. „Trusted Shops", „TÜV Süd safer shopping", shop info, sicher online kaufen, datenschutz cert, bonicert, ontrustnet, Käuferschutz zertifiziert, das Internetsiegel, best choice, trustlabel certified, Käufersiegel etc. Im Rahmen der Initiative D21 wurden solche Siegel geprüft und Qualitätskriterien entwickelt (vgl. http://internet-guetesiegel.de/ Abruf 08.11.2016)
[b]Z. B. Schufa, Bürgel, Creditreform

13.3   Hohe Fixkosten in der Produktion

13.3.1 Kostenbegriffe

Die Betriebswirtschaftslehre unterscheidet unterschiedliche Arten von Kosten, unter anderem grenzt sie sogenannte fixe (oder konstante) Kosten von variablen Kosten ab. *Fixe Kosten* verändern sich nicht mit der Menge des Outputs produzierter Güter und damit mit der Veränderung des Beschäftigungsgrades des produzierenden Unternehmens (Gabler, 2011, S. 154). Z. B. sind Mieten für Büro- oder Produktionsräume, Zinsen, die man auf geliehenes Kapital zu zahlen hat oder die Gehälter von fest angestellten Mitarbeitern, völlig unabhängig davon, ob diese Leute tatsächlich arbeiten (also die Menge der produzierten Güter vergrößern) fixe Kosten. Wöhe (2016, S. 295) nennt sie auch *Bereitschaftskosten,* da sie der Teil der Gesamtkosten sind, die auch bei einer Ausbringungsmenge von Null vorhanden sind. Abstrakt könnte man sagen, dass fixe Kosten durch gesetzliche und vertragliche Bindungen (etwa Arbeitsverträge für angestellte Mitarbeiter) entstehen, die einen *konstanten Einsatz von Produktionsfaktoren* festschreiben. Fehlende Teilbarkeit des Produktionsfaktors und damit *fehlende Anpassbarkeit auf verschiedene Ausbringungsmengen* des Outputs führt dann zu diesem Charakter als fixer Kostenblock (vgl. Kiefer & Steiniger, 2014, S. 177 f.).

Variable Kosten sind der Gegensatz dazu und ändern sich mit Veränderungen der Produktionsmenge. Diese Kosten entstehen oft durch Rohstoffe, Betriebsmittel, Energie-, Transportkosten, die mit den einzelnen hergestellten Produkten verbunden sind bzw. in ihre Produktion eingehen. Ist ein Produkt aus einem spezifischen Rohstoff gefertigt, so sind die anfallenden Kosten für diesen Rohstoff variable Kosten, weil sie mit der Menge der gefertigten Güter anfallen bzw. steigen.

Die *Gesamtkosten* entstehen aus der Summe von fixen und variablen Kosten, diese haben also ein spezifisches Verhältnis, das sich bei unterschiedlichen Gütern, verschiedenen Produktionsweisen und Unternehmen unterscheiden (können).

Der Kostenzuwachs, der jeweils durch die letzte produzierte Einheit des Gutes entsteht, wird *Grenzkosten* genannt. Diese werden bei vielen Gütern auf die Dauer geringer, weswegen man dann von *degressiver Grenzkostenentwicklung,* also ständig kleiner werdenden Grenzkosten spricht. Tendenziell fallen die Grenzkosten bei der Produktion von Gütern dann, wenn entstehende fixe Kosten auf eine größere Menge produzierter Einheiten verteilt werden können (vgl. Wöhe, 2016, S. 297). Es gibt aber auch den gegenteiligen Fall, wo eine zusätzliche produzierte Einheit zu höheren Grenzkosten führen kann, z. B. wenn man dafür eine neue Maschine kaufen oder einen zusätzlichen Mitarbeiter einstellen muss.

13.3.2 Die Kostenstruktur bei Mediengütern

Für die Kostenstruktur bei der Produktion von Mediengütern ist der Regelfall, dass sie von hohen absatzmengen-unabhängigen Kosten (also Fixkosten) schon der ersten hergestellten Fassung des Gutes geprägt ist. Der Grund dafür ist, dass als Grundlage der schließlich vervielfältigten und zum Rezipienten gebrachten Medienprodukte eine sogenannte Urkopie[11] erstellt werden muss, deren Kosten unabhängig von der später verkauften Anzahl der weiteren Kopien dieses Medienprodukts ist (vgl. z. B. Ludwig, 2011, S. 388).

> Die enormen Kosten für ein Medienprodukt wie z. B. einen Film wie Titanic fallen wegen der Unteilbarkeit des Werks als Fixkosten im vollen Umfang an, bevor der Film auf den Markt kommt und Erfolg oder Misserfolg der Produktion sich zeigen, sie sind nach Fertigstellung des Films in keiner Weise mehr korrigierbar. Der Produzent, der mit den Kosten in Vorlage gehen muss, trägt also ein hohes Risiko, ähnlich der Verleger, der einen Roman mit hoher Erstauflage und großem Werbeaufwand herausbringt (Kiefer & Steininger, 2014, S. 186).

Das Risiko, dass die aufgewendeten Beträge, die sogenannten *versunkenen Kosten*[12] durch den späteren Verkauf nicht eingespielt werden, ist aufgrund einer durchgängig hohen *Floprate* (die Rate der Medienprojekte, die ihre Kosten nicht wieder einspielen) bei Medienprodukten sehr hoch (vgl. Kiefer & Steininger, 2014, S. 185).

Die variablen Kosten, die dann vor allem *mit dem Medienträger und seiner Distribution* anfallen, unterscheiden sich je nachdem, welcher Medienträger gewählt wird. Sie können, etwa bei elektronischen Medien, nahe Null sein oder bei Produkten auf physischen Trägern mit Auslieferung beim Kunden oder Handel bis über 50 % der Gesamtkosten betragen (vgl. Kiefer & Steininger, 2014, S. 183, Ludwig, 2011, S. 390, 221).

> Der weltweit bekannte Film „Der Name der Rose", der 1986 nach einer Romanvorlage von Umberto Eco in Deutschland und Italien gedreht wurde (Produzent Bernd Eichinger, Constantin Film), hatte rund 25,6 Mio. € Produktionskosten verschlungen, um die Urkopie (Werk und Kopie) herzustellen. Im Vergleich zu diesen fixen First Copy Costs fielen die Kosten zur Herstellung der Verbreitungsfähigkeit mit 1280 € pro Kopie gering aus. Da der Film mit 150 Kopien in die Kinos kam, betrugen die Gesamtkosten beim Produzenten 25.792.000 € (25,6 Mio. + 150 × 1280 €) (Ludwig, 2011, S. 221).

Die andere Seite der hohen Urkopiekosten von Mediengütern stellt der Umstand dar, dass es eine starke *Kostendegression* (Sinken der Grenzkosten) mit zunehmender Anzahl verkaufter Produkte gibt, wenn geringe variable Kosten für jede weitere Kopie anfallen und

---

[11] Je nach Mediengattung nennt man die Urkopie auch das Masterpiece, das Mutterband des Musikstücks oder Kinofilms, die Blaupause des Artikels, den Prototyp einer Software etc. Eigentlich muss man, wenn man es genau nimmt, sagen: Des ersten immateriellen Medienproduktes auf dem entsprechenden Medienträger.

[12] Versunkene Kosten (Sunk Costs) sind solche, deren Anfallen nicht rückgängig gemacht werden kann.

die angefallenen First Copy Costs mit jeder weiteren verkauften Kopie besser verteilt werden können. Wenn man auch bei anderen Gütern die Menge des Absatzes als wichtig empfindet, so ist dieser Faktor durch die spezielle Kostenstruktur bei Mediengütern sehr ausgeprägt. Die Größe des Absatzmarktes (z. B. bei deutschsprachigen Medieninhalten) eines Medienguts wird dann von zwei weiteren Faktoren begrenzt: Erstens kulturellen und sprachlichen Barrieren, die eine Vergrößerung des Absatzmarktes verhindern. Zweitens von den durchschnittlichen Marketingkosten, die zur Gewinnung weiterer Rezipienten aufgewendet werden müssen. Diese sind selbstverständlich als variable Kosten zu sehen, die man auf den einzelnen hinzukommenden Abnehmer zurechnen kann. Man kann davon ausgehen, dass es tendenziell immer schwieriger und damit teurer wird, zusätzliche Kunden zu gewinnen. Ab einer bestimmten Höhe der Akquisitionskosten eines weiteren Rezipienten lohnt sich also weitere Werbung nicht.

Es gibt eine Vielzahl von Ansätzen zur Senkung der First Copy Costs, eine technologiegetriebene Option ist der zunehmende Einsatz von Algorithmen bei der Konzeption und Produktion von Medieninhalten (vgl. Zydorek, 2018, 2022).

13.3.3 Die Kostenstruktur auf dem Werbemarkt

Was die Kostenstruktur auf dem *Werbemarkt* anbetrifft, sollte man die Betrachtung des *Werbemittels* und der *Werbeleistung des Werbeträgers* unterscheiden: Das *Werbemittel* ist von einem hohen Fixkostenanteil geprägt. Dies sind Kosten, die z. B. beim Werbefilm mit dem Rechteerwerb, den Aufwänden für Preproduction (Script Development, Casting, Kostüme, Location Scouting etc.), Dreh (Schauspieler, Regisseur, Crew, Set etc.) und Postproduction (Editing, Soundtrack, Dubbing, Effects etc.) entstehen, bei anderen Werbemitteln für die Anzeigengestaltung (Konzept, Entwurf, Bildrecherche und -Lizenzen, Text, Druckvorlagenerstellung etc.) anfallen. Diese müssen nicht unbedingt – wie in den untenstehenden Beispielen für teure TV-Werbespots – *absolut* hoch sein, es geht hier um den Fixkosten*anteil* am Werbemittel.

Beispiel: Kosten des Werbemittels

Laut einem Bericht des Branchenmediums Meedia ist ein Spot mit Nicole Kidman die teuerste TV-Werbung aller Zeiten. Die Schauspielerin warb im Jahr 2004 für Chanel No. 5 nach dem Vorbild des Musicalfilms Moulin Rouge von 2001. Das Unternehmen ließ sich die Produktion 20 Mio. $ kosten.

Auf Platz zwei rangiert der britische Versicherer Aviva mit Kosten von 13,2 Mio. $. Im Werbefilm, der den neuen Firmennamen transportieren sollte, waren Bruce Willis, Elle Macpherson, Alice Cooper und Ringo Starr mit von der Partie (http://derstandard.at/1282979566040/20-Mio-Dollar-Teuerster-Werbespot-aller-Zeiten-mit-Nicole-Kidman, Abruf 03.07.2012).◄

Tab. 13.4 Kostenstruktur bei der Medienwerbung

	Werbemittel	Werbeleistung
Kostenstruktur	Hohe FCC-Anteile des Werbemittels	Wesentliche Variable Kosten bei der Werbeleistung durch leistungsabhängige Berechnung nach Kontakten

Preise 2016

	Medien Werbeträger	Verk. Auflage IVW 2/16	Reich- weite %	Kont. Mio.	Kosten Euro	TKP Euro	TKP-Index
1	Apotheken Umschau A+B	9.342.783	28,9	28,27	117.360	4,15	100
2	Buchjournal	160.131	1,9	1,31	5.900	4,50	108
3	Senioren Ratgeber	1.721.650	7,0	4,90	22.510	4,59	111
4	Apotheken Umschau B	4.639.000	20,2	14,04	64.680	4,61	111
5	Apotheken Umschau A	4.703.783	20,5	14,23	65.720	4,62	111
6	Senioren Ratgeber/Diabetes Ratgeber-Kombi	2.907.200	9,2	7,86	42.000	5,34	129
7	Das Goldene Blatt	193.643	1,7	1,21	6.530	5,38	130
8	Mit Liebe Das Genussmagazin	1.562.425	4,0	2,79	15.800	5,66	136
9	Echo der Frau	176.864	1,3	0,90	5.600	6,21	150
10	Glücks Revue	83.649	1,2	0,83	5.650	6,77	163
11	Die Aktuelle	353.958	2,2	1,56	11.200	7,18	173
12	Öko Test	112.487	2,3	1,58	11.700	7,39	178

Abb. 13.7 Effizienzvergleich Werbeträger Zeitschriften nach AWA 2016, Deutschsprachige Gesamtbevölkerung ab 14 Jahre. (Quelle: http://www.tkp-monitor.de/ZG_1.html, Abruf 03.11.2016)

Bei der *Werbeleistung* fallen vorwiegend variable Kosten an (vgl. Sjurts, 2005, S. 12), da hier nach Kundenkontakten, generierten Clicks oder per Provision auf erzeugten Umsatz abgerechnet wird (vgl. Tab. 13.4). Die in Abschn. 11.4 besprochenen Tausendkontaktkosten sind variable Kosten. Auf dieser Basis lassen sich dann verschiedene Werbeträger – in Abb. 13.7 sind dies beispielsweise verschiedene Zeitschriften – im Hinblick auf bestimmte Zielgruppen nach Effizienzgesichtspunkten vergleichen.

13.4   Zeitelastizität von Mediengütern

Ein weiterer Aspekt, der im Zusammenhang mit der Güterproduktion und -nutzung eine Rolle spielt, ist die Frage, ob die produzierten Güter aus konsumentenorientierter Betrachtung heraus mit dem Konsum verzehrt oder vernichtet werden (wie Nahrungsmittel, Brennstoffe, Körperpflegemittel), (mehr oder minder schnell) abgenutzt werden (wie Kerzen, Möbel oder Autos) ihren *Wert* bei der Nutzung verlieren oder behalten (wie ein Fahrrad). Man nennt die Güter, die „im Konsum untergehen" oder kurzlebig sind, *Verbrauchsgüter,* wenn sie länger benutzt werden, werden sie als *Gebrauchsgüter* bezeichnet.

Eine Betrachtung der Medien lässt zunächst wieder die Unterscheidung zwischen *Medienträger* und *Medieninhalt* geraten erscheinen. *Medienträger* können von schnellerer (Zeitungspapier) und langsamerer (DVD, Vinylplatte) physischen Abnutzung und Zerstörung bedroht sein. Andere Medienträger sind flüchtig (Radiowellen) und gehen, wenn sie nicht gespeichert werden, nicht reproduzierbar verloren.

Der Medieninhalt ist, wie gesehen, immateriell und kann, wenn er in der entsprechenden Form vorliegt, unendlich oft auf einen Medienträger kopiert und *sehr lang gespeichert werden*[13]. Dafür kann aber der Content durchaus einem „Verschleiß" unterliegen, wenn er seinen Wert aus seiner Aktualität schöpft („Nichts ist so alt wie die Zeitung von gestern") oder wenn faktenbezogene Nachrichten bereits einmalig rezipiert wurden und der Neuigkeitswert zentral ist. Es interessiert z. B. meistens nicht, ein Fußballergebnis oder eine Börsennachricht zum zweiten Mal zu erfahren. Andererseits gibt es Medieninhalte, die dauerhaft und immer wieder genutzt werden[14]. Mediengüter können also *Verbrauchsgüter* sein, die mit einmaliger Verwendung ihren Wert für den Rezipienten verlieren, aber auch *Gebrauchsgüter,* die über einen längeren Zeitraum oder mehrmals genutzt werden (vgl. Sjurts, 2004, S. 166, 2005, S. 11 f.) wie z. B. der in Abb. 13.8 angesprochene Kinofilm, der von einer ganzen Anzahl von Menschen als Gebrauchsgut behandelt wird. In der Realität finden wir viele Zwischenformen. Tab. 13.5 fasst die Ausführungen zur Zeitelastizität zusammen.

Zeitelastizität und Medienmanagement Die Betrachtung der Zeitelastizität von Mediengütern hat für das Medienmanagement durchaus Bedeutung. Sie wird beispielsweise im Hinblick auf die *Mehrfachvermarktung* von Medieninhalten wichtig. Hier können Medieninhalte in Zweitverwertung, auch als *neue Leistungsbündel* zusammengeschnürt an denselben oder andere Rezipienten (vgl. Musiksampler, denken Sie an Bravo Hits, Archivdatenbanken bei Zeitungen oder Zeitschriftenausgaben in anderen Sprachen) verkauft werden. Hier kommen auch andere Preis- und Erlösmodelle zur Geltung.

Zeitelastizität und Werbung Was die *Werbung* anbetrifft, muss man wieder genau zwischen verschiedenen Blickwinkeln unterscheiden. Der *Werberaum,* also der Anzeigeplatz in der Zeitschrift, der Bannerplatz auf der Webseite oder der Sendeplatz im TV-Werbeprogramm kann nur einmal belegt werden und ist durch die Buchung eines Werbekunden verbraucht (vgl. Sjurts, 2004, S. 166). Der Werbeinhalt selbst kann fortwährend, bei unterschiedlichen Rezipientenkontakten, aber auch bei Mehrfachkontakten mit demselben Rezipienten seine

---

[13] In Oberried im Schwarzwald gibt es den bekannten Barbarastollen, in dem fotografisches Material, Verträge, Gesetze, Urkunden mit historischer Bedeutung langzeitarchiviert sind (vgl. dazu https://de.wikipedia.org/wiki/Barbarastollen, Abruf 05.05.2022).

[14] Z. B. Kultfilme wie der Film in Abb. 13.8 vom Regisseur Jim Sharman, Stücke oder Alben mit „Evergreens" im Musikbereich wie „Yesterday" von Paul McCartney/den Beatles, Bücher mit Kultcharakter wie „Per Anhalter durch die QueryGalaxis" von Douglas Adams.

Berliner Zeitung

Archiv - 06.10.2005
DAS FILMMUSICAL "ROCKY HORROR PICTURE SHOW" LÄUFT SEIT 30 JAHREN UNUNTERBROCHEN IN DEN KINOS

Kult zum Mitmachen

Von Axel Schock

BERLIN, 5. Oktober. Mehr als 1 000 Mal hatte er die "Rocky Horror Picture Show" schon gesehen. Und 1987 schaffte es Sal Piro dann endlich auf den

BERLIN, 5. Oktober. Mehr als 1 000 Mal hatte er die "Rocky Horror Picture Show" schon gesehen. Und 1987 schaffte es Sal Piro dann endlich auf den Spitzenplatz im Guinness Buch der Rekorde. Bis heute ist der 44-jährige New Yorker mindestens einmal pro Woche im Kino. Aber nicht nur, um dabei zuzuschauen wie Brad und Janet in das illustre Treiben transsylvanischer Außerirdischer hineinstolpern und ein strapstragender Frank-N-Furter sich einen Bettgefährten namens Rocky erschafft. Die "Rocky Horror Picture Show" ist schließlich dazu da, mitzumachen. Zunächst ein Flop Als Jim Jarmans Verfilmung von

Abb. 13.8 Gebrauchsgut Film. (Quelle: http://www.berliner-zeitung.de/newsticker/das-filmmu sical-rocky-horror-picture-show-laeuft-seit-30-jahren-ununterbrochen-in-den-kinos-kult-zum-mit machen,10.917.074,10.325.612.html, Abruf 25.07.2012)

Tab. 13.5 Zeitelastizität von Mediengütern

	Medienträger	Medieninhalt
Zeitelastizität von Mediengütern	Gebrauchsgüter (materieller Träger) oder Verbrauchsgüter (Radio/TV-Ausstrahlung)	Gebrauchs- (z. B. Musik) oder Verbrauchsgüter (immaterieller Verbrauch, z. B. bei Information)

Leistung (Aufmerksamkeit zu erzeugen und auf etwas zu richten) bringen (vgl. Tab. 13.6). Ich habe hier im Abschn. 11.4.4 von *Werbedruck* gesprochen.

Tab. 13.6 Zeitelastizität von Werbung

	Werberaum	Werbeinhalt
Zeitelastizität von Werbung	Verbrauchsgut (materieller Verbrauch durch Belegung)	Gebrauchs- oder Verbrauchsgut (z. T. immaterieller Verbrauch beim Werbeinhalt, aber auch Mehrfachkontakte zur Erinnerung oder zur Erhöhung des WErbedrucks)

Literatur

Beyer, A., & Carl, P. (2008). *Einführung in die Medienökonomie* (2. Aufl.). UTB.

Bitkom. (2015). Drei Viertel der Online-Shopper lesen Produktbewertungen. *Pressemitteilung, 26.* November 2016. https://www.bitkom.org/Presse/Presseinformation/Drei-Viertel-der-Online-Shopper-lesen-Produktbewertungen.html. Zugegriffen: 4. Nov. 2016.

Clement, R., & Schreiber, D. (2016). *Internetökonomie – Grundlagen und Fallbeispiele der vernetzten Wirtschaft* (3. Aufl.). Springer.

Esch, F.-R. (2014). *Strategie und Technik der Markenführung* (8. Aufl.). Vahlen.

Gabler. (2011). *Gablers Wirtschaftslexikon.* Gabler.

Heinrich, J. (1999) *Medienökonomie Bd. 2: Hörfunk und Fernsehen.* Westdeutscher.

Karmasin, M., & Winter, C. (Hrsg.). (2000). *Grundlagen des Medienmanagements.* W. Fink.

Kiefer, M. L. (2005). *Medienökonomik: Einführung in eine ökonomische Theorie der Medien* (2. Aufl.). Oldenbourg.

Kiefer, M. L., & Steininger, C. (2014). *Medienökonomik: Einführung in eine ökonomische Theorie der Medien* (3. Aufl.). Oldenbourg.

Ludwig, J. (2011) Kostenarten und Kostenstrukturen der Medienproduktion. In I. Sjurts (Hrsg.), *Gabler Lexikon Medienwirtschaft* (2. Aufl., S. 388–391). Gabler.

McDowel, W. S., et al. (2006). Issues in marketing and branding. In A. B. Albarran (Hrsg.), *Handbook of media management and economics* (S. 229–250). Erlbaum.

Newman, N. (2020) *Digital News Report 2020.* Reuters Institute. https://www.digitalnewsreport.org/survey/2020/. Zugegriffen: 24. Nov. 2021.

Reuters Institute. (2016). *Reuters Institute Digital News Report 2016.* University of Oxford. http://www.digitalnewsreport.org/. Zugegriffen: 20. Okt. 2016.

von Rimscha, B., & Siegert, G. (2015). *Medienökonomie.* VS.

Schifferes, S., Newman, N., Thurman, N., et al. (2014). Identifying and verifying news through social media. *Digital Journalism, 2*(3), 406–418.

Siegert, G., Förster, K., Chan-Olmsted, S., & Ots, M. (2015). *Handbook of media branding.* Springer.

Sjurts, I. (2004). Der Markt wird's schon richten!? Medienprodukte, Medienunternehmen und die Effizienz des Marktprozesses. In K.-D. Altmeppen & M. Karmasin (Hrsg.), *Medien und Ökonomie: Bd. 2. Problemfelder der Medienökonomie* (Bd. 2, S. 159–182). VS Verlag.

Sjurts, I. (2005). *Strategien in der Medienbranche* (3. Aufl.). Gabler.

de Sombre, S. (2015). *Die Renaissance der Meinungsführer.* Präsentation des Instituts für Demoskopie Allensbach zur AWA 2015. http://www.ifd-allensbach.de/awa/ergebnisse/archiv.html. Zugegriffen: 3. Nov. 2016.

Stiftung Warentest. (2020). Manipulierte Sterne. *Heft Test, 7*(2020), 48–53.

Swoboda, B., Giersch, J., & Foscht, T. (2006). Markenmanagement – Markenbildung in der Medienbranche. In C. Scholz (Hrsg.), *Medienmanagement* (S. 789–813). Springer.

Tropp, J., & Weinacht, S. (2020) Management von Medienmarken. In T. Krone & T. Pellegrini (Hrsg.), *Handbuch Medienökonomie* (S. 677–703). Springer VS.

Wöhe, G., Döring, U., & Brösel, G. (2016). *Einführung in die allgemeine Betriebswirtschaftslehre* (26. Aufl.). Oldenbourg.

Zimmermann, R. (2014). *Produktbewertungen im Internet.* Dissertation, Kassel University Press.

Zydorek, C. (2018). *Grundlagen der Medienwirtschaft – Algorithmen und Medienmanagement.* Springer Gabler.

Zydorek, C. (2022) (Hrsg.) *KI in der Digitalisierten Medienwirtschaft – Fallbeispiele und Anwendungen von Algorithmen.* Springer Gabler.

Zusammenfassung

Was sind externe Effekte und Netzeffekte?
Welche Mediengüter sind Güter mit externen Effekten?
Welche Auswirkungen haben Netzeffekte für das Medienmanagement?
Was sind Ausschließbarkeit und Rivalität?
Wann spricht man von öffentlichen Gütern, Mischgütern oder privaten Gütern?
Wozu gehören Mediengüter und welche Folgen hat dies für die Vermarktung von Mediengütern?

14.1 Externe Effekte und Netzeffekte

14.1.1 Externe Effekte und Netzeffektgüter

Bei „normalen" Gütern, so wie sie die ökonomische Theorie behandelt, sind alle Kosten und Nutzenanteile in dem Leistungsaustausch eines privaten Gutes internalisiert, die Marktpartner können also aufgrund einer sie betreffenden rationalen Kosten-Nutzen-Abschätzung handeln, wenn sie sich für oder gegen eine Transaktion entscheiden wollen, weil Kosten und Nutzen in der Summe bewertbar sind. Es gibt aber Güter, bei denen nicht alle Kosten und Nutzen in der Transaktion (also dem Markttausch zwischen Anbieter und Nachfrager) internalisiert sind, sie haben, gleichzeitig oder später, positive oder auch negative ökonomische Effekte auf *andere Individuen* als die beiden Marktpartner. Diese Effekte werden *externe Effekte* genannt, da sie nicht die Transaktionspartner selbst betreffen, sondern einzelne andere Menschen, eine Gruppe oder die Gesamtheit von Menschen. Im ersten und zweiten Fall entstehen also externe *private* Kosten oder Nutzen, im zweiten Fall sind es dann externe *kollektive* Kosten oder Nutzen.

Externe Effekte sind also Auswirkungen der ökonomischen Aktivitäten von Wirtschaftssubjekten auf Dritte, die von den Verursachern nicht berücksichtigt werden und bei denen – abweichend von uns im Kap. 4 so angesprochenen normalen Fall ökonomischer Transaktionen – keine Pflichten oder Rechte auf Bezahlung oder Ausgleich eingeschlossen sind (vgl. Kiefer, 2005, S. 137 f.; Clement et al., 2019, S. 43). Der klassische Fall, der in der Öffentlichkeit seit den 1980er Jahren vermehrt diskutiert wurde, ist die Umweltverschmutzung (z. B. Waldsterben aufgrund von durch industrielle Umweltverschmutzung verursachtem sauren Regen). Heute wird das Thema kollektiver externer Effekte z. B. im Kontext von Fluglärm (z. B. Frankfurter und Züricher Flughafen) oder des aufgrund der Erderwärmung steigenden Meeresspiegels, Fluten oder Dürren und ihre Auswirkungen für die Bewohner betroffener Gebiete in den Medien diskutiert. Für den Medienbereich findet beispielsweise eine fortwährende Diskussion um die *negativen externen Effekte von Gewalt, Rechtsextremismus oder menschenverachtenden Ansichten* in Filmen, Computerspielen oder der Musik statt (vgl. Abschn. 12.2). Diese Beispiele verweisen darauf, dass man *ökonomische* von *sozialen externen Effekten* unterscheiden kann. Ein ökonomischer Effekt ist dann zu verzeichnen, wenn man von externen (geldlichen) Kosten oder Nutzen spricht, ein sozialer externer Effekt, wenn sich Folgen für die soziale Interaktion zwischen Menschen ergeben.

Der Wert eines Gutes beruht bei einigen Produkten, anders als wir es in Kap. 4 unter Bezug auf das Verhältnis zwischen unersättlichen Bedürfnissen und der Knappheit der Mittel zu ihrer Befriedigung beschrieben haben, nicht auf ihrer Knappheit, sondern er beruht im Gegenteil auf der *Anzahl der Nutzer dieses Gutes*. Bei diesen Gütern steigt der Wert für den Einzelnen mit zunehmender Verbreitung, also mit jedem weiteren Nutzer. Dies wird als *Netzeffekt* und folglich diejenigen Güter als Netzeffektgüter bezeichnet. Netzeffekte sind also ein Sonderfall von externen Effekten, genauer gesagt externe Effekte in Netzen, man spricht deswegen auch von Netzwerk-Externalitäten.

Dies setzt an einer genaueren Betrachtung des Nutzens an, den ein Konsument aus einem Gut ziehen kann. Man unterscheidet dabei den *originären* oder Basisnutzen eines Gutes von einem *derivativen* Nutzen[1]. Der *Basisnutzen* eines Lebensmittels ist beispielsweise seine sättigende Funktion. Ein *derivativer* Nutzen kann (eben bei Netzwerkgütern oder Systemgütern) in der Verbreitung begründet sein (vgl. Clement et al., 2019, S. 41 f.).

Netzeffekte können *positiv* oder *negativ* sein. Positive Netzwerkeffekte werden erzielt, wenn der Nutzen des Produktes für einen Teilnehmer *steigt,* sobald ein zusätzlicher Nutzer hinzukommt – es sinken seine Koordinationskosten (vgl. Abb. 14.1). Im nachfolgenden Zitat bezieht sich das unter Anderem auf ein reales, körperliches Netz wie das Telefonnetz. Dasselbe gilt aber auch für virtuelle, durch Software (wie Skype, Facebook, WhatsApp) erzeugte Netze.

---

[1] Originär heißt in diesem Zusammenhang ursprünglich und derivativ soll abgeleitet bedeuten.

Abb. 14.1 Direkte
Netzeffekte. (Quelle:
Schumann et al., 2014, S. 40)

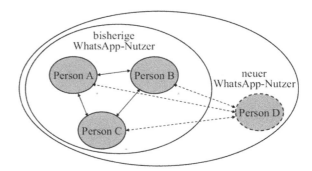

Positive Netzexternalitäten lassen sich anhand eines Telekommunikationsnetzes veranschaulichen. Je mehr Haushalte an einem bestimmten Telekommunikationsnetz angeschlossen sind, umso größer ist der Nutzen eines Netzanschlusses. Denn mit steigender Nutzerzahl steigen die Möglichkeiten, andere Haushalte zu erreichen und von anderen erreicht zu werden (...) Negative Netzexternalitäten treten als Staukosten bei der Inanspruchnahme von Netzinfrastrukturen auf. Ein Beispiel hierfür sind Staus auf Straßen. Die Verkehrsteilnehmer vernachlässigen typischerweise die negativen Auswirkungen, die durch eine zusätzliche Fahrt in einem bestimmten Zeitpunkt für die anderen Verkehrsteilnehmer (etwa durch längere Fahrzeiten) entstehen (Knieps, 2007, S. 4 f.).

Negative externe Effekte entstehen z. B. dann, wenn ein System begrenzte Kapazitäten hat und zusätzliche Nutzer den Wert für andere senken, was im Internet und Mobilbereich z. B. durch die Auslastung der maximalen Netz- oder Serverkapazität gegeben ist.[2]

Außerdem lassen sich *direkte* und *indirekte* Netzeffekte beobachten:

Die Teilnahme einer Person an einem Netzwerk wirkt sich sowohl direkt als auch indirekt auf die übrigen Netzwerk-Teilnehmer aus (...) Bei direkten Netzeffekten steigt der Wert einer Netzleistung mit der Zahl ihrer Nutzer (...) Beispiele für direkte Netzeffekte bieten Kommunikationsleistungen wie Telefon, Telefax oder E-Mail (...) In solchen Netzwerken tritt der originäre Wert der Leistung beziehungsweise der zugrunde liegenden Technologie in den Hintergrund. Ein Nutzer kauft nicht mehr nur das physische Produkt, sondern vielmehr den Zugang zu diesem Netzwerk, den er durch das Produkt erhält. Der derivative Nutzen, d. h. die Größe des Netzwerks überlagert als entscheidendes Kaufkriterium den generischen Produktnutzen (...) (Zerdick et al., 2001, S. 157).

Dagegen sind *indirekte* Netzeffekte solche, die nicht am Nutzen des Produktes selbst, sondern an damit *in Zusammenhang stehenden Produkten* ansetzen.

---

[2] Sogenannte DOS-Attacken (Denial of Service heißt ungefähr „Dienstverweigerung“) von Hackern setzen auf die künstliche Auslastung dieser Kapazitäten. Möglicherweise erinnern Sie sich an die DOS-Attacken durch *Anonymus* auf Kreditkartenbetreiber im Jahr 2010, weil diese die WikiLeaks-Konten gesperrt hatten (vgl. zum Thema WikiLeaks Geiselberger, 2011).

Indirekte Netzeffekte entstehen vornehmlich bei Systemprodukten (...) Bei indirekten Netzeffekten hängt die Nutzungsmöglichkeit des Produkts – und damit sein Wert – von der
Verfügbarkeit von Komplementärdienstleistungen ab. Je mehr Personen sich nun für die Sys-
temarchitektur entscheiden und damit dem (...) Netzwerk angeschlossen haben, desto mehr
Anstrengungen werden Anbieter von Komplementärprodukten unternehmen, systemspezifi-
sche Produkte zu entwickeln (...) Die Größe eines Netzwerks hat also Auswirkungen auf die
Verfügbarkeit von Komplementärleistungen. Der Zusammenhang zwischen der Netzwerk-
größe und dem Wert des Netzwerks ist folglich nur indirekt (Zerdick et al., 2001, S. 158).[3]

Indirekte Effekte entstehen also z. B., wenn steigende Nutzerzahlen zu einem erweiterten
Marktangebot an Peripherieprodukten (z. B. Karten, Laufwerke, Modems bei Computern
etc.) und Komplementärprodukten (Betriebssystem und Anwendungssoftware wie auch
Apps, Browser und Plug-ins) führen oder wenn im Internet oder Pay-TV durch erhöhte
Nutzerzahlen ein erweitertes Content-Angebot möglich wird (vgl. Clement et al., 2019,
S. 44 f.).

Hinter indirekten Netzeffekten steht die Annahme, dass Bündelangebote von kombinierbaren
Gütern, die untereinander kompatibel sind, mehr Wert schaffen als Einzelgüter. In diesem Fall
führen indirekte Netzeffekte zu positiven Externalitäten, die zwischen Marktseiten auftreten.
(Clement et al., 2019, S. 45).

14.1.2 Externe Effekte und Netzeffekte bei Mediengütern

Mediengüter sind erst einmal grundsätzlich solche Güter mit externen Effekten, zunächst
weil die Rezeption von Medien Auswirkungen in anderen gesellschaftlichen Bereichen
und auf andere Menschen haben kann, z. B. der Konsum eines Gutes nach Ansehen einer
Verbrauchersendung oder, allgemeiner, die Förderung der gesellschaftlichen Integration
oder der Meinungsbildungsprozesse durch Teilhabe am Programm, sowie auch das Kaufen
von Produkten aufgrund der Rezeption von werblichen Inhalten.

Externe Effekte findet man als Netzeffekte bei allen Kommunikationsnetzen (Telefonnetz, im Mobilfunk, bei Chatsoftware wie Messengern, sowie bei Communitys wie
Facebook oder XING): Der Wert des Gutes steigt für die Netzteilnehmer mit seiner
zunehmend verbreiteten Nutzung.

---

[3] Möglicherweise gefällt ihnen das folgende Beispiel aus der ökonomischen Literatur besser: „Be-
sucht ein männlicher Single zum Beispiel eine Single-Bar, hängt sein Nutzen nicht nur von der Bar,
dem Eintrittspreis und den angebotenen Getränken ab, sondern auch davon, wie viele Single-Frauen
in die Bar kommen. Je mehr Frauen die Bar besuchen, desto interessanter wird die Bar für Männer
und umso mehr Männer besuchen diese. Umgekehrt steigt dadurch auch der Nutzen der weiblichen
Singles, die an Männern interessiert sind. Die Bar bedient also zwei verschiedene Kundengruppen: Männer und Frauen. Frauen profitieren von einer höheren Anzahl an Männern und damit nur
indirekt von der Anzahl der Frauen – da mit einer steigenden Anzahl an Single-Frauen auch mehr
Single-Männer die Bar aufsuchen" (Dewenter & Rösch, 2015, S. 119). Fällt Ihnen eine Parallele zur
Abschn. 8.6 auf?

Tab. 14.1 Externe Effekte bei Mediengütern

	Medienträger	Medieninhalt
Externe Effekte	Netzeffekte bei Kommunikationsnetzen	Externe Effekte bzgl. publizistischer Funktionen (Grund für Meritorik) aber auch ökonomischer Funktionen (Auslösung von Produktkauf durch Werbung), außerdem Netzeffekte über Software/Inhalte Indirekte Netzeffekte zwischen Betriebssystemen und App-Angebot oder zwischen Contentangebot und der Zahl der Netzteilnehmer

Bei Netzwerkgütern ist der Wert, den das Gut für einen Konsumenten hat, abhängig von der Gesamtzahl der anderen Nutzer, die dazu Zugang haben. Es sind nicht alle Kosten und Nutzen in den Konsumakt (Entscheidung eines Interessenten für die Teilnahme am Netz) selbst enthalten. D. h., die Teilnahme eines Nutzers an oder das Ausscheiden eines Nutzers aus einem Netzwerk hat also (positive oder negative) Auswirkungen auf die im Netzwerk schon verbundenen oder verbleibenden Nutzer. Tab. 14.1 fasst Aussagen über Externe Effekte bei Mediengütern zusammen.

14.1.3 Externe Effekte und Medienmanagement

Einige der Auswirkungen, die dies auf das Medienmanagement hat, liegen auf der Hand:
Da der Anzahl der Teilnehmer nach *kleine Netze* gegenüber *großen Netzen* einen Nachteil haben, der unabhängig von der Qualität des Angebots ist, sondern nur mit den erreichbaren Personen zu tun hat, muss das Management besonderen Wert auf die *Gestaltung der Zahl der Teilnehmer* legen.

> Aufgrund der Netzeffekte steigt mit zunehmender Größe von Netzwerken deren Attraktivität. Dies wiederum veranlasst weitere Nutzer, sich dem Netzwerk anzuschließen, was erneut direkte und indirekte Netzeffekte zur Folge hat. Wachstum führt somit zu weiterem Wachstum (Zerdick et al., 2001, S. 159).

Diese sogenannten *positiven Feedbacks* führen dazu, dass sich bei Netzen mittelfristig Gewinner- und Verlierernetze entwickeln. Letztere *Loser-Netze* leiden unter anwachsendem Attraktivitätsverlust gegenüber dem Konkurrenten, was bei einer zunehmenden Anzahl von Teilnehmern zur Abwanderung in das *Winner-Netz* führt (vgl. Abb. 14.2).
Diese Abwanderung muss aber nicht einmal mit der realen Schrumpfung der Teilnehmerzahl zu tun haben, sondern kann mit den *Einschätzungen und Erwartungen* der Teilnehmer verbunden sein (vgl. Zerdick et al., 2001, S. 160 f.). Diese Einschätzungen und Erwartungen versuchen die Anbieter-Unternehmen deswegen aktiv mitzugestalten, ebenso

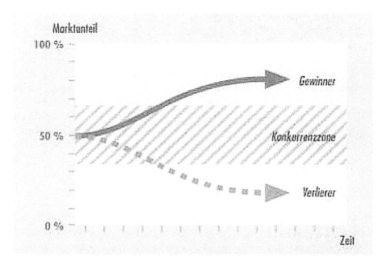

Abb. 14.2 Positive Feedbacks und die Folgen für Konkurrenzverhältnisse. (Quelle: Zerdick et al., 2001, S. 160)

auch die Abwanderung in ein anderes Netz, durch sogenannte *Wechselkosten* (Switching Costs) zu erschweren, die auch im nichtmonetären Bereich liegen können (Notwendigkeit der Rufnummernübertragung, zeitlicher Aufwand, schwieriger Transfer von Inhalten, Profilen oder Kontakten etc.). Auch die emotionale Bindung an ein Unternehmen oder ein Leistungsangebot kann einen sogenannten *Lock-in-Effekt* bewirken.

> Lock in arises, whenever users invest in multiple complementary and durable assets specific to a particular information technology system. You purchased a library of LPs as well as a turntable. So long as these assets were valuable (...) you had less reason to buy a CD player and start buying expensive CDs. More generally, in replacing an old system with a new, incompatible one, you may find it necessary to swap out or duplicate all the components of your system (Shapiro & Varian, 1998, S. 12).

Ein Lock-in verhindert einen echten Wettbewerb zwischen verschiedenen Plattformen oder Systemen.

Hinsichtlich des Managements der Größe ist ebenso die *Kooperation* mit anderen Anbietern und eine Vernetzung des Leistungsangebots als sinnvolle Strategie in Erwägung zu ziehen (vgl. noch einmal Tab. 7.5 zu den Formen von Unternehmenszusammenschlüssen in Form von Kooperation und Integration). Dabei hat die Entwicklung von *Branchenstandards* eine große Bedeutung (vgl. Gerpott, 2006, S. 333 f.; Clement et al., 2019, S. 51 ff.). *Kompatibilitätsstandards* dienen zur Vereinheitlichung von Schnittstellen, um Kompatibilität zwischen Produkten oder Systemen herzustellen, definieren sowohl die Schnittstellen zwischen komplementären Produkten bzw. Dienstleistungen unterschiedlicher Funktionsebenen (z. B. Videokassette und Videokassettenrecorder) als auch zwischen gleichartigen Produkten im Sinne eines direkten Netzwerks (z. B. Telefone im Telefonnetz) (vgl. Grathwohl, 2015, S. 15 f.). Je nachdem, was im Interesse von Marktakteuren ist, werden diese sich gegen Standardisierung *wehren,* etwa wenn sie ihre eigene Technologie als Standard durchsetzen wollen oder mit verschiedenen konkurrierenden Technologien gut leben können. Sie werden sich an Standardisierungsprozessen *beteiligen,* wenn sie durch den Staat dazu verpflichtet werden (De-Jure-Standard) oder sie sich davon *einen Nutzen versprechen* (vgl. Clement et al., 2019, S. 51 ff.). Die Erhöhung der *Konnektivität* (etwa: Vernetzungsfähigkeit) des eigenen Angebots mit anderen Angeboten ist in vielen Fällen sinnvoll, aber nicht immer. Sie ist es dann, wenn die eigene Technologie die schon dominierende ist.

Das klassische Beispiel für die möglichen *Auswirkungen von indirekten* Netzeffekten ist der historische Kampf zwischen den zwei Videostandards Betamax und VHS.

Auch bei indirekten Netzeffekten können Märkte umkippen. Bei Videorecordern gab es mit VHS und Betamax ursprünglich zwei Standards. Betamax galt als technologisch überlegen, verkaufte seine Recorder zu Hochpreisen und lizensierte seine Technologie nicht. VHS dagegen verkaufte seine Rekorder zu Niedrigpreisen und erteilte umfangreiche Lizenzen. Wegen der größeren Verbreitung entwickelte VHS stärkere Netzeffekte, der Markt kippte um und Betamax verschwand trotz technologischer Überlegenheit vom Markt (Clement & Schreiber, 2010, S. 175).

Fragen

- Inwiefern liegt im geschilderten Fall VHS/Betamax ein indirekter Netzeffekt vor?
- Fallen Ihnen andere Beispiele aus dem Medienbereich/Internet ein? Recherchieren Sie kurz zu dem Betriebssystem Windows Phone und seiner Geschichte.

Netzeffekte, positive Feedbacks und Wechselkosten führen zu sogenannten *Winner-Takes-All- Konstellationen,* die im Bereich der Online-Vermittlungsdienste (Suchmaschinen, soziale Netzwerke, oder Online-Vermittlungsdienste wie App Stores, Video-Sharing-Plattformen oder Betriebssysteme) weit verbreitet sind, wo die sogenannten GAFAM[4] als marktbeherrschend gelten und *Gatekeeper mit Steuerungs- Selektions- und Kontrollmöglichkeiten* für den auf Ihnen stattfindenden Markttausch, die Kommunikation zwischen den Marktpartnern sowie die dabei anfallenden Daten sind.

Auch hierzu musste die Europäische Union tätig werden, indem sie das Wettbewerbsrecht auch im übernationalen Digitalbereich auf eine (asymmetrische[5]) Regulierung übermächtiger Plattformen ausrichtete und ein auf faire Chancen zwischen Unternehmen

---

[4] Google, Amazon, Facebook, Apple, Microsoft.
[5] Asymmetrische Regulierung bedeutet, dass unterschiedliche Akteure unterschiedlich stark reguliert werden.

Abbildung 3
Verbote und Gebote für Gatekeeper - Was bedeutet das für die Gatekeeper?
Die Änderungen bedeuten Pflichten für Gatekeeper - Verbote und Gebote, an die sie sich im Geschäftsalltag zu halten

Beispielsweise müssen Gatekeeper künftig:

✓ Dritten in bestimmten Situationen die Zusammenarbeit mit ihren eigenen Diensten erlauben,

✓ es ihren gewerblichen Nutzern ermöglichen, auf die Daten zuzugreifen, die sie bei der Nutzung der Gatekeeper-Plattform generieren,

✓ den Unternehmen, die auf ihrer Plattform Werbung betreiben, die Instrumente und Informationen zur Verfügung stellen, die sie brauchen, um eine eigene, unabhängige Überprüfung ihrer Werbung auf der Gatekeeper-Plattform vornehmen zu können,

✓ es ihren gewerblichen Nutzern ermöglichen, ihr Angebot zu bewerben und Verträge mit ihren Kunden außerhalb der Gatekeeper-Plattform abzuschließen.

Das dürfen Gatekeeper-Plattformen künftig nicht mehr:

X Dienstleistungen und Produkte, die der Gatekeeper selbst anbietet, gegenüber ähnlichen Dienstleistungen oder Produkten, die von Dritten auf der Plattform des Gatekeepers angeboten werden, in puncto Reihung bevorzugt behandeln,

X Verbraucher/innen daran hindern, sich an Unternehmen außerhalb ihrer Plattformen zu wenden,

X Nutzer/innen daran hindern, vorab installierte Software oder Apps zu deinstallieren, wenn sie dies wünschen.

Quelle: Europäische Kommission. Faktenblatt DMA: Das Gesetz über digitale Märkte: für faire und offene digitale Märkte.

Abb. 14.3 Regelungen im Digital Market Act. (Quelle: Burggraf et al., 2021, S. 297)

im Wettbewerb gezieltes Gesetz erarbeitete (vgl. hierzu und zum Folgenden: Europäische Kommission, 2020; Burggraf et al., 2021). Der vermutlich im Jahr 2023 EU-weit anzuwendende *Digital Market Act* (Gesetz über Digitale Märkte) gilt für alle Unternehmen, die im Binnenmarkt ihre Dienste anbieten und verbietet (in Art. 5) einerseits bestimmte Handlungen, spricht dagegen (in Art. 6) Verpflichtungen für die Plattformen und Gatekeeper aus. Viele, der in den letzten Jahren in der Öffentlichkeit diskutierten wettbewerbsschädlichen Praktiken der Gatekeeper, wie sogenannte Bestpreisklauseln (Amazon, Booking.com), Provision auch für Folgegeschäfte aus durch die Plattform zustande gekommene Abos zu nehmen (Apples App Store), sich selbst (und eigenen Produkte) bevorzugende Methoden (Google), vertraglicher Zwang, auf die Meldung wettbewerbsschädlicher Praktiken zu verzichten u. v. m. werden darin – mit auf den weltweiten Umsatz bezogenen Geldstrafen – geahndet.

Nachfolgende Abb. 14.3 hält einige der Vorgaben des Digital Market Act fest. Es ist fraglich, inwieweit dieses komplexe Kegelwerk zu echtem Wettbewerb auf den Märkten für digitale Vermittlungsdienste führen wird.

14.1.4 Externe Effekte und Netzeffekte bei Werbung

Ein weiteres managementrelevantes Beispiel hat mit externen Effekten in Kontext des Werbemarktes zu tun: Die Werbung *zielt* gerade auf *die Herbeiführung von externen*

Effekten: Die in der Transaktion zwischen den beiden Marktpartnern Medienunternehmen und Werbetreibende Industrie nicht direkt vorkommenden Rezipienten sollen gezielt dazu gebracht werden, bestimmte Güter zu konsumieren (vgl. dazu noch einmal Abb. 8.4 und Sjurts, 2005, S. 10).

14.2 Medien als Öffentliche Güter oder Mischgüter

14.2.1 Öffentliche Güter, Private Güter, Maut- und Allmendegüter

Normale marktfähige Güter (*private* Güter) zeichnen sich, wie im Abschn. 8.1 dargelegt, dadurch aus, dass Eigentumsrechte an ihnen definiert und durchgesetzt werden können. Wenn dies gegeben ist, sind Nachfrager bereit, einen Preis für das Gut zu bezahlen.

Verschiedene Rahmenbedingungen tragen dazu bei, dass Eigentumsrechte gegenüber anderen Menschen durchgesetzt werden, z. B. die rechtlichen Rahmenbedingungen (Schutz des Urhebers und des Inhabers der Verfügungsrechte[6]) und die technischen Rahmenbedingungen (technische Nutzungshürden wie digitales Rechtemanagement, DRM). Vor allem aber spielt dabei eine Rolle, welche Kosten der Inhaber der Rechte aufwenden kann oder will, um Nichtzahler von der Nutzung des Gutes abzuhalten oder dazu zu bringen, zu bezahlen. Doch auch sehr hohe Kostenaufwände reichen bei manchen Gütern nicht aus, um sogenannte *Schwarzfahrer* (englisch: free rider) von der (illegalen) Güternutzung abzuhalten.

Wer den Preis für das Gut nicht bezahlt, soll also vom Besitz bzw. Konsum des Gutes ausgeschlossen werden. Man nennt die Möglichkeit, diesen Ausschluss Zahlungsunwilliger und damit Nichtberechtigter bei einem Gut tatsächlich durchzuführen, *Ausschließbarkeit.*

Ausschließbarkeit ist eine wichtige Voraussetzung für eine marktliche Bereitstellung von Gütern: Es müssen gesellschaftlich akzeptierte und mit vertretbaren Kosten anwendbare Technologien existieren, die den Ge- oder Verbrauch der Güter durch Personen verhindern, die nicht bereit oder in der Lage sind, dafür den geforderten Marktpreis zu entrichten. Ist diese Bedingung nicht erfüllt, kommt es zu keiner privatwirtschaftlichen Bereitstellung, weil dann kein Erlös erzielt werden kann (Marktversagen). Möglicherweise kann der Ausschluss allerdings hilfsweise gegenüber einem (...) komplementären Gut vorgenommen werden. Marktversagen in dem Sinne, dass der Markt überhaupt kein Angebot hervorbringt, wird dadurch vermieden. (Kops, 2010, S. 8).

---

[6] Ein Verfügungsrecht ist eine einem bestimmten Individuum zugeordnete Fähigkeit, eine bestimmte Entscheidung oder ein bestimmtes Handeln bzgl. eines bestimmten Gutes im Rahmen von Beziehungen mit anderen Menschen oder Organisationen (z. B. Vertrag, Konkurrenz) durchsetzen zu können. Diese Rechte sind sehr unterschiedlich und betreffen die *Nutzung* des Gutes, seine *Veränderung,* das Recht, sich *Erträge,* die durch das Gut erzielt werden, *anzueignen* und es *weiterzuverkaufen.* Diese Rechte sind sehr differenziert ausgestaltbar und jeweilig mit einem eigenen Preis zu belegen, müssen aber auch auf ihre Einhaltung hin überwacht werden.

- Nennen Sie in der (deutschen und internationalen) Diskussion um die Internetnutzung stehende „gesellschaftlich akzeptierte und mit vertretbaren Kosten anwendbare Technologien" des Ausschlusses.
- Womit hängt die Akzeptanz und Realisierbarkeit dieser Maßnahmen/Technologien zusammen?
- Wie kann man sich den „hilfsweisen Ausschluss bei einem Komplementärgut" vorstellen? Kennen Sie Beispiele dafür?

Außerdem ist es bei vielen privaten Gütern normal, dass sie im Konsum verbraucht werden und dann niemand weiterem (ohne Einschränkungen) zum Konsum (z. B. Nahrungsmittel[7]) oder zur Nutzung (z. B. Mietwohnung) zur Verfügung stehen. Man nennt dies *Konsumrivalität* und meint damit, dass die Konsumenten bei solchen Gütern miteinander in Konkurrenz stehen, was die Nutzung des Gutes anbetrifft. Hier gibt es durchaus unterschiedliche Ausprägungen, manche Güter können *gar nicht* von mehreren benutzt werden, manche *nicht gleichzeitig,* andere lassen sich *beschränkt durch eine geringe Anzahl von Konsumenten* nutzen. Allerdings gibt es auch Güter, die *gar keine Rivalität* aufweisen, sie können durch unbeschränkt Viele gleichzeitig genutzt werden. Bei ihnen liegt keine Rivalität im Konsum vor – sie sind folglich per se keine *knappen* Güter.

Wenn *beide Eigenschaften,* Rivalität und Ausschließbarkeit, nicht gegeben sind, ändert sich grundsätzlich der Charakter des Gutes, seine *Marktfähigkeit.* D. h., bei diesem Gut funktioniert der Markt nur unvollständig oder gar nicht im Hinblick darauf, ob es in ausreichender Menge und Qualität produziert wird. Liegt eine der beiden Eigenschaften vor, die andere nicht, kann das bedeuten, dass in bestimmten Situationen eine Einschränkung der Marktfähigkeit zu erwarten ist.

Man kann die beiden Kriterien miteinander kombinieren und bekommt dann eine Vierfelder-Matrix, die vier Gütertypen bezeichnet: Private Güter, öffentliche Güter und die beiden Mischtypen Allmendegüter und Mautgüter (Tab. 14.2).

Die Eigenschaften von Wirtschaftsgütern habe ich bereits in Abschn. 8.1 beschrieben: Sie befriedigen Bedürfnisse, treffen auf Nachfrage und erzielen einen Preis, sind knapp, Eigentumsrechte an ihnen sind begründbar. Dies ist bei *privaten Gütern,* die von Rivalität im Konsum und Ausschließbarkeit nicht zahlender Nachfrager gekennzeichnet sind, gewährleistet.

Sind *reine öffentliche Güter,* als deren Gegenpol in der Tabelle, erst einmal hergestellt, können oder sollen[8] sie praktisch niemanden (in einer bestimmten Gruppe, also z. B. den Menschen in einem Verbreitungsgebiet) mehr vorenthalten werden, es ist also

---

[7] Die Ökonomen sprechen hier davon, dass das entsprechende Gut „im Konsum untergeht", verschwindet, vernichtet wird.

[8] Öffentliche Güter werden oft mit Blick auf die schon in Kap. 6 angesprochenen gesellschaftlichen Ziele durch die Politik bestimmt, d. h. die Produktion und Finanzierung über Zwangsgebühren oder Steuern beschlossen. Früher wurden diese Funktionen vermehrt durch öffentliche Unternehmen

Tab. 14.2 Öffentliche Güter, Mischgüter und private Güter. (Quelle: Kiefer, 2005, S. 135, verändert und ergänzt)

	Rivalität ja	Rivalität nein
Ausschluss möglich	Private Güter, z. B. Nahrungsmittel, Wohnen, Anzeigenraum	Klub- oder Mautgüter, z. B. Kabelfernsehen, Autobahnen[a], Pay-TV
Ausschluss nicht möglich oder nicht gewollt	Allmendegüter, z. B. Hochseefischgründe, Innenstadt-Straßen, Atemluft, Weideland, Wasser zur Bewässerung	Reine öffentliche Güter, z. B. Außenpolitik, öffentliche Kunstdenkmäler, Landesverteidigung, Schutzdeiche, terrestrisches Fernsehen und Radio

[a] Wenn eine Benutzungsgebühr/Maut erhoben wird, wie z. B. in Frankreich an dafür eingerichteten Mautstellen

Nichtausschluss gegeben (vgl. Kiefer, 2005, S. 135 f.). Einerseits ist dies unproblematisch, da öffentliche Güter nicht von Rivalität geprägt sind, sich also nicht durch Nutzung erschöpfen oder *in der Nutzung untergehen*. Andererseits kann es durchaus sein, dass die mangelnde Ausschließbarkeit *in der Natur des Gutes begründet* ist und die Anbieter es nicht schaffen oder es zu teuer ist, Ausschließbarkeit zu erzeugen, obwohl dies als unverzichtbar für das Überleben der Branche gesehen wird. So stellte die Musikbranche in ihrem Digital Music Report im Jahr 2010 fest:

> Music Companies and legitimate music services are trying to build their online business in a rigged market deluged by unauthorized free content.[9] The growth of illegal file-sharing has been a major factor in the decline in the legitimate music sales over the last decade, with global industry revenues down around 30 per cent from 2004 to 2009 (IFPI, 2010, S. 18, Fußnote eingefügt, C. Z.).

Bei Allmendegütern ist die *Ausschließbarkeit* entweder nicht möglich oder sie ist nicht gewollt. Das kann technische oder rechtliche Gründe haben (wie bei Hochseefischgründen, die rechtlich kein Staat für sich reklamieren kann) kann aber auch damit zu tun haben, dass es in der Gruppe oder Gesellschaft nicht gewollt ist, dass nur Einzelne oder nicht alle Menschen Zugriffsrechte auf das Gut haben. Solche *Gemeingüter* haben sich historisch vielfältig an vielen Orten entwickelt, z. B. um natürliche Ressourcen wie Weideland oder Wasser gerecht unter allen Anspruchstellern zu verteilen, was nur dann gelingt, wenn man dazu entsprechende Regelungen trifft, die eine übermäßige Nutzung der Ressource verhindern (vgl. Ostrom, 1990; Ostrom et al., 1999).

---

ausgeführt (z. B. die Deutsche Bundespost, öffentlich-rechtliche Sender, die Bundesbahn), die dann keinem Wettbewerb ausgesetzt waren.

[9] Damit meinen die Autoren einen durch eine Überschwemmung mit illegalen Musikdateien manipulierten Markt.

Eine *übermäßige Nutzung* der Ressource kann nämlich – wie bei Weideland und Wasser zur Bewässerung – aufgrund der *Nutzungsrivalität* des Gutes dazu führen, dass sie „übernutzt" (Wasservorrat aufgebraucht) oder zerstört (Weideland bis auf die Wurzeln abgegrast) wird.

Mautgüter sind durch Nichtrivalität und Ausschließbarkeit gekennzeichnet. Sie werden also bei Konsum nicht aufgezehrt und können von vielen gleichzeitig konsumiert werden[10]. Andererseits ist der Zugang zu ihnen aber zu vertretbaren Kosten mit juristischen Mitteln oder technisch beschränkbar, sodass eine Maut zur Nutzung dieses Gutes durchzusetzen ist.

Mittlerweile ist hoffentlich klar geworden, dass auch hier (wie bei den Informationseigenschaften von Gütern, vgl. Abschn. 13.2) eine eindeutige Zuordnung zu einem Quadranten schwer fällt, da jeweilig die politischen und rechtlichen Rahmenbedingungen, der Stand der Technik und kulturelle Gegebenheiten eine große Rolle spielen. Deswegen ist man auch hier mittlerweile zu einer *graduellen* Darstellung übergegangen, man spricht also vom *Grad* der Rivalität und der Ausschließbarkeit (vgl. Kops, 2011, S. 10) (vgl. Abb. 14.4). Man geht also davon aus, dass es neben vollständiger und Nichtausschließbarkeit auch *stärkere und schwächere* Ausschließbarkeit, und bei Rivalität unterschiedliche Ursachendimensionen und Intensitäten gibt. Eine solche Betrachtung ist bei Überlegungen zum Medienmanagement hilfreich.

Fragen

- Erklären Sie bitte schriftlich die Positionierung von Rundfunk, Fischgründen und Lebensmitteln in der Grafik anhand des jeweiligen Gütercharakters.
- Erklären Sie bitte auf dieselbe Weise die Positionierung von Content auf physischem Träger (z. B. auf Papier, CD, DVD).
- Wie sind Streamingangebote von Anbietern wie Spotify oder Amazon Prime Music einzuordnen? Ist die Zuordnung von YouTube anders? Bitte Ausprägungen genau begründen!
- Wie könnte man die Rivalität und die Ausschließbarkeit von Mediengütern vonseiten des Medienmanagements verändern und gestalten?

14.2.2 Mediengüter als öffentliche Güter, Private Güter, Maut- und Allmendegüter

Medienprodukte weisen Eigenschaften öffentlicher Güter auf, weil sie tendenziell durch Nichtausschließbarkeit vom Konsum und Nichtrivalität im Konsum (auch Nichtuntergang im Konsum) gekennzeichnet sind (z. B. das Fernsehprogramm, tendenziell auch

---

[10] Meist gibt es aber, wie bei mautpflichtigen Autobahnen oder Telekommunikationsnetzen, eine technisch bedingte Kapazitätsgrenze, die allerdings vom Anbieter gestaltbar ist.

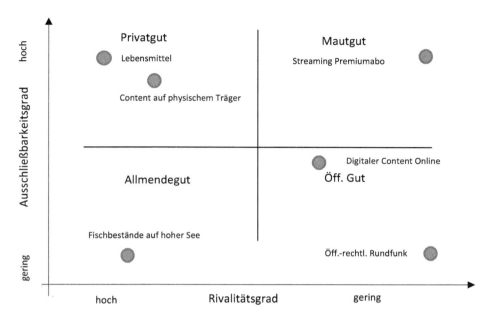

Abb. 14.4 Rivalitätsgrad und Ausschließbarkeitsgrad an Beispielen. (Quelle: In Anlehnung an Kops, 2011, S. 10, stark verändert)

das WWW-Angebot). Hierbei ist allerdings *zwischen dem Inhalt und dem Trägermedium zu unterscheiden.* Ersterer hat den Charakter des öffentlichen Gutes (vgl. Tab. 14.3)[11]. Ausschließbarkeit und Rivalität können durch einen dafür geeigneten materiellen Träger erzeugt werden, es ist also von einer prinzipiellen Gestaltbarkeit auszugehen.

> Auch bei den Medien hat sich der Grad der Ausschließbarkeit im Zuge technischer, ökonomischer und gesellschaftlicher Entwicklungen verändert (...) die Digitalisierung der Signale und die damit verbundene Möglichkeit zu ihrer Ver- und Entschlüsselung (haben, C.Z.) (...) einen Ausschluss einfacher, billiger und mit Blick auf den Schutz der Privatsphäre auch gesellschaftlich akzeptabler gemacht. Von daher sind Rundfunkprogramme (...) im Zuge der technischen Veränderungen von reinen öffentlichen Gütern zu Mautgütern mutiert, deren privatwirtschaftliche Bereitstellung und Entgeltfinanzierung möglich geworden ist (...) Umgekehrt ist der Ausschluss von Texten und Bildern, der bei einer Verbreitung in Zeitungen und Zeitschriften vergleichsweise einfach ist, durch die digitale, entmaterialisierte Verbreitung im Internet („elektronische Presse") schwieriger geworden; ebenso wie der Ausschluss von

---

[11] Der Content im Medienbereich kann auch in Form eines Allmendegutes vorliegen, wobei die Nutzungsrivalität eher im Bereich der *gleichzeitigen Nutzung,* nicht aber im Aufbrauchen oder Übernutzen zu suchen ist und abhängig vom jeweiligen Medienträger ist. Diese zeitliche Rivalität (z. B. kann eine Zeitung nicht von vielen gleichzeitig sondern nur nacheinander gelesen werden) ist dann besonders bedeutsam, wenn (z. B. bei Börsennachrichten) aus dem zeitlichen Vorteil Exklusivitätsgewinne (z. B. Aktiengewinne) geschöpft werden können (Sjurts, 2011, S. 9).

Tab. 14.3 Medien als Öffentliche Güter oder Privatgüter

	Medienträger	Mediencontent
Gütertyp bzgl. Marktfähigkeit	Ausschließbarkeit und Rivalität gestaltbar über Art des Medienträgers (körperlicher vs. nichtkörperlicher Träger, Codierung von Datenträgern, Digitales Rechtemanagement)	Prinzipiell Nichtrivalität und Nichtausschließbarkeit (bzw. Neutralität ggü. entsprechender Gestaltung durch das Medienunternehmen), Rivalität evtl. aufgrund höheren Werts aktueller oder exklusiver Information

Tab. 14.4 Mediengüter und Marktfähigkeit

	Rezipientenmarkt	Werbemarkt (für das Werbetreibende Unternehmen)
Gütertyp bzgl. Marktfähigkeit	Rivalität: je nach Träger Ausschließbarkeit: je nach Träger	Bzgl. Werbeplatz: Rivalität: Ja Ausschließbarkeit: Ja

Musik, der in Zeiten physischer analoger Tonträger (Schallplatten und Musikkassetten) einfacher war als bei einer Verbreitung auf physischen digitalen Tonträgern (CDs) oder gar einer entmaterialisierten Verbreitung im Internet (Kops, 2011, S. 372 f.).

14.2.3 Medienwerbung als Gütertyp

Bei der *Werbung* sind hinsichtlich des Verbrauchs von *Werberaum* Ausschließbarkeit und Rivalität gegeben (vgl. Sjurts, 2004, S. 164 f.). *Nicht zahlende Werbekunden* können durch das Medienunternehmen von der Werbeschaltung ausgeschlossen werden und hinsichtlich des Werberaums gibt es eine *prinzipielle Rivalität*, es ist nur eine Anzeige pro Anzeigenfeld, nur ein Banner auf dem jeweiligen Bannerplatz und ein Spot auf dem jeweiligen Spotplatz im TV-Werbeblock möglich, der Werberaum ist damit verbraucht (Tab. 14.4).

14.3 Medienmanagement, (Nicht-)Rivalität und (Nicht-) Ausschließbarkeit

Der wichtigste Aspekt aus Sicht des Medienmanagements ist zunächst, dass in Bezug auf das Kernprodukt von Medienunternehmen, den Inhalt, Rivalität und Ausschließbarkeit tendenziell nicht gegeben sind und als graduelle Dimensionen in Bezug auf den Medienträger prinzipiell auf vielfältige Weise *gestaltet werden können*. Dabei spielen neben den technischen Machbarkeitsfragen einer Ausschließbarkeit[12] auch die *Kosten der Erzeugung von Rivalität und Ausschließbarkeit* eine große Rolle sowie auch die Frage, ob es *ökonomisch sinnvoll* ist, Nichtzahler vom Zugriff auf den Content (etwa durch eine Bezahlschranke/Pay Wall) auszuschließen.

Die Nichtausschließbarkeit von Free Ridern wird oft von den Medienunternehmen, z. B. im Musik-, Presse- und Filmsektor, eher als negativ bewertet, da sich die Eigentumsrechte gegenüber den Nutzern nicht durchsetzen lassen bzw. weil Nachfrager sanktionsfrei konsumieren können, ohne dafür zu bezahlen. Volkswirtschaftlich wird ein Marktversagen festgestellt, weil befürchtet wird, dass eine nicht leistungsgerechte Erlössituation bei den Erzeugern dazu führen könnte, dass bestimmte, vor allem qualitativ hochstehende Güter nicht mehr angeboten werden.

Bei *Nachrichtenmedien* im Internet gibt es eine lang andauernde Diskussion über die Einführung von Bezahlschranken, die (zumindest bestimmte) Inhalte vor dem Zugriff nicht zahlender Rezipienten schützen. Verschiedene Paid-Content-Modelle, darunter auch die verschiedenen Formen von Bezahlschranken, nämlich harte Bezahlschranke (kein Zugriff für Free Rider), Freemium Model (frei mit bezahlten Premiuminhalten), Metered Model (Paywall ab einer bestimmten Nutzungsmenge) und Spendenmodell/freiwillige Bezahlung werden für ihre Internetangebote eingesetzt und getestet.

> This years data show mixed progress, with significant increases in a small number of wealthier countries, though there are signs elsewhere that growth may be levelling off. Across a basket of 20 countries where relatively widespread, 17% paid for any online news - the same figure as last year. (Reuters, 2022, S. 18).

Reuters (2022, S. 81) legt dar, dass in Deutschland ebenfalls nur 14 % der Rezipienten von Online-News dafür auch zahlen. In der Musikbranche sind dagegen die Einnahmen, nach dem sie zwischen 2000 und 2014 stetig gefallen sind, seitdem wieder – über das alte Niveau – gestiegen und die weltweiten Einnahmen von Abo-Streaming haben fast 50 % der Einnahmen des Jahres 2021 erreicht (vgl. Abb. 14.5, IFPI, 2022).

Fehlende Rivalität (oder beliebige Reproduzierbarkeit) ermöglicht es anderseits dem Medienunternehmen, das Produkt Content *wiederzuverwerten,* es mehrfach oder vielfach zu vermarkten und dabei das jeweilige Endprodukt an die unterschiedlichen *Zielgruppenbedürfnisse* und die *Zahlungsbereitschaften* der Rezipientengruppen *anzupassen.* Dies ist durch eine Modularisierung der Mediengüter und eine Rekombination der Module sehr gut möglich (z. B. bei Musik-Samplern, Themenheften im Zeitschriftenbereich, Senderübergreifender Verwertung von Serien- und Filmrechten beim TV, Modularisierung und Personalisierung von Nachrichten).

Im Rahmen der Programmpolitik beschäftigt man sich im Medienunternehmen damit, ob zwei oder mehrere Produkte im Bündel, also zusammen oder getrennt angeboten

---

[12] Z.B. haben die frühen Versuche, durch Digitales Rechtemanagement die illegale Nutzung von Musik zu verhindern, nur sehr unzureichend gefruchtet, da schnell entsprechende Software zur Umgehung des Schutzes angeboten wurde.

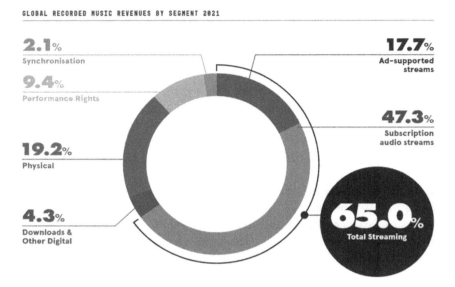

GLOBAL RECORDED MUSIC REVENUES BY SEGMENT 2021

2.1%
Synchronisation

9.4%
Performance Rights

19.2%
Physical

4.3%
Downloads &
Other Digital

17.7%
Ad-supported
streams

47.3%
Subscription
audio streams

65.0%
Total Streaming

Abb. 14.5 Weltweite Einnahmen der Musikbranche 2021. (Quelle: IFPI, 2022, S. 11)

werden (z. B. CD, LP als Songbündel oder Systemlösungen aus Soft- und Hardware).
Entscheidungshintergrund ist dabei die *erlösmaximierende Verwertung.* Im Medienbereich
erkennt man zudem mittlerweile produktweltübergreifend die Potenziale der *Personalisierung des Inhalts* als Wettbewerbsvorteil (Audio- und Videostreaming, aber auch
Nachrichten, vgl. z. B. BDZV/Schickler, 2022, S. 11).

Andererseits ergeben sich aus den (neuen) Interaktionsmöglichkeiten mit den Usern des
Social Webs auch unter den Bedingungen von Nichtausschließbarkeit und Nichttrivialität
für Medienunternehmen eine Vielzahl von Möglichkeiten, neue Wege der Contentproduktion, des automatisierten (z. B. News Bots, intelligente Assistenten und Agenten)
und/oder individualisierten Contentangebots und der Einbindung der Rezipienten in die
Wertschöpfung auszuprobieren. In Zydorek (2018) habe ich mich mit diesen veränderten
Bedingungen für Medienunternehmen detailliert auseinandergesetzt und neue Entwicklungen in Zydorek (2022) angesprochen. Die Grundlagen für das Verständnis dieser
aktuellen Entwicklungen in der auf die Verwertung von Content ausgerichteten digitalisierten Medienbranche haben Sie mit dem Verständnis der vorstehenden vierzehn Kapitel
erworben.

Literatur

BDZV/Schickler. (2022). *Trends der Zeitungsbranche 2022*. Trendumfrage 2/2022. https://www.die-zeitungen.de/fileadmin/files/documents/02_die-zeitungen.de_ab_Mai_2016/1_Aktuelles/BDZV_Schickler_Trendumfrage_2022_Praesentation_2022-02-02.pdf. Zugegriffen: 20. Aug. 2022.

Burggraf, J., Herlach, C., & Wiesner, J. (2021). EU Digital Services und Digital Markets Act. In: *Media Perspektiven 5/2021*. (S. 292–300).

Clement, R., & Schreiber, D. (2010). *Internetökonomie – Grundlagen und Fallbeispiele der vernetzten Wirtschaft*. Physika.

Clement, R., Schreiber, D. B., & Pakusch, C. (2019). *Internetökonomie – Grundlagen und Fallbeispiele der vernetzten Wirtschaft* (4. Aufl.). SpringerGabler.

Dewenter, R., & Rösch, J. (2015). *Einführung in die neue Ökonomie der Medienmärkte*. Springer.

Europäische Kommission. (2020). Vorschlag für eine Verordnung des Europäischen Parlaments und des Rates über einen Binnenmarkt für Digitale Dienste (Gesetz über Digitale Dienste). COM(2020) 825 final.

Geiselberger, H. (2011). *WikiLeaks und die Folgen. Edition Suhrkamp*. Suhrkamp.

Gerpott, T. (2006). Wettbewerbsstrategien – Überblick, Systematik und Perspektiven. In C. Scholz (Hrsg.), *Handbuch Medienmanagement* (S. 305–355). Springer.

Grathwohl, M. (2015). Standardisierung als Unternehmensstrategie. In M. Grathwohl (Hrsg.), *Kartellrechtliche Bewertung von Standardisierungsstrategien* (S. 11–84). SpringerGabler.

IFPI. (2010). *Digital Music Report 2010*. International Federation of the Phonographic Industry. http://www.ifpi.org/content/library/dmr2010.pdf. Zugegriffen: 25. Juli 2012.

IFPI. (2022). *Global Music Report 2022*. International Federation of the Phonographic Industry. https://www.musikindustrie.de/publikationen/global-music-report. Zugegriffen: 18. Aug. 2022.

Kiefer, M. L. (2005). *Medienökonomik: Einführung in eine ökonomische Theorie der Medien* (2. Aufl.). Oldenbourg.

Knieps, G. (2007). *Netzökonomie*. Gabler.

Kops, M. (2010). Publizistische Vielfalt als Public Value. *Arbeitspapiere des Instituts für Rundfunkökonomie an der Universität zu Köln* (Heft 265). Institut für Rundfunkökonomie an der Universität zu Köln.

Kops, M. (2011). Stichworte Allmendegut und Mautgut. In I. Sjurts (Hrsg.), *Gabler Lexikon Medienwirtschaft* (2. Aufl.). Gabler.

Ostrom, E. (1990). *Governing the commons – the evolutions of institutions for collective actions*. Cambridge University Press.

Ostrom, E., Burger, J., Field, C. B., Norgaard, R. B., & Policansky, D. (9 April 1999). Revisiting the commons: Local lessons, global challenges. *Science 284*, 278–282.

Reuters. (2022). *Digital News Report 2022*. Oxford Institute.

Schumann, M., Hess, T., & Hagenhoff, S. (2014). *Grundfragen der Medienwirtschaft* (5. Aufl.). Springer.

Shapiro, C., & Varian, H. (1998). *Information rules – A strategic guide to the network economy*. Harvard Business Review Press.

Sjurts, I. (2004). Der Markt wird's schon richten!? Medienprodukte, Medienunternehmen und die Effizienz des Marktprozesses. In K.-D. Altmeppen & M. Karmasin (Hrsg.), *Medien und Ökonomie: Bd. 2. Problemfelder der Medienökonomie* (S. 159–182). VS.

Sjurts, I. (2005). *Strategien in der Medienbranche* (3. Aufl.). Gabler.

Sjurts, I. (Hrsg.). (2011). *Gabler Lexikon Medienwirtschaft* (2. Aufl.). Gabler.

Zerdick, A., et al. (2001). *Die Internet-Ökonomie* (3. Aufl.). Springer.

Zydorek, C. (2018). *Grundlagen der Medienwirtschaft – Algorithmen und Medienmanagement.* SpringerGabler.

Zydorek, C. (Hrsg.). (2022). *KI in der Digitalisierten Medienwirtschaft – Fallbeispiele und Anwendungen von Algorithmen.* SpringerGabler.

CPSIA information can be obtained
at www.ICGtesting.com
Printed in the USA
LVHW051118190223
739877LV00006B/547